1차 시험 손해평가사

기출문제 정복하기

손해평가사 1차시험
기출문제 정복하기

개정3판 1쇄 발행   2024년 10월 25일
개정4판 1쇄 발행   2025년 10월 01일

편 저 자 | 자격시험연구소
발 행 처 | (주)서원각
등록번호 | 1999-1A-107호
주　　소 | 경기도 고양시 일산서구 덕산로 88-45(가좌동)
대표번호 | 031-923-2051
교재문의 | 카카오톡 플러스 친구[서원각]
홈페이지 | goseowon.com

▷ 이 책은 저작권법에 따라 보호받는 저작물로 무단 전재, 복제, 전송 행위를 금지합니다.
▷ 내용의 전부 또는 일부를 사용하려면 저작권자와 (주)서원각의 서면 동의를 반드시 받아야 합니다.
▷ ISBN과 가격은 표지 뒷면에 있습니다.
▷ 파본은 구입하신 곳에서 교환해드립니다.

Preface

옛말에 "농자천하지대본(農者天下之大本)"이라 하였습니다. 농업이야말로 천하 만민을 떠받치는 근본이라는 뜻입니다. 이러한 정신을 바탕으로, 우리나라에서는 1997년 가축재해보험을 시작으로 2001년 농작물재해보험을 시행하였으며 대상 품목 및 보장 범위를 꾸준히 확대해 왔습니다. 이에 발맞추어 재해보험의 공적기능을 강화하고 사업관리를 전문적으로 관리하기 위해 사업관리감독, 상품연구, 손해평가인력 양성 및 손해평가사 자격제도 운용 등 전담 기관을 통한 공적 역할 수행체계를 구축하였습니다. 손해평가사는 농업재해보험의 손해평가를 전문적으로 수행하는 사람입니다. 농어업재해보험법령에 따라 손해평가를 하기 위해 사고접수, 계약내용 확인, 현장조사, 손해액을 산정하고 보험금 산정과 민원처리, 보험자대위, 재보험, 소송처리, 손해사정 기획관리 등의 업무를 수행하게 됩니다. 이처럼 폭넓은 지식과 실무 이해가 요구되는 자격사인 만큼 출제 경향을 파악하고 실전 감각을 높일 수 있도록 본서는 최근 10개년(2016~2025년) 동안 시행된 기출문제를 손해평가사 1차 시험과목인 '상법' 보험편, 농어업재해보험법령, 농학개론 중 재배학 및 원예작물학으로 분류한 후에 개정법령은 반영하여 해설과 수록하였습니다.

> 본서를 통해 손해평가사 합격의 길에 도움이 되기를 바라며, 농민이 안심하고 농업에 전념할 수 있도록 든든한 힘이 되어 주는 전문가로 성장하시길 진심으로 응원합니다.

본서와 함께 손해평가사 합격을 이루시길 서원각이 응원합니다.

Structure

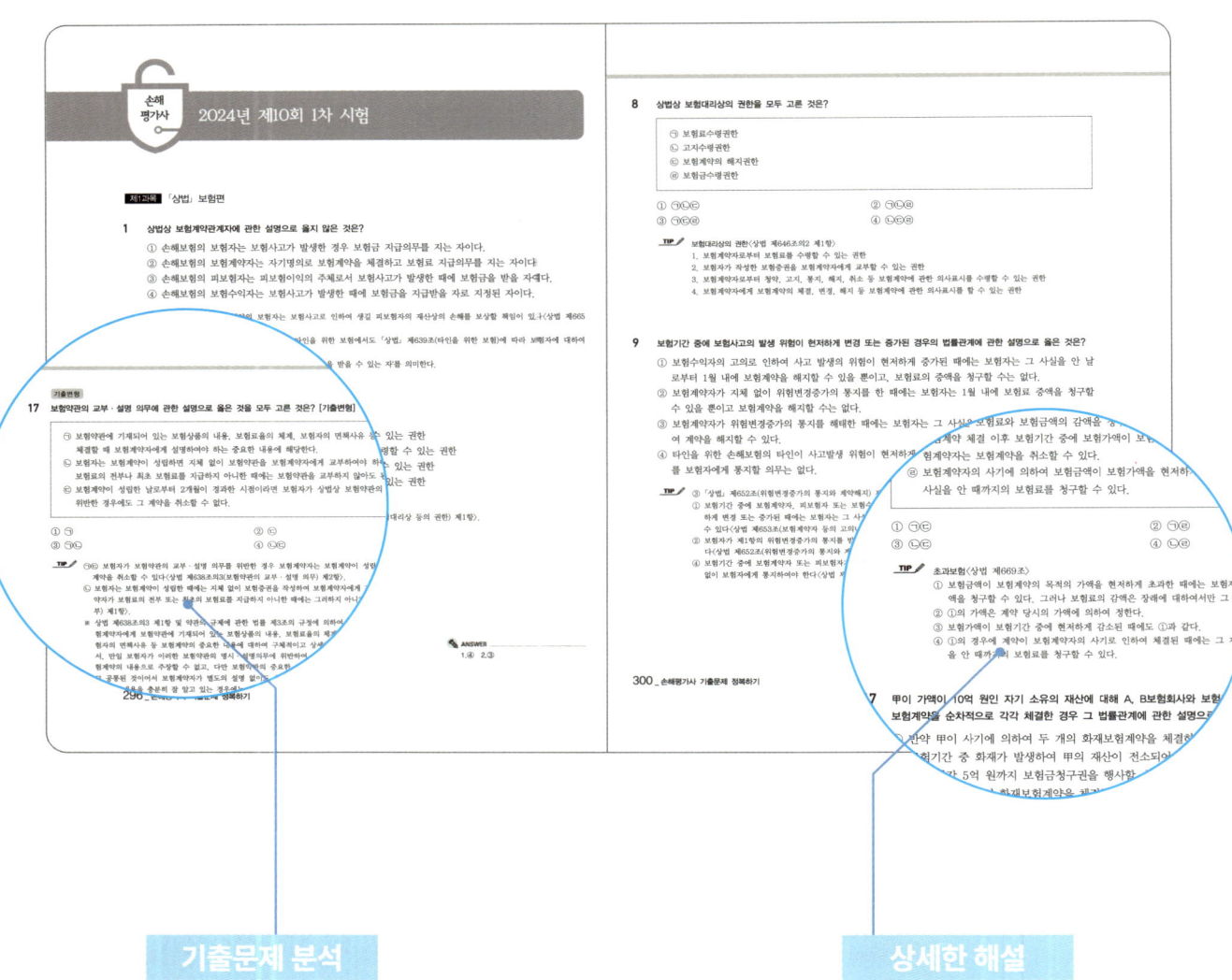

기출문제 분석

- 1차 시험 10개년 기출문제(2016년~2025년)를 수록
- 개정된 최신 법령에 맞춰 기출변형 문제를 수록
- 기출문제를 풀어봄으로써 실전에 보다 철저하게 대비

상세한 해설

- 매 문제 법령 및 이론 등 상세한 해설을 달아 문제풀이만으로도 학습이 가능
- 문제 풀이와 함께 이론정리가 가능하도록 상세한 해설 수록

Contents

- 01 2016년 제2회 1차 시험 10
- 02 2017년 제3회 1차 시험 44
- 03 2018년 제4회 1차 시험 78
- 04 2019년 제5회 1차 시험 114
- 05 2020년 제6회 1차 시험 150
- 06 2021년 제7회 1차 시험 186
- 07 2022년 제8회 1차 시험 222
- 08 2023년 제9회 1차 시험 258
- 09 2024년 제10회 1차 시험 296
- 10 2025년 제11회 1차 시험 332

본서는 아래의 법령 개정에 맞춘 해설임을 밝힙니다.
- 상법[시행 2025. 07. 22.]
- 농어업재해보험법 시행령[시행 2024. 12. 27.]
- 농어업재해보험법[시행 2024. 5. 14.]
- 농업재해보험 손해평가요령[시행 2024. 3. 29.]
- 농업재해보험의 보험목적물별 보상하는 병충해 및 질병규정[시행 2025. 5. 27.]
- 농업재해보험에서 보상하는 보험목적물의 범위[시행 2025. 5. 27.]

Information

- **개요**

  자연재해·병충해·화재 등 농업재해로 인한 보험금 지급사유 발생 시 신속하고 공정하게 그 피해사실을 확인하고 손해액을 평가하는 일을 수행하기 위하여 도입되었다.

  ※ 근거법령 : 농어업재해보험법

- **변천과정**
  - 2015.5.15 : 손해평가사 자격시험의 실시 및 관리에 관한 업무위탁 및 고시(농림축산식품부)
  - 2015년~현재 : 한국산업인력공단에서 손해평가사 자격시험 시행

- **수행직무**
  - 피해사실의 확인
  - 보험가액 및 손해액의 평가
  - 그 밖의 손해평가에 필요한 사항

- **접수방법 및 응시자격**
  - 접수방법 : 큐넷 손해평가사 홈페이지(www.Q-Net.or.kr/site/loss)에서 접수
  - 응시자격 : 제한 없음

  ※ 단, 부정한 방법으로 시험에 응시하거나 시험에서 부정한 행위를 해 시험의 정지/무효 처분이 있은 날부터 2년이 지나지 아니한 자는 응시할 수 없음
  <농어업재해보험법 제11조의4 제4항>

- **최근 6년 시행 현황**

구분		2020	2021	2022	2023	2024	2025
제1차 시험	대상	9,752명	15,385명	15,796명	16,871명	17,871명	17,390명
	응시	8,193명	13,230명	13,361명	14,076명	14,037명	14,101명
	응시율	84.0%	85.9%	84.5%	83.4%	78.5%	81%
	합격	5,748명	9,508명	9,067명	10,799명	9,343명	10,536명
	합격률	70.2%	71.8%	67.8%	76.7%	66.55%	74.91%

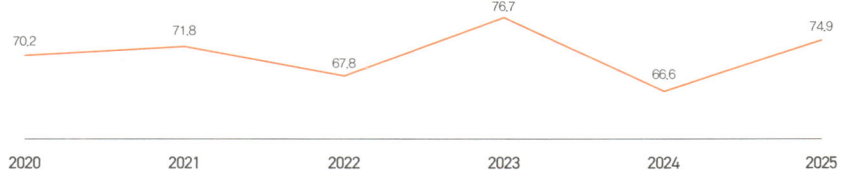

● 시험과목 <농어업재해보험법 시행령제12조의4 별표 2의2>

구분	시험과목	문항 수	시험 시간
제1차 시험	1. 「상법」 보험편 2. 농어업재해보험법령 「농어업재해보험법」, 「농어업재해보험법 시행령」, 농림축산식품부 장관이 고시하는 손해평가요령을 말한다. 3. 농학개론 중 재배학 및 원예작물학	과목별 25문항 (총 75문항) 4지 택일형	09:30 ~ 11:00 90분

※ 시험과 관련하여 법령·고시·규정 등을 적용해서 정답을 구하여야 하는 문제는 시험 시행일 기준으로 시행중인 법령·고시·규정 등을 적용하여 그 정답을 구하여야 함

● 합격기준 <농어업재해보험법 시행령 제12조의6>

매 과목 100점을 만점으로 하여 매 과목 40점 이상과 전 과목 평균 60점 이상을 독점한 사람을 합격자로 결정

● 제1차 시험(객관식) 수험자 유의사항

- 답안카드에 기재된 '수험자 유의사항 및 답안카드 작성 시 유의사항' 준수
- 수험자교육시간에 감독위원 안내 또는 방송(유의사항)에 따라 답안카드에 수험번호를 기재 마킹하고, 배부된 시험지의 인쇄상태 확인 후 답안카드에 형별을 마킹
- 답안카드는 국가전문자격 공통 표준형으로 문제번호가 1번부터 125번까지 인쇄되어 있으며, 답안 마킹 시에는 반드시 시험문제지의 문제번호와 동일한 번호에 마킹
- 답안카드 기재·마킹 시에는 반드시 검정색 사인펜 사용
- 채점은 전산 자동 판독 결과에 따르므로 유의사항을 지키지 않거나(검정색 사인펜 미사용) 수험자의 부주의(답안카드 미기재·마킹 착오, 불완전한 마킹·수정, 예비마킹, 형별 마킹 착오 등)로 판독불능, 중복판독 등 불이익이 발생할 경우 수험자 책임으로 이의제기를 하더라도 받아들여지지 않음

※ 답안을 잘못 작성했을 경우, 답안카드 교체 및 수정테이프 사용가능(단, 답안 이외 수험번호 등 인적사항은 수정불가)하며 재작성에 따른 시험시간은 별도로 부여하지 않음
※ 수정테이프 이외 수정액 및 스티커 등은 사용불가
※ 자세한 사항은 큐넷 홈페이지(http://www.Q-Net.or.kr/site/nongsanmul) 문의

손해평가사

기출문제 정복하기

2016년 제2회 1차 시험
2017년 제3회 1차 시험
2018년 제4회 1차 시험
2019년 제5회 1차 시험
2020년 제6회 1차 시험
2021년 제7회 1차 시험
2022년 제8회 1차 시험
2023년 제9회 1차 시험
2024년 제10회 1차 시험
2025년 제11회 1차 시험

2016년 제2회 1차 시험

제1과목 「상법」 보험편

1 보험약관의 중요한 내용에 대한 보험자의 설명 의무가 발생하지 않는 경우를 모두 고른 것은? (다툼이 있으면 판례에 따름)

> ㉠ 설명 의무의 이행 여부가 보험계약의 체결 여부에 영향을 미치지 않는 경우
> ㉡ 보험약관에 정하여진 사항이 거래상 일반적이고 공통된 것이어서 보험계약자가 별도의 설명 없이도 충분히 예상할 수 있었던 사항인 경우
> ㉢ 보험계약자의 대리인이 그 약관의 내용을 충분히 잘 알고 있는 경우

① ㉢   ② ㉠㉡
③ ㉡㉢   ④ ㉠㉡㉢

㉠ 일반적으로 보험자 및 보험계약의 체결 또는 모집에 종사하는 사람은 보험계약의 체결에 있어서 보험계약의 중요한 내용에 대하여 구체적이고 상세한 명시·설명 의무를 지고 있다. 그러나 명시·설명 의무가 인정되는 것은 어디까지나 보험계약자가 알지 못하는 가운데 약관의 중요한 사항이 계약 내용으로 되어 보험계약자가 예측하지 못한 불이익을 받게 되는 것을 피하고자 하는 데 근거가 있으므로, 만약 약관조항에 관한 명시·설명 의무가 제대로 이행되었더라도 그러한 사정이 보험계약의 체결 여부에 영향을 미치지 아니하였다면 약관조항은 명시·설명 의무의 대상이 되는 보험계약의 중요한 내용이라고 할 수 없다[대법원 2016. 9. 23. 선고 2016다221023 판결].
㉡ 약관에 정하여진 사항이라고 하더라도 거래상 일반적이고 공통된 것이어서 보험계약자가 별도의 설명 없이도 충분히 예상할 수 있었던 사항이거나, 이미 법령에 의하여 정하여진 것을 되풀이하거나 부연하는 정도에 불과한 사항이라면, 그러한 사항에 관하여까지 보험자에게 명시·설명의무가 있다고는 할 수 없다[대법원 2007. 4. 27. 선고 2006다87453 판결].
㉢ 보험약관의 중요한 내용에 해당하는 사항이라고 하더라도 보험계약자나 그 대리인이 그 내용을 충분히 잘 알고 있는 경우에는 당해 약관이 바로 계약 내용이 되어 당사자에 대하여 구속력을 갖는 것이므로, 보험자로서는 보험계약자 또는 그 대리인에게 약관의 내용을 따로 설명할 필요가 없다[대법원 2005. 8. 25. 선고 2004다18903 판결>].

ANSWER
1.④

2 보험증권에 관한 설명으로 옳지 않은 것은?

① 보험계약자가 보험료의 전부 또는 최초의 보험료를 지급하지 아니한 때에는 보험자의 보험증권교부의무가 발생하지 않는다.
② 기존의 보험계약을 변경한 경우에는 보험자는 그 보험증권에 그 사실을 기재함으로써 보험증권의 교부에 갈음할 수 있다.
③ 보험계약의 당사자는 보험증권의 교부가 있은 날로부터 10일 내에 한하여 그 증권 내용의 정부에 관한 이의를 할 수 있음을 약정할 수 있다.
④ 보험계약자의 청구에 의하여 보험증권을 재교부하는 경우 그 증권 작성의 비용은 보험계약자가 부담한다.

> **TIP** ③ 보험계약의 당사자는 보험증권의 교부가 있은 날로부터 일정한 기간 내에 한하여 그 증권 내용의 정부에 관한 이의를 할 수 있음을 약정할 수 있다. 이 기간은 1월을 내리지 못한다〈상법 제641조(증권에 관한 이의약관의 효력)〉.
> ①② 「상법」 제640조(보험증권의 교부)
> ④ 「상법」 제642조(증권의 재교부청구)

3 보험대리상이 아니면서 특정한 보험자를 위하여 계속적으로 보험계약의 체결을 중개하는 자가 행사할 수 있는 권한으로 옳은 것은?

① 보험자가 작성한 영수증을 보험계약자에게 교부하지 않고 보험계약자로부터 보험료를 수령할 수 있는 권한
② 보험계약자로부터 보험계약의 청약에 관한 의사표시를 수령할 수 있는 권한
③ 보험계약자에게 보험계약의 체결에 관한 의사표시를 할 수 있는 권한
④ 보험자가 작성한 보험증권을 보험계약자에게 교부할 수 있는 권한

> **TIP** 보험대리상 등의 권한〈상법 제646조의2〉
> ① 보험대리상은 다음 각 호의 권한이 있다.
> 1. 보험계약자로부터 보험료를 수령할 수 있는 권한
> 2. 보험자가 작성한 보험증권을 보험계약자에게 교부할 수 있는 권한
> 3. 보험계약자로부터 청약, 고지, 통지, 해지, 취소 등 보험계약에 관한 의사표시를 수령할 수 있는 권한
> 4. 보험계약자에게 보험계약의 체결, 변경, 해지 등 보험계약에 관한 의사표시를 할 수 있는 권한
> ② ①에도 불구하고 보험자는 보험대리상의 ① 각 호의 권한 중 일부를 제한할 수 있다. 다만, 보험자는 그러한 권한 제한을 이유로 선의의 보험계약자에게 대항하지 못한다.
> ③ 보험대리상이 아니면서 특정한 보험자를 위하여 계속적으로 보험계약의 체결을 중개하는 자는 ①에서 '보험계약자로부터 보험료를 수령할 수 있는 권한(보험자가 작성한 영수증을 보험계약자에게 교부하는 경우만 해당한다)' 및 '보험자가 작성한 보험증권을 보험계약자에게 교부할 수 있는' 권한이 있다.
> ④ 피보험자나 보험수익자가 보험료를 지급하거나 보험계약에 관한 의사표시를 할 의무가 있는 경우에는 ①부터 ③까지의 규정을 그 피보험자나 보험수익자에게도 적용한다.

ANSWER
2.③ 3.④

4 보험계약의 해지와 특별위험의 소멸에 관한 설명으로 옳은 것은?

① 타인을 위한 보험계약의 경우 보험증권을 소지하지 않은 보험계약자는 그 타인의 동의를 얻지 않은 경우에도 보험사고가 발생하기 전에는 언제든지 계약의 전부 또는 일부를 해지할 수 있다.
② 보험사고의 발생으로 보험자가 보험금액을 지급한 때에도 보험금액이 감액되지 아니하는 보험의 경우에는 보험계약자는 그 사고 발생 후에도 보험계약을 해지할 수 있다.
③ 보험사고가 발생하기 전에 보험계약의 전부 또는 일부를 해지하는 경우에 보험계약자는 당사자 간에 다른 약정이 없으면 미경과 보험료의 반환을 청구할 수 없다.
④ 보험계약의 당사자가 특별한 위험을 예기하여 보험료의 액을 정한 경우에 보험기간 중 그 예기한 위험이 소멸한 때에도 보험계약자는 그 후의 보험료의 감액을 청구할 수 없다.

> **TIP** ②「상법」제649조(사고발생전의 임의해지) 제2항
> ① 보험사고가 발생하기 전에는 보험계약자는 언제든지 계약의 전부 또는 일부를 해지할 수 있다. 그러나 타인을 위한 보험계약의 경우에는 보험계약자는 그 타인의 동의를 얻지 아니하거나 보험증권을 소지하지 아니하면 그 계약을 해지하지 못한다〈상법 제649조(사고 발생 전의 임의해지) 제1항〉.
> ③ 보험사고가 발생하기 전에 보험계약의 전부 또는 일부를 해지하는 경우에 보험계약자는 당사자 간에 다른 약정이 없으면 미경과 보험료의 반환을 청구할 수 있다〈상법 제649조(사고 발생 전의 임의해지) 제3항〉.
> ④ 보험계약의 당사자가 특별한 위험을 예기하여 보험료의 액을 정한 경우에 보험기간 중 그 예기한 위험이 소멸한 때에는 보험계약자는 그 후의 보험료의 감액을 청구할 수 있다〈상법 제647조(특별위험의 소멸로 인한 보험료의 감액 청구)〉.

5 보험계약의 성질이 아닌 것은?

① 낙성계약
② 무상계약
③ 불요식계약
④ 선의계약

> **TIP** 보험계약은 낙성계약, 유상계약, 쌍무계약, 불요식계약, 사행계약, 선의계약, 계속적 계약, 부합계약 등의 성질을 가진다.

ANSWER
4.② 5.②

6 보험료의 지급과 지체에 관한 설명으로 옳지 않은 것은?

① 보험료는 보험계약자만이 지급의무를 부담하므로 특정한 타인을 위한 보험의 경우에 보험계약자가 보험료의 지급을 지체한 때에는 보험자는 그 타인에 대한 최고 없이도 그 계약을 해지할 수 있다.
② 보험자의 책임은 당사자 간에 다른 약정이 없으면 최초의 보험료의 지급을 받은 때로부터 개시한다.
③ 보험계약자가 보험료를 지급하지 아니하는 경우에는 다른 약정이 없는 한 계약 성립 후 2월이 경과하면 그 계약은 해제된 것으로 본다.
④ 계속보험료가 약정한 시기에 지급되지 아니한 때에는 보험자는 상당한 기간을 정하여 보험계약자에게 최고하고 그 기간 내에 지급되지 아니한 때에는 그 계약을 해지할 수 있다.

> **TIP** 특정한 타인을 위한 보험의 경우에 보험계약자가 보험료의 지급을 지체한 때에는 보험자는 그 타인에게도 상당한 기간을 정하여 보험료의 지급을 최고한 후가 아니면 그 계약을 해제 또는 해지하지 못한다〈상법 제650조(보험료의 지급과 지체의 효과) 제3항〉.

7 보험계약의 부활에 관하여 ( )에 들어갈 내용으로 옳은 것은?

> ( )되고 해지환급금이 지급되지 아니한 경우에 보험계약자는 일정한 기간 내에 연체보험료에 약정이자를 붙여 보험자에게 지급하고 그 계약의 부활을 청구할 수 있다.

① 위험변경증가의 통지의무 위반으로 인하여 보험계약이 해지
② 고지의무 위반으로 인하여 보험계약이 해지
③ 계속보험료의 불지급으로 인하여 보험계약이 해지
④ 보험계약의 전부가 무효로

> **TIP** 보험계약이 해지되고 해지환급금이 지급되지 아니한 경우에 보험계약자는 일정한 기간 내에 연체보험료에 약정이자를 붙여 보험자에게 지급하고 그 계약의 부활을 청구할 수 있다〈상법 제650조의2(보험계약의 부활)〉.

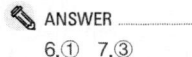
ANSWER
6.① 7.③

8 ( )에 들어갈 내용이 순서대로 올바르게 연결된 것은?

> ㉠ 보험자가 보험계약자로부터 보험계약의 청약과 함께 보험료 상당액의 전부 또는 일부의 지급을 받은 때에는 다른 약정이 없으면 ( ) 그 상대방에 대하여 낙부의 통지를 발송하여야 한다.
> ㉡ 보험자가 보험약관의 교부·설명 의무를 위반한 경우 보험계약자는 보험계약이 성립한 날부터 ( ) 그 계약을 취소할 수 있다.
> ㉢ 보험자는 보험계약이 성립한 때에는 ( ) 보험증권을 작성하여 보험계약자에게 교부하여야 한다.

① 30일 내에 – 3개월 이내에 – 지체 없이
② 30일 내에 – 30일 내에 – 지체 없이
③ 지체 없이 – 3개월 이내에 – 30일 내에
④ 지체 없이 – 30일 내에 – 30일 내에

TIP ㉠ 보험자가 보험계약자로부터 보험계약의 청약과 함께 보험료 상당액의 전부 또는 일부의 지급을 받은 때에는 다른 약정이 없으면 <u>30일 내에</u> 그 상대방에 대하여 낙부의 통지를 발송하여야 한다〈상법 제638조의2(보험계약의 성립) 제1항〉.
㉡ 보험자가 보험약관의 교부·설명 의무를 위반한 경우 보험계약자는 보험계약이 성립한 날부터 <u>3개월 이내</u> 그 계약을 취소할 수 있다〈상법 제638조의3(보험약관의 교부·설명 의무) 제2항〉.
㉢ 보험자는 보험계약이 성립한 때에는 <u>지체 없이</u> 보험증권을 작성하여 보험계약자에게 교부하여야 한다. 그러나 보험계약자가 보험료의 전부 또는 최초의 보험료를 지급하지 아니한 때에는 그러하지 아니하다〈상법 제640조(보험증권의 교부) 제1항〉.

9 손해보험계약에서의 보험가액에 관한 설명으로 옳지 않은 것은?

① 초과보험에서 보험가액은 계약 당시의 가액에 의하여 정한다.
② 일부보험이란 보험가액의 일부를 보험에 붙인 경우를 말한다.
③ 당사자 간에 보험가액을 정하지 아니한 때에는 사고 발생 시의 가액을 보험가액으로 한다.
④ 기평가보험에서의 보험가액이 사고 발생 시의 가액을 현저하게 초과할 때에는 계약 당시에 정한 보험가액으로 한다.

TIP ④ 당사자 간에 보험가액을 정한 때에는 그 가액은 사고 발생 시의 가액으로 정한 것으로 추정한다. 그러나 그 가액이 사고 발생 시의 가액을 현저하게 초과할 때에는 사고 발생 시의 가액을 보험가액으로 한다〈상법 제670조(기평가보험)〉.
① 「상법」 제669조(초과보험) 제2항
② 「상법」 제674조(일부보험)
③ 「상법」 제671조(미평가보험)

ANSWER
8.① 9.④

10 손해보험계약에 관한 설명으로 옳지 않은 것은?

① 피보험자도 손해방지의무를 부담한다.
② 보험자는 손해의 방지와 경감을 위하여 필요 또는 유익하였던 비용과 보상액이 보험금액을 초과하는 경우에도 이를 부담한다.
③ 보험 목적의 양도 사실의 통지의무는 양도인만이 부담한다.
④ 보험자는 보험 목적의 하자로 인한 손해를 보상할 책임이 없다.

> **TIP** ③ 보험의 목적의 양도인 또는 양수인은 보험자에 대하여 지체 없이 그 사실을 통지하여야 한다〈상법 제679조(보험 목적의 양도) 제2항〉.
> ①② 「상법」 제680조(손해방지의무)
> ④ 「상법」 제678조(보험자의 면책사유)

11 손해보험에서 보험가액과 보험금액과의 관계에 관한 설명으로 옳지 않은 것은?

① 보험금액이 보험계약의 목적의 가액을 현저하게 초과한 때에 보험자는 보험금액의 감액을 청구할 수 있지만, 보험계약자는 보험료의 감액을 청구할 수 없다.
② 일부보험의 경우에 보험계약의 당사자들은 보험자가 보험금액의 보험가액에 대한 비율과 상관없이 보험금액의 한도 내에서 그 손해를 보상할 책임이 있다는 약정을 할 수 있다.
③ 중복보험에서 수인의 보험자 중 1인에 대하여 피보험자가 권리를 포기하여도 다른 보험자의 권리의무에 영향을 미치지 않는다.
④ 중복보험에서 보험자가 각자의 보험금액의 한도에서 연대책임을 지는 경우 각 보험자의 보상책임은 각자의 보험금액의 비율에 따른다.

> **TIP** ① 보험금액이 보험계약의 목적의 가액을 현저하게 초과한 때에는 보험자 또는 보험계약자는 보험료와 보험금액의 감액을 청구할 수 있다. 그러나 보험료의 감액은 장래에 대하여서만 그 효력이 있다〈상법 제669조(초과보험) 제1항〉.
> ② 「상법」 제674조(일부보험)
> ③ 「상법」 제673조(중복보험과 보험자 1인에 대한 권리포기)
> ④ 「상법」 제672조(중복보험)

ANSWER
10.③ 11.①

12 손해보험계약에 관한 설명으로 옳은 것은?

① 피보험이익은 반드시 금전으로 산정할 수 있어야 하는 것은 아니다.
② 보험사고로 인하여 상실된 피보험자가 얻을 이익은 당사자 간에 다른 약정이 없으면 보험자가 보상할 손해액에 산입한다.
③ 피보험이익은 보험의 목적을 의미한다.
④ 보험자는 보험의 목적인 기계의 자연적 소모로 인한 손해에 대하여는 보상책임이 없다.

TIP ④ 「상법」 제678조(보험자의 면책사유)
①③ 보험계약은 금전으로 산정할 수 있는 이익에 한하여 보험계약의 목적으로 할 수 있다〈상법 제668조(보험계약의 목적)〉.
② 보험사고로 인하여 상실된 피보험자가 얻을 이익이나 보수는 당사자 간에 다른 약정이 없으면 보험자가 보상할 손해액에 산입하지 아니한다〈상법 제667조(상실이익 등의 불산입)〉.

13 고지의무에 관한 설명으로 옳은 것은?

① 보험자는 보험대리상의 고지수령권을 제한할 수 없다.
② 보험자가 서면으로 질문한 사항은 중요한 고지사항으로 간주된다.
③ 보험계약자는 고지의무가 있다.
④ 보험자는 보험사고 발생 전에 한하여 고지의무 위반을 이유로 하여 해지할 수 있다.

TIP ③④ 보험계약 당시에 보험계약자 또는 피보험자가 고의 또는 중대한 과실로 인하여 중요한 사항을 고지하지 아니하거나 부실의 고지를 한 때에는 보험자는 그 사실을 안 날로부터 1월 내에, 계약을 체결한 날로부터 3년 내에 한하여 계약을 해지할 수 있다. 그러나 보험자가 계약 당시에 그 사실을 알았거나 중대한 과실로 인하여 알지 못한 때에는 그러하지 아니하다〈상법 제651조(고지의무 위반으로 인한 계약해지)〉.
① 보험자는 보험대리상의 권한 중 일부를 제한할 수 있다. 다만, 보험자는 그러한 권한 제한을 이유로 선의의 보험계약자에게 대항하지 못한다〈상법 제646조의2(보험대리상 등의 권한) 제2항〉.
② 보험자가 서면으로 질문한 사항은 중요한 사항으로 추정한다〈상법 제651조의2(서면에 의한 질문의 효력)〉.

14 소멸시효기간이 다른 하나는?

① 보험금 청구권
② 보험료 청구권
③ 보험료의 반환 청구권
④ 적립금의 반환 청구권

TIP 보험금 청구권은 3년간, 보험료 또는 적립금의 반환 청구권은 3년간, 보험료 청구권은 2년간 행사하지 아니하면 시효의 완성으로 소멸한다〈상법 제662조(소멸시효)〉.

ANSWER
12.④ 13.③ 14.②

15 위험변경증가의 통지의무에 관한 설명으로 옳지 않은 것은?

① 보험자는 보험계약자 또는 피보험자가 위험변경증가의 통지의무를 고의 또는 중과실로 해태한 경우에만 그 통지의무 위반을 이유로 계약을 해지할 수 있다.
② 보험기간 중에 보험계약자는 사고 발생의 위험의 현저한 증가 사실을 안 때에는 지체 없이 보험자에게 통지하여야 한다.
③ 보험기간 중에 피보험자는 사고 발생의 위험의 현저한 변경 사실을 안 때에는 지체 없이 보험자에게 통지하여야 한다.
④ 보험자가 피보험자로부터 위험변경증가의 통지를 받은 때에는 1월 내에 보험료의 증액을 청구하거나 계약을 해지할 수 있다.

> **TIP** ①④ 보험기간 중에 보험계약자, 피보험자 또는 보험수익자의 고의 또는 중대한 과실로 인하여 사고 발생의 위험이 현저하게 변경 또는 증가된 때에는 보험자는 그 사실을 안 날부터 1월 내에 보험료의 증액을 청구하거나 계약을 해지할 수 있다〈상법 제653조(보험계약자 등의 고의나 중과실로 인한 위험증가와 계약해지)〉.
> ②③ 보험기간 중에 보험계약자 또는 피보험자가 사고발생의 위험이 현저하게 변경 또는 증가된 사실을 안 때에는 지체 없이 보험자에게 통지하여야 한다. 이를 해태한 때에는 보험자는 그 사실을 안 날로부터 1월내에 한하여 계약을 해지할 수 있다〈상법 제652조(위험변경증가의 통지와 계약해지)〉.

16 손해보험에 있어서 보험사고와 보험금 지급에 관한 설명으로 옳지 않은 것은?

① 피보험자는 보험사고의 발생을 안 때에는 지체 없이 보험자에게 그 통지를 발송하여야 한다.
② 보험자는 보험금액의 지급에 관하여 약정기간이 없는 경우는 보험사고 발생의 통지를 받은 날로부터 10일 내에 피보험자 또는 보험수익자에게 보험금액을 지급하여야 한다.
③ 보험사고가 보험계약자의 중대한 과실로 인하여 생긴 때에는 보험자는 보험금액을 지급할 책임이 없다.
④ 보험사고가 전쟁으로 인하여 생긴 때에는 당사자 간에 다른 약정이 없으면 보험자는 보험금액을 지급할 책임이 없다.

> **TIP** ② 보험자는 보험금액의 지급에 관하여 약정기간이 있는 경우에는 그 기간 내에 약정기간이 없는 경우에는 보험사고 발생 통지를 받은 후 지체 없이 지급할 보험금액을 정하고 그 정하여진 날부터 10일 내에 피보험자 또는 보험수익자에게 보험금액을 지급하여야 한다〈상법 제658조(보험금액의 지급)〉.
> ① 「상법」 제657조(보험사고발생의 통지의무)
> ③ 「상법」 제659조(보험자의 면책사유)
> ④ 「상법」 제660조(전쟁위험 등으로 인한 면책)

ANSWER
15.① 16.②

기출변형

17 보험약관의 교부·설명 의무에 관한 설명으로 옳은 것을 모두 고른 것은? [기출변형]

> ⊙ 보험약관에 기재되어 있는 보험상품의 내용, 보험료율의 체계, 보험자의 면책사유 등 보험자가 보험계약을 체결할 때 보험계약자에게 설명하여야 하는 중요한 내용에 해당한다.
> ⓒ 보험자는 보험계약이 성립하면 지체 없이 보험약관을 보험계약자에게 교부하여야 하나, 그 보험계약자가 보험료의 전부나 최초 보험료를 지급하지 아니한 때에는 보험약관을 교부하지 않아도 된다.
> ⓒ 보험계약이 성립한 날로부터 2개월이 경과한 시점이라면 보험자가 상법상 보험약관의 교부·설명 의무를 위반한 경우에도 그 계약을 취소할 수 없다.

① ⊙
② ⓒ
③ ⊙ⓒ
④ ⓒⓒ

TIP ⊙ⓒ 보험자가 보험약관의 교부·설명 의무를 위반한 경우 보험계약자는 보험계약이 성립한 날부터 3개월 이내에 그 계약을 취소할 수 있다〈상법 제638조의3(보험약관의 교부·설명 의무) 제2항〉.

ⓒ 보험자는 보험계약이 성립한 때에는 지체 없이 보험증권을 작성하여 보험계약자에게 교부하여야 한다. 그러나 보험계약자가 보험료의 전부 또는 최초의 보험료를 지급하지 아니한 때에는 그러하지 아니하다〈상법 제640조(보험증권의 교부) 제1항〉.

※ 상법 제638조의3 제1항 및 약관의 규제에 관한 법률 제3조의 규정에 의하여 보험자는 보험계약을 체결할 때에 보험계약자에게 보험약관에 기재되어 있는 보험상품의 내용, 보험료율의 체계, 보험청약서상 기재 사항의 변동 및 보험자의 면책사유 등 보험계약의 중요한 내용에 대하여 구체적이고 상세한 명시·설명의무를 지고 있다고 할 것이어서, 만일 보험자가 이러한 보험약관의 명시·설명의무에 위반하여 보험계약을 체결한 때에는 그 약관의 내용을 보험계약의 내용으로 주장할 수 없고, 다만 보험약관의 중요한 내용에 해당하는 사항이라 하더라도 거래상 일반적이고 공통된 것이어서 보험계약자가 별도의 설명 없이도 충분히 예상할 수 있었던 사항이거나 보험계약자나 그 대리인이 그 내용을 충분히 잘 알고 있는 경우에는 그 약관이 바로 계약 내용이 되어 당사자에 대하여 구속력을 가지므로 보험자로서는 보험계약자 또는 그 대리인에게 약관의 내용을 따로 설명할 필요가 없다[대법원 2005. 12. 9. 선고 2004다26164, 26171 판결].

ANSWER
16.① 17.②

18 손해보험에 관한 설명으로 옳은 것은?

① 집합된 물건을 일괄하여 보험의 목적으로 한 때에는 그 목적에 속한 물건이 보험기간 중 수시로 교체된 경우에도 보험사고의 발생 시에 현존하는 물건은 보험의 목적에 포함된 것으로 한다.
② 보험계약자는 불특정의 타인을 위하여는 보험계약을 체결할 수 없다.
③ 손해가 피보험자와 생계를 같이 하는 가족의 고의로 인하여 발생한 경우에 보험금의 전부를 지급한 보험자는 그 지급한 금액의 한도에서 그 가족에 대한 피보험자의 권리를 취득하지 못한다.
④ 타인을 위한 보험에서 보험계약자가 보험료의 지급을 지체한 때에는 그 타인이 그 권리를 포기하여도 그 타인은 보험료를 지급하여야 한다.

> TIP ① 「상법」 제687조(동전)
> ② 보험계약자는 위임을 받거나 위임을 받지 아니하고 특정 또는 불특정의 타인을 위하여 보험계약을 체결할 수 있다. 그러나 손해보험계약의 경우에 그 타인의 위임이 없는 때에는 보험계약자는 이를 보험자에게 고지하여야 하고, 그 고지가 없는 때에는 타인이 그 보험계약이 체결된 사실을 알지 못하였다는 사유로 보험자에게 대항하지 못한다〈상법 제639조(타인을 위한 보험) 제1항〉.
> ③ 보험계약자나 피보험자의 권리가 그와 생계를 같이 하는 가족에 대한 것인 경우 보험자는 그 권리를 취득하지 못한다. 다만, 손해가 그 가족의 고의로 인하여 발생한 경우에는 그러하지 아니하다〈상법 제682조(제3자에 대한 보험대위) 제2항〉.
> ④ 보험계약자가 파산선고를 받거나 보험료의 지급을 지체한 때에는 그 타인이 그 권리를 포기하지 아니하는 한 그 타인도 보험료를 지급할 의무가 있다〈상법 제639조(타인을 위한 보험) 제3항〉.

19 손해보험증권에 반드시 기재해야 하는 사항이 아닌 것은?

① 보험의 목적
② 보험자의 설립 연월일
③ 보험료와 그 지급 방법
④ 무효와 실권의 사유

> TIP 손해보험증권〈상법 제666조〉 … 손해보험증권에는 다음의 사항을 기재하고 보험자가 기명날인 또는 서명하여야 한다.
> 1. 보험의 목적
> 2. 보험사고의 성질
> 3. 보험금액
> 4. 보험료와 그 지급방법
> 5. 보험기간을 정한 때에는 그 시기와 종기
> 6. 무효와 실권의 사유
> 7. 보험계약자의 주소와 성명 또는 상호
> 7의2. 피보험자의 주소, 성명 또는 상호
> 8. 보험계약의 연월일
> 9. 보험증권의 작성지와 그 작성 연월일

ANSWER
18.① 19.②

20 일부보험에 있어서 일부손해가 발생하여 비례보상원칙을 적용한 결과에 관한 설명으로 옳지 않은 것은?

① 손해액은 보험가액보다 적다.
② 보험가액은 보상액보다 크다.
③ 보상액은 손해액보다 적다.
④ 보험금액은 보험가액보다 크다.

TIP 보험가액의 일부를 보험에 붙인 경우에는 보험자는 보험금액의 보험가액에 대한 비율에 따라 보상한다. 보험가액의 한도 내에서 보험금액이 결정되기 때문에 보험가액이 보험금액보다 크다.
※ 보험가액의 일부를 보험에 붙인 경우에는 보험자는 보험금액의 보험가액에 대한 비율에 따라 보상할 책임을 진다. 그러나 당사자 간에 다른 약정이 있는 때에는 보험자는 보험금액의 한도 내에서 그 손해를 보상할 책임을 진다〈상법 제674조(일부보험)〉.

21 손해보험에서 손해액 산정에 관한 설명으로 옳은 것은?

① 당사자 간에 다른 약정이 없으면 보험자가 보상할 손해액은 그 손해가 발생한 때와 곳의 가액에 의한다.
② 손해가 발생한 때와 곳의 가액보다 신품가액이 작은 경우에는 당사자 간에 다른 약정이 없으면 신품가액에 따라 손해액을 산정하여야 한다.
③ 손해액의 산정에 관한 비용은 보험계약자의 부담으로 한다.
④ 보험사고로 인하여 상실된 피보험자의 보수는 당사자 간에 다른 약정이 없으면 보험자가 보상할 손해액에 산입한다.

TIP ①② 보험자가 보상할 손해액은 그 손해가 발생한 때와 곳의 가액에 의하여 산정한다. 그러나 당사자 간에 다른 약정이 있는 때에는 그 신품가액에 의하여 손해액을 산정할 수 있다〈상법 제676조(손해액의 산정기준) 제1항〉.
③ 손해액의 산정에 관한 비용은 보험자의 부담으로 한다〈상법 제676조(손해액의 산정기준) 제2항〉.
④ 보험사고로 인하여 상실된 피보험자가 얻을 이익이나 보수는 당사자 간에 다른 약정이 없으면 보험자가 보상할 손해액에 산입하지 아니한다〈상법 제667조(상실 이익 등의 불산입)〉.

ANSWER
20.④ 21.①

22 보험대리상이 갖는 권한이 아닌 것은?

① 보험계약자로부터 보험료를 수령할 수 있는 권한
② 보험계약자로부터 보험계약의 취소에 관한 의사표시를 수령할 수 있는 권한
③ 보험자로부터 보험금을 수령할 수 있는 권한
④ 보험계약자에게 보험계약의 변경에 관한 의사표시를 할 수 있는 권한

> **TIP** 보험대리상 등의 권한〈상법 제646조의2 제1항〉
> 1. 보험계약자로부터 보험료를 수령할 수 있는 권한
> 2. 보험자가 작성한 보험증권을 보험계약자에게 교부할 수 있는 권한
> 3. 보험계약자로부터 청약, 고지, 통지, 해지, 취소 등 보험계약에 관한 의사표시를 수령할 수 있는 권한
> 4. 보험계약자에게 보험계약의 체결, 변경, 해지 등 보험계약에 관한 의사표시를 할 수 있는 권한

23 상법 제681조(보험 목적에 관한 보험대위)의 내용이다. ( )에 들어갈 내용을 순서대로 올바르게 연결된 것은?

> 보험의 목적의 ( )가 멸실한 경우에 보험금액의 ( )를 지급한 보험자는 그 목적에 대한 피보험자의 권리를 취득한다. 그러나 보험가액의 ( )를 보험에 붙인 경우에는 보험자가 취득할 권리는 보험금액의 보험가액에 대한 비율에 따라 이를 정한다.

① 전부 또는 일부 – 일부 – 전부
② 전부 – 일부 – 일부
③ 전부 또는 일부 – 일부 – 일부
④ 전부 – 전부 – 일부

> **TIP** 보험의 목적의 <u>전부</u>가 멸실한 경우에 보험금액의 <u>전부</u>를 지급한 보험자는 그 목적에 대한 피보험자의 권리를 취득한다. 그러나 보험가액의 <u>일부</u>를 보험에 붙인 경우에는 보험자가 취득할 권리는 보험금액의 보험가액에 대한 비율에 따라 이를 정한다〈상법 제681조(보험 목적에 관한 보험대위)〉.

ANSWER
22.③ 23.④

24 보험계약에 관한 설명으로 옳지 않은 것은?

① 보험계약은 그 계약 전의 어느 시기를 보험기간의 시기로 할 수 있다.
② 대리인에 의하여 보험계약을 체결한 경우에 대리인이 안 사유는 그 본인이 안 것과 동일한 것으로 한다.
③ 보험자가 손해를 보상할 경우에 보험료의 지급을 받지 아니한 잔액은 그 지급기일이 도래한 이후에만 보상할 금액에서 공제할 수 있다.
④ 보험자는 보험사고로 인하여 부담할 책임에 대하여 다른 보험자와 재보험계약을 체결할 수 있다.

> **TIP** ③ 보험자가 손해를 보상할 경우에 보험료의 지급을 받지 아니한 잔액이 있으면 그 지급기일이 도래하지 아니한 때라도 보상할 금액에서 이를 공제할 수 있다〈상법 제677조(보험료체납과 보상액의 공제)〉.
> ①「상법」제643조(소급보험)
> ②「상법」제646조(대리인이 안 것의 효과)
> ④「상법」제661조(재보험)

25 화재보험에 관한 설명으로 옳지 않은 것은?

① 건물을 보험의 목적으로 한 때에는 그 소재지, 구조와 용도를 화재보험증권에 기재하여야 한다.
② 보험자는 화재의 소방에 따른 손해를 보상할 책임이 있다.
③ 보험자는 화재의 손해의 감소에 필요한 조치로 인한 손해를 보상할 책임이 있다.
④ 동산은 화재보험의 목적으로 할 수 없다.

> **TIP** ④ 화재보험증권에는 제666조(손해보험증권)에 게기한 사항 외에 건물을 보험의 목적으로 한 때에는 그 소재지·구조와 용도, 동산을 보험의 목적으로 한 때에는 그 존치한 장소의 상태와 용도, 보험가액을 정한 때에는 그 가액을 기재하여야 한다〈상법 제685조(화재보험증권)〉.
> ①「상법」제685조(화재보험증권)
> ②③「상법」제684조(소방 등의 조치로 인한 손해의 보상)

ANSWER
24.③ 25.④

제2과목 농어업재해보험법령

26 농어업재해보험법령상 농업재해보험심의회 및 회의에 관한 설명으로 옳지 않은 것은?

① 심의회는 위원장 및 부위원장 각 1명을 포함한 21명 이내의 위원으로 구성한다.
② 위원장은 심의회의 회의를 소집하며, 그 의장이 된다.
③ 심의회의 회의는 재적위원 5분의 1 이상의 요구가 있을 때 또는 위원장이 필요하다고 인정할 때에 소집한다.
④ 심의회의 회의는 재적위원 과반수의 출석으로 개의(開議)하고, 출석위원 과반수의 찬성으로 의결한다.

 ③ 심의회의 회의는 재적위원 3분의 1 이상의 요구가 있을 때 또는 위원장이 필요하다고 인정할 때에 소집한다〈농어업재해보험법 시행령 제3조(회의) 제2항〉.
① 「농어업재해보험법」 제3조(농업재해보험심의회) 제2항
②④ 「농어업재해보험법 시행령」 제3조(회의)

27 농어업재해보험법상 다음 설명에 해당되는 용어는?

> 보험가입자에게 재해로 인한 재산 피해에 따른 손해가 발생한 경우 보험가입자와 보험사업자 간의 약정에 따라 보험사업자가 보험가입자에게 지급하는 금액

① 보험료
② 손해평가액
③ 보험가입금액
④ 보험금

 ④ 「농어업재해보험법」 제2조(정의) 제5호
① 보험료란 보험가입자와 보험사업자 간의 약정에 따라 보험가입자가 보험사업자에게 내야 하는 금액을 말한다〈농어업재해보험법 제2조(정의)〉.
② 농작물이나 재산에 발생한 실제 손해를 금액으로 환산한 것이다.
③ 보험가입금액이란 보험가입자의 재산 피해에 따른 손해가 발생한 경우 보험에서 최대로 보상할 수 있는 한도액으로서 보험가입자와 보험사업자 간에 약정한 금액을 말한다〈농어업재해보험법 제2조(정의)〉.

ANSWER
26.③ 27.④

28 농어업재해보험법상 재해보험의 종류와 보험목적물로 옳지 않은 것은?

① 농작물재해보험 : 농작물 및 농업용 시설물
② 임산물재해보험 : 임산물 및 임업용 시설물
③ 축산물재해보험 : 축산물 및 축산시설물
④ 양식수산물재해보험 : 양식수산물 및 양식시설물

> **TIP** 보험목적물〈농어업재해보험법 제5조 제1항〉… 보험목적물은 다음 각 호의 구분에 따르되, 그 구체적인 범위는 보험의 효용성 및 보험 실시 가능성 등을 종합적으로 고려하여 농업재해보험심의회 또는 「수산업·어촌 발전 기본법」 따른 중앙 수산업·어촌정책심의회를 거쳐 농림축산식품부장관 또는 해양수산부장관이 고시한다.
> 1. 농작물재해보험 : 농작물 및 농업용 시설물
> 1의2. 임산물재해보험 : 임산물 및 임업용 시설물
> 2. 가축재해보험 : 가축 및 축산시설물
> 3. 양식수산물재해보험 : 양식수산물 및 양식시설물

29 농업재해보험 손해평가요령에 따른 손해평가인의 업무에 해당하는 것을 모두 고른 것은?

> ㉠ 보험가액 평가
> ㉡ 손해액 평가
> ㉢ 보험금 산정

① ㉠
② ㉠㉡
③ ㉠㉢
④ ㉡㉢

> **TIP** 손해평가인의 업무〈농업재해보험 손해평가요령 제3조 제1항〉
> 1. 피해사실 확인
> 2. 보험가액 및 손해액 평가
> 3. 그 밖에 손해평가에 관하여 필요한 사항

ANSWER
28.③ 29.②

30 농어업재해보험법령상 손해평가인으로 위촉될 수 없는 자는?

① 재해보험 대상 농작물을 6년간 경작한 경력이 있는 농업인
② 공무원으로 농촌진흥청에서 농작물 재배 분야에 관한 연구·지도 업무를 2년간 담당한 경력이 있는 사람
③ 교원으로 고등학교에서 농작물 재배 분야 관련 과목을 6년간 교육한 경력이 있는 사람
④ 조교수 이상으로 「고등교육법」 제2조에 따른 학교에서 농작물 재배 관련학을 5년간 교육한 경력이 있는 사람

> **TIP** 「농어업재해보험법 시행령」 별표 2에 따라 공무원으로 농촌진흥청에서 농작물재배 분야에 관한 연구·지도, 농산물 품질관리 또는 농업 통계조사 업무를 3년 이상 담당한 경력이 있는 사람이 농작물 재해보험 손해평가인 자격요건에 해당한다.

31 농어업재해보험법상 손해평가사의 자격 취소사유에 해당되는 자를 모두 고른 것은?

> ㉠ 손해평가사의 자격을 부정한 방법으로 취득한 사람
> ㉡ 거짓으로 손해평가를 한 사람
> ㉢ 손해평가사의 직무를 수행하면서 부적절한 행위를 하였다고 인정되는 사람
> ㉣ 다른 사람에게 손해평가사의 자격증을 빌려준 사람

① ㉠㉡
② ㉢㉣
③ ㉠㉡㉣
④ ㉡㉢㉣

> **TIP** 손해평가사의 자격 취소〈농어업재해보험법 제11조의5〉
> ① 농림축산식품부장관은 다음의 어느 하나에 해당하는 사람에 대하여 손해평가사 자격을 취소할 수 있다.
>   1. 손해평가사의 자격을 거짓 또는 부정한 방법으로 취득한 사람
>   2. 거짓으로 손해평가를 한 사람
>   3. 다른 사람에게 손해평가사의 명의를 사용하게 하거나 그 자격증을 대여한 사람
>   4. 손해평가사 명의의 사용이나 자격증의 대여를 알선한 사람
>   5. 업무정지 기간 중에 손해평가 업무를 수행한 사람
> ② ①에 따른 자격 취소 처분의 세부기준은 대통령령으로 정한다.

ANSWER
30.② 31.③

32 농어업재해보험법령상 내용으로 옳지 않은 것은?

① 재해보험가입자가 재해보험에 가입된 보험목적물을 양도하는 경우 그 양수인은 재해보험계약에 관한 양도인의 권리 및 의무를 승계한 것으로 추정하지 않는다.
② 재해보험의 보험금을 지급받을 권리는 압류할 수 없다. 다만, 보험목적물이 담보로 제공된 경우에는 그러하지 아니하다.
③ 재해보험사업자는 재해보험사업을 원활히 수행하기 위하여 필요한 경우에는 보험모집 및 손해평가 등 재해보험 업무의 일부를 대통령령으로 정하는 자에게 위탁할 수 있다.
④ 농림축산식품부장관은 손해평가사의 손해평가 능력 및 자질 향상을 위하여 교육을 실시할 수 있다.

> TIP ① 재해보험가입자가 재해보험에 가입된 보험목적물을 양도하는 경우 그 양수인은 재해보험계약에 관한 양도인의 권리 및 의무를 승계한 것으로 추정한다〈농어업재해보험법 제13조(보험목적물의 양도에 따른 권리 및 의무의 승계)〉.
> ②「농어업재해보험법」제12조(수급권의 보호) 제1항
> ③「농어업재해보험법」제14조(업무 위탁)
> ④「농어업재해보험법 시행령」제12조의3(손해평가 등의 교육)

33 농어업재해보험법상 재정지원에 관한 내용이다. ( )에 들어갈 용어를 순서대로 나열한 것은?

> 정부는 예산의 범위에서 재해보험가입자가 부담하는 ( )의 일부와 재해보험사업자의 ( )의 운영 및 관리에 필요한 비용(이하 "운영비"라 한다)의 전부 또는 일부를 지원할 수 있다. 이 경우 지방자치단체는 예산의 범위에서 재해보험가입자가 부담하는 ( )의 일부를 추가로 지원할 수 있다.

① 재해보험, 보험료, 재해보험
② 보험료, 재해보험, 보험료
③ 보험금, 재해보험, 보험금
④ 보험가입액, 보험료, 보험가입액

> TIP 정부는 예산의 범위에서 재해보험가입자가 부담하는 보험료의 일부와 재해보험사업자의 재해보험의 운영 및 관리에 필요한 비용(이하 "운영비"라 한다)의 전부 또는 일부를 지원할 수 있다. 이 경우 지방자치단체는 예산의 범위에서 재해보험가입자가 부담하는 보험료의 일부를 추가로 지원할 수 있다〈농어업재해보험법 제19조(재정지원) 제1항〉.

32.① 33.②

34 농어업재해보험법상 재해보험을 모집할 수 있는 자가 아닌 것은?

① 수협중앙회 및 그 회원조합의 임직원
② 산림조합중앙회 및 그 회원조합의 임직원
③ 「산림조합법」 제48조의 공제규정에 따른 공제모집인으로서 농림축산식품부장관이 인정하는 자
④ 「보험업법」 제83조(모집할 수 있는 자) 제1항에 따라 보험을 모집할 수 있는 자

> **TIP** 보험모집〈농어업재해보험법 제10조 제1항〉
> 1. 산림조합중앙회와 그 회원조합의 임직원, 수협중앙회와 그 회원조합 및 「수산업협동조합법」에 따라 설립된 수협은행의 임직원
> 2. 「수산업협동조합법」의 공제규약에 따른 공제모집인으로서 수협중앙회장 또는 그 회원조합장이 인정하는 자
> 3. 「산림조합법」의 공제규정에 따른 공제모집인으로서 산림조합중앙회장이나 그 회원조합장이 인정하는 자
> 4. 「보험업법」에 따라 보험을 모집할 수 있는 자

35 농어업재해보험법상 농어업재해재보험기금의 용도에 해당하지 않는 것은?

① 재해보험가입자가 부담하는 보험료의 일부 지원
② 제20조 제2항 제2호에 따른 재보험금의 지급
③ 제22조 제2항에 따른 차입금의 원리금 상환
④ 기금의 관리·운용에 필요한 경비(위탁경비를 포함한다)의 지출

> **TIP** 기금의 용도〈농어업재해보험법 제23조〉
> 1. 제20조(재보험사고) 제2항 제2호에 따른 재보험금의 지급
> 2. 제22조(기금의 조성) 제2항에 따른 차입금의 원리금 상환
> 3. 기금의 관리·운용에 필요한 경비(위탁경비를 포함한다)의 지출
> 4. 그 밖에 농림축산식품부장관이 해양수산부장관과 협의하여 재보험 사업을 유지·개선하는 데에 필요하다고 인정하는 경비의 지출

ANSWER
34.③ 35.①

36 농어업재해보험법령상 기금의 관리·운용 등에 관한 내용으로 옳은 것을 모두 고른 것은?

> ⊙ 기금수탁관리자는 기금의 관리 및 운용을 명확히 하기 위하여 기금을 다른 회계와 구분하여 회계처리하여야 한다.
> ⓒ 기금수탁관리자는 회계연도마다 기금결산보고서를 작성하여 다음 회계연도 2월 말일까지 농림축산식품부장관 및 해양수산부장관에게 제출하여야 한다.
> ⓒ 기금수탁관리자는 회계연도마다 기금결산보고서를 작성한후 심의회의 심의를 거쳐 다음 회계연도 2월 말일까지 기획재정부장관에게 제출하여야 한다.

① ⊙
② ⊙ⓒ
③ ⊙ⓒ
④ ⓒⓒ

TIP ⊙ 기금의 관리·운용을 위탁받은 농업정책보험금융원(이하 "기금수탁관리자"라 한다)은 기금의 관리 및 운용을 명확히 하기 위하여 기금을 다른 회계와 구분하여 회계처리하여야 한다〈농어업재해보험법 시행령 제18조(기금의 관리·운용에 관한 사무의 위탁) 제2항〉.
ⓒ 기금수탁관리자는 회계연도마다 기금결산보고서를 작성하여 다음 회계연도 2월 15일까지 농림축산식품부장관 및 해양수산부장관에게 제출하여야 한다〈농어업재해보험법 시행령 제19조(기금의 결산) 제1항〉.
ⓒ 농림축산식품부장관은 해양수산부장관과 협의하여 기금수탁관리자로부터 제출받은 기금결산보고서를 검토한 후 심의회의 심의를 거쳐 다음 회계연도 2월 말일까지 기획재정부장관에게 제출하여야 한다〈농어업재해보험법 시행령 제19조(기금의 결산) 제2항〉.

37 농어업재해보험법령상 농림축산식품부장관으로부터 재보험 사업에 관한 업무의 위탁을 받을 수 있는 자는?

① 「보험업법」에 따른 보험회사
② 「농업·농촌 및 식품산업기본법」 제63조의2 제1항에 따라 설립된 농업정책보험금융원
③ 「정부출연연구기관 등의 설립·운영 및 육성에 관한 법률」 제8조에 따라 설립된 연구기관
④ 「공익법인의 설립·운영에 관한 법률」 제4조에 따라 농림축산식품부장관 또는 해양수산부 장관의 허가를 받아 설립된 공익법인

TIP 농림축산식품부장관은 해양수산부장관과 협의를 거쳐 재보험사업에 관한 업무의 일부를 「농업·농촌 및 식품산업 기본법」 따라 설립된 농업정책보험금융원에 위탁할 수 있다〈농어업재해보험법 제20조(재보험사업) 제3항〉.

ANSWER
36.① 37.②

기출변형

38 종합위험방식 중 "인삼 해가림시설"의 경우 다음 조건에 해당되는 보험금은?

> - 보험가입금액 : 800만 원
> - 손해액 : 500만 원
> - 보험가액 : 1,000만 원
> - 자기부담금 : 100만 원

① 300만 원
② 320만 원
③ 350만 원
④ 400만 원

TIP 농작물의 보험금 산정〈농업재해보험 손해평가요령 [별표 1]〉
① 보험가입금액이 보험가액보다 작을 때 : (손해액 - 자기부담금) × (보험가입금액 ÷ 보험가액)
② (500만원 - 100만원) × (800만원 ÷ 1,000만원) = 320만원

39 농업재해보험 손해평가요령에 따른 보험목적물별 손해평가 단위로 옳은 것은?

① 사과 : 농지별
② 벼 : 필지별
③ 가축 : 개별축사별
④ 농업시설물 : 지번별

TIP 손해평가 단위〈농업재해보험 손해평가요령 제12조 제1항〉
1. 농작물 : 농지별
2. 가축 : 개별가축별(단, 벌은 벌통 단위)
3. 농업시설물 : 보험가입 목적물별

ANSWER
38.② 39.①

기출변형

40 농업재해보험 손해평가요령에 따른 손해수량 조사방법 중 「적과후 ~ 수확기 종료」 생육시기에 태풍으로 인하여 발생한 낙엽 피해에 대하여 낙엽률 조사를 하는 과수 품목은?

① 사과
② 배
③ 감귤
④ 단감

TIP 「농업재해보험 손해평가요령」에 따른 손해수량 조사방법 중 낙엽 피해에 대하여 낙엽률을 조사하는 품목은 단감·떫은 감이다.

※ 적과전종합위험방식 상품〈농업재해보험 손해평가요령 [별표 2]〉

생육시기	재해	조사내용	조사시기	조사 방법	비고
적과후 ~ 수확기 종료	보상하는 재해	낙과피해 조사	사고접수 후 지체 없이	떨어진 피해 과실수 조사, 과피해 조사는 보험약관에서 정한 과실 피해분류기준에 따라 구분하여 조사 ※ 조사방법: 전수조사 또는 표본조사	—
				낙엽률 조사(우박 및 일소 제외) - 낙엽피해정도 조사 ※ 조사방법: 표본조사	단감·떫은 감

41 농업재해보험 손해평가요령에 관한 내용이다. ( )에 들어갈 용어는?

( )라 함은 「농어업재해보험법」 제2조 제1호에 따른 피해가 발생한 경우 법 제11조 및 제11조의3에 따라 손해평가인, 손해평가사 또는 손해사정사가 그 피해사실을 확인하고 평가하는 일련의 과정을 말한다.

① 피해 조사
② 손해평가
③ 검증조사
④ 현지조사

TIP "손해평가"라 함은 「농어업재해보험법」(이하 "법"이라 한다) 제2조(정의) 제1호에 따른 피해가 발생한 경우 법 제11조(손해평가 등) 및 제11조의3(손해평가사의 업무)에 따라 손해평가인, 손해평가사 또는 손해사정사가 그 피해사실을 확인하고 평가하는 일련의 과정을 말한다〈농업재해보험 손해평가요령 제2조(용어의 정의) 제1호〉.

ANSWER
40.④ 41.②

> 기출변형

42 농업재해보험 손해평가요령에 따른 농작물 및 농업시설물의 보험가액 산정 방법으로 옳은 것은?

① 특정위험방식의 보험가액은 적과후착과수(달린 열매 수)조사를 통해 산정한 기준수확량에 보험가입 당시의 단위당 가입가격을 곱하여 산정한다.
② 적과전종합위험방식은 가입면적에 보험가입 당시의 단위당 가입가격을 곱하여 산정한다.
③ 종합위험방식 보험가액은 적과전과수조사를 통해 산정한 기준수확량에 보험가입 당시의 단위당 가입가격을 곱하여 산정한다.
④ 농업시설물에 대한 보험가액은 보험사고가 발생한 때와 곳에서 평가한 피해목적물의 재조달가액에서 내용연수에 따른 감가상각률을 적용하여 계산한 감가상각액을 차감하여 산정한다.

> TIP 「농업재해보험 손해평가요령」 제15조(농업시설물의 보험가액 및 손해액 산정) 제1항
> ※ 농작물에 대한 보험가액 산정〈농업재해보험 손해평가요령 제13조 제1항〉
> 1. 특정위험방식인 인삼은 가입면적에 보험가입 당시의 단위당 가입가격을 곱하여 산정하며, 보험가액에 영을 미치는 가입면적, 연근 등이 가입 당시와 다를 경우 변경할 수 있다.
> 2. 적과전종합위험방식의 보험가액은 적과후착과수(달린 열매 수)조사를 통해 산정한 기준수확량에 보험가입 당시의 단위당 가입가격을 곱하여 산정한다.
> 3. 종합위험방식 보험가액은 보험증권에 기재된 보험목적물의 평년수확량에 보험가입 당시의 단위당 가입가격을 곱하여 산정한다. 다만, 보험가액에 영향을 미치는 가입면적, 주수, 수령, 품종 등이 가입당시와 다를 경우 변경할 수 있다.
> 4. 생산비보장의 보험가액은 작물별로 보험가입 당시 정한 보험가액을 기준으로 산정한다. 다만, 보험가액에 영향을 미치는 가입면적 등이 가입 당시와 다를 경우 변경할 수 있다.
> 5. 나무손해보장의 보험가액은 기재된 보험목적물이 나무인 경우로 최초 보험사고 발생 시의 해당 농지 내에 심어져 있는 과실생산이 가능한 나무 수(피해 나무 수 포함)에 보험가입 당시의 나무당 가입가격을 곱하여 산정한다.

> 기출변형

43 농업재해보험 손해평가요령에 따른 손해평가인의 위촉 및 교육에 관한 설명으로 옳지 않은 것은?

① 재해보험사업자는 손해평가인이 공정하고 객관적인 손해평가를 수행할 수 있도록 연 1회 이상 정기교육을 실시하여야 한다.
② 재해보험사업자는 농업재해보험이 실시되는 시·군·자치구별 보험가입자의 수 등을 고려하여 적정 규모의 손해평가인을 위촉할 수 있다.
③ 재해보험사업자는 손해평가인을 위촉한 경우에는 그 자격을 표시할 수 있는 손해평가인증을 발급하여야 한다.
④ 재해보험사업자 및 손해평가 업무를 위탁받은 자는 손해평가보조인을 운용할 수 있다.

> TIP ① 농림축산식품부장관 또는 해양수산부장관은 제1항에 따른 손해평가인이 공정하고 객관적인 손해평가를 수행할 수 있도록 연 1회 이상 정기교육을 실시하여야 한다〈농어업재해보험법 제11조(손해평가 등) 제5항〉.
> ②③④ 「농업재해보험 손해평가요령」 제4조(손해평가인 위촉)

ANSWER
42.④ 43.①

44 농업재해보험 손해평가요령에 따른 손해평가인 위촉의 취소 사유에 해당되지 않는 자는?

① 파산선고를 받은 자로서 복권되지 아니한 자
② 손해평가인 위촉이 취소된 후 1년이 경과되지 아니한 자
③ 거짓 그 밖의 부정한 방법으로 손해평가인으로 위촉된 자
④ 「농어업재해보험법」 제30조에 의하여 벌금 이상의 형을 선고받고 그 집행이 종료되거나 집행이 면제된 날로부터 3년이 경과된 자

> **TIP** 손해평가인 위촉의 취소 및 해지 등〈농업재해보험 손해평가요령 제6조 제1항〉… 재해보험사업자는 손해평가인이 다음 각 호의 어느 하나에 해당하게 되거나 위촉 당시에 해당하는 자이었음이 판명된 때에는 그 위촉을 취소하여야 한다.
> 1. 피성년후견인
> 2. 파산선고를 받은 자로서 복권되지 아니한 자
> 3. 법 제30조(벌칙)에 의하여 벌금이상의 형을 선고받고 그 집행이 종료(집행이 종료된 것으로 보는 경우를 포함한다)되거나 집행이 면제된 날로부터 2년이 경과되지 아니한 자
> 4. 동 조에 따라 위촉이 취소된 후 2년이 경과하지 아니한 자
> 5. 거짓 그 밖의 부정한 방법으로 제4조(손해평가인 위촉)에 따라 손해평가인으로 위촉된 자
> 6. 업무정지 기간 중에 손해평가업무를 수행한 자

45 농업재해보험 손해평가요령에 따른 손해평가준비 및 평가결과 제출에 관한 내용이다. ( )에 들어갈 숫자는?

> 재해보험사업자는 보험가입자가 손해평가반의 손해평가결과에 대하여 설명 또는 통지를 받은 날로부터 ( )일 이내에 손해평가가 잘못되었음을 증빙하는 서류 또는 사진 등을 제출하는 경우 재해보험사업자는 다른 손해평가반으로 하여금 재조사를 실시하게 할 수 있다.

① 5
② 7
③ 10
④ 14

> **TIP** 재해보험사업자는 보험가입자가 손해평가반의 손해평가결과에 대하여 설명 또는 통지를 받은 날로부터 7일 이내에 손해평가가 잘못되었음을 증빙하는 서류 또는 사진 등을 제출하는 경우 재해보험사업자는 다른 손해평가반으로 하여금 재조사를 실시하게 할 수 있다〈농업재해보험 손해평가요령 제10조(손해평가준비 및 평가결과 제출) 제5항〉.

ANSWER
44.④ 45.②

기출변형

46 농업재해보험 손해평가요령에 따른 손해평가결과의 검증조사에 관한 설명으로 옳은 것은?

① 재해보험사업자 및 사업 관리 위탁 기관은 손해평가결과를 확인하기 위하여 손해평가를 미실시한 보험목적물 중에서 일정수를 임의 추출하여 검증조사를 할 수 있다.

② 농림축산식품부장관은 재해보험사업자로 하여금 검증조사를 하게 할 수 있으며, 재해보험사업자는 이에 반드시 응하여야 한다.

③ 검증조사결과 현저한 차이가 발생되어 재조사가 불가피하다고 판단될 경우 해당 손해평가반이 조사한 전체 보험목적물에 대하여 재조사를 할 수 있다.

④ 보험가입자가 정당한 사유 없이 검증조사를 거부하는 경우 검증조사반은 검증조사가 불가능하여 손해평가결과를 확인할 수 없다는 사실을 보험사업자에게 통지한 후 검증조사결과를 작성하여 제출하여야 한다.

> **TIP** 손해평가결과 검증〈농업재해보험 손해평가요령 제11조〉
> ① 재해보험사업자 및 법 제25조의2에 따라 농어업재해보험사업의 관리를 위탁받은 기관(사업 관리 위탁 기관)은 손해평가반이 실시한 손해평가결과를 확인하기 위하여 손해평가를 실시한 보험목적물 중에서 일정수를 임의 추출하여 검증조사를 할 수 있다.
> ② 농림축산식품부장관은 재해보험사업자로 하여금 ①의 검증조사를 하게 할 수 있으며, 재해보험사업자는 특별한 사유가 없는 한 이에 응하여야 하고, 그 결과를 농림축산식품부장관에게 제출하여야 한다.
> ③ ① 및 ②에 따른 검증조사결과 현저한 차이가 발생되어 재조사가 불가피하다고 판단될 경우에는 해당 손해평가반이 조사한 전체 보험목적물에 대하여 재조사를 할 수 있다.
> ④ 보험가입자가 정당한 사유 없이 검증조사를 거부하는 경우 검증조사반은 검증조사가 불가능하여 손해평가 결과를 확인할 수 없다는 사실을 보험가입자에게 통지한 후 검증조사결과를 작성하여 재해보험사업자에게 제출하여야 한다.
> ⑤ 사업 관리 위탁 기관이 검증조사를 실시한 경우 그 결과를 재해보험사업자에게 통보하고 필요에 따라 결과에 대한 조치를 요구할 수 있으며, 재해보험사업자는 특별한 사유가 없는 한 그에 따른 조치를 실시해야 한다.

ANSWER
46.③

47 농업재해보험 손해평가요령에 따른 손해평가반 구성으로 잘못된 것은?

① 손해평가인 1인을 포함하여 3인으로 구성
② 손해사정사 1인을 포함하여 4인으로 구성
③ 손해평가인 1인과 손해평가사 1인을 포함하여 5인으로 구성
④ 손해평가보조인 5인으로 구성

> **TIP** 손해평가반 구성 등〈농업재해보험 손해평가요령 제8조 제2항〉… 손해평가반은 다음의 어느 하나에 해당하는 자를 1인 이상 포함하여 5인 이내로 구성한다.
> 1. 손해평가인
> 2. 손해평가사
> 3. 「보험업법」에 따른 손해사정사

48 농어업재해보험법상 재해보험사업자가 재해보험사업의 회계를 다른 회계와 구분하지 않고 회계처리한 경우에 해당하는 벌칙은?

① 300만 원 이하의 과태료
② 500만 원 이하의 과태료
③ 500만 원 이하의 벌금
④ 1년 이하의 징역 또는 1,000만 원 이하의 벌금

> **TIP** 「농어업재해보험법」 제15조(회계구분)를 위반하여 회계를 처리한 자는 500만원 이하의 벌금에 처한다〈농어업재해보험법 제30조(벌칙) 제3항〉.

ANSWER
47.④ 48.③

49 손해평가인이 업무수행과 관련하여 「개인정보보호법」, 「신용정보의 이용 및 보호에 관한 법률」 등 정보보호와 관련된 법령을 위반한 경우, 재해보험사업자가 손해평가인에게 명할 수 있는 최대 업무 정지기간은?

① 6개월
② 1년
③ 2년
④ 3년

TIP 재해보험사업자는 손해평가인이 업무수행과 관련하여 「개인정보보호법」, 「신용정보의 이용 및 보호에 관한 법률」 등 정보보호와 관련된 법령을 위반한 때에는 6개월 이내의 기간을 정하여 그 업무의 정지를 명하거나 위촉 해지 등을 할 수 있다〈농업재해보험 손해평가요령 제6조(손해평가인 위촉의 취소 및 해지 등) 제2항 제3호〉.

50 농어업재해보험법상 농업재해보험사업의 효율적 추진을 위하여 농림축산식품부장관이 수행하는 업무가 아닌 것은?

① 재해보험사업의 관리·감독
② 재해보험 상품의 개발 및 보험료율의 산정
③ 손해평가인력의 육성
④ 손해평가기법의 연구·개발 및 보급

TIP 농어업재해보험사업의 관리〈농어업재해보험법 제25조의2〉… 농림축산식품부장관 또는 해양수산부장관은 재해보험사업을 효율적으로 추진하기 위하여 다음 각 호의 업무를 수행한다.
  1. 재해보험사업의 관리·감독
  2. 재해보험 상품의 연구 및 보급
  3. 재해 관련 통계 생산 및 데이터베이스 구축·분석
  4. 손해평가인력의 육성
  5. 손해평가기법의 연구·개발 및 보급

ANSWER
49.① 50.②

제3과목 재배학 및 원예작물학

51 추파 일년초에 속하는 화훼작물은?

① 팬지 ② 맨드라미
③ 샐비어 ④ 칸나

> **TIP** 일년초(한해살이화초)
> ㉠ 춘파 일년초 : 나팔꽃, 코스모스, 해바라기, 맨드라미, 샐비어 등
> ㉡ 추파 일년초 : 과꽃, 팬지, 데이지, 금어초 등

52 식물체 내 물의 기능으로 옳지 않은 것은?

① 세포의 팽압 형성 ② 감수분열 촉진
③ 양분 흡수와 이동의 용매 ④ 물질의 합성과 분해과정 매개

> **TIP** ② 감수분열은 식물 세포의 생식 과정에서 일어나는 특수한 분열 방식에 해당한다. 물이 감수분열 과정을 촉진하는 역할을 하지 않는다.
> ① 물은 세포벽을 밀어내는 팽압을 형성한다.
> ③ 물은 뿌리에서 양분을 흡수하고 식물의 다른 부분으로 이동시키는 용매 역할을 한다.
> ④ 물은 물질의 합성과 분해 과정에서 중요한 매개체로 작용한다.

53 ( )에 들어갈 내용은?

> 작물의 광합성에 의한 이산화탄소의 흡수량과 호흡에 의한 이산화탄소의 방출량이 같은 지점의 광도를 ( )이라 한다.

① 광반응점 ② 광보상점
③ 광순화점 ④ 광포화점

> **TIP** ① 광반응점 : 식물이 빛에 반응하여 광합성을 시작하는 최소한의 광도(빛의 세기)이다.
> ③ 광순화점 : 식물이 일정 기간 동안 빛에 적응하여 그에 따른 생리적 변화를 보이는 지점이다.
> ④ 광포화점 : 식물이 최대의 광합성 속도에 도달하는 광도의 지점이다.

ANSWER
51.① 52.② 53.②

54 단일일장(short day length) 조건에서 개화 억제를 위해 야간에 보광을 실시하는 작물은?
① 장미　　　　　　　　　　② 가지
③ 국화　　　　　　　　　　④ 토마토

　　TIP　단일식물인 가을국화를 단일처리하면 개화가 촉진되고, 장일처리하면 억제된다.

55 건물 1g을 생산하는 데 필요한 수분량인 요수량(要水量)이 가장 높은 작물은?
① 기장　　　　　　　　　　② 옥수수
③ 밀　　　　　　　　　　　④ 호박

　　TIP　'호박 > 밀 > 옥수수 > 기장' 순이다.

56 종자번식에서 자연교잡률이 4% 이하인 자식성 작물에 속하는 것은?
① 토마토　　　　　　　　　② 양파
③ 매리골드　　　　　　　　④ 베고니아

　　TIP　자식성 작물 … 자가수정을 하는 작물 중 일반적으로 자연교잡율이 4% 이하인 것을 말한다. 자식성 작물에는 벼, 밀, 보리, 콩, 완두, 담배, 토마토, 가지, 참깨, 복숭아 등이 있다.

57 작물의 병해충 방제법 중 생물적 방제에 해당하는 것은?
① 윤작 등 작부체계의 변경　　② 멀칭 및 자외선 차단필름 활용
③ 천적 곤충 이용　　　　　　④ 태양열 소독

　　TIP　① 재배적 방제
　　　　　②④ 물리적 방제
　　　　　※ 생물적 방제법 … 곤충 또는 미생물을 이용하여 잡초의 세력을 경감시키는 방제법으로 잔류물질이 남지 않아 친환경 유기농법에서 많이 이용되고 있다.

ANSWER
54.③　55.④　56.①　57.③

58 해충과 천적의 관계가 바르게 짝지어지지 않은 것은?

① 잎응애류 - 칠레이리응애
② 진딧물류 - 온실가루이
③ 총채벌레류 - 애꽃노린재
④ 굴파리류 - 굴파리좀벌

> **TIP** 온실가루이 … 곤충강, 매미목, 가루이과의 곤충으로 원예작물에 피해를 주는 곤충으로 외국에서 관엽식물에 묻어 유입된 외래해충이다. 진딧물류의 천적은 콜레마니진디벌, 꽃등에류, 무당벌레 등이 있다.

59 ( )에 들어갈 내용을 순서대로 바르게 나열한 것은?

- 작물이 생육하고 있는 중에 이랑 사이의 흙을 그루 밑에 긁어모아 주는 것을 ( )(이)라고 한다.
- 짚이나 건초를 깔아 작물이 생육하고 있는 토양 표면을 피복해 주는 것을 ( )(이)라고 한다.

① 중경, 멀칭
② 배토, 복토
③ 배토, 멀칭
④ 중경, 복토

> **TIP** 토양관리
> ㉠ 배토: 작물이 생육하고 있는 중에 이당 사이의 흙을 포기 밑으로 긁어 모아 주는 것을 의미한다.
> ㉡ 멀칭: 짚, 건초, 거름 등을 깔아서 작물이 생육하고 있는 토양의 표면을 피복해주는 것이다.
> ㉢ 중경: 이랑이나 작조 사이의 흙을 갈거나 쪼아서 토양을 부드럽게 만드는 작업이다.
> ㉣ 복토: 종자를 파종한 후에 흙을 덮는 작업을 의미한다.

60 영양 번식(무성번식)에 관한 설명으로 옳지 않은 것은?

① 과수의 결실연령을 단축시킬 수 있다.
② 모주의 유전형질이 똑같이 후대에 계승된다.
③ 번식체의 취급이 간편하고 수송 및 저장이 용이하다.
④ 종자번식이 불가능한 작물의 번식수단이 된다.

> **TIP** 영양 번식(무성번식) … 씨 이외에 잎·줄기·뿌리와 같은 영양체(조직)의 일부에서 새로운 개체를 얻는 방법이다. 영양 번식은 저장과 운반이 어렵고 비용이 든다.

ANSWER
58.② 59.③ 60.③

61 작휴법 중 성휴법에 관한 설명으로 옳은 것은?

① 이랑을 세우고 낮은 고랑에 파종하는 방식
② 이랑을 보통보다 넓고 크게 만드는 방식
③ 이랑을 세우고 이랑 위에 파종하는 방식
④ 이랑을 평평하게 하여 이랑과 고랑의 높이가 같게 하는 방식

TIP ① 휴립구파 ③ 휴립휴파 ④ 평휴
※ 성휴법 … 토양을 일정 기간 동안 경작하지 않고, 대신 덮개 작물을 재배하거나 자연적인 초지 형성을 유도하여 토양의 양분과 구조를 개선하고, 지력을 회복하는 농업 기법이다. 토양 침식 방지, 양분 보존, 그리고 유기물 축적 등을 통해 토양의 장기적인 생산성을 높이는 데 기여한다.

62 작물 생육기간 중 수분부족 환경에 노출될 때 일어나는 반응을 모두 고른 것은?

㉠ 기공 폐쇄
㉡ 앱시스산(ABA) 합성 촉진
㉢ 엽면적 증가

① ㉠
② ㉠㉡
③ ㉡㉢
④ ㉠㉡㉢

TIP ㉢ 수분이 부족하면 팽압이 저하되면서 엽면적이 감소한다.

63 작물 재배 중 온도의 영향에 관한 설명으로 옳은 것은?

① 조직 내에 결빙이 생겨 탈수로 인한 피해가 발생하는 것을 냉해라고 한다.
② 세포 내 유기물 생성이 증가하면 에너지 소비가 심해져 내열성은 감소한다.
③ 춘화작용은 처리기간과 상관없이 온도의 영향을 받는다.
④ 탄소동화작용의 최적온도 범위는 호흡작용보다 낮다.

TIP ① 조직 내에 결빙이 생겨 탈수로 인한 피해가 발생하는 것은 동해이다.
② 세포 내 유기물 생성이 증가하면 내열성은 증가한다.
③ 춘화는 저온에 감응하여 꽃눈이 분화하고 개화하는 현상이며 춘화처리는 식물의 빠른 개화를 유도하기 위해서 생육기간 중 일정시기에 저온처리를 하는 과정이다. 따라서 처리기간에 따라 온도의 영향을 받는다.

ANSWER
61.② 62.② 63.④

64 토양습해 예방 대책으로 옳은 것은?

① 내습성 품종 선택　　　② 고랑 파종
③ 미숙 유기물 사용　　　④ 밀식 재배

> **TIP**　① 토양습해를 예방하기 위해서는 내습성 품종을 선택하는 것이 좋다.
> ② 이랑 파종한다.
> ③ 미숙 유기물 사용을 피한다.
> ④ 휴립 재배를 한다.
> ※ **토양습해** … 토양의 과습상태가 지속되어 토양산소가 부족할 때에는 뿌리가 상하고 심한 경우에는 부패하여 지상부가 황화한 후 위조 · 고사하는 것을 볼 수 있는데, 이를 습해라고 한다.

65 작물 피해를 발생시키는 대기오염 물질이 아닌 것은?

① 아황산가스　　　② 이산화탄소
③ 오존　　　　　　④ 불화수소

> **TIP**　이산화탄소는 식물의 광합성에 필요한 대기 성분이다.

66 강풍이 작물에 미치는 영향으로 옳지 않은 것은?

① 상처로 인한 호흡률 증가
② 매개곤충의 활동 저하로 인한 수정률 감소
③ 기공 폐쇄로 인한 광합성률 감소
④ 병원균 감소로 인한 병해충 피해 약화

> **TIP**　강풍의 영향
> ㉠ 풍속이 2 ~ 4m/sec 이상으로 강해지면 기공이 폐쇄되면서 광합성이 저하된다.
> ㉡ 작물체온이 저하되고 냉풍은 냉해를 유발한다.
> ㉢ 바람이 강할 경우 낙과 · 절손 · 도복 · 탈립 등을 유발하며 2차적으로 병해, 부패 등이 유발되기도 한다.
> ㉣ 바람에 의해 작물이 손상을 입으면 호흡이 증가하므로 체내 양분의 소모가 커진다.
> ㉤ 매개곤충의 활동 저하로 인한 수정률이 감소한다.

ANSWER
64.① 65.② 66.④

67 염해(salt stress)에 관한 설명으로 옳지 않은 것은?

① 토양 수분의 증발량이 강수량보다 많을 때 발생할 수 있다.
② 시설재배 시 비료의 과용으로 생기게 된다.
③ 토양의 수분포텐셜이 높아진다.
④ 토양 수분 흡수가 어려워지고 작물의 영양소 불균형을 초래한다.

> **TIP** 단위량의 수분이 갖는 잠재 에너지를 수분포텐셜이라고 한다. 염해는 토양의 수분포텐셜이 낮아진다.

68 채소작물 중 조미채소류가 아닌 것은?

① 마늘
② 고추
③ 생강
④ 배추

> **TIP** 조미채소는 음식에 맛을 내는 데 쓰이는 채소로, 배추는 조미채소에 해당하지 않는다.

69 과수의 엽면시비에 관한 설명으로 옳지 않은 것은?

① 뿌리가 병충해 또는 침수 피해를 받았을 때 실시할 수 있다.
② 비료의 흡수율을 높이기 위해 전착제를 첨가하여 살포한다.
③ 잎의 윗면보다는 아랫면에 살포하여 흡수율을 높게 한다.
④ 고온기에는 살포농도를 높여 흡수율을 높게 한다.

> **TIP** 고온기에는 식물의 잎이 더 민감해져 있으며, 농도가 높은 비료를 엽면에 살포할 경우 잎이 손상될 위험이 상승한다. 고온기에는 살포 농도를 낮추거나 더 희석하여 사용하는 것이 안전하다.
> ※ 엽면시비 … 요소 또는 엽면 살포용 비료를 물에 희석하여 분무상태로 잎이나 줄기에 시비하는 것을 말한다. 지나치게 건조하고 기온이 낮을 경우에 필요하다. 고온기에는 살포농도를 낮춘다.

ANSWER
67.③ 68.④ 69.④

70 과수와 그 생육특성이 바르게 짝지어지지 않은 것은?

① 사과나무 – 교목성 온대과수
② 블루베리나무 – 관목성 온대과수
③ 참다래나무 – 덩굴성 아열대과수
④ 온주밀감나무 – 상록성 아열대과수

TIP 참다래 … 동남아시아 원산의 덩굴성 낙엽과수이다.

71 과수 재배조건이 과실의 성숙과 저장에 미치는 영향으로 옳지 않은 것은?

① 질소를 과다 시용하면 과실의 크기가 비대해지고 저장성도 높아진다.
② 토양 수분이 지나치게 많으면 이상숙성 현상이 일어나 저장성이 떨어진다.
③ 평균기온이 높은 해에는 과실의 성숙이 빨라지므로 조기수확을 통해 저장 중 품질을 유지할 수 있다.
④ 생장 후기에 흐린 날이 많으면 저장 중 생리장해가 발생하기 쉽다.

TIP 질소가 과다하면 과실의 착색이나 품질에 떨어진다.

72 과수 재배 시 봉지씌우기의 목적이 아닌 것은?

① 과실에 발생하는 병충해를 방제한다.
② 생산비를 절감하고 해거리를 유도한다.
③ 과피의 착색도를 향상시켜 상품성을 높인다.
④ 농약이 직접 과실에 부착되지 않도록 하여 상품성을 높인다.

TIP 봉지씌우기 … 과실을 외부 환경으로부터 보호하고, 과실의 품질을 높이기 위해 사용하는 방법이다. 봉지씌우기는 작업에 시간과 노동력이 많이 필요하기 때문에 생산비가 증가할 수 있다. 나무가 한 해에는 과일을 많이 맺고, 그 다음 해에는 상대적으로 적게 맺는 현상인 해거리는 수세 관리, 영양 상태, 꽃눈 형성 등의 요인에 의해 결정된다.

ANSWER
70.③ 71.① 72.②

73 화훼재배에 이용되는 생장조절물질에 관한 설명으로 옳은 것은?

① 루톤(rootone)은 옥신(auxin)계 생장조절물질로 발근을 촉진한다.
② 에테폰(ethephon)은 에틸렌 발생을 위한 기체 화합물로 아나나스류의 화아분화를 억제한다.
③ 지베렐린(gibberellin) 처리는 국화의 줄기신장을 억제한다.
④ 시토키닌(cytokinin)은 옥신류와 상보작용을 통해 측지발생을 억제한다.

> **TIP** ② 에테폰(ethephon)은 식물의 노화를 촉진하는 식물 호르몬의 일종인 에틸렌(ethylene)을 생성함으로써 과채류 및 과실류의 착색을 촉진하고 숙기를 촉진하는 작용을 한다.
> ③ 지베렐린(gibberellin)은 신장촉진작용, 종자발아촉진작용, 개화촉진작용, 착과(着果)의 증가작용, 열매의 생장촉진 작용 등을 한다.
> ④ 시토키닌(cytokinin)은 식물의 생장조절물질 중 하나로 세포 분열 촉진, 노화 억제, 휴면 타파, 엽록체 발달 촉진 등에 관여하며 잎과 과일의 노화방지를 한다.

74 ( )에 들어갈 내용으로 옳은 것은?

> 조직배양은 식물의 세포, 조직, 또는 기관이 완전한 식물체로 만들어질 수 있다는 ( )에 기반을 둔 것이다.

① 전형성능
② 유성번식
③ 발아세
④ 결실률

> **TIP** 전형성능…단세포 혹은 식물 조직 일부분으로부터 완전한 식물체를 재생하는 능력을 의미한다. 모든 세포는 전형성능을 지니고 있지만 세포의 분화 정도, 세포의 채취 부위, 배지의 조성, 배양 환경 등에 따라 표현되는 데는 차이가 있다.

75 시설원예 피복자재의 조건으로 옳지 않은 것은?

① 열전도율이 낮아야 한다.
② 겨울철 보온성이 커야 한다.
③ 외부 충격에 강해야 한다.
④ 광 투과율이 낮아야 한다.

> **TIP** 시설원예(유리온실이나 비닐하우스를 이용하여 채소·꽃·과수 등을 재배하는 원예) 피복자재는 광 투과율이 높아야 한다.

ANSWER
73.① 74.① 75.④

2017년 제3회 1차 시험

제1과목 「상법」 보험편

1 보험계약의 법적 성격으로 옳은 것은 몇 개인가?

> 선의계약성, 유상계약성, 요식계약성, 사행계약성

① 1개 ② 2개
③ 3개 ④ 4개

> **TIP** 보험계약의 법적 성격으로는 낙성계약성, 유상계약성, 쌍무계약성, 불요식계약성, 사행계약성, 선의계약성, 계속적 계약성, 부합계약성 등이 있다.

2 보험계약에 관한 설명으로 옳지 않은 것은?

① 손해보험계약의 경우 보험자가 보험계약자로부터 보험계약의 청약과 함께 보험료 상당액의 전부를 지급 받은 때에는 다른 약정이 없으면 30일 내에 그 상대방에 대하여 낙부의 통지를 발송하여야 한다.
② 보험계약은 청약과 승낙뿐만 아니라 보험료 지급이 이루어진 때에 성립한다.
③ 손해보험계약의 경우 보험자가 보험계약자로부터 보험계약의 청약과 함께 보험료 상당액의 전부를 지급 받은 경우에 그 청약을 승낙하기 전에 보험계약에서 정한 보험사고가 생긴 때에는 그 청약을 거절할 사유가 없는 한 보험자는 보험계약상의 책임을 진다.
④ 보험자가 낙부의 통지 기간 내에 낙부의 통지를 해태한 때에는 승낙한 것으로 본다.

> **TIP** 보험계약의 성립〈상법 제638조의2〉
> ① 보험자가 보험계약자로부터 보험계약의 청약과 함께 보험료 상당액의 전부 또는 일부의 지급을 받은 때에는 다른 약정이 없으면 30일 내에 그 상대방에 대하여 낙부의 통지를 발송하여야 한다. 그러나 인보험계약의 피보험자가 신체검사를 받아야 하는 경우에는 그 기간은 신체검사를 받은 날부터 기산한다.
> ② 보험자가 ①의 규정에 의한 기간 내에 낙부의 통지를 해태한 때에는 승낙한 것으로 본다.
> ③ 보험자가 보험계약자로부터 보험계약의 청약과 함께 보험료 상당액의 전부 또는 일부를 받은 경우에 그 청약을 승낙하기 전에 보험계약에서 정한 보험사고가 생긴 때에는 그 청약을 거절할 사유가 없는 한 보험자는 보험계약상의 책임을 진다. 그러나 인보험계약의 피보험자가 신체검사를 받아야 하는 경우에 그 검사를 받지 아니한 때에는 그러하지 아니하다.

ANSWER
1.③ 2.②

3 상법상 보험약관의 교부·설명 의무에 관한 설명으로 옳지 않은 것은?

① 상법에 따르면 약관에 없는 사항은 비록 보험계약상 중요한 내용일지라도 설명할 의무가 없다.
② 보험자가 해당 보험계약 약관의 중요사항을 충분히 설명한 경우에도 해당 보험계약의 약관을 교부하여야 한다.
③ 보험자가 보험증권을 교부한 경우에는 따로 보험약관을 교부하지 않아도 된다.
④ 보험자가 보험약관의 교부·설명 의무를 위반한 경우 보험계약자는 보험계약이 성립한 날부터 3개월 이내에 그 계약을 취소할 수 있다.

> TIP 「상법」 제640조(보험증권의 교부) 제1항
> ※ 보험약관의 교부·설명 의무〈상법 제638조의3〉
> ① 보험자는 보험계약을 체결할 때에 보험계약자에게 보험약관을 교부하고 그 약관의 중요한 내용을 설명하여야 한다.
> ② 보험자가 ①을 위반한 경우 보험계약자는 보험계약이 성립한 날부터 3개월 이내에 그 계약을 취소할 수 있다.

4 타인을 위한 보험계약에 관한 설명으로 옳은 것은?

① 타인을 위한 보험계약의 타인은 따로 수익의 의사표시를 하지 않은 경우에도 그 이익을 받는다.
② 타인을 위한 보험계약에서 그 타인은 불특정 다수이어야 한다.
③ 손해보험계약의 경우에 그 타인의 위임이 없는 때에는 보험계약자는 이를 보험자에게 고지하여야 하나, 그 고지가 없는 때에도 타인이 그 보험계약이 체결된 사실을 알지 못하였다는 사유로 보험자에게 대항할 수 있다.
④ 타인은 어떠한 경우에도 보험료를 지급하고 보험계약을 유지할 수 없다.

> TIP 타인을 위한 보험〈상법 제639조〉
> ① 보험계약자는 위임을 받거나 위임을 받지 아니하고 특정 또는 불특정의 타인을 위하여 보험계약을 체결할 수 있다. 그러나 손해보험계약의 경우에 그 타인의 위임이 없는 때에는 보험계약자는 이를 보험자에게 고지하여야 하고, 그 고지가 없는 때에는 타인이 그 보험계약이 체결된 사실을 알지 못하였다는 사유로 보험자에게 대항하지 못한다.
> ② ①의 경우에는 그 타인은 당연히 그 계약의 이익을 받는다. 그러나 손해보험계약의 경우에 보험계약자가 그 타인에게 보험사고의 발생으로 생긴 손해의 배상을 한 때에는 보험계약자는 그 타인의 권리를 해하지 아니하는 범위 안에서 보험자에게 보험금액의 지급을 청구할 수 있다.
> ③ ①의 경우에는 보험계약자는 보험자에 대하여 보험료를 지급할 의무가 있다. 그러나 보험계약자가 파산선고를 받거나 보험료의 지급을 지체한 때에는 그 타인이 그 권리를 포기하지 아니하는 한 그 타인도 보험료를 지급할 의무가 있다.

ANSWER
3.③ 4.①

5 다음 설명 중 옳지 않은 것은?

① 보험계약은 그 계약 전의 어느 시기를 보험기간의 시기로 할 수 있다.
② 건물에 대한 화재보험계약 체결 시에 이미 건물이 화재로 전소하는 사고가 발생한 경우 당사자 쌍방과 피보험자가 이를 알지 못한 때에는 그 계약은 무효가 아니다.
③ 보험증권을 멸실 또는 현저하게 훼손한 때에는 보험계약자는 보험자에 대하여 증권의 재교부를 청구할 수 있다.
④ 보험증권 내용의 정부에 관한 이의기간은 약관에서 15일 이내로 정해야 한다.

> **TIP** ④ 보험계약의 당사자는 보험증권의 교부가 있은 날로부터 일정한 기간 내에 한하여 그 증권 내용의 정부에 관한 이의를 할 수 있음을 약정할 수 있다. 이 기간은 1월을 내리지 못한다〈상법 제641조(증권에 관한 이의 약관의 효력)〉.
> ① 「상법」제643조(소급보험)
> ② 「상법」제675조(사고발생 후의 목적멸실과 보상책임)
> ③ 「상법」제642조(증권의 재교부청구)

6 보험계약의 당사자 간에 다른 약정이 없는 경우 보험자의 책임개시 시기는?

① 최초의 보험료의 지급을 받은 때로부터 개시한다.
② 보험계약자의 청약에 대하여 보험자가 승낙하여 계약이 성립한 때로부터 개시한다.
③ 보험사고 발생 사실이 통지된 때로부터 개시한다.
④ 보험자가 재보험에 가입하여 보험자의 보험금 지급위험에 대한 보장이 확보된 때로부터 개시한다.

> **TIP** 보험자의 책임은 당사자 간에 다른 약정이 없으면 최초의 보험료의 지급을 받은 때로부터 개시한다〈상법 제656조(보험료 지급과 보험자의 책임개시)〉.

ANSWER
5.④ 6.①

7 다음 설명 중 옳지 않은 것은?

① 타인을 위한 보험계약의 경우에는 보험계약자는 그 타인의 동의를 얻지 아니하거나 보험증권을 소지하지 아니하면 그 계약을 해지하지 못한다.
② 자기를 위한 보험계약의 경우 보험사고가 발생하기 전 보험계약의 당사자는 언제든지 계약의 전부 또는 일부를 해지할 수 있다.
③ 보험사고의 발생으로 보험자가 보험금액을 지급한 때에도 보험금액이 감액되지 아니하는 보험의 경우에는 보험계약자는 그 사고 발생 후에도 보험계약을 해지할 수 있다.
④ 보험사고 발생 전에 보험계약을 해지한 보험계약자는 당사자 간에 다른 약정이 없으면 미경과보험료의 반환을 청구할 수 있다.

> **TIP** 사고발생전의 임의해지〈상법 제649조〉
> ① 보험사고가 발생하기 전에는 보험계약자는 언제든지 계약의 전부 또는 일부를 해지할 수 있다. 그러나 제639조(타인을 위한 보험)의 보험계약의 경우에는 보험계약자는 그 타인의 동의를 얻지 아니하거나 보험증권을 소지하지 아니하면 그 계약을 해지하지 못한다.
> ② 보험사고의 발생으로 보험자가 보험금액을 지급한 때에도 보험금액이 감액되지 아니하는 보험의 경우에는 보험계약자는 그 사고발생 후에도 보험계약을 해지할 수 있다.
> ③ ①의 경우에는 보험계약자는 당사자 간에 다른 약정이 없으면 미경과보험료의 반환을 청구할 수 있다.

8 보험료 불지급에 관한 설명으로 옳지 않은 것은?

① 계약 성립 후 2월 이내에 제1회 보험료를 지급하지 아니하는 경우에는 다른 약정이 없는 한 그 계약은 해제된 것으로 본다.
② 보험계약자가 계속보험료의 지급을 지체한 경우에 보험자는 상당한 기간을 정하여 이행을 최고하여야 하고 그 최고기간 내에 지급되지 아니한 때에는 그 계약을 해지할 수 있다.
③ 특정한 타인을 위한 보험의 경우에 보험계약자가 계속보험료의 지급을 지체한 때에는 보험자는 그 타인에게도 상당한 기간을 정하여 보험료의 지급을 최고한 후가 아니면 그 계약을 해지하지 못한다.
④ 대법원 전원합의체 판결에 의하면 약관에서 제2회 분납보험료가 그 지급유예기간까지 납입되지 아니하였음을 이유로 상법 소정의 최고절차를 거치지 않고, 막바로 보험계약이 실효됨을 규정한 이른바 실효약관은 유효하다.

> **TIP** ④ 구 상법(1991.12.31. 법률 제4470호로 개정되기 전의 것) 제650조는 보험료가 적당한 시기에 지급되지 아니한 때에는 보험자는 상당한 기간을 정하여 보험계약자에게 최고하고 그 기간 내에 지급하지 아니한 때에는 계약을 해지할 수 있도록 규정하고, 같은 법 제663조는 위 규정을 보험당사자 간의 특약으로 보험계약자 또는 보험수익자의 불이익으로 변경하지 못한다고 규정하고 있으므로, 분납 보험료가 소정의 시기에 납입되지 아니하였음을 이유로 그와 같은 절차를 거치지 아니하고 막바로 보험계약이 해지되거나 실효됨을 규정하고 보험자의 보험금 지급 책임을 면하도록 규정한 보험약관은 위 상법의 규정에 위배되어 무효이다[대법원 1995.11.16 선고 94다56852 전원합의체 판결].
> ①②③ 「상법」 제650조(보험료의 지급과 지체의 효과)

ANSWER
7.② 8.④

9 다음 설명 중 옳은 것을 모두 고른 것은?

> ㉠ 보험자가 서면으로 질문한 사항은 중요한 사항으로 간주하므로 보험계약자는 그 중요성을 다툴 수 없다.
> ㉡ 보험계약자뿐만 아니라 피보험자도 고지의무를 진다.
> ㉢ 고지의무 위반의 요건으로 보험계약자 또는 피보험자의 고의 또는 중대한 과실은 필요 없다.
> ㉣ 보험자가 계약 당시에 고지의무 위반 사실을 알았거나 중대한 과실로 인하여 알지 못한 때에는 고지의무 위반을 이유로 계약을 해지할 수 없다.

① ㉠㉡   ② ㉡㉢
③ ㉡㉣   ④ ㉢㉣

TIP ㉠ 보험자가 서면으로 질문한 사항은 중요한 사항으로 추정한다〈상법 제651조의2(서면에 의한 질문의 효력)〉.
㉡㉢㉣ 보험계약 당시에 보험계약자 또는 피보험자가 고의 또는 중대한 과실로 인하여 중요한 사항을 고지하지 아니하거나 부실의 고지를 한 때에는 보험자는 그 사실을 안 날로부터 1월 내에, 계약을 체결한 날로부터 3년 내에 한하여 계약을 해지할 수 있다. 그러나 보험자가 계약 당시에 그 사실을 알았거나 중대한 과실로 인하여 알지 못한 때에는 그러하지 아니하다〈상법 제651조(고지의무 위반으로 인한 계약해지)〉.

10 위험변경증가 시의 통지와 보험계약해지에 관한 설명으로 옳지 않은 것은?

① 보험기간 중에 피보험자가 사고 발생의 위험이 현저하게 변경 또는 증가된 사실을 안 때에는 지체 없이 보험자에게 통지하여야 한다.
② 보험기간 중에 보험계약자의 고의로 사고 발생의 위험이 현저하게 변경 또는 증가된 때에는 보험자는 그 사실을 안 날로부터 1월 내에 계약을 해지할 수 있다.
③ 보험기간 중에 피보험자의 중대한 과실로 인하여 사고 발생의 위험이 현저하게 변경 또는 증가된 때에는 보험자는 그 사실을 안 날부터 1월 내에 계약을 해지할 수 있다.
④ 보험기간 중에 피보험자의 고의로 인하여 사고 발생의 위험이 현저하게 변경 또는 증가된 경우에는 보험자는 계약을 해지할 수 없다.

TIP ②③④ 보험기간 중에 보험계약자, 피보험자 또는 보험수익자의 고의 또는 중대한 과실로 인하여 사고 발생의 위험이 현저하게 변경 또는 증가된 때에는 보험자는 그 사실을 안 날부터 1월 내에 보험료의 증액을 청구하거나 계약을 해지할 수 있다〈상법 제653조(보험계약자 등의 고의나 중과실로 인한 위험증가와 계약해지)〉.
① 「상법」 제652조(위험변경증가의 통지와 계약해지) 제1항

ANSWER
9.③ 10.④

11 보험계약해지 등에 관한 설명으로 옳은 것은?

① 보험사고가 발생한 후라도 보험자가 계속보험료의 지급 지체를 이유로 보험계약을 해지하였을 때에는 보험자는 보험금을 지급할 책임이 있다.
② 고지의무를 위반한 사실이 보험사고 발생에 영향을 미치지 아니하였음이 증명된 경우, 보험자는 보험금을 지급할 책임이 있다.
③ 보험계약자의 중대한 과실로 인하여 사고 발생의 위험이 현저하게 변경 또는 증가되어 계약을 해지한 경우, 보험자는 언제나 보험금을 지급할 책임이 있다.
④ 보험계약자가 위험변경증가 시의 통지의무를 위반하여 보험자가 보험계약을 해지한 경우, 보험자는 언제나 이미 지급한 보험금의 반환을 청구할 수 있다.

> **TIP** 보험사고가 발생한 후라도 제650조(보험자가 보험료의 지급과 지체의 효과), 제651조(고지의무 위반으로 인한 계약해지), 제652조(위험변경증가의 통지와 계약해지) 및 제653조(보험계약자 등의 고의나 중과실로 인한 위험증가와 계약해지)에 따라 계약을 해지하였을 때에는 보험금을 지급할 책임이 없고 이미 지급한 보험금의 반환을 청구할 수 있다. 다만, 고지의무(告知義務)를 위반한 사실 또는 위험이 현저하게 변경되거나 증가된 사실이 보험사고 발생에 영향을 미치지 아니하였음이 증명된 경우에는 보험금을 지급할 책임이 있다〈상법 제655조(계약해지와 보험금 청구권)〉.

12 손해보험에서 보험자의 보험금액 지급과 면책사유에 관한 설명으로 옳지 않은 것은?

① 보험자는 보험금액의 지급에 관하여 약정기간이 있는 경우에는 그 기간 내에 피보험자에게 보험금액을 지급하여야 한다.
② 보험자는 보험금액의 지급에 관하여 약정기간이 없는 경우에는 보험사고 발생의 통지를 받은 후 지체 없이 지급할 보험금액을 정하고, 그 정하여진 날부터 10일 내에 피보험자에게 보험금액을 지급하여야 한다.
③ 보험사고가 보험계약자 또는 피보험자의 중대한 과실로 인하여 생긴 때에는 보험자는 언제나 보험금액을 지급할 책임이 있다.
④ 보험사고가 전쟁 기타의 변란으로 인하여 생긴 때에는 당사자 간에 다른 약정이 없으면 보험자는 보험금액을 지급할 책임이 없다.

> **TIP** ③ 보험사고가 보험계약자 또는 피보험자나 보험수익자의 고의 또는 중대한 과실로 인하여 생긴 때에는 보험자는 보험금액을 지급할 책임이 없다〈상법 제659조(보험자의 면책사유) 제1항〉.
> ①② 「상법」제658조(보험금액의 지급)
> ④ 「상법」제660조(전쟁위험 등으로 인한 면책)

 ANSWER
 11.② 12.③

13 재보험계약에 관한 설명으로 옳지 않은 것은?

① 보험자는 보험사고로 인하여 부담할 책임에 대하여 다른 보험자와 재보험계약을 체결할 수 있다.
② 재보험은 원보험자가 인수한 위험의 전부 또는 일부를 분산시키는 기능을 한다.
③ 재보험계약의 전제가 되는 최초로 체결된 보험계약을 원보험계약 또는 원수보험계약이라 한다.
④ 재보험계약은 원보험계약의 효력에 영향을 미친다.

> **TIP** 보험자는 보험사고로 인하여 부담할 책임에 대하여 다른 보험자와 재보험계약을 체결할 수 있다. 이 재보험계약은 원보험계약의 효력에 영향을 미치지 아니한다〈상법 제661조(재보험)〉.

14 상법 제662조(소멸시효)에 관한 설명으로 옳은 것을 모두 고른 것은?

> ㉠ 보험금 청구권은 3년간 행사하지 아니하면 시효의 완성으로 소멸한다.
> ㉡ 보험료반환 청구권은 3년간 행사하지 아니하면 시효의 완성으로 소멸한다.
> ㉢ 적립금의 반환 청구권은 2년간 행사하지 아니하면 시효의 완성으로 소멸한다.
> ㉣ 보험료 청구권은 2년간 행사하지 아니하면 시효의 완성으로 소멸한다.

① ㉠㉡㉢
② ㉠㉡㉣
③ ㉠㉢㉣
④ ㉡㉢㉣

> **TIP** 보험금 청구권은 3년간, 보험료 또는 적립금의 반환 청구권은 3년간, 보험료 청구권은 2년간 행사하지 아니하면 시효의 완성으로 소멸한다〈상법 제662조(소멸시효)〉.

15 보험계약자 등의 불이익변경금지에 관한 설명으로 옳지 않은 것은?

① 불이익변경금지는 보험자와 보험계약자의 관계에서 계약의 교섭력이 부족한 보험계약자 등을 보호하기 위한 것이다.
② 상법 보험편의 규정은 가계보험에서 당사자 간의 특약으로 보험계약자의 불이익으로 변경하지 못한다.
③ 상법 보험편의 규정은 가계보험에서 당사자 간의 특약으로 피보험자의 불이익으로 변경하지 못한다.
④ 재보험은 당사자의 특약으로 보험계약자의 불이익으로 변경할 수 없다.

> **TIP** 이 편의 규정은 당사자 간의 특약으로 보험계약자 또는 피보험자나 보험수익자의 불이익으로 변경하지 못한다. 그러나 재보험 및 해상보험 기타 이와 유사한 보험의 경우에는 그러하지 아니하다〈상법 제663조(보험계약자 등의 불이익 변경금지)〉.

ANSWER
13.④ 14.② 15.④

16 화재보험계약에 관한 설명으로 옳지 않은 것은?

① 보험자가 손해를 보상함에 있어서 화재와 손해 간에 상당인과관계는 필요하지 않다.
② 보험자는 화재의 소방에 필요한 조치로 인하여 생긴 손해를 보상할 책임이 있다.
③ 보험자는 화재발생 시 손해의 감소에 필요한 조치로 인하여 생긴 손해를 보상할 책임이 있다.
④ 화재보험계약은 화재로 인하여 생긴 손해를 보상할 것을 목적으로 하는 손해보험계약이다.

> TIP ① 보험자가 손해를 보상함에 있어서 화재와 손해 간에 상당인과관계가 필요하다.
> ②③ 「상법」 제684조(소방 등의 조치로 인한 손해의 보상)
> ④ 「상법」 제683조(화재보험자의 책임)

17 화재보험증권에 기재하여야 할 사항으로 옳은 것을 모두 고른 것은?

> ㉠ 보험의 목적
> ㉡ 보험계약 체결 장소
> ㉢ 동산을 보험의 목적을 한 때에는 그 존치한 장소의 상태와 용도
> ㉣ 피보험자의 주소, 성명 또는 상호
> ㉤ 보험계약자의 주민등록번호

① ㉠㉡㉢　　　　　　　② ㉠㉢㉣
③ ㉡㉢㉤　　　　　　　④ ㉡㉣㉤

화재보험증권〈상법 제685조〉… 화재보험증권에는 제666조(손해보험증권)에 게기한 사항 외에 다음의 사항을 기재하여야 한다.
1. 건물을 보험의 목적으로 한 때에는 그 소재지, 구조와 용도
2. 동산을 보험의 목적으로 한 때에는 그 존치한 장소의 상태와 용도
3. 보험가액을 정한 때에는 그 가액

※ 손해보험증권〈상법 제666조〉… 손해보험증권에는 다음의 사항을 기재하고 보험자가 기명날인 또는 서명하여야 한다.
　1. 보험의 목적
　2. 보험사고의 성질
　3. 보험금액
　4. 보험료와 그 지급방법
　5. 보험기간을 정한 때에는 그 시기와 종기
　6. 무효와 실권의 사유
　7. 보험계약자의 주소와 성명 또는 상호
　7의2. 피보험자의 주소, 성명 또는 상호
　8. 보험계약의 연월일
　9. 보험증권의 작성지와 그 작성 연월일

ANSWER
16.① 17.②

18 집합보험에 관한 설명으로 옳지 않은 것은?

① 집합보험이란 경제적으로 독립한 여러 물건의 집합물을 보험의 목적으로 한 보험을 말한다.
② 집합된 물건을 일괄하여 보험의 목적으로 한 때에는 피보험자의 사용인의 물건도 보험의 목적에 포함된 것으로 본다.
③ 집합된 물건을 일괄하여 보험의 목적으로 한 때에는 그 목적에 속한 물건이 보험기간 중에 수시로 교체된 경우에도 보험계약 체결 시에 존재한 물건은 보험의 목적에 포함된 것으로 한다.
④ 집합된 물건을 일괄하여 보험의 목적으로 한 때에는 피보험자의 가족의 물건도 보험의 목적에 포함된 것으로 본다.

TIP 집합된 물건을 일괄하여 보험의 목적으로 한 때에는 그 목적에 속한 물건이 보험기간 중에 수시로 교체된 경우에도 보험사고의 발생 시에 현존한 물건은 보험의 목적에 포함된 것으로 한다〈상법 제687조(동전)〉.
  ※ 집합보험의 목적〈상법 제686조〉… 집합된 물건을 일괄하여 보험의 목적으로 한 때에는 피보험자의 가족과 사용인의 물건도 보험의 목적에 포함된 것으로 한다. 이 경우에는 그 보험은 그 가족 또는 사용인을 위하여서도 체결한 것으로 본다.

19 중복보험에 관한 설명으로 옳은 것은?

① 중복보험에서 보험금액의 총액이 보험가액을 초과한 경우 보험자는 각자의 보험금액의 한도에서 연대책임을 진다.
② 피보험이익이 다를 경우에도 중복보험이 성립할 수 있다.
③ 중복보험에서 수인의 보험자 중 1인에 대한 권리의 포기는 다른 보험자의 권리의무에 영향을 미친다.
④ 중복보험이 성립하기 위해서는 보험계약자가 동일하여야 한다.

TIP ①②④ 동일한 보험계약의 목적과 동일한 사고에 관하여 수개의 보험계약이 동시에 또는 순차로 체결된 경우에 그 보험금액의 총액이 보험가액을 초과한 때에는 보험자는 각자의 보험금액의 한도에서 연대책임을 진다. 이 경우에는 각 보험자의 보상책임은 각자의 보험금액의 비율에 따른다. 동일한 보험계약의 목적과 동일한 사고에 관하여 수개의 보험계약을 체결하는 경우에는 보험계약자는 각 보험자에 대하여 각 보험계약의 내용을 통지하여야 한다〈상법 제672조(중복보험) 제1항 및 제2항〉.
③ 중복보험의 규정에 의한 수개의 보험계약을 체결한 경우에 보험자 1인에 대한 권리의 포기는 다른 보험자의 권리의무에 영향을 미치지 아니한다〈상법 제673조(중복보험과 보험자 1인에 대한 권리포기)〉.

ANSWER
18.③ 19.①

20 보험가액에 관한 설명으로 옳은 것은?

① 당사자 간에 보험가액을 정한 때에는 그 가액은 보험기간 개시 시의 가액으로 정한 것으로 추정한다.
② 미평가보험의 경우 사고 발생 시의 가액을 보험가액으로 한다.
③ 보험가액은 변동되지 않는다.
④ 기평가보험에서 보험가액이 사고 발생 시의 가액을 현저하게 초과할 때에는 보험기간 개시 시의 가액을 보험가액으로 한다.

② 「상법」 제671조(미평가보험)
①④ 당사자 간에 보험가액을 정한 때에는 그 가액은 사고 발생 시의 가액으로 정한 것으로 추정한다. 그러나 그 가액이 사고 발생 시의 가액을 현저하게 초과할 때에는 사고 발생 시의 가액을 보험가액으로 한다〈「상법」 제670조(기평가보험)〉.
③ 피보험이익이 금전으로 평가된 가액이 보험가액으로 변동성이 있다.

21 손해보험계약에 관한 설명으로 옳지 않은 것은?

① 손해보험은 정액보험으로만 운영된다.
② 손해보험계약은 피보험자의 손해의 발생을 요소로 한다.
③ 손해보험계약의 보험자는 보험사고로 인하여 생길 피보험자의 재산상의 손해를 보상할 책임이 있다.
④ 보험사고의 성질은 손해보험증권의 필수적 기재사항이다.

① 손해보험은 보험자가 우연한 사고(보험사고)로 생기는 손해를 전보할 것을 약정하고, 보험계약자가 이에 보험료를 지불할 것을 약정하는 보험으로, 물건 그 밖의 재산적 손실을 전보하는 점에서 일정한 금액을 지급하는 정액보험인 생명보험과 다르다.
②③ 「상법」 제665조(손해보험자의 책임)
④ 「상법」 제666조(손해보험증권)

ANSWER
20.② 21.①

22 초과보험에 관한 설명으로 옳지 않은 것은?

① 초과보험이 성립하기 위해서는 보험금액이 보험계약의 목적의 가액을 현저하게 초과하여야 한다.
② 보험가액이 보험기간 중에 현저하게 감소한 경우에 보험자 또는 보험계약자는 보험료와 보험금액의 감액을 청구할 수 있다.
③ 보험계약자의 사기로 인하여 체결된 초과보험계약은 무효로 한다.
④ 초과보험의 효과로서 보험료 감액 청구에 따른 보험료의 감액은 소급효과가 있다.

> **TIP** 초과보험〈상법 제669조〉
> ① 보험금액이 보험계약의 목적의 가액을 현저하게 초과한 때에는 보험자 또는 보험계약자는 보험료와 보험금액의 감액을 청구할 수 있다. 그러나 보험료의 감액은 장래에 대하여서만 그 효력이 있다.
> ② ①의 가액은 계약 당시의 가액에 의하여 정한다.
> ③ 보험가액이 보험기간 중에 현저하게 감소된 때에도 ①과 같다.
> ④ ①의 경우에 계약이 보험계약자의 사기로 인하여 체결된 때에는 그 계약은 무효로 한다. 그러나 보험자는 그 사실을 안 때까지의 보험료를 청구할 수 있다.

23 일부보험에 관한 설명으로 옳지 않은 것은?

① 일부보험에 관한 상법의 규정은 강행규정으로 당사자 간 다른 약정으로 손해보상액을 보험금액의 한도로 변경할 수 없다.
② 일부보험의 경우 당사자 간에 다른 약정이 없는 때에는 보험자는 보험금액의 보험가액에 대한 비율에 따라 보상할 책임을 진다.
③ 일부보험은 보험계약자가 보험료를 절약할 목적 등으로 활용된다.
④ 일부보험은 보험가액의 일부를 보험에 붙인 보험이다.

> **TIP** ① 일부보험에 관한 상법의 규정은 임의규정이며, 손해보상액을 보험금액 한도로 변경이 가능하다.
> ②③④ 보험가액의 일부를 보험에 붙인 경우에는 보험자는 보험금액의 보험가액에 대한 비율에 따라 보상할 책임을 진다. 그러나 당사자 간에 다른 약정이 있는 때에는 보험자는 보험금액의 한도 내에서 그 손해를 보상할 책임을 진다〈상법 제674조(일부보험)〉.
> ※ 일부보험 및 초과보험 … 보험금액이 보험가액에 미달되는 경우를 일부보험이라 한다. 일부보험은 보험계약자가 보험료의 절감을 위하여 의식적으로 하는 경우도 있고, 물가가 상승한 결과 자연적으로 발생하는 경우도 있다. 보험가액을 과대하게 협정하고 이에 미달한 보험금액을 정한 경우 실제 보험가액이 보험금액보다 적으면 초과보험이 된다.

ANSWER
22.④ 23.①

24 보험자대위에 관한 설명으로 옳지 않은 것은?

① 실손보상의 원칙을 구현하기 위한 제도이다.
② 일부보험의 경우에도 잔존물대위가 인정된다.
③ 잔존물대위는 보험의 목적의 일부가 멸실한 경우에도 성립한다.
④ 보험금을 일부 지급한 경우 피보험자의 권리를 해하지 않는 범위 내에서 청구권대위가 인정된다.

> **TIP** 잔존물대위는 보험사고로 인해 보험의 목적 전부가 멸실한 경우에 성립한다.
> ※ 보험의 목적의 전부가 멸실한 경우에 보험금액의 전부를 지급한 보험자는 그 목적에 대한 피보험자의 권리를 취득한다. 그러나 보험가액의 일부를 보험에 붙인 경우에는 보험자가 취득할 권리는 보험금액의 보험가액에 대한 비율에 따라 이를 정한다〈상법 제681조(보험목적에 관한 보험대위)〉.

25 손해액의 산정기준에 관한 설명으로 옳은 것을 모두 고른 것은?

> ㉠ 보험자가 보상할 손해액은 그 손해가 발생한 때와 곳의 가액에 의하여 산정하는 것을 원칙으로 한다.
> ㉡ 보험자가 보상할 손해액에 관하여 당사자 간에 다른 약정이 있는 때에는 신품가액에 의하여 손해액을 산정할 수 있다.
> ㉢ 손해액의 산정에 관한 비용은 보험자가 부담한다.

① ㉠
② ㉠㉡
③ ㉠㉢
④ ㉠㉡㉢

> **TIP** 손해액의 산정기준〈상법 제676조〉
> ① 보험자가 보상할 손해액은 그 손해가 발생한 때와 곳의 가액에 의하여 산정한다. 그러나 당사자 간에 다른 약정이 있는 때에는 그 신품가액에 의하여 손해액을 산정할 수 있다.
> ② ①의 손해액의 산정에 관한 비용은 보험자의 부담으로 한다.

ANSWER
24.③ 25.④

제2과목 농어업재해보험법령

26 농어업재해보험법령상 가축재해보험의 목적물이 아닌 것은?

① 소
② 오리
③ 개
④ 타조

TIP 보험목적물〈농업재해보험에서 보상하는 보험목적물의 범위 제1조〉

종류	보험목적물
농작물 재해보험	사과 · 배 · 포도 · 단감 · 감귤 · 복숭아 · 참다래 · 자두 · 감자 · 콩 · 양파 · 고추 · 옥수수 · 고구마 · 마늘 · 매실 · 벼 · 오디 · 차 · 느타리버섯 · 양배추 · 밀 · 유자 · 무화과 · 메밀 · 인삼 · 브로콜리 · 양송이버섯 · 새송이버섯 · 배추 · 무 · 파 · 호박 · 당근 · 팥 · 살구 · 시금치 · 보리 · 귀리 · 시설봄감자 · 양상추 · 시설(수박 · 딸기 · 토마토 · 오이 · 참외 · 풋고추 · 호박 · 국화 · 장미 · 멜론 · 파프리카 · 부추 · 시금치 · 상추 · 배추 · 가지 · 파 · 무 · 백합 · 카네이션 · 미나리 · 쑥갓)
	위 농작물의 재배시설(부대시설 포함)
임산물 재해보험	떫은 감 · 밤 · 대추 · 복분자 · 표고버섯 · 오미자 · 호두
	위 임산물의 재배시설(부대시설 포함)
가축 재해보험	소 · 말 · 돼지 · 닭 · 오리 · 꿩 · 메추리 · 칠면조 · 사슴 · 거위 · 타조 · 양 · 벌 · 토끼 · 오소리 · 관상조(觀賞鳥)
	위 가축의 축사(부대시설 포함)

기출변형

27 농어업재해보험법령상 재해보험의 종류에 따른 보험가입자의 기준에 해당하지 않는 것은?

① 농작물재해보험 : 농업재해보험심의회를 거쳐 농림축산식품부장관이 고시하는 농작물을 재배하는 개인
② 임산물재해보험 : 농업재해보험심의회를 거쳐 농림축산식품부장관이 고시하는 임산물을 재배하는 법인
③ 가축재해보험 : 농업재해보험심의회를 거쳐 농림축산식품부장관이 고시하는 가축을 사육하는 개인
④ 양식수산물재해보험 : 중앙수산업 · 어촌정책심의회를 거쳐 해양수산부장관이 고시하는 자연수산물을 채취하는 법인

TIP 보험가입자의 기준〈농어업재해보험법 시행령 제9조〉
1. 농작물재해보험 : 농림축산식품부장관이 고시하는 농작물을 재배하는 자
1의 2. 임산물재해보험 : 농림축산식품부장관이 고시하는 임산물을 재배하는 자
3. 가축재해보험 : 농림축산식품부장관이 고시하는 가축을 사육하는 자
4. 양식수산물재해보험 : 해양수산부장관이 고시하는 양식수산물을 양식하는 자

ANSWER
26.③ 27.④

28 농어업재해보험법령상 재해보험사업의 약정을 체결하려는 자가 농림축산식품부장관 또는 해양수산부장관에게 제출하여야 하는 서류에 해당하지 않는 것은?

① 정관
② 사업방법서
③ 보험약관
④ 보험료율의 산정자료

> **TIP** 보험사업자〈농어업재해보험법 제8조 제3항〉… 약정을 체결하려는 자는 다음의 서류를 농림축산식품부장관 또는 해양수산부장관에게 제출하여야 한다.
> 1. 사업방법서, 보험약관, 보험료 및 책임준비금산출방법서
> 2. 그밖에 대통령이 정하는 서류에 해당하는 장관

기출변형

29 농어업재해보험법령상 가축 재해보험의 손해평가인으로 위촉될 수 있는 자격요건을 갖춘 자는?

① 「수의사법」에 따른 수의사
② 농촌진흥청에서 가축사육분야에 관한 연구·지도 업무를 1년간 담당한 공무원
③ 「수산업협동조합법」에 따른 중앙회와 조합의 임직원으로 수산업지원 관련 업무를 2년간 담당한 경력이 있는 사람
④ 재해보험 대상 가축을 3년간 사육한 경력이 있는 농업인

> **TIP** 손해평가인의 자격요건(가축 재해보험)〈농어업재해보험법 시행령 [별표 2] 제12조 제1항 관련〉
> 1. 재해보험 대상 가축을 5년 이상 사육한 경력이 있는 농업인
> 2. 공무원으로 농림축산식품부, 농촌진흥청, 통계청 또는 지방자치단체나 그 소속기관에서 가축사육 분야에 관한 연구·지도 또는 가축 통계조사 업무를 3년 이상 담당한 경력이 있는 사람
> 3. 교원으로 고등학교에서 가축사육 분야 관련 과목을 5년 이상 교육한 경력이 있는 사람
> 4. 조교수 이상으로 「고등교육법」에 따른 학교에서 가축사육 관련학을 3년 이상 교육한 경력이 있는 사람
> 5. 「보험업법」에 따른 보험회사의 임직원이나 「농업협동조합법」에 따른 중앙회와 조합의 임직원으로 영농 지원 또는 보험·공제 관련 업무를 3년 이상 담당하였거나 손해평가 업무를 2년 이상 담당한 경력이 있는 사람
> 6. 「고등교육법」에 따른 학교에서 가축사육 관련학을 전공하고 축산전문 연구기관 또는 연구소에서 5년 이상 근무한 학사학위 이상 소지자
> 7. 「고등교육법」에 따른 전문대학에서 보험 관련 학과를 졸업했거나 졸업 예정인 사람
> 8. 「학점인정 등에 관한 법률」에 따라 전문대학의 보험 관련 학과 졸업자(졸업예정자를 포함한다)와 같은 수준 이상의 학력이 있다고 인정받은 사람이나 「고등교육법」에 따른 학교에서 80학점(보험 관련 과목 학점이 45학점 이상이어야 한다) 이상을 이수한 사람 등 제7호에 해당하는 사람과 같은 수준 이상의 학력이 있다고 인정되는 사람
> 9. 「수의사법」에 따른 수의사
> 10. 「국가기술자격법」에 따른 축산기사 이상의 자격을 소지한 사람

ANSWER
28.④ 29.①

30 농어업재해보험법령상 손해평가사의 시험에 관한 설명으로 옳은 것은?

① 손해평가사 자격이 취소된 사람은 그 취소 처분이 있은 날부터 2년이 지나지 아니한 경우 손해평가사 자격시험에 응시하지 못한다.
② 「보험업법」에 따른 손해사정사에 대하여는 손해평가사 제1차 시험을 면제할 수 없다.
③ 농림축산식품부장관은 손해평가사의 수급(需給)상 필요와 무관하게 손해평가사 자격시험을 매년 1회 실시하여야 한다.
④ 손해평가인으로 위촉된 기간이 3년 이상인 사람으로서 손해평가 업무를 수행한 경력이 있는 사람은 손해평가사 제2차 시험의 일부과목을 면제한다.

> **TIP** ① 「농어업재해보험법」 제11조의4(손해평가사의 시행) 제4항
> ② 「농어업재해보험법 시행령」 제12조의5(손해평가사 자격시험의 일부 면제) 각 호의 어느 하나에 해당하는 사람에 대해서는 손해평가사 자격시험 중 제1차 시험을 면제한다〈농어업재해보험법 시행령 제12조의5(손해평가사 자격시험의 일부 면제) 제2항〉.
> ③ 법 제11조의4 제1항에 따른 손해평가사 자격시험은 매년 1회 실시한다. 다만, 농림축산식품부장관이 손해평가사의 수급(需給)상 필요하다고 인정하는 경우에는 2년마다 실시할 수 있다〈농어업재해보험법 시행령 제12조의2(손해평가사 자격시험의 실시 등) 제1항〉.
> ④ 손해평가인으로 위촉된 기간이 3년 이상인 사람으로서 손해평가 업무를 수행한 경력이 있는 사람에 대해서는 손해평가사 자격시험 중 제1차 시험을 면제한다〈농어업재해보험법 시행령 제12조의5(손해평가사 자격시험의 일부면제) 제1항 제1호〉.

기출변형

31 농어업재해보험법상 손해평가사의 자격취소의 사유에 해당하지 않는 것은?

① 손해평가사가 다른 사람에게 자격증을 대여한 경우
② 손해평가사가 정당한 사유 없이 손해평가 업무를 거부한 경우
③ 손해평가사가 다른 사람에게 손해평가사의 명의를 사용하게 한 경우
④ 손해평가사가 그 자격을 부정한 방법으로 취득한 경우

> **TIP** 손해평가사의 자격 취소〈농어업재해보험법 제11조의5〉… 농림축산식품부장관은 다음 각 호의 어느 하나에 해당하는 사람에 대하여 손해평가사 자격을 취소할 수 있다. 다만, 제1호 및 제5호에 해당하는 경우에는 자격을 취소하여야 한다.
> 1. 손해평가사의 자격을 거짓 또는 부정한 방법으로 취득한 사람
> 2. 거짓으로 손해평가를 한 사람
> 3. 다른 사람에게 손해평가사의 명의를 사용하게 하거나 그 자격증을 대여한 사람
> 4. 손해평가사 명의의 사용이나 자격증의 대여를 알선한 사람
> 5. 업무정지 기간 중에 손해평가 업무를 수행한 사람

ANSWER
30.① 31.②

32 농어업재해보험법상 손해평가사가 그 직무를 게을리하거나 직무를 수행하면서 부적절한 행위를 하였다고 인정될 경우, 농림축산식품부장관이 손해평가사에게 명할 수 있는 업무정지의 최장 기간은?

① 6개월
② 1년
③ 2년
④ 3년

> TIP 농림축산식품부장관은 손해평가사가 그 직무를 게을리하거나 직무를 수행하면서 부적절한 행위를 하였다고 인정하면 1년 이내의 기간을 정하여 업무의 정지를 명할 수 있다〈농어업재해보험법 제11조의6(손해평가사의 감독) 제1항〉.

33 농어업재해보험법령의 내용으로 옳지 않은 것은?

① 보험가입자는 재해로 인한 사고의 예방을 위하여 노력하여야 한다.
② 보험목적물이 담보로 제공된 경우에도 재해보험의 보험금을 지급받을 권리는 압류할 수 없다.
③ 재해보험가입자가 재해보험에 가입된 보험목적물을 양도하는 경우 그 양수인은 재해보험계약에 관한 양도인의 권리 및 의무를 승계한 것으로 추정한다.
④ 재해보험사업자는 손해평가인으로 위촉된 사람에 대하여 보험에 관한 기초지식, 보험약관 및 손해평가요령 등에 관한 실무교육을 하여야 한다.

> TIP ② 재해보험의 보험금을 지급받을 권리는 압류할 수 없다. 다만, 보험목적물이 담보로 제공된 경우에는 그러하지 아니하다〈농어업재해보험법 제12조(수급권의 보호) 제1항〉.
> ① 「농어업재해보험법」 제10조의2(사고예방의무 등) 제1항
> ③ 「농어업재해보험법」 제13조(보험목적물의 양도에 따른 권리 및 의무의 승계)
> ④ 「농어업재해보험법 시행령」 제12조(손해평가인의 자격요건 등) 제2항

ANSWER
32.② 33.②

34 농업재해보험 손해평가요령에 따른 손해평가반 구성에 포함될 수 있는 자를 모두 고른 것은?

> ㉠ 손해평가인 ㉡ 손해평가사
> ㉢ 재물손해사정사 ㉣ 신체손해사정사

① ㉠㉡
② ㉡㉢
③ ㉠㉡㉢
④ ㉠㉡㉢㉣

> **TIP** 손해평가반 구성 등〈농업재해보험 손해평가요령 제8조 제2항〉… 손해평가반은 다음 각 호의 어느 하나에 해당하는 자를 1인 이상 포함하여 5인 이내로 구성한다.
> 1. 손해평가인
> 2. 손해평가사
> 3. 손해사정사

35 농어업재해보험법에서 사용하는 용어의 정의로 옳지 않은 것은?

① "농어업재해보험"이란 농어업재해로 발생하는 재산 피해에 따른 손해를 보상하기 위한 보험을 말한다.
② "보험료"란 보험가입자와 보험사업자 간의 약정에 따라 보험가입자가 보험사업자에게 내야하는 금액을 말한다.
③ "보험가입금액"이란 보험가입자의 재산 피해에 따른 손해가 발생한 경우 보험에서 최대로 보상할 수 있는 한도액으로서 보험가입자와 보험사업자 간에 약정한 금액을 말한다.
④ "보험금"이란 보험가입자에게 재해로 인한 재산 피해에 따른 손해가 발생한 경우 그 정도에 따라 정부가 보험가입자에게 지급하는 금액을 말한다.

> **TIP** "보험금"이란 보험가입자에게 재해로 인한 재산 피해에 따른 손해가 발생한 경우 보험가입자와 보험사업자 간의 약정에 따라 보험사업자가 보험가입자에게 지급하는 금액을 말한다〈농어업재해보험법 제2조(정의) 제5호〉.

ANSWER
34.④ 35.④

36 농어업재해보험법상 회계구분에 관한 내용이다. ( )에 들어갈 용어는?

> (　　　)은(는) 재해보험사업의 회계를 다른 회계와 구분하여 회계처리함으로써 손익관계를 명확히 하여야 한다.

① 손해평가사
② 농림축산식품부장관
③ 재해보험사업자
④ 지방자치단체의 장

　TIP　재해보험사업자는 재해보험사업의 회계를 다른 회계와 구분하여 회계처리함으로써 손익관계를 명확히 하여야 한다〈농어업재해보험법 제15조(회계구분)〉.

37 농어업재해보험법령상 농림축산식품부장관이 재보험에 가입하려는 재해보험사업자와 재보험 약정체결 시 포함되어야 할 사항으로 옳지 않은 것은?

① 재보험수수료
② 정부가 지급하여야 할 보험금
③ 농어업재해재보험기금의 운용수익금
④ 재해보험사업자가 정부에 내야 할 보험료

　TIP　재보험 사업〈농어업재해보험법 제20조 제2항〉… 농림축산식품부장관 또는 해양수산부장관은 재보험에 가입하려는 재해보험사업자와 다음 사항이 포함된 재보험 약정을 체결하여야 한다.
1. 재해보험사업자가 정부에 내야 할 보험료(이하 "재보험료"라 한다)에 관한 사항
2. 정부가 지급하여야 할 보험금(이하 "재보험금"이라 한다)에 관한 사항
3. 그 밖에 재보험수수료 등 재보험 약정에 관한 것으로서 대통령령으로 정하는 사항(재보험수수료에 관한 사항, 재보험 약정기간에 관한 사항, 재보험 책임범위에 관한 사항, 재보험 약정의 변경·해지 등에 관한 사항, 재보험금 지급 및 분쟁에 관한 사항, 그 밖에 재보험의 운영·관리에 관한 사항)

ANSWER
36.③　37.③

38 농어업재해보험법령상 농어업재해재보험기금의 관리·운용에 관한 설명으로 옳지 않은 것은?

① 기금은 농림축산식품부장관이 해양수산부장관과 협의하여 관리·운용한다.
② 농림축산식품부장관은 기획재정부장관과 협의를 거쳐 기금의 관리·운용에 관한 사무의 전부를 농업정책보험금융원에 위탁할 수 있다.
③ 기금수탁관리자는 회계연도마다 기금결산보고서를 작성하여 다음 회계연도 2월 15일까지 농림축산식품부장관 및 해양수산부장관에게 제출하여야 한다.
④ 농림축산식품부장관은 해양수산부장관과 협의하여 기금의 여유자금을 「은행법」에 따른 은행에의 예치의 방법으로 운용할 수 있다.

> **TIP** ② 농림축산식품부장관은 해양수산부장관과 협의를 거쳐 기금의 관리·운용에 관한 사무의 일부를 농업정책보험 금융원에 위탁할 수 있다〈농어업재해보험법 제24조(기금의 관리·운용) 제2항〉.
> ① 「농어업재해보험법」 제24조(기금의 관리·운용) 제1항
> ③ 「농어업재해보험법 시행령」 제19조(기금의 결산) 제2항
> ④ 「농어업재해보험법 시행령」 제20조(여유자금의 운용) 제1호

39 농어업재해보험법상 농림축산식품부장관이 농작물 재해보험사업을 효율적으로 추진하기 위하여 수행하는 업무로 옳지 않은 것은?

① 피해 관련 분쟁조정
② 손해평가인력의 육성
③ 재해보험 상품의 연구 및 보급
④ 손해평가기법의 연구·개발 및 보급

> **TIP** 농어업재해보험사업의 관리〈농어업재해보험법 제25조의2 제1항〉 … 농림축산식품부장관 또는 해양수산부장관은 재해보험사업을 효율적으로 추진하기 위하여 다음 각 호의 업무를 수행한다.
> 1. 재해보험사업의 관리·감독
> 2. 재해보험 상품의 연구 및 보급
> 3. 재해 관련 통계 생산 및 데이터베이스 구축·분석
> 4. 손해평가인력의 육성
> 5. 손해평가기법의 연구·개발 및 보급

ANSWER
38.② 39.①

40 농어업재해보험법령상 재정지원에 관한 설명으로 옳은 것은?

① 정부는 재해보험가입자가 부담하는 보험료와 재해보험사업자의 재해보험의 운영 및 관리에 필요한 비용을 지원하여야 한다.
② 지방자치단체는 재해보험사업자의 운영비를 추가로 지원하여야 한다.
③ 농림축산식품부장관·해양수산부장관 및 지방자치단체의 장은 보험료의 일부를 재해보험가입자에게 지급하여야 한다.
④ 「풍수해·지진재해보험법」에 따른 풍수해·지진재해보험에 가입한 자가 동일한 보험목적물을 대상으로 재해보험에 가입할 경우에는 정부가 재정지원을 하지 아니한다.

> **TIP** 재정지원〈농어업재해보험법 제19조〉
> ① 정부는 예산의 범위에서 재해보험가입자가 부담하는 보험료의 일부와 재해보험사업자의 재해보험의 운영 및 관리에 필요한 비용(이하 "운영비"라 한다)의 전부 또는 일부를 지원할 수 있다. 이 경우 지방자치단체는 예산의 범위에서 재해보험가입자가 부담하는 보험료의 일부를 추가로 지원할 수 있다.
> ② 농림축산식품부장관·해양수산부장관 및 지방자치단체의 장은 ①에 따른 지원 금액을 재해보험사업자에게 지급하여야 한다.
> ③ 「풍수해·지진재해보험법」에 따른 풍수해·지진재해보험에 가입한 자가 동일한 보험목적물을 대상으로 재해보험에 가입할 경우에는 ①에도 불구하고 정부가 재정지원을 하지 아니한다.
> ④ ①에 따른 보험료와 운영비의 지원 방법 및 지원 절차 등에 필요한 사항은 대통령령으로 정한다.

41 농어업재해보험법상 농작물재해보험에 관한 손해평가사 업무로 옳지 않은 것은?

① 손해액 평가
② 보험가액 평가
③ 피해사실 확인
④ 손해평가인증의 발급

> **TIP** 손해평가사의 업무〈농어업재해보험법 제11조의3〉
> 1. 피해사실의 확인
> 2. 보험가액 및 손해액의 평가
> 3. 그 밖의 손해평가에 필요한 사항

ANSWER
40.④ 41.④

42 농어업재해보험법령상 재해보험사업자가 수립하는 보험가입촉진계획에 포함되어야 할 사항에 해당하지 않는 것은?

① 농어업재해재보험기금 관리·운용계획
② 해당 연도의 보험상품 운영계획
③ 보험상품의 개선·개발계획
④ 전년도의 성과분석 및 해당 연도의 사업계획

> **TIP** 보험가입촉진계획의 제출 등〈농어업재해보험법 시행령 제22조의2 제1항〉… 법 제28조의2 제1항에 따른 보험가입촉진계획에는 다음 각 호의 사항이 포함되어야 한다.
> 1. 전년도의 성과분석 및 해당 연도의 사업계획
> 2. 해당 연도의 보험상품 운영계획
> 3. 농어업재해보험 교육 및 홍보계획
> 4. 보험상품의 개선·개발계획
> 5. 그 밖에 농어업재해보험가입 촉진을 위하여 필요한 사항

43 농업재해보험 손해평가요령에 따른 손해평가 업무를 원활히 수행하기 위하여 손해평가보조인을 운용할 수 있는 자를 모두 고른 것은?

┌───┐
│ ㉠ 재해보험사업자   │
│ ㉡ 재해보험사업자의 업무를 위탁받은 자   │
│ ㉢ 손해평가를 요청한 보험가입자   │
│ ㉣ 재해발생 지역의 지방자치단체   │
└───┘

① ㉠   ② ㉢
③ ㉠㉡   ④ ㉠㉢㉣

> **TIP** 재해보험사업자 및 손해평가의 업무위탁 규정에 따라 손해평가 업무를 위탁받은 자는 손해평가 업무를 원활히 수행하게 하기 위하여 손해평가보조인을 운용할 수 있다〈농업재해보험 손해평가요령 제4조(손해평가인 위촉) 제3항〉.

ANSWER
42.① 43.③

44 농업재해보험 손해평가요령에 따른 손해평가인 위촉의 취소 사유에 해당하지 않는 것은?

① 업무 수행과 관련하여 「개인정보보호법」을 위반한 경우
② 위촉 당시 피성년후견인이었음이 판명된 경우
③ 거짓 그 밖의 부정한 방법으로 손해평가인으로 위촉된 경우
④ 「농어업재해보험법」 제30조에 의하여 벌금 이상의 형을 선고받고 그 집행이 종료된 날로부터 2년이 경과되지 않은 경우

> **TIP** 손해평가인 위촉의 취소 및 해지 등〈농업재해보험 손해평가요령 제6조 제1항 및 제2항〉
> ① 재해보험사업자는 손해평가인이 다음 각 호의 어느 하나에 해당하게 되거나 위촉 당시에 해당하는 자이었음이 판명된 때에는 그 위촉을 취소하여야 한다.
>   1. 피성년후견인
>   2. 파산선고를 받은 자로서 복권되지 아니한 자
>   3. 법 제30조(벌칙)에 의하여 벌금이상의 형을 선고받고 그 집행이 종료(집행이 종료된 것으로 보는 경우를 포함한다)되거나 집행이 면제된 날로부터 2년이 경과되지 아니한 자
>   4. 동 조에 따라 위촉이 취소된 후 2년이 경과하지 아니한 자
>   5. 거짓 그 밖의 부정한 방법으로 제4조(손해평가인 위촉)에 따라 손해평가인으로 위촉된 자
>   6. 업무정지 기간 중에 손해평가업무를 수행한 자
> ② 재해보험사업자는 손해평가인이 다음 각 호의 어느 하나에 해당하는 때에는 6개월 이내의 기간을 정하여 그 업무의 정지를 명하거나 위촉 해지 등을 할 수 있다.
>   1. 법 제11조(손해평가 등) 제2항 및 이 요령의 규정을 위반한 때
>   2. 법 및 이 요령에 의한 명령이나 처분을 위반한 때
>   3. 업무수행과 관련하여 「개인정보보호법」, 「신용정보의 이용 및 보호에 관한 법률」 등 정보보호와 관련된 법령을 위반한 때

45 농업재해보험 손해평가요령에 따른 농작물의 손해평가 단위는?

① 농가별
② 농지별
③ 필지(지번)별
④ 품종별

> **TIP** 손해평가 단위〈농업재해보험 손해평가요령 제12조 제1항〉
>   1. 농작물 : 농지별
>   2. 가축 : 개별가축별(단, 벌은 벌통 단위)
>   3. 농업시설물 : 보험가입 목적물별

ANSWER
44.① 45.②

46 농업재해보험 손해평가요령에 따른 보험가액 산정에 관한 설명으로 옳지 않은 것은?

① 농작물의 생산비보장 보험가액은 작물별로 보험가입 당시 정한 보험가액을 기준으로 산정한다. 다만, 보험가액에 영향을 미치는 가입면적 등이 가입 당시와 다를 경우 변경할 수 있다.
② 나무손해보장 보험가액은 기재된 보험목적물이 나무인 경우로 최초 보험사고 발생 시의 해당 농지 내에 심어져 있는 과실생산이 가능한 나무에서 피해 나무를 제외한 수에 보험가입 당시의 나무당 가입가격을 곱하여 산정한다.
③ 가축에 대한 보험가액은 보험사고가 발생한 때와 곳에서 평가한 보험목적물의 수량에 적용가격을 곱하여 산정한다.
④ 농업시설물에 대한 보험가액은 보험사고가 발생한 때와 곳에서 평가한 피해목적물의 재조달가액에서 내용연수에 따른 감가상각률을 적용하여 계산한 감가상각액을 차감하여 산정한다.

> **TIP** ② 나무손해보장의 보험가액은 기재된 보험목적물이 나무인 경우로 최초 보험사고 발생 시의 해당 농지 내에 심어져 있는 과실생산이 가능한 나무 수(피해 나무 수 포함)에 보험가입 당시의 나무당 가입가격을 곱하여 산정한다〈농업재해보험 손해평가요령 제13조(농작물의 보험가액 및 보험금 산정) 제1항 제5호〉.
> ① 「농업재해보험 손해평가요령」 제13조(농작물의 보험가액 및 보험금 산정) 제1항 제4호
> ③ 「농업재해보험 손해평가요령」 제14조(가축의 보험가액 및 손해액 산정) 제1항
> ④ 「농업재해보험 손해평가요령」 제15조(농업시설물의 보험가액 및 손해액 산정) 제1항

기출변형

47 농업재해보험 손해평가요령상 농작물의 품목별·재해별·시기별 손해수량 조사방법 중 적과전종합위험방식 상품 "사과"에 관한 기술이다. ( )에 들어갈 내용으로 옳은 것은?

생육시기	재해	조사시기	조사내용
적과 후~수확기 종료	우박	수확 직전	( )

① 낙과피해조사　　　　　　　② 고사나무조사
③ 착과피해조사　　　　　　　④ 피해사실 확인 조사

> **TIP** 적과전종합위험방식 상품(사과, 배, 단감, 떫은 감)〈농업재해보험 손해평가요령 [별표 2]〉
>
> | 생육시기 | 재해 | 조사내용 | 조사시기 | 조사방법 |
> |---|---|---|---|---|
> | 적과 후~수확기 종료 | 우박, 일소, 가을동상해 | 착과피해조사 | 수확 직전 | 달려있는 과실 중 재해로 인한 피해과실수 조사
※ 1) 착과피해조사는 보험약관에서 정한 과실피해분류 기준에 따라 구분 하여 조사
2) 조사방법 : 표본조사 |

ANSWER
46.② 47.③

48 농업재해보험 손해평가요령상 농작물의 품목별·재해별·시기별 손해수량 조사방법 중 종합위험방식 상품인 "벼"에만 해당하는 조사내용으로 옳은 것은?

① 피해사실 확인 조사
② 재이앙(재직파) 피해 조사
③ 경작불능피해 조사
④ 수확량 조사

 수확감소보장 및 과실손해보장〈농업재해보험 손해평가요령 [별표 2]〉

생육시기	재해	조사내용	조사시기	조사방법	비고
수확 전	보상하는 재해 전부	이앙(직파) 불능피해 조사	이앙 한계일 (7.31.)이후	이앙(직파)불능 상태 및 통상적인 영농활동 실시 여부조사	벼만 해당
		재이앙 (재직파) 조사	사고접수 후 지체 없이	해당 농지에 보상하는 손해로 인하여 재이앙(재직파)이 필요한 면적 또는 면적비율 조사	벼만 해당
		경작불능 조사	사고접수 후 지체 없이	해당 농지의 피해면적비율 또는 보험 목적인 식물체 피해율 조사	벼, 밀, 밭작물(차(茶)제외), 복분자만 해당
수확 시작 후 ~ 수확 종료	보상하는 재해 전부	수확불능 확인 조사	조사 가능일	사고 발생 농지의 제현율 및 정상 출하 불가 확인 조사 ※ 조사방법: 전수조사 또는 표본조사	벼만 해당

49 농업재해보험 손해평가요령상 농작물의 보험금 산정기준에 따른 종합위험방식 수확감소 보장 "양파"의 경우, 다음의 조건으로 산정한 보험금은?

- 보험가입금액: 1,000만 원
- 가입수확량: 10,000kg
- 수확량: 5,000kg
- 자기부담비율: 20%
- 평년수확량: 20,000kg
- 미보상감수량: 1,000kg

① 300만 원
② 400만 원
③ 500만 원
④ 600만 원

 농작물의 보험금 산정〈농업재해보험 손해평가요령 [별표 1]〉
① 종합위험방식 수확감소 보험금 계산법: 보험가입금액 × (피해율 - 자기부담비율)
② 피해율(벼·감자·복숭아 제외) = (평년수확량 - 수확량 - 미보상감수량) ÷ 평년수확량
 피해율 = (20,000kg - 5,000kg - 1,000kg) ÷ 20,000kg = 70%
③ 종합위험방식 수확감소 보험금 = 1,000만 원 × (70%-20%) = 500만 원

ANSWER
48.② 49.③

50 농업재해보험 손해평가요령에 따른 손해평가준비 및 평가결과 제출에 관한 설명으로 옳지 않은 것은?

① 손해평가반은 손해평가결과를 기록할 수 있도록 현지조사서를 직접 마련해야 한다.
② 손해평가반은 보험가입자가 정당한 사유 없이 서명을 거부하는 경우 보험가입자에게 손해평가결과를 통지한 후 서명 없이 현지조사서를 재해보험사업자에게 제출하여야 한다.
③ 손해평가반은 보험가입자가 정당한 사유 없이 손해평가를 거부하여 손해평가를 실시하지 못한 경우에는 그 피해를 인정할 수 없는 것으로 평가한다는 사실을 보험가입자에게 통지한 후 현지조사서를 재해보험사업자에게 제출하여야 한다.
④ 재해보험사업자는 보험가입자가 손해평가반의 손해평가결과에 대하여 설명 또는 통지를 받은 날로부터 7일 이내에 손해평가가 잘못되었음을 증빙하는 서류 또는 사진 등을 제출하는 경우 다른 손해평가반으로 하여금 재조사를 실시하게 할 수 있다.

> **TIP** 손해평가준비 및 평가결과 제출〈농업재해보험 손해평가요령 제10조〉
> ① 재해보험사업자는 손해평가반이 실시한 손해평가결과와 손해평가업무를 수행한 손해평가반 구성원을 기록할 수 있도록 현지조사서를 마련하여야 한다.
> ② 재해보험사업자는 손해평가를 실시하기 전에 ①에 따른 현지조사서를 손해평가반에 배부하고 손해평가 시의 주의사항을 숙지시킨 후 손해평가에 임하도록 하여야 한다.
> ③ 손해평가반은 현지조사서에 손해평가 결과를 정확하게 작성하여 보험가입자에게 이를 설명한 후 서명을 받아 재해보험사업자에게 최종 조사일로부터 7영업일 이내에 제출하여야 한다. (다만, 하우스 등 원예시설과 축사 건물은 7영업일을 초과하여 제출할 수 있다.) 또한, 보험가입자가 정당한 사유 없이 서명을 거부하는 경우 손해평가반은 보험가입자에게 손해평가 결과를 통지한 후 서명없이 현지조사서를 재해보험사업자에게 제출하여야 한다.
> ④ 손해평가반은 보험가입자가 정당한 사유 없이 손해평가를 거부하여 손해평가를 실시하지 못한 경우에는 그 피해를 인정할 수 없는 것으로 평가한다는 사실을 보험가입자에게 통지한 후 현지조사서를 재해보험사업자에게 제출하여야 한다.
> ⑤ 재해보험사업자는 보험가입자가 손해평가반의 손해평가결과에 대하여 설명 또는 통지를 받은 날로부터 7일 이내에 손해평가가 잘못되었음을 증빙하는 서류 또는 사진 등을 제출하는 경우 재해보험사업자는 다른 손해평가반으로 하여금 재조사를 실시하게 할 수 있다.

ANSWER
50.①

제3과목 농학개론 중 재배학 및 원예작물학

51 과수 분류 시 인과류에 속하는 것은?

① 자두
② 포도
③ 감귤
④ 사과

> **TIP** 과실의 특성에 따른 과수의 분류
> ㉠ 인과류 : 배, 사과, 모과 등
> ㉡ 준인과류 : 감, 감귤, 오렌지 등
> ㉢ 핵과류 : 자두, 대추, 매실, 복숭아 등
> ㉣ 각과류(견과류) : 밤, 호두, 개암나무 등
> ㉤ 장과류 : 포도, 석류, 무화과 등

52 작물 재배에 있어서 질소(N)에 관한 설명으로 옳지 않은 것은?

① 질산태(NO_3^-)와 암모늄태(NH_4^+)로 식물에 흡수된다.
② 작물체 건물 중의 많은 함량을 차지하는 중요한 무기성분이다.
③ 콩과작물은 질소 시비량이 적고, 벼과작물은 시비량이 많다.
④ 결핍증상은 늙은 조직보다 어린 생장점에서 먼저 나타난다.

> **TIP** 뿌리에 공급되는 질소가 적당하지 않으면 늙은 잎에 있던 질소가 어린 식물기관으로 이동한다. 따라서 질소결핍증은 늙은 잎에서 먼저 나타난다.

53 작물의 필수 원소는?

① 염소(Cl)
② 규소(Si)
③ 코발트(Co)
④ 나트륨(Na)

> **TIP** 작물생육의 필수원소
> ㉠ 다량원소 : 탄소(C), 수소(H), 산소(O), 질소(N), 황(S), 칼륨(K), 인(P), 칼슘(Ca), 마그네슘(Mg)
> ㉡ 미량원소 : 철(Fe), 망간(Mn), 아연(Zn), 구리(Cu), 몰리브덴(Mo), 붕소(B), 염소(Cl), 니켈(Ni)

ANSWER
51.④ 52.④ 53.①

54 재배 시 산성토양에 가장 약한 작물은?

① 벼 ② 콩
③ 감자 ④ 수박

TIP 산성토양에 영향을 받는 작물
㉠ 극히 강한 것 : 벼, 밭벼, 귀리, 토란, 아마, 기장, 땅콩, 감자, 봄무, 호밀, 수박 등
㉡ 가장 약한 것 : 알팔파, 자운영, 콩, 팥, 시금치, 사탕무, 샐러리, 부추, 양파 등

55 작물 재배 시 습해의 대책이 아닌 것은?

① 배수
② 토양 개량
③ 황산근비료 시용
④ 내습성 작물과 품종 선택

TIP 황산근비료는 뿌리의 생육을 돕지만 습해의 근본적인 문제인 과습과 통기 불량을 해결하지는 못한다. 습한 조건에서 황산근비료와 같은 비료를 과도하게 사용하면, 비료가 뿌리 주위에 축적되면서 작물에 추가적인 스트레스를 줄 수 있다.
※ 습해의 대책 … 배수로 정비, 토양 개량, 내습성 작물과 품종의 선택, 과산화석회의 시용, 심경 등이 있다.

56 작물 재배 시 건조해의 대책으로 옳지 않은 것은?

① 중경제초
② 질소비료 과용
③ 내건성 작물 및 품종 선택
④ 증발억제제 살포

TIP 질소비료는 식물 생장에 도움을 주지만, 과다하게 사용하면 비정상적으로 비대생장을 하여 오히려 쉽게 죽으므로 주의해야 한다.
※ 건조화 대책 … 관개, 내건성 작물 품종의 선택, 증발억제제 살포 등이 있다.

ANSWER
54.② 55.③ 56.②

57 작물 재배 시 하고(夏枯) 현상으로 옳지 않은 것은?

① 화이트클로버는 피해가 크고, 레드클로버는 피해가 경미하다.
② 다년생인 북방형 목초에서 여름철에 생장이 현저히 쇠퇴하는 현상이다.
③ 고온, 건조, 장일, 병충해, 잡초무성의 원인으로 발생한다.
④ 대책으로는 관개, 혼파, 방목이 있다.

> **TIP** 티머시, 레드클로버, 알사이크클로버 등은 하고 현상에 약한 품종으로 피해가 크다.
> ※ 하고 현상 … 내한성이 강하여 월동을 잘하는 북방형 목초의 경우 여름철에 접어들면서 생장이 쇠퇴, 정지하고 심하면 황화, 고사하는 것을 하고라고 한다.

58 다음에서 설명하는 냉해는?

> ㉠ 냉온에 대한 저항성이 약한 시기인 감수분열기에 저온에 노출되어 수분수정이 안되어 불임현상이 초래되는 냉해를 말한다.
> ㉡ 냉온에 의한 생육부진으로 외부 병균의 침입에 대한 저항성이 저하되어 병이 발생하는 냉해를 말한다.

	㉠	㉡
①	지연형 냉해	병해형 냉해
②	병해형 냉해	혼합형 냉해
③	장해형 냉해	병해형 냉해
④	혼합형 냉해	장해형 냉해

> **TIP** 냉해의 종류
> ㉠ 장해형 냉해 : 냉온에 대한 저항성이 약한 시기인 감수분열기에 저온에 노출되어 수분수정이 되지 않아서 불임현상이 초래되는 냉해를 말한다.
> ㉡ 병해형 냉해 : 냉온에 의한 생육부진으로 외부 병균의 침입에 대한 저항성이 저하되어 병이 발생하는 냉해를 말한다.
> ㉢ 지연형 냉해 : 영양생장기의 저온 또는 일조 부족으로 생육 특히 출수기가 늦어지고 등숙이 충분하지 못하게 되는 냉해를 말한다.
> ㉣ 혼합형 냉해 : 벼의 경우 지연형 냉해와 장해형 냉해가 계속 또는 병행해서 발생하는 것을 말한다.

ANSWER
57.① 58.③

59 작물 외관의 착색에 관한 설명으로 옳지 않은 것은?

① 작물 재배 시 광이 없을 때에는 에티올린(etiolin)이라는 담황색 색소가 형성되어 황백화 현상을 일으킨다.
② 엽채류에서는 적색광과 청색광에서 엽록소의 형성이 가장 효과적이다.
③ 작물 재배 시 광이 부족하면 엽록소의 형성이 저해된다.
④ 과일의 안토시안은 비교적 고온에서 생성이 조장되며 볕이 잘 쬘 때에 착색이 좋아진다.

> **TIP** 햇빛과 자외선이 강력하고 습기가 높으며 추운 지역에서 안토시안이 잘 생성된다. 서늘한 온도와 좋은 일조 조건에서 잘 형성되며, 고온에서는 착색이 더디다.

60 장일일장 조건에서 개화가 유도·촉진되는 작물을 모두 고른 것은?

㉠ 상추	㉡ 고추
㉢ 딸기	㉣ 시금치

① ㉠㉡   ② ㉠㉣
③ ㉡㉢   ④ ㉢㉣

> **TIP** 작물의 일장형
> ㉠ 장일식물 : 맥류, 양귀비, 시금치, 양파, 상추, 아마, 티머시, 아주까리, 감자 등
> ㉡ 단일식물 : 국화, 콩, 담배, 들깨, 사르비아, 도꼬마리, 코스모스, 목화, 벼, 나팔꽃 등
> ㉢ 중성식물 : 강낭콩, 고추, 토마토, 당근, 샐러리 등

61 다음에서 내한성(耐寒性)이 가장 강한 작물(A)과 가장 약한 작물(B)은?

	(A)	(B)
①	사과	서양배
②	사과	유럽계 포도
③	복숭아	서양배
④	복숭아	유럽계 포도

> **TIP** 내한성의 크기는 '사과 > 서양배 > 복숭아 > 유럽계 포도' 순이다.

ANSWER
59.④ 60.② 61.②

62 우리나라의 과수 우박 피해에 관한 설명으로 옳은 것은?

> ⊙ 피해 시기는 주로 착과기와 성숙기에 해당된다.
> ⓒ 다음해의 안정적인 결실을 위해 피해과원의 모든 과실을 제거한다.
> ⓒ 피해 후 2차적으로 병해를 발생시키는 간접적인 피해를 유발하기도 한다.

① ⊙ⓒ
② ⊙ⓒ
③ ⓒⓒ
④ ⊙ⓒⓒ

TIP ⓒ 피해를 입은 이후에는 피해 과실을 제거하되 수세안정을 고려하여 일정한 과실을 남겨두어야 한다.

63 과수원의 태풍 피해 대책으로 옳지 않은 것은?

① 방풍림으로 교목과 관목의 혼합 식재가 효과적이다.
② 방풍림은 바람의 방향과 직각 방향으로 심는다.
③ 과수원 내의 빈 공간 확보는 태풍 피해를 경감시켜 준다.
④ 왜화도가 높은 대목은 지주 결속으로 피해를 줄여준다.

TIP 과수원에 결주 등 빈 공간이 있으면 바람이 통과하는 길이 되어 피해가 증가한다.

64 작물의 육묘에 관한 설명으로 옳지 않은 것은?

① 수확기 및 출하기를 앞당길 수 있다.
② 육묘용 상토의 pH는 낮을수록 좋다.
③ 노지정식 전 경화과정(hardening)이 필요하다.
④ 육묘와 재배의 분업화가 가능하다.

TIP 육묘용 상토는 투수성과 보수력을 지니고 부식함량이 높으며 병원균과 잡초씨가 없어야 한다. pH는 4.5 ~ 5.5로 조정한다.

ANSWER
62.② 63.③ 64.②

65 다음 설명의 영양 번식 방법은?

> • 양취법(楊取法)이라고도 한다.
> • 오래된 가지를 발근시켜 떼어낼 때 사용한다.
> • 발근시키고자 하는 부분에 미리 박피를 허준다.

① 성토법(盛土法)　　　　　　　② 선취법(先取法)
③ 고취법(高取法)　　　　　　　④ 당목취법(撞木取法)

TIP ① 성토법(盛土法) : 어미나무에 가지가 많을 때 가지 밑부분을 흙으로 묻어 발근시킨 후 어미나무에서 떼어내고 흙을 덮은 채로 두어 발근한 다음 분리 번식시키는 방법이다.
② 선취법(先取法) : 가지의 선단부를 지면으로 휘어 묻는 방법이다.
④ 당목취법(撞木取法) : 가지를 수평으로 휘묻고 그 가지의 마디마다 작은 가지를 지면으로 내놓게 하고 작은 가지가 발생한 부분에서 뿌리가 나면 하나씩 떼어내는 방법이다.

66 다음의 과수원 토양관리 방법은?

> • 과수원 관리가 쉽다.
> • 양분용탈이 발생한다.
> • 토양침식으로 입단형성이 어렵다.

① 초생재배　　　　　　　　　② 피복재배
③ 부초재배　　　　　　　　　④ 청경재배

TIP 과수원의 토양관리 방법
㉠ 청경법 : 과수원 토양에 풀이 자라나지 않도록 깨끗하게 김을 메주는 방법으로 잡초와 토양 수분의 경쟁이 없고 병·해충의 잠복처를 제공하지 않는 장점이 있으나, 토양침식과 토양의 온도변화가 심하다.
㉡ 초생법 : 과수원의 토양을 풀이나 목초로 피복하는 방법으로 청경법과 상반되는 특징을 가지고 있다. 초생법은 현재 경사지 과수원에서 가장 많이 사용하고 있는 방법이다.
㉢ 부초법 : 과수원의 토양을 짚이나 다른 피복물로 덮어주는 방법으로, 토양침식 방지, 토양 수분의 보수력 증대, 토양 내 유기물의 증가와 입단화 촉진 등의 장점이 있으나, 인건비와 재료비가 많이 들며 화재의 위험이 크다.
㉣ 혼합법 : 수관부, 어린 나무 또는 경사지 과수원에서 과수 주위만 청경법 또는 부초법으로 멀칭하고 나머지는 초생법이나 부초법을 사용하는 등 혼합하여 관리하는 방법이다.

ANSWER
65.③ 66.④

67 사과 과원에서 병해충종합관리(IPM)에 해당되지 않는 것은?

① 응애류 천적 제거
② 성페로몬 이용
③ 초생재배 실시
④ 생물농약 활용

> **TIP** 병해충종합관리는 해충과 병을 억제하면서도 천적 등 유용 생물을 보존하여 생태계의 균형을 유지하는 데 목적이 있다. 응애류 중에는 사과에 피해를 주는 점박이응애, 차응애 같은 해충도 있으나, 이를 잡아먹는 사막응애, 칠레이리응애 등 천적 응애도 존재한다. 이러한 천적 응애는 작물에 해를 끼치지 않으며 해충 억제에 도움을 주므로, 제거 대상이 아니다.
> ※ 병해충종합관리(IPM) … 작물·병해충·천적에 대한 지식을 기초로, 각종 방제기술을 상호 모순되지 않게 사용하며 병해충을 경제적 피해수준 이하로 감소·억제하면서 환경에 대한 부작용을 최소화하는 관리체계이다.

68 호냉성 채소작물은?

① 상추, 가지
② 시금치, 고추
③ 오이, 토마토
④ 양배추, 딸기

> **TIP** 호냉성 식물 … 생육적온이 17 ~ 20℃ 범위로 대부분의 엽근채류가 해당한다. 채소에는 무, 파, 마늘, 당근, 딸기, 배추, 상추, 시금치, 양배추 등이 있으며, 과수에는 배, 사과, 자두, 화훼에는 국화, 팬지, 데이지, 금어초, 카네이션 등이 있다.

69 작물의 생육과정에서 칼슘 결핍에 의해 나타나는 증상으로만 짝지어진 것은?

① 배추 잎끝마름증상, 토마토 배꼽썩음증상
② 토마토 배꼽썩음증상, 장미 로제트증상
③ 장미 로제트증상, 고추 청고증상
④ 고추 청고증상, 배추 잎끝마름증상

> **TIP** 장미 로제트증상은 마이코플라스마에 의한 것이고, 고추 청고증상은 뿌리로부터 침입한 세균이 도관을 막으면서 식물이 푸른 채로 말라서 죽는 것이다.
> ※ 칼슘 결핍으로 나타나는 증상 … 잎끝마름증상, 배꼽썩음증상, 도복현상, 황화현상, 속썩음현상 등이 있다.

ANSWER
67.① 68.④ 69.①

70 채소작물 재배 시 에틸렌에 의한 현상이 아닌 것은?

① 토마토 열매의 엽록소 분해를 촉진한다.
② 가지의 꼭지에서 이층(離層) 형성을 촉진한다.
③ 아스파라거스의 육질 연화를 촉진한다.
④ 상추의 갈색 반점을 유발한다.

　　TIP　아스파라거스는 에틸렌으로 육질 경화를 하면서 조직이 질겨진다.
　　　※ 에틸렌 … 식물 호르몬 중 하나로 과일의 성숙에 관여하고 노화를 촉진한다. 또한 식물의 성장을 촉진하는 옥신의 이동을 억제하고 불활성화시켜 연한 조직의 생성을 억제한다.

71 다음 과수 접목법의 분류기준은?

절접, 아접, 할접, 혀접, 호접

① 접목부위에 따른 분류　　　　　② 접목장소에 따른 분류
③ 접목시기에 따른 분류　　　　　④ 접목방법에 따른 분류

　　TIP　④ 접목방법에 따른 분류 : 절접, 아접, 할접, 혀접, 호접 등
　　　　① 접목부위에 따른 분류 : 고접, 저접, 근두접 등
　　　　② 접목장소에 따른 분류 : 거접, 양접 등
　　　　③ 접목시기에 따른 분류 : 춘접, 하접, 추접 등

72 화훼작물의 플러그묘 생산에 관한 옳은 설명을 모두 고른 것은?

| ㉠ 좁은 면적에서 대량육모가 가능하다.
㉡ 최적의 생육조건으로 다양한 규격묘 생산이 가능하다.
㉢ 노동집약적이며 관리가 용이하다.
㉣ 정밀기술이 요구된다. |
|---|

① ㉠㉡㉢　　　　　　　　　　　② ㉠㉡㉣
③ ㉠㉢㉣　　　　　　　　　　　④ ㉡㉢㉣

　　TIP　㉢ 플러그묘는 노동이 적게 든다는 장점이 있다.

ANSWER
70.③　71.④　72.②

73 화훼작물의 진균병이 아닌 것은?

① Fusarium에 의한 시들음병　　② Botrytis에 의한 잿빛곰팡이병
③ Xanthomonas에 의한 잎반점병　　④ Colletotrichum에 의한 탄저병

> **TIP** Xanthomonas에 의한 잎반점병은 세균병에 해당한다.
> ※ 진균병 … 곰팡이에 의해 일어나는 병으로, 식물체 내로 들어가면 식물로부터 영양을 흡수하고 독소나 효소를 분비하여 식물에 해를 입힌다.

74 시설 내의 온도를 낮추기 위해 시설의 벽면 위 또는 아래에서 실내로 세무(細霧)를 분사시켜 시설 상부에 설치된 풍량형 환풍기로 공기를 뽑아내는 냉각방법은?

① 팬 앤드 포그　　② 팬 앤드 패드
③ 팬 앤드 덕트　　④ 팬 앤드 팬

> **TIP** ② 팬 앤드 패드 : 온실의 한쪽 벽에 설치된 습윤한 패드를 통해 외부 공기를 통과시키고 반대편에 설치된 팬을 사용해 공기를 끌어당기는 방식이다. 물이 패드를 적시면서 증발하면서 공기의 온도가 낮아져 온실 내부로 시원한 공기가 공급된다.
> ③ 팬 앤드 덕트 : 공기 순환 시스템에 해당한다. 공기를 덕트(공기 통로)를 통해 온실 내부에 균일하게 분배하는 방식이다. 팬이 외부 공기를 덕트를 통해 끌어들이거나 내부 공기를 순환시키면서 온도 조절을 한다.
> ④ 팬 앤드 팬 : 두 개 이상의 팬을 사용하여 온실 내부의 공기를 순환시키고 더운 공기를 외부로 배출함으로써 온실 내부의 온도를 조절하는 시스템 방법이다.

75 다음이 설명하는 시설재배용 플라스틱 피복재는?

- 보온성이 떨어진다.
- 표면에 먼지가 잘 부착되지 않는다.
- 광투과율이 높고 연질피복재이다.
- 약품에 대한 내성이 크고 가격이 싸다.

① 폴리에틸렌(PE) 필름　　② 염화비닐(PVC) 필름
③ 에틸렌아세트산(EVA) 필름　　④ 폴리에스터(PET) 필름

> **TIP** ② 염화비닐(PVC) 필름 : 과일·채소류 및 식품 포장에 많이 이용된다. 광선투과율이 높으며, 열전도율이 낮아 보온력이 뛰어나다. 비료나 농약 등에 대한 내성이 크다.
> ③ 에틸렌아세트산(EVA) 필름 : 광투과율이 뛰어나다. 가스 발생의 염려가 없고, 고온에서 잘 견딘다. 농약에 대한 내성이 크다.
> ④ 폴리에스터(PET) 필름 : 독성과 악취가 없어서 음식 포장에 적합하다. 내열성이 우수하고 산화나 부식 등의 차단성이 뛰어나다.

ANSWER
73.③　74.①　75.①

2018년 제4회 1차 시험

제1과목 「상법」 보험편

1 보험계약에 관한 설명으로 옳지 않은 것은?
① 보험계약은 보험자의 청약에 대하여 보험계약자가 승낙함으로써 이루어진다.
② 보험계약은 보험자의 보험금 지급 책임이 우연한 사고의 발생에 달려 있으므로 사행계약의 성질을 갖는다.
③ 보험계약의 효력발생에 특별한 요식행위를 요하지 않는다.
④ 상법 보험편의 보험계약에 관한 규정은 그 성질에 반하지 아니하는 범위에서 상호보험에 준용한다.

> **TIP** 보험계약은 원칙적으로 보험계약자의 청약에 대하여 보험자가 승낙함으로써 성립한다.

2 보험증권에 관한 설명으로 옳은 것은?
① 보험기간을 정한 때에는 그 시기와 종기는 상법상 손해보험증권의 기재사항에 해당하지 않는다.
② 기존의 보험계약을 연장하는 경우에 보험자는 그 보험증권에 그 사실을 기재함으로써 보험증권의 교부에 갈음할 수 있다.
③ 보험계약의 당사자는 보험증권의 교부가 있은 날로부터 2주간 내에 한하여 그 증권 내용의 정부에 관한 이의를 할 수 있음을 약정할 수 있다.
④ 보험증권을 현저하게 훼손한 때에는 보험계약자는 보험자에 대하여 증권의 재교부를 청구할 수 있는데 그 증권 작성의 비용은 보험자의 부담으로 한다.

> **TIP**
> ② 「상법」 제640조(보험증권의 교부) 제2항
> ① 보험기간을 정한 때에는 그 시기와 종기를 손해보험증권에 기재해야 한다〈상법 제666조(손해보험증권) 제5호〉.
> ③ 보험계약의 당사자는 보험증권의 교부가 있은 날로부터 일정한 기간 내에 한하여 그 증권 내용의 정부에 관한 이의를 할 수 있음을 약정할 수 있다. 이 기간은 1월을 내리지 못한다〈상법 641조(증권에 관한 이의약관의 효력)〉.
> ④ 보험증권을 멸실 또는 현저하게 훼손한 때에는 보험계약자는 보험자에 대하여 증권의 재교부를 청구할 수 있다. 그 증권 작성의 비용은 보험계약자의 부담으로 한다〈상법 제642조(증권의 재교부 청구)〉.

ANSWER
1.① 2.②

3 보험약관의 교부·설명 의무에 관한 설명으로 옳은 것을 모두 고른 것은? (다툼이 있으면 판례에 따름)

> ㉠ 고객이 약관의 내용을 충분히 잘 알고 있는 경우에는 보험자가 고객에게 그 약관의 내용을 따로 설명하지 않아도 되나, 그러한 따로 설명할 필요가 없는 특별한 사정은 이를 주장하는 보험자가 입증하여야 한다.
> ㉡ 약관에 정하여진 중요한 사항이라면 설사 거래상 일반적이고 공통된 것이어서 보험계약자가 별도의 설명 없이도 충분히 예상할 수 있었던 사항이라 할지라도 보험자는 설명 의무를 부담한다.
> ㉢ 약관의 내용이 이미 법령에 의하여 정하여진 것을 되풀이 하는 것에 불과한 경우에는 고객에게 이를 따로 설명하지 않아도 된다.

① ㉠
② ㉠㉡
③ ㉠㉢
④ ㉠㉡㉢

TIP ㉠ '약관의 규제에 관한 법률'에서 사업자에 대하여 약관에 정하여져 있는 중요한 내용을 고객이 이해할 수 있도록 설명할 의무를 부과한 입법 취지 등을 종합하면, 고객이 약관의 내용을 충분히 잘 알고 있는 경우에는 그 약관이 바로 계약 내용이 되어 당사자에 대하여 구속력을 가지므로, 사업자로서는 고객에게 약관의 내용을 따로 설명할 필요가 없다고 보는 것이 상당하다. 이는 약관의 내용이 거래상 일반적이고 공통된 것이어서 사업자가 별도의 설명을 하지 않아도 충분히 예상할 수 있는 사항이거나 이미 법령에 의하여 정하여진 것을 되풀이하는 것에 불과한 경우에도 마찬가지이다. 다만 위와 같이 사업자가 고객에게 약관의 내용을 따로 설명할 필요가 없는 특별한 사정이 있다는 점은 이를 주장하는 사업자가 증명하여야 한다[대법원 2018. 6. 19. 선고 2018다201610 판결].
㉢ 약관의 내용이 이미 법령에 의하여 정하여진 것을 되풀이 하는 것에 불과한 경우에는 약관 작성자에게 명시·설명 의무가 있다고 할 수 없다[대법원 2003. 12. 11. 선고 2001다33253 판결].
㉡ 약관에 정하여진 사항이더라도 거래상 일반적이고 공통된 것이어서 고객이 별도의 설명 없이도 충분히 예상할 수 있었던 사항이거나, 이미 법령에 의하여 정해진 것을 되풀이하거나 부연하는 정도에 불과한 사항이라면, 그러한 사항에 관해서까지 사업자에게 명시·설명 의무가 있다고 할 수는 없다[대법원 2017. 4. 13. 선고 2016다274904 판결].

기출변형

4 보험계약에 관한 설명으로 옳지 않은 것을 고르면?

① 보험자가 보험약관 설명의무를 위반한 때 보험계약이 성립한 날부터 3개월 이내에 그 계약을 취소할 수 있다.
② 대리인에 의하여 보험계약을 체결한 경우에 대리인이 안 사유는 그 본인이 안 것과 동일한 것으로 한다.
③ 보험계약은 그 계약 전의 어느 시기를 보험기간의 시기로 할 수 있다.
④ 보험계약 당시에 보험사고가 이미 발생한 때에는 당사자 쌍방과 피보험자가 이를 알지 못한 때에는 그 계약은 무효이다.

TIP ④ 보험계약 당시에 보험사고가 이미 발생하였거나 또는 발생할 수 없는 것인 때에는 그 계약은 무효로 한다. 그러나 당사자 쌍방과 피보험자가 이를 알지 못한 때에는 그러하지 아니하다〈상법 제644조(보험사고의 객관적 확정의 효과)〉.
① 「상법」 제638조의3(보험약관의 교부·설명 의무) 제2항
② 「상법」 제646조(대리인이 안 것의 효과)
③ 「상법」 제643조(소급보험)

ANSWER
3.② 4.④

5 보험대리상 등의 권한에 관한 설명으로 옳은 것은?

① 보험계약자로부터 청약, 고지, 통지, 해지, 취소 등 보험계약에 관한 의사표시를 수령할 수 있는 보험대리상의 권한을 보험자가 제한한 경우 보험자는 그 제한을 이유로 선의의 보험계약자에게 대항하지 못한다.
② 보험자는 보험계약자로부터 보험료를 수령할 수 있는 보험대리상의 권한을 제한할 수 없다.
③ 특정한 보험자를 위하여 계속적으로 보험계약의 체결을 중개하는 자라 할지라도 보험대리상이 아니면 보험자가 작성한 보험증권을 보험계약자에게 교부할 수 있는 권한이 없다.
④ 보험대리상은 보험계약자에게 보험계약의 체결, 변경, 해지 등 보험계약에 관한 의사표시를 할 수 있는 권한이 없다.

> **TIP** 보험대리상 등의 권한〈상법 제646조의2〉
> ① 보험대리상은 다음의 권한이 있다.
>   1. 보험계약자로부터 보험료를 수령할 수 있는 권한
>   2. 보험자가 작성한 보험증권을 보험계약자에게 교부할 수 있는 권한
>   3. 보험계약자로부터 청약, 고지, 통지, 해지, 취소 등 보험계약에 관한 의사표시를 수령할 수 있는 권한
>   4. 보험계약자에게 보험계약의 체결, 변경, 해지 등 보험계약에 관한 의사표시를 할 수 있는 권한
> ② ①에도 불구하고 보험자는 보험대리상의 ①의 권한 중 일부를 제한할 수 있다. 다만, 보험자는 그러한 권한 제한을 이유로 선의의 보험계약자에게 대항하지 못한다.
> ③ 보험대리상이 아니면서 특정한 보험자를 위하여 계속적으로 보험계약의 체결을 중개하는 자는 보험계약자로부터 보험료를 수령할 수 있는 권한(보험자가 작성한 영수증을 보험계약자에게 교부하는 경우만 해당한다) 및 보험자가 작성한 보험증권을 보험계약자에게 교부할 수 있는 권한이 있다.
> ④ 피보험자나 보험수익자가 보험료를 지급하거나 보험계약에 관한 의사표시를 할 의무가 있는 경우에는 ①부터 ③까지의 규정을 그 피보험자나 보험수익자에게도 적용한다.

ANSWER
5.①

6 상법(보험편)에 관한 설명이다. 옳지 않은 것은 몇 개인가?

> ㉠ 계속보험료가 약정한 시기에 지급하지 아니한 때에는 보험자는 다른 절차 없이 바로 그 계약을 해지할 수 있다.
> ㉡ 보험계약의 당사자가 특별한 위험을 예기하여 보험료의 액을 정한 경우에 보험기간 중 그 예기한 위험이 소멸한 때에는 보험계약자는 그 후의 보험료의 감액을 청구할 수 있다.
> ㉢ 보험기간 중에 보험계약자 또는 피보험자가 사고 발생의 위험이 현저하게 변경 또는 증가된 사실을 안 때에는 지체 없이 보험자에게 통지하여야 한다.

① 0개　　　　　　　　　　② 1개
③ 2개　　　　　　　　　　④ 3개

TIP ㉠ 계속보험료가 약정한 시기에 지급되지 아니한 때에는 보험자는 상당한 기간을 정하여 보험계약자에게 최고하고 그 기간 내에 지급되지 아니한 때에는 그 계약을 해지할 수 있다〈상법 제650조(보험료의 지급과 지체의 효과) 제2항〉.
㉡ 보험계약의 당사자가 특별한 위험을 예기하여 보험료의 액을 정한 경우에 보험기간 중 그 예기한 위험이 소멸한 때에는 보험계약자는 그 후의 보험료의 감액을 청구할 수 있다〈상법 제647조(특별위험의 소멸로 인한 보험료의 감액청구)〉.
㉢ 보험기간 중에 보험계약자 또는 피보험자가 사고 발생의 위험이 현저하게 변경 또는 증가된 사실을 안 때에는 지체 없이 보험자에게 통지하여야 한다. 이를 해태한 때에는 보험자는 그 사실을 안 날로부터 1월 내에 한하여 계약을 해지할 수 있다〈상법 제652조(위험변경증가의 통지와 계약해지) 제1항〉.

7 고지의무에 관한 설명으로 옳지 않은 것은?

① 보험계약 당시에 보험계약자 또는 피보험자가 고의 또는 중대한 과실로 인하여 중요한 사항을 부실의 고지를 한 때에는 보험자는 그 사실을 안 날로부터 3년 내에 계약을 해지할 수 있다.
② 보험자가 서면으로 질문한 사항은 중요한 사항으로 추정한다.
③ 손해보험의 피보험자는 고지의무자에 해당한다.
④ 보험자가 계약 당시에 고지의무위반의 사실을 알았거나 중대한 과실로 인하여 알지 못한 때에는 보험자는 그 계약을 해지할 수 없다.

TIP ①④ 보험계약 당시에 보험계약자 또는 피보험자가 고의 또는 중대한 과실로 인하여 중요한 사항을 고지하지 아니하거나 부실의 고지를 한 때에는 보험자는 그 사실을 안 날로부터 1월 내에, 계약을 체결한 날로부터 3년 내에 한하여 계약을 해지할 수 있다. 그러나 보험자가 계약 당시에 그 사실을 알았거나 중대한 과실로 인하여 알지 못한 때에는 그러하지 아니하다〈상법 제651조(고지의무위반으로 인한 계약해지)〉.
② 「상법」제651조의2(서면에 의한 질문의 효력)
③ 「상법」제651조(고지의무위반으로 인한 계약해지)

ANSWER
6.② 7.①

8 B는 A의 위임을 받아 A를 위하여 자신의 명의로 보험자 C와 손해보험계약을 체결하였다. (단, B는 C에게 A를 위한 계약임을 명시하였고, A에게는 피보험이익이 존재함) 다음 설명으로 옳지 않은 것은? (다툼이 있으면 판례에 따름)

① A는 당연히 보험계약의 이익을 받는 자이므로, 특별한 사정이 없는 한 B의 동의 없이 보험금 지급청구권을 행사할 수 있다.
② B가 파산선고를 받은 경우 A가 그 권리를 포기하지 아니하는 한 A도 보험료를 지급할 의무가 있다.
③ 만일 A의 위임이 없었다면 B는 이를 C에게 고지하여야 한다.
④ A는 위험변경증가의 통지의무를 부담하지 않는다.

> **TIP** 위험변경증가의 통지와 계약해지〈상법 제652조〉
> ① 보험기간 중에 보험계약자 또는 피보험자가 사고발생의 위험이 현저하게 변경 또는 증가된 사실을 안 때에는 지체 없이 보험자에게 통지하여야 한다. 이를 해태한 때에는 보험자는 그 사실을 안 날로부터 1월 내에 한하여 계약을 해지할 수 있다.
> ② 보험자가 ①의 위험변경증가의 통지를 받은 때에는 1월 내에 보험료의 증액을 청구하거나 계약을 해지할 수 있다.
> ※ 타인을 위한 보험〈상법 제639조〉
> ① 보험계약자는 위임을 받거나 위임을 받지 아니하고 특정 또는 불특정의 타인을 위하여 보험계약을 체결할 수 있다. 그러나 손해보험계약의 경우에 그 타인의 위임이 없는 때에는 보험계약자는 이를 보험자에게 고지하여야 하고, 그 고지가 없는 때에는 타인이 그 보험계약이 체결된 사실을 알지 못하였다는 사유로 보험자에게 대항하지 못한다.
> ② ①의 경우에는 그 타인은 당연히 그 계약의 이익을 받는다. 그러나 손해보험계약의 경우에 보험계약자가 그 타인에게 보험사고의 발생으로 생긴 손해의 배상을 한 때에는 보험계약자는 그 타인의 권리를 해하지 아니하는 범위 안에서 보험자에게 보험금액의 지급을 청구할 수 있다.
> ③ ①의 경우에는 보험계약자는 보험자에 대하여 보험료를 지급할 의무가 있다. 그러나 보험계약자가 파산선고를 받거나 보험료의 지급을 지체한 때에는 그 타인이 그 권리를 포기하지 아니하는 한 그 타인도 보험료를 지급할 의무가 있다.

9 보험사고 발생의 통지의무에 관한 설명으로 옳지 않은 것은?

① 보험사고 발생의 통지의무자가 보험사고의 발생을 안 때에는 지체 없이 보험자에게 그 통지를 발송하여야 한다.
② 보험사고 발생의 통지의무자는 보험계약자 또는 피보험자나 보험수익자이다.
③ 통지의 방법으로는 구두, 서면 등이 가능하다.
④ 보험자는 보험계약자가 보험사고 발생의 통지의무를 해태하여 증가된 손해라도 이를 포함하여 보상할 책임이 있다.

> **TIP** 보험사고발생의 통지의무〈상법 제657조〉
> ① 보험계약자 또는 피보험자나 보험수익자는 보험사고의 발생을 안 때에는 지체 없이 보험자에게 그 통지를 발송하여야 한다.
> ② 보험계약자 또는 피보험자나 보험수익자가 ①의 통지의무를 해태함으로 인하여 손해가 증가된 때에는 보험자는 그 증가된 손해를 보상할 책임이 없다.

ANSWER
8.④ 9.④

10 상법(보험편)에 관한 설명으로 옳은 것은?

① 보험사고가 발생하기 전에 보험계약의 전부 또는 일부를 해지하는 경우에 보험계약자는 당사자 간에 다른 약정이 없으면 미경과 보험료의 반환을 청구할 수 없다.
② 보험계약자는 계약 체결 후 지체 없이 보험료의 전부 또는 제1회 보험료를 지급하여야 하며, 보험계약자가 이를 지급하지 아니하는 경우에는 다른 약정이 없는 한 계약 성립 후 2월이 경과하면 그 계약은 해제된 것으로 본다.
③ 고지의무 위반으로 인하여 보험계약이 해지되고 해지환급금이 지급되지 아니한 경우에 보험계약자는 일정한 기간 내에 연체보험료에 약정이자를 붙여 보험자에게 지급하고 그 계약의 부활을 청구할 수 있다.
④ 보험계약의 일부가 무효인 경우에는 보험계약자와 피보험자에게 중대한 과실이 있어도 보험자에 대하여 보험료 일부의 반환을 청구할 수 있다.

TIP ②「상법」제650조(보험료의 지급과 지체의 효과) 제1항
① 보험사고가 발생하기 전에는 보험계약자는 언제든지 계약의 전부 또는 일부를 해지할 수 있다. 그러나 타인을 위한 보험계약의 경우에는 보험계약자는 그 타인의 동의를 얻지 아니하거나 보험증권을 소지하지 아니하면 그 계약을 해지하지 못한다. 이 경우 보험계약자는 당사자 간에 다른 약정이 없으면 미경과 보험료의 반환을 청구할 수 있다〈상법 제649조(사고 발생 전의 임의해지) 제1항 및 제3항〉.
③ 계속보험료가 약정한 시기에 지급되지 아니한 때에는 보험자는 상당한 기간을 정하여 보험계약자에게 최고하고 그 기간 내에 지급되지 아니한 때에는 그 계약을 해지할 수 있음에 따라 보험계약이 해지되고 해지환급금이 지급되지 아니한 경우에 보험계약자는 일정한 기간 내에 연체보험료에 약정이자를 붙여 보험자에게 지급하고 그 계약의 부활을 청구할 수 있다. 보험계약의 성립 규정은 이 경우에 준용한다〈상법 제650조의2(보험계약의 부활)〉.
④ 보험계약의 전부 또는 일부가 무효인 경우에 보험계약자와 피보험자가 선의이며 중대한 과실이 없는 때에는 보험자에 대하여 보험료의 전부 또는 일부의 반환을 청구할 수 있다. 보험계약자와 보험수익자가 선의이며 중대한 과실이 없는 때에도 같다〈상법 제648조(보험계약의 무효로 인한 보험료 반환 청구)〉.

ANSWER
10.②

11 위험변경증가의 통지와 보험계약해지에 관한 설명으로 옳지 않은 것은?

① 보험기간 중에 보험계약자 또는 피보험자가 사고 발생의 위험이 현저하게 변경 또는 증가된 사실을 안 때에는 지체 없이 보험자에게 통지하여야 한다.
② 보험자가 위험변경증가의 통지를 받는 때에는 1월 내에 보험료의 증액을 청구하거나 계약을 해지할 수 있다.
③ 위험변경증가의 통지를 해태한 때에는 보험자는 그 사실을 안 날로부터 1월 내에 한하여 계약을 해지할 수 있다.
④ 보험사고가 발생한 후라도 보험자가 위험변경통지의 해태로 계약을 해지하였을 때에는 보험금을 지급할 책임이 없고, 이미 지급한 보험금의 반환도 청구할 수 없다.

> **TIP** 위험변경증가의 통지와 계약해지〈상법 제652조〉
> ① 보험기간 중에 보험계약자 또는 피보험자가 사고 발생의 위험이 현저하게 변경 또는 증가된 사실을 안 때에는 지체 없이 보험자에게 통지하여야 한다. 이를 해태한 때에는 보험자는 그 사실을 안 날로부터 1월 내에 한하여 계약을 해지할 수 있다.
> ② 보험자가 ①의 위험변경증가의 통지를 받은 때에는 1월 내에 보험료의 증액을 청구하거나 계약을 해지할 수 있다.

12 보험자의 보험금액 지급과 면책에 관한 설명으로 옳지 않은 것은?

① 보험사고 발생의 통지의무자가 보험사고의 발생을 안 때에는 지체 없이 보험자에게 그 통지를 발송하여야 한다.
② 보험자가 보험금액을 정하면 정하여진 날부터 10일 내에 보험금액을 지급하여야 한다.
③ 보험사고가 전쟁 기타의 변란으로 인하여 생긴 때에는 보험자의 보험금액 지급 책임에 대하여 당사자 간에 다른 약정을 할 수 없다.
④ 보험사고가 보험계약자의 고의 또는 중대한 과실로 인하여 생긴 때에는 보험자는 보험금액을 지급할 책임이 없다.

> **TIP** ③ 보험사고가 전쟁 기타의 변란으로 인하여 생긴 때에는 당사자 간에 다른 약정이 없으면 보험자는 보험금액을 지급할 책임이 없다〈상법 제660조(전쟁위험 등으로 인한 면책)〉.
> ① 「상법」 제657조(보험사고발생의 통지의무) 제1항
> ② 「상법」 제658조(보험금액의 지급)
> ④ 「상법」 제659조(보험자의 면책사유)

ANSWER
11.④ 12.③

13 상법 제662조(소멸시효)에 관한 설명으로 옳지 않은 것은?

① 보험료의 반환 청구권은 2년간 행사하지 아니하면 시효의 완성으로 소멸한다.
② 적립금의 반환 청구권은 3년간 행사하지 아니하면 시효의 완성으로 소멸한다.
③ 보험금 청구권은 3년간 행사하지 아니하면 시효의 완성으로 소멸한다.
④ 보험료 청구권은 2년간 행사하지 아니하면 시효의 완성으로 소멸한다.

> **TIP** 보험금청구권은 3년간, 보험료 또는 적립금의 반환 청구권은 3년간, 보험료 청구권은 2년간 행사하지 아니하면 시효의 완성으로 소멸한다〈상법 제662조(소멸시효)〉.

14 상법 제663조(보험계약자 등의 불이익변경금지)에 관한 설명으로 옳지 않은 것은?

① 상법 보험편의 규정은 가계보험에서 당사자 간의 특약으로 피보험자의 불이익으로 변경하지 못한다.
② 상법 보험편의 규정은 재보험에서 당사자 간의 특약으로 피보험자의 불이익으로 변경하지 못한다.
③ 상법 보험편의 규정은 가계보험에서 당사자 간의 특약으로 보험계약자의 불이익으로 변경하지 못한다.
④ 상업 보험편의 규정은 해상보험에서 당사자 간의 특약으로 피보험자의 불이익으로 변경할 수 있다.

> **TIP** 이 편의 규정은 당사자 간의 특약으로 보험계약자 또는 피보험자나 보험수익자의 불이익으로 변경하지 못한다. 그러나 재보험 및 해상보험 기타 이와 유사한 보험의 경우에는 그러하지 아니하다〈상법 제663조(보험계약자 등의 불이익변경금지)〉.

15 기평가보험과 미평가보험에 관한 설명으로 옳지 않은 것은?

① 당사자 간에 보험계약 체결 시 보험가액을 미리 약정하는 보험은 기평가보험이다.
② 기평가보험에서 보험가액은 사고 발생 시의 가액으로 정한 것으로 추정한다. 그러나 그 가액이 사고 발생 시의 가액을 현저하게 초과할 때에는 사고 발생 시의 가액을 보험가액으로 한다.
③ 미평가보험이란 보험사고의 발생 이전에는 보험가액을 산정하지 않고, 그 이후에 산정하는 보험을 말한다.
④ 미평가보험은 보험계약 체결 당시의 가액을 보험가액으로 한다.

> **TIP** 당사자 간에 보험가액을 정하지 아니한 때에는 사고 발생 시의 가액을 보험가액으로 한다〈상법 제671조(미평가보험)〉.
> ※ 당사자 간에 보험가액을 정한 때에는 그 가액은 사고 발생 시의 가액으로 정한 것으로 추정한다. 그러나 그 가액이 사고 발생 시의 가액을 현저하게 초과할 때에는 사고발생 시의 가액을 보험가액으로 한다〈상법 제670조(기평가보험)〉.

ANSWER
13.① 14.② 15.④

16 상법 제666조(손해보험증권)의 기재사항으로 옳은 것을 모두 고른 것은?

> ㉠ 보험사고의 성질 ㉡ 무효와 실권의 사유
> ㉢ 보험증권의 작성지와 그 작성 연월일 ㉣ 보험계약자의 주민등록번호

① ㉠
② ㉡㉣
③ ㉠㉡㉢
④ ㉡㉢㉣

TIP 손해보험증권〈상법 제666조〉… 손해보험증권에는 다음의 사항을 기재하고 보험자가 기명날인 또는 서명하여야 한다.
 1. 보험의 목적
 2. 보험사고의 성질
 3. 보험금액
 4. 보험료와 그 지급 방법
 5. 보험기간을 정한 때에는 그 시기와 종기
 6. 무효와 실권의 사유
 7. 보험계약자의 주소와 성명 또는 상호
 8. 피보험자의 주소, 성명 또는 상호
 9. 보험계약의 연월일
 10. 보험증권의 작성지와 그 작성 연월일

17 초과보험에 관한 설명으로 옳은 것은?

① 초과보험은 보험계약 목적의 가액이 보험금액을 현저하게 초과한 보험이다.
② 보험계약자의 사기로 인하여 체결된 때의 초과보험은 무효로 한다.
③ 초과보험에서 보험료의 감액은 소급하여 그 효력이 있다.
④ 보험가액이 보험기간 중에 현저하게 감소된 때에는 초과보험에 관한 규정이 적용되지 않는다.

TIP 초과보험〈상법 제669조〉
 ① 보험금액이 보험계약의 목적의 가액을 현저하게 초과한 때에는 보험자 또는 보험계약자는 보험료와 보험금액의 감액을 청구할 수 있다. 그러나 보험료의 감액은 장래에 대하여서만 그 효력이 있다.
 ② ①의 가액은 계약 당시의 가액에 의하여 정한다.
 ③ 보험가액이 보험기간 중에 현저하게 감소된 때에도 ①과 같다.
 ④ ①의 경우에 계약이 보험계약자의 사기로 인하여 체결된 때에는 그 계약은 무효로 한다. 그러나 보험자는 그 사실을 안 때까지의 보험료를 청구할 수 있다.

ANSWER
16.③ 17.②

18 재보험에 관한 설명으로 옳지 않은 것은? (다툼이 있으면 판례에 따름)

① 재보험에 대하여도 제3자에 대한 보험자대위가 적용된다.
② 재보험은 원보험자가 인수한 위험의 전부 또는 일부를 분산시키는 기능을 한다.
③ 재보험계약은 원보험계약의 효력에 영향을 미친다.
④ 재보험자는 손해보험의 원보험자와 재보험계약을 체결할 수 있다.

TIP 보험자는 보험사고로 인하여 부담할 책임에 대하여 다른 보험자와 재보험계약을 체결할 수 있다. 이 재보험계약은 원보험계약의 효력에 영향을 미치지 아니한다〈상법 제661조(재보험)〉.
  ※ 재보험계약
   ㉠ 원보험자가 인수한 원보험계약상의 책임의 전부 또는 일부를 재보험자에게 인수시키는 보험계약이다.
   ㉡ 재보험계약에 따라서 재보험자의 책임은 원보험자가 부담하는 책임에 따르게 되고 재보험자는 원보험자가 부담하는 위험을 동일하게 부담한다.
   ㉢ 위험의 내용에는 객관적으로 원보험금 지급의무가 존재하지 않더라도 판결 등에 의하여 원보험자가 원보험금을 지급할 책임을 부담하게 되는 것도 포함된다.

19 중복보험에 관한 설명으로 옳지 않은 것은?

① 동일한 보험계약의 목적과 동일한 사고에 관하여 수개의 보험계약이 동시에 또는 순차로 체결된 경우에 그 보험가액의 총액이 보험금액을 초과한 때에는 보험자는 각자의 보험금액의 한도에서 연대책임을 진다.
② 중복보험의 경우 보험자 1인에 대한 피보험자의 권리의 포기는 다른 보험자와 권리의무에 영향을 미치지 않는다.
③ 중복보험의 경우에는 보험계약자는 각 보험자에 대하여 각 보험계약의 내용을 통지하여야 한다.
④ 사기에 의한 중복보험계약은 무효이나 보험자는 그 사실을 안 때까지의 보험료를 청구할 수 있다.

TIP 동일한 보험계약의 목적과 동일한 사고에 관하여 수개의 보험계약이 동시에 또는 순차로 체결된 경우에 그 보험금액의 총액이 보험가액을 초과한 때에는 보험자는 각자의 보험금액의 한도에서 연대책임을 진다. 이 경우에는 각 보험자의 보상책임은 각자의 보험금액의 비율에 따른다〈상법 제672조(중복보험) 제1항〉.

20 일부보험에 관한 설명으로 옳지 않은 것은?

① 일부보험이란 보험금액이 보험가액에 미달하는 보험을 말한다.
② 일부보험은 계약 체결 당시부터 의식적으로 약정하는 경우도 있고, 계약 성립 후 물가의 인상으로 인하여 자연적으로 발생하는 경우도 있다.
③ 일부보험에서는 보험자의 보상책임에 관하여 당사자 간에 다른 약정을 할 수 없다.
④ 의식적 일부보험의 여부는 계약 체결 시의 보험가액을 기준으로 판단한다.

TIP 보험가액의 일부를 보험에 붙인 경우에는 보험자는 보험금액의 보험가액에 대한 비율에 따라 보상할 책임을 진다. 그러나 당사자 간에 다른 약정이 있는 때에는 보험자는 보험금액의 한도 내에서 그 손해를 보상할 책임을 진다〈상법 제674조(일부보험)〉.

ANSWER
18.③ 19.① 20.③

21 손해보험에서 손해액 산정에 관한 설명으로 옳지 않은 것은?

① 보험자가 보상할 손해액은 그 손해가 발생한 때와 곳의 가액에 의하여 산정한다. 그러나 당사자 간에 다른 약정이 있는 때에는 그 신품가액에 의하여 손해액을 산정할 수 있다.
② 보험자가 손해를 보상할 경우에 보험료의 지급을 받지 아니한 잔액이 있어도 보상할 금액에서 이를 공제할 수 없다.
③ 손해보상은 원칙적으로 금전으로 하지간 당사자의 합의로 손해의 전부 또는 일부를 현물로 보상할 수 있다.
④ 손해액의 산정에 관한 비용은 보험자의 부담으로 한다.

> **TIP** ② 보험자가 손해를 보상할 경우에 보험료의 지급을 받지 아니한 잔액이 있으면 그 지급기일이 도래하지 아니한 때라도 보상할 금액에서 이를 공제할 수 있다〈상법 제677조(보험료 체납과 보상액의 공제)〉.
> ①③④ 「상법」 제676조(손해액의 산점 기준)

22 화재보험에 관한 설명으로 옳지 않은 것은?

① 화재보험계약의 보험자는 화재로 인하여 생긴 손해를 보상할 책임이 있다.
② 화재보험자는 화재의 소방 또는 손해의 감소에 필요한 조치로 인하여 생긴 손해를 보상할 책임이 있다.
③ 화재보험증권에는 동산을 보험의 목적으로 한 때에는 그 존치한 장소의 상태와 용도를 기재하여야 한다.
④ 집합된 물건을 일괄하여 화재보험의 목적으로 하여도 피보험자의 사용인의 물건은 보험의 목적에 포함되지 않는다.

> **TIP** ④ 집합된 물건을 일괄하여 보험의 목적으로 한 때에는 피보험자의 가족과 사용인의 물건도 보험의 목적에 포함된 것으로 한다. 이 경우에는 그 보험은 그 가족 또는 사용인을 위하여서도 체결한 것으로 본다〈상법 제686조(집합보험의 목적)〉.
> ① 「상법」 제683조(화재보험자의 책임)
> ② 「상법」 제684조(소방 등의 조치로 인한 손해의 보상)
> ③ 「상법」 제685조(화재보험증권)

ANSWER
21.② 22.④

23 손해보험에 관한 설명으로 옳은 것을 모두 고른 것은?

> ㉠ 보험의 목적의 성질, 하자 또는 자연소모로 인한 손해는 보험자가 이를 보상할 책임이 없다.
> ㉡ 피보험자가 보험의 목적을 양도한 때에는 양수인은 보험계약상의 권리와 의무를 승계한 것으로 추정한다.
> ㉢ 보험의 목적의 양도인 또는 양수인은 보험자에 대하여 지체 없이 보험 목적의 양도 사실을 통지하여야 한다.
> ㉣ 손해의 방지와 경감을 위하여 보험계약자와 피보험자의 필요 또는 유익하였던 비용과 보상액이 보험금액을 초과한 경우에는 보험자가 이를 부담하지 아니한다.

① ㉠　　　　　　　　　　　　　② ㉠㉣
③ ㉠㉡㉢　　　　　　　　　　　④ ㉡㉢㉣

TIP ㉣ 보험계약자와 피보험자는 손해의 방지와 경감을 위하여 노력하여야 한다. 그러나 이를 위하여 필요 또는 유익하였던 비용과 보상액이 보험금액을 초과한 경우라도 보험자가 이를 부담한다〈상법 제680조(손해방지의무) 제1항〉.
㉠ 보험의 목적의 성질, 하자 또는 자연소모로 인한 손해는 보험자가 이를 보상할 책임이 없다〈상법 제678조(보험자의 면책사유)〉.
㉡㉢ 피보험자가 보험의 목적을 양도한 때에는 양수인은 보험계약상의 권리와 의무를 승계한 것으로 추정한다. 이 경우에 보험의 목적의 양도인 또는 양수인은 보험자에 대하여 지체 없이 그 사실을 통지하여야 한다〈상법 제679조(보험목적의 양도)〉.

24 보험 목적에 관한 보험대위에 관한 설명으로 옳지 않은 것은?

① 약관에 보험자의 대위권 포기를 정할 수 있다.
② 보험금액의 일부를 지급한 보험자도 그 목적에 대한 피보험자의 권리를 취득한다.
③ 보험가액의 일부를 보험에 붙인 경우에는 보험자가 취득할 권리는 보험금액의 보험가액에 대한 비율에 따라 이를 정한다.
④ 사고를 당한 보험 목적에 대하여 피보험자가 가지고 있던 권리는 법률 규정에 의하여 보험자에게 이전되는 것으로 물권변동의 절차를 요하지 않는다.

TIP 보험의 목적의 전부가 멸실한 경우에 보험금액의 전부를 지급한 보험자는 그 목적에 대한 피보험자의 권리를 취득한다. 그러나 보험가액의 일부를 보험에 붙인 경우에는 보험자가 취득할 권리는 보험금액의 보험가액에 대한 비율에 따라 이를 정한다〈상법 제681조(보험 목적에 관한 보험대위)〉.

ANSWER
23.③　24.②

25 화재보험에 관한 설명으로 옳지 않은 것은?

① 집합된 물건을 일괄하여 화재보험의 목적으로 하여도 피보험자의 가족의 물건은 화재보험의 목적에 포함되지 않는다.
② 집합된 물건을 일괄하여 화재보험의 목적으로 한 때에는 그 목적에 속한 물건이 보험기간 중에 수시로 교체된 경우에도 보험사고의 발생 시에 현존하는 물건은 화재보험의 목적에 포함된 것으로 한다.
③ 건물을 화재보험의 목적으로 한 때에는 그 소재지, 구조와 용도는 화재보험증권의 기재사항이다.
④ 유가증권은 화재보험증권에 기재하여 화재보험의 목적으로 할 수 있다.

> **TIP** ① 집합된 물건을 일괄하여 보험의 목적으로 한 때에는 피보험자의 가족과 사용인의 물건도 보험의 목적에 포함된 것으로 한다. 이 경우에는 그 보험은 그 가족 또는 사용인을 위하여서도 체결한 것으로 본다〈상법 제686조(집합보험의 목적)〉.
> ②「상법」제687조(동전)
> ③④「상법」제685조(화재보험증권)

ANSWER
25.①

제2과목 농어업재해보험법령

26 농어업재해보험법상 용어에 관한 설명이다. ( )에 들어갈 내용은?

> "시범사업"이란 농어업재해보험사업을 전국적으로 실시하기 전에 보험의 효용성 및 보험 실시 가능성 등을 검증하기 위하여 일정 기간 ( )에서 실시하는 보험 사업을 말한다.

① 보험대상 지역
② 재해 지역
③ 담당 지역
④ 제한된 지역

TIP "시범사업"이란 농어업재해보험사업을 전국적으로 실시하기 전에 보험의 효용성 및 보험 실시 가능성 등을 검증하기 위하여 일정 기간 제한된 지역에서 실시하는 보험 사업을 말한다〈농어업재해보험법 제2조(정의) 제6호〉.

27 농어업재해보험법령상 농업재해보험심의회 위원을 해촉할 수 있는 사유로 명시된 것이 아닌 것은?

① 심신장애로 인하여 직무를 수행할 수 없게 된 경우
② 직무와 관련 없는 비위사실이 있는 경우
③ 품위손상으로 인하여 위원으로 적합하지 아니하다고 인정되는 경우
④ 위원 스스로 직무를 수행하는 것이 곤란하다고 의사를 밝히는 경우

TIP 위원의 해촉〈농어업재해보험법 시행령 제3조의2〉… 농림축산식품부장관은 법 제3조(농업재해보험 심의회) 제4항 제1호에 따른 위원이 다음 각 호의 어느 하나에 해당하는 경우에는 해당 위원을 해촉(解囑)할 수 있다.
 1. 심신장애로 인하여 직무를 수행할 수 없게 된 경우
 2. 직무와 관련된 비위사실이 있는 경우
 3. 직무태만, 품위손상이나 그 밖의 사유로 인하여 위원으로 적합하지 아니하다고 인정되는 경우
 4. 위원 스스로 직무를 수행하는 것이 곤란하다고 의사를 밝히는 경우

ANSWER
26.④ 27.②

28 농어업재해보험법상 손해평가사의 자격 취소사유에 해당하지 않는 것은?

① 손해평가사의 자격을 거짓 또는 부정한 방법으로 취득한 사람
② 거짓으로 손해평가를 한 사람
③ 다른 사람에게 손해평가사 자격증을 빌려준 사람
④ 업무수행 능력과 자질이 부족한 사람

> **TIP** 손해평가사의 자격 취소〈농어업재해보험법 제11조의5〉… 농림축산식품부장관은 다음 각 호의 어느 하나에 해당하는 사람에 대하여 손해평가사 자격을 취소할 수 있다. 다만, 제1호 및 제5호에 해당하는 경우에는 자격을 취소하여야 한다.
> 1. 손해평가사의 자격을 거짓 또는 부정한 방법으로 취득한 사람
> 2. 거짓으로 손해평가를 한 사람
> 3. 다른 사람에게 손해평가사의 명의를 사용하게 하거나 그 자격증을 대여한 사람
> 4. 손해평가사 명의의 사용이나 자격증의 대여를 알선한 사람
> 5. 업무정지 기간 중에 손해평가 업무를 수행한 사람

기출변형

29 농어업재해보험법령상 재해보험에 관한 설명으로 옳지 않은 것은?

① 재해보험의 종류는 농작물재해보험, 임산물재해보험, 가축재해보험 및 양식수산물재해보험으로 한다.
② 재해보험에서 보상하는 재해의 범위는 해당 재해의 발생 빈도, 피해 정도 및 객관적인 손해평가방법 등을 고려하여 재해보험의 종류별로 대통령령으로 정한다.
③ 보험목적물의 구체적인 범위는 농업재해보험심의회 또는 중앙 수산업·어촌정책심의회를 거치지 않고 농업정책보험금융원장이 고시한다.
④ 자연재해, 조수해(鳥獸害), 화재 및 보험목적물별로 농림축산식품부장관이 정하여 고시하는 병충해는 농작물·임산물 재해보험이 보상하는 재해의 범위에 해당한다.

> **TIP** ③ 보험목적물은 다음 각 호의 구분에 따르되, 그 구체적인 범위는 보험의 효용성 및 보험 실시 가능성 등을 종합적으로 고려하여 제3조(농업재해보험 심의회)에 따른 농업재해보험심의회 또는 「수산업·어촌 발전 기본법」 제8조(수산업·어촌정책 심의회) 제1항에 따른 중앙 수산업·어촌정책심의회를 거쳐 농림축산식품부장관 또는 해양수산부장관이 고시한다〈농어업재해보험법 제5조(보험목적물) 제1항〉.
> ①「농어업재해보험법」제4조(재해보험의 종류 등)
> ②「농어업재해보험법」제6조(보상의 범위 등) 제1항
> ④「농어업재해보험법 시행령」제8조(재해보험에서 보상하는 재해의 범위)

ANSWER
28.④ 29.③

기출변형

30 농어업재해보험법상 보험료율의 산정에 관한 내용이다. ( )에 들어갈 용어는?

> 농림축산식품부장관 또는 해양수산부장관과 재해보험사업의 약정을 체결한 자는 재해보험의 보험료율을 객관적이고 합리적인 통계자료를 기초로 하여 보험목적물별 또는 보상방식별로 산정하되, 행정구역 단위 또는 ( )로 산정하여야 한다.

① 지역 단위
② 권역 단위
③ 보험목적물 단위
④ 보험금액 단위

> **TIP** 농림축산식품부장관 또는 해양수산부장관과 재해보험사업의 약정을 체결한 자는 재해보험의 보험료율을 객관적이고 합리적인 통계자료를 기초로 하여 보험목적물별 또는 보상방식별로 산정하되, 행정구역 단위 또는 <u>권역 단위</u>로 산정하여야 한다〈농어업재해보험법 제9조(보험료율의 산정) 제1항〉.

31 농어업재해보험법령상 양식수산물재해보험 손해평가인으로 위촉될 수 있는 자격 요건에 해당하지 않는 자는?

① 「농수산물 품질관리법」에 따른 수산물품질관리사
② 「수산생물질병 관리법」에 따른 수산질병관리사
③ 「국가기술자격법」에 따른 수산양식기술사
④ 조교수로서 「고등교육법」 제2조에 따른 학교에서 수산물양식 관련학을 2년간 교육한 경력이 있는 자

> **TIP** 손해평가인의 자격요건(양식수산물 재해보험)〈농어업재해보험법 시행령 [별표 2] 제12조 제1항 관련〉
> 1. 재해보험 대상 양식수산물을 5년 이상 양식한 경력이 있는 어업인
> 2. 공무원으로 해양수산부, 국립수산과학원, 국립수산물품질관리원 또는 지방자치단체에서 수산물양식 분야 또는 수산생명의학 분야에 관한 연구 또는 지도업무를 3년 이상 담당한 경력이 있는 사람
> 3. 교원으로 수산계 고등학교에서 수산물양식 분야 또는 수산생명의학 분야의 관련 과목을 5년 이상 교육한 경력이 있는 사람
> 4. 조교수 이상으로 「고등교육법」에 따른 학교에서 수산물양식 관련학 또는 수산생명의학 관련학을 3년 이상 교육한 경력이 있는 사람
> 5. 「보험업법」에 따른 보험회사의 임직원이나 「수산업협동조합법」에 따른 수산업협동조합중앙회, 수협은행 및 조합의 임직원으로 수산업지원 또는 보험·공제 관련 업무를 3년 이상 담당하였거나 손해평가 업무를 2년 이상 담당한 경력이 있는 사람
> 6. 「고등교육법」에 따른 학교에서 수산물양식 관련학 또는 수산생명의학 관련학을 전공하고 수산전문 연구기관 또는 연구소에서 5년 이상 근무한 학사학위 소지자
> 7. 「고등교육법」에 따른 전문대학에서 보험 관련 학과를 졸업했거나 졸업 예정인 사람
> 8. 「학점인정 등에 관한 법률」에 따라 전문대학의 보험 관련 학과 졸업자(졸업예정자를 포함한다)와 같은 수준 이상의 학력이 있다고 인정받은 사람이나 「고등교육법」에 따른 학교에서 80학점(보험 관련 과목 학점이 45학점 이상이어야 한다) 이상을 이수한 사람 등 제7호에 해당하는 사람과 같은 수준 이상의 학력이 있다고 인정되는 사람
> 9. 「수산생물질병 관리법」에 따른 수산질병관리사
> 10. 재해보험 대상 양식수산물 분야에서 「국가기술자격법」에 따른 기사 이상의 자격을 소지한 사람
> 11. 「농수산물 품질관리법」에 따른 수산물품질관리사

ANSWER
30.② 31.④

32 농어업재해보험법령상 재해보험사업자가 보험모집 및 손해평가 등 재해보험 업무의 일부를 위탁할 수 있는 자에 해당하지 않는 것은?

① 「보험업법」 제187조에 따라 손해사정을 업으로 하는 자
② 「농업협동조합법」에 따라 설립된 지역농업협동조합
③ 「수산업협동조합법」에 따라 설립된 지구별 수산업협동조합
④ 농어업재해보험 관련 업무를 수행할 목적으로 농림축산식품부장관의 허가를 받아 설립된 영리법인

> **TIP** 업무 위탁〈농어업재해보험법 시행령 제13조〉
> 1. 「농업협동조합법」에 따라 설립된 지역농업협동조합·지역축산업협동조합 및 품목별·업종별 협동조합
> 1의2. 「산림조합법」에 따라 설립된 지역산림조합 및 품목별·업종별 산림조합
> 2. 「수산업협동조합법」에 따라 설립된 지구별 수산업협동조합, 업종별 수산업협동조합, 수산물가공 수산업협동조합 및 수협은행
> 3. 「보험업법」 제187조(손해사정업)에 따라 손해사정을 업으로 하는 자
> 4. 농어업재해보험 관련 업무를 수행할 목적으로 「민법」에 제32조(비영리법인의 설립과 허가)에 따라 농림축산식품부장관 또는 해양수산부장관의 허가를 받아 설립된 비영리법인

33 농어업재해보험법령상 농업재해보험심의회 및 분과위원회에 관한 설명으로 옳지 않은 것은?

① 심의회는 위원장 및 부위원장 각 1명을 포함한 21명 이내의 위원으로 구성한다.
② 심의회의 회의는 재적위원 3분의 1 이상의 출석으로 개의(開議)하고, 출석위원 과반수의 찬성으로 의결한다.
③ 분과위원장 및 분과위원은 심의회의 위원 중에서 전문적인 지식과 경험 등을 고려하여 위원장이 지명한다.
④ 분과위원회의 회의는 위원장 또는 분과위원장이 필요하다고 인정할 때에 소집한다.

> **TIP** ② 심의회의 회의는 재적위원 과반수의 출석으로 개의하고, 출석위원 과반수의 찬성으로 의결한다〈농어업재해보험법 시행령 제3조(회의) 제3항〉.
> ① 「농어업재해보험법」 제3조(농업재해보험심의회) 제2항
> ③④ 「농어업재해보험법 시행령」 제4조(분과위원회)

ANSWER
32.④ 33.②

34 농어업재해보험법령상 농어업재해재보험기금의 기금수탁관리자가 농림축산식품부장관 및 해양수산부장관에게 제출해야 하는 기금결산보고서에 첨부해야 할 서류로 옳은 것을 모두 고른 것은?

┌───┐
│ ㉠ 결산 개요   ㉡ 수입지출결산   │
│ ㉢ 재무제표   ㉣ 성과보고서   │
└───┘

① ㉠㉡
② ㉡㉢
③ ㉠㉢㉣
④ ㉠㉡㉢㉣

TIP 기금의 결산〈농어업재해보험법 시행령 제19조 제3항〉… 기금결산보고서에는 다음의 서류를 첨부하여야 한다.
1. 결산 개요
2. 수입지출결산
3. 재무제표
4. 성과보고서
5. 그 밖에 결산의 내용을 명확하게 하기 위하여 필요한 서류

35 농어업재해보험법령상 농어업재해재보험기금에 관한 설명으로 옳지 않은 것은?

① 기금 조성의 재원에는 재보험금의 회수 자금도 포함된다.
② 농림축산식품부장관은 해양수산부장관과 협의하여 기금의 수입과 지출을 명확히 하기 위하여 한국은행에 기금계정을 설치하여야 한다.
③ 농림축산식품부장관은 해양수산부장관과 협의를 거쳐 기금의 관리·운용에 관한 사무의 일부를 농업정책보험금융원에 위탁할 수 있다.
④ 농림축산식품부장관은 기금의 관리·운용에 관한 사무를 위탁한 경우에는 해양수산부장관과 협의하여 소속 공무원 중에서 기금지출원과 기금출납원을 임명한다.

TIP ④ 농림축산식품부장관은 기금의 관리·운용에 관한 사무를 위탁한 경우에는 해양수산부장관과 협의하여 농업정책보험금융원의 임원 중에서 기금수입담당임원과 기금지출원인행위담당임원을, 그 직원 중에서 기금지출원과 기금출납원을 각각 임명하여야 한다. 이 경우 기금수입담당임원은 기금수입징수관의 업무를, 기금지출원인행위담당임원은 기금재무관의 업무를, 기금지출원은 기금지출관의 업무를, 기금출납원은 기금출납공무원의 업무를 수행한다〈농어업재해보험법 제25조(기금의 회계기관) 제2항〉.
① 「농어업재해보험법」 제22조(기금의 조성) 제1항
② 「농어업재해보험법 시행령」 제17조(기금계정의 설치)
③ 「농어업재해보험법」 제24조(기금의 관리·운용) 제2항

ANSWER
34.④ 35.④

36 농어업재해보험법상 손해평가사가 거짓으로 손해평가를 한 경우에 해당하는 벌칙기준은?

① 1년 이하의 징역 또는 500만 원 이하의 벌금
② 1년 이하의 징역 또는 1,000만 원 이하의 벌금
③ 2년 이하의 징역 또는 1,000만 원 이하의 벌금
④ 2년 이하의 징역 또는 2,000만 원 이하의 벌금

TIP 벌칙〈농어업재해보험법 제30조〉
① 「보험업법」에 따른 금품 등을 제공한 자 또는 이를 요구하여 받은 보험가입자는 3년 이하의 징역 또는 3천만 원 이하의 벌금에 처한다.
② 다음 어느 하나에 해당하는 자는 1년 이하의 징역 또는 1천만 원 이하의 벌금에 처한다.
  1. 보험 모집 규정을 위반하여 모집을 한 자
  2. 고의로 진실을 숨기거나 거짓으로 손해평가를 한 자
  3. 다른 사람에게 손해평가사의 명의를 사용하게 하거나 그 자격증을 대여한 자
  4. 손해평가사의 명의를 사용하거나 그 자격증을 대여 받은 자 또는 명의의 사용이나 자격증의 대여를 알선한 자
③ 회계 구분 규정을 위반하여 회계를 처리한 자는 500만 원 이하의 벌금에 처한다.

37 농어업재해보험법령상 농어업재해재보험기금의 결산에 관한 내용이다. ( )에 들어갈 내용을 순서대로 옳게 나열한 것은?

> • 기금수탁관리자는 회계연도마다 기금결산보고서를 작성하여 다음 회계연도 (㉠)까지 농림축산식품부장관 및 해양수산부장관에게 제출하여야 한다.
> • 농림축산식품부장관은 해양수산부장관과 협의하여 기금수탁관리자로부터 제출받은 기금결산보고서를 검토한 후 심의회의 회의를 거쳐 다음 회계연도 (㉡)까지 기획재정부장관에게 제출하여야 한다.

	㉠	㉡
①	1월 31일	2월 말일
②	1월 31일	6월 30일
③	2월 15일	2월 말일
④	2월 15일	6월 30일

TIP 기금의 결산〈농어업재해보험법 시행령 제19조 제1항 및 제2항〉
① 기금수탁관리자는 회계연도마다 기금결산보고서를 작성하여 다음 회계연도 ㉠ 2월 15일까지 농림축산식품부장관 및 해양수산부장관에게 제출하여야 한다
② 농림축산식품부장관은 해양수산부장관과 협의하여 기금수탁관리자로부터 제출받은 기금결산보고서를 검토한 후 심의회의 심의를 거쳐 다음 회계연도 ㉡ 2월 말일까지 기획재정부장관에게 제출하여야 한다.

ANSWER
36.② 37.③

38 농어업재해보험법령상 과태료 부과의 개별기준에 관한 설명으로 옳은 것은?

① 재해보험사업자의 발기인이 법 제18조에서 적용하는 「보험업법」 제133조에 따른 검사를 기피한 경우 : 200만 원
② 법 제29조에 따른 보고 또는 관계 서류 제출을 거짓으로 한 경우 : 200만 원
③ 법 제10조 제2항에서 준용하는 「보험업법」 제97조 제1항을 위반하여 보험계약의 모집에 관한 금지행위를 한 경우 : 500만 원
④ 법 제10조 제2항에서 준용하는 「보험업법」 제95조를 위반하여 보험안내를 한 자로서 재해보험사업자가 아닌 경우 : 1,000만 원

> **TIP** 과태료 부과의 개별기준〈농어업재해보험법 시행령 [별표 3] 제23조 관련〉

위반행위	해당 법 조문	과태료
가. 재해보험사업자가 법 제10조(보험모집) 제2항에서 준용하는 「보험업법」 제95조(보험안내자료)를 위반하여 보험 안내를 한 경우	법 제32조 제1항	1,000만 원
나. 법 제10조(보험모집) 제2항에서 준용하는 「보험업법」 제95조(보험안내자료)를 위반하여 보험 안내를 한 자로서 재해보험사업자가 아닌 경우	법 제32조 제3항 제1호	500만 원
다. 법 제10조(보험모집) 제2항에서 준용하는 「보험업법」 제97조(보험계약의 체결 또는 모집에 관한 금지행위) 제1항 또는 「금융소비자 보호에 관한 법률」 제21조(부당권유행위 금지)를 위반하여 보험계약의 체결 또는 모집에 관한 금지행위를 한 경우	법 제32조 제3항 제2호	300만 원
라. 재해보험사업자의 발기인, 설립위원, 임원, 집행간부, 일반간부직원, 파산관재인 및 청산인이 법 제18조(「보험업법」 등의 적용) 제1항에서 적용하는 「보험업법」 제120조(책임준비금)에 따른 책임준비금 또는 비상위험준비금을 계상하지 아니하거나 이를 따로 작성한 장부에 각각 기재하지 아니한 경우	법 제32조 제2항 제1호	500만 원
마. 재해보험사업자의 발기인, 설립위원, 임원, 집행간부, 일반간부직원, 파산관재인 및 청산인이 법 제18조(「보험업법」 등의 적용) 제1항에서 적용하는 「보험업법」 제131조(금융위원회의 명령권) 제1항·제2항 및 제4항에 따른 명령을 위반한 경우	법 제32조 제2항 제2호	300만 원
바. 재해보험사업자의 발기인, 설립위원, 임원, 집행간부, 일반간부직원, 파산관재인 및 청산인이 법 제18조(「보험업법」 등의 적용) 제1항에서 적용하는 「보험업법」 제133조(자료 제출 및 검사)에 따른 검사를 거부·방해 또는 기피한 경우	법 제32조 제2항 제3호	200만 원
사. 법 제29조(보고)에 따른 보고 또는 관계 서류 제출을 하지 아니하거나 보고 또는 관계 서류 제출을 거짓으로 한 경우	법 제32조 제3항 제3호	300만 원

ANSWER
38.①

39 농어업재해보험법령상 보험가입촉진 계획의 수립과 제출 등에 관한 내용이다. ( )에 들어갈 내용을 순서대로 옳게 나열한 것은?

> 재해보험사업자는 농어업재해보험가입 촉진을 위해 수립한 보험가입촉진 계획을 해당 연도 (   )까지 (   )에게 제출하여야 한다.

① 1월 31일, 농업정책보험금융원장
② 1월 31일, 농림축산식품부장관 또는 해양수산부장관
③ 2월 말일, 농업정책보험금융원장
④ 1월 말일, 농림축산식품부장관 또는 해양수산부장관

TIP 재해보험사업자는 법 제28조의2(보험가입촉진 계획의 수립) 제1항에 따라 수립한 보험가입촉진 계획을 해당 연도 <u>1월 31일</u>까지 <u>농림축산식품부장관 또는 해양수산부장관</u>에게 제출하여야 한다〈농어업재해보험법 시행령 제22조의2(보험가입촉진 계획의 제출 등) 제2항〉.

[기출변형]

40 농업재해보험 손해평가요령에 따른 적과전종합위험방식 「과실손해보장」에서 "무화과"의 경우 다음 조건으로 산정한 보험금은?

> • 가입가격 : 1만 원/kg
> • 기준수확량 : 20,000kg
> • 적과종료 이후 누적감수량 : 4,000kg
> • 미보상감수량 : 3,000kg
> • 자기부담감수량 : 500kg

① 3,000만 원
② 3,500만 원
③ 4,000만 원
④ 4,500만 원

TIP (400kg - 500kg) × 10,000원 = 3,500만 원

※ 농작물의 보험금 산정(종합위험방식)〈농업재해보험 손해평가요령 [별표 1]〉

구분	보장 범위	산정 내용	비고
종합위험방식	과실손해보장	보험가입금액 × (피해율 - 자기부담비율) ※ 피해율(7월 31일 이전에 사고가 발생한 경우) (평년수확량 - 수확량 - 미보상감수량) ÷ 평년수확량 ※ 피해율(8월 1일 이후에 사고가 발생한 경우) (1 - 수확전사고 피해율) × 경과비율 × 결과지 피해율	무화과

ANSWER
39.② 40.②

기출변형

41 농업재해보험 손해평가요령에 따른 종합위험방식 상품에서 "수확감소보장·과실손해보장 및 농업수입보장"의 「수확 전」 조사내용과 조사시기를 바르게 연결한 것은?

① 피해사실 확인 조사 – 수정완료 후
② 이앙(직파)불능피해 조사 – 수정완료 후
③ 경작불능피해 조사 – 사고접수 후 지체 없이
④ 재이앙(재직파)피해 조사 – 이앙 한계일(7.31.) 이후

TIP 농작물의 품목별·재해별·시기별 손해수량 조사방법(수확감소보장·과실손해보장 및 농업수입보장)〈농업재해보험 손해평가요령 [별표 2]〉

생육시기	재해	조사내용	조사시기	조사방법	비고
수확 전	보상하는 재해 전부	피해사실 확인 조사	사고접수 후 지체 없이	보상하는 재해로 인한 피해발생 여부 조사 (피해사실이 명백한 경우 생략 가능)	
		이앙(직파) 불능피해 조사	이앙 한계일 (7.31.) 이후	이앙(직파)불능 상태 및 통상적인 영농활동 실시여부조사	벼만 해당
		재이앙 (재직파)조사	사고접수 후 지체 없이	해당농지에 보상하는 손해로 인하여 재이앙(재직파)이 필요한 면적 또는 면적비율 조사	벼만 해당
		재파종 조사	사고접수 후 지체 없이	해당농지에 보상하는 손해로 인하여 재파종이 필요한 면적 또는 면적비율 조사	마늘만 해당
		재정식 조사	사고접수 후 지체 없이	해당농지에 보상하는 손해로 인하여 재정식이 필요한 면적 또는 면적비율 조사	양배추만 해당
		경작불능 조사	사고접수 후 지체 없이	해당 농지의 피해면적비율 또는 보험목적인 식물체 피해율 조사	벼·밀, 밭작물[차(茶)제외], 복분자만 해당
		과실손해 조사	수정완료 후	살아있는 결과모지수 조사 및 수정 불량(송이) 피해율 조사 ※ 조사방법 : 표본조사	복분자만 해당
			결실완료 후	결실수 조사 ※ 조사방법 : 표본조사	오디만 해당
		수확전 사고조사	사고접수 후 지체 없이	표본주의 과실 구분 ※ 조사방법 : 표본조사	감귤(온주밀감류)만 해당

41.③

기출변형

42 농업재해보험 손해평가요령에 따른 손해수량 조사방법과 관련하여 적과전종합위험방식 상품 "단감"의 「6월1일 ~ 적과전」 생육시기에 해당되는 재해를 모두 고른 것은?

| ㉠ 우박 | ㉡ 지진 |
| ㉢ 가을동상해 | ㉣ 집중호우 |

① ㉠㉡
② ㉡㉢
③ ㉠㉡㉣
④ ㉠㉢㉣

TIP 농작물의 품목별·재해별·시기별 손해수량 조사방법(적과전종합위험방식 상품)〈농업재해보험 손해평가요령 [별표 2]〉

생육시기	재해	조사내용	조사시기	조사방법	비고
6월 1일 ~ 적과전	태풍(강풍), 우박, 집중호우, 화재, 지진	피해사실 확인 조사	사고 접수 후 지체 없이	보상하는 재해로 발생한 낙엽피해 정도 조사 ※ 단감·떫은감에 대해서만 실시 ※ 조사방법 : 표본조사	적과종료 이전 특정위험 5종 한정 보장 특약 가입건에 한함

※ 전수조사는 조사대상 목적물을 전부 조사하는 것을 말하며, 표본조사는 손해평가의 효율성 제고를 위해 재해보험사업자가 통계이론을 기초로 산정한 조사표본에 대해 조사를 실시하는 것을 말한다.

43 농업재해보험 손해평가요령에 따른 농업재해보험의 종류에 해당하는 것을 모두 고른 것은?

| ㉠ 농작물재해보험 | ㉡ 양식수산물재해보험 |
| ㉢ 임산물재해보험 | ㉣ 가축재해보험 |

① ㉠㉡
② ㉠㉣
③ ㉠㉢㉣
④ ㉡㉢㉣

TIP "농업재해보험"이란 농작물재해보험, 임산물재해보험 및 가축재해보험을 말한다〈농업재해보험 손해평가요령 제2조(용어의 정의) 제5호〉.

ANSWER
42.③ 43.③ 44.③

44 농업재해보험 손해평가요령에 따른 손해평가인 정기교육의 세부내용으로 명시되어 있지 않은 것은?

① 손해평가의 절차 및 방법
② 농업재해보험의 종류별 약관
③ 풍수해보험에 관한 기초지식
④ 피해유형별 현지조사표 작성 실습

> **TIP** 손해평가인 정기교육〈농업재해보험 손해평가요령 제5조의2 제1항〉
> 1. 농업재해보험에 관한 기초지식 : 농어업재해보험법 제정 배경・구성 및 조문별 주요 내용, 농업재해보험사업 현황
> 2. 농업재해보험의 종류별 약관 : 농업재해보험 상품 주요 내용 및 약관 일반 사항
> 3. 손해평가의 절차 및 방법 : 농업재해보험 손해평가 개요, 보험목적물별 손해평가 기준 및 피해유형별 보상사례
> 4. 피해유형별 현지조사표 작성 실습

[기출변형]

45 농업재해보험 손해평가요령에 따른 종합위험방식 상품에서 "수확감소보장・과실 손해보장 및 농업 수입보장"의 「수확 전」 "복분자"만 해당하는 조사방법은?

① 결과모지 및 수정불량 조사
② 결실수 조사
③ 피해 과실수 조사
④ 재파종피해 조사

> **TIP** 농작물의 품목별・재해별・시기별 손해수량 조사방법(수확감소보장・과실손해보장 및 농업수입보장)〈농업재해보험 손해평가요령 [별표 2]〉
>
> | 생육 시기 | 재해 | 조사내용 | 조사시기 | 조사방법 | 비고 |
> |---|---|---|---|---|---|
> | 수확전 | 보상하는 재해 전부 | 경작불능 조사 | 사고접수 후 지체 없이 | 해당 농지의 피해면적비율 또는 보험목적인 식물체 피해율 조사 | 벼・밀, 밭작물[차(茶)제외], 복분자만 해당 |
> | | | 과실손해 조사 | 수정완료 후 | 살아있는 결과모지수 조사 및 수정 불량(송이)피해율 조사
※ 조사방법 : 표본조사 | 복분자만 해당 |

46 농어업재해보험법 및 농업재해보험 손해평가요령에 따른 교차손해평가에 관한 내용으로 옳지 않은 것은?

① 교차손해평가를 위해 손해평가반을 구성할 경우 손해평가사 2인 이상이 포함되어야 한다.
② 교차손해평가의 절차・방법 등에 필요한 사항은 농림축산식품부장관 또는 해양수산부장관이 정한다.
③ 재해보험사업자는 교차손해평가가 필요한 경우 재해보험가입규모, 가입분포 등을 고려하여 교차손해평가 대상 시・군・구(자치구를 말한다)를 선정하여야 한다.
④ 재해보험사업자는 교차손해평가 대상지로 선정한 시・군・구(자치구를 말한다) 내에서 손해평가 경력, 타지역 조사 가능 여부 등을 고려하여 교차손해평가를 담당할 지역손해평가인을 선발하여야 한다.

> **TIP** ① 교차손해평가를 위해 손해평가반을 구성할 경우에는 제2항에 따라 선발된 지역손해평가인 1인 이상이 포함되어야 한다〈농업재해보험 손해평가요령 제8조의2(교차손해평가) 제3항〉.
> ②「농어업재해보험법」제11조(손해평가 등) 제3항
> ③④「농업재해보험 손해평가요령」제8조의2(교차손해평가)

ANSWER
44.③ 45.① 46.①

47 농업재해보험 손해평가요령에 따른 보험목적물별 손해평가 단위를 바르게 연결한 것은?

> ㉠ 소 : 개별가축별
> ㉡ 벌 : 개체별
> ㉢ 농작물 : 농지별
> ㉣ 농업시설물 : 보험가입 농가별

① ㉠㉡
② ㉠㉢
③ ㉡㉣
④ ㉢㉣

TIP 손해평가 단위〈농업재해보험 손해평가요령 제12조〉
1. 농작물 : 농지별
2. 가축 : 개별가축별(단, 벌은 벌통 단위)
3. 농업시설물 : 보험가입 목적물별

48 농업재해보험 손해평가요령에 따른 종합위험방식 「과실손해보장」에서 "오디"의 경우 다음 조건으로 산정한 보험금은?

> • 보험가입금액 : 500만 원   • 자기부담비율 : 20%
> • 미보상감수결실수 : 20개   • 조사결실수 : 40개
> • 평년결실수 : 200개

① 100만 원
② 200만 원
③ 250만 원
④ 300만 원

TIP 500만 원 × (70% − 20%) = 250만 원
※ 농작물의 보험금 산정〈농업재해보험 손해평가요령 [별표 1]〉

구분	보장 범위	산정 내용	비고
종합위험방식	과실손해보장	보험가입금액 × (피해율 − 자기부담비율) ※ 피해율 = (평년결실수 − 조사결실수 − 미보상감수결실수) ÷ 평년결실수	오디

ANSWER
47.② 48.④

> 기출변형

49 농업재해보험 손해평가요령에 따른 농작물의 보험금 산정에서 종합위험방식 "벼"의 보장 범위가 아닌 것은?

① 생산비 보장
② 수확불능보장
③ 이앙·직파불능보장
④ 경작불능보장

> **TIP** 농작물의 품목별·재해별·시기별 손해수량 조사방법(생산비 보장)〈농업재해보험 손해평가요령 [별표 2]〉

생육 시기	재해	조사내용	조사시기	조사방법	비고
정식 (파종) ~ 수확 종료		생산비 피해조사	사고발생 시마다	• 재배일정 확인 • 경과비율 산출 • 피해율 산정 • 병충해 등급별 인정비율 확인(노지 고추만 해당)	
수확 전	보상하는 재해 전부	피해사실 확인 조사	사고접수 후 지체 없이	보상하는 재해로 인한 피해발생 여부 조사 (피해사실이 명백한 경우 생략 가능)	메밀, 단호박, 시금치, 양상추, 노지 배추, 노지 당근, 노지 파, 노지 무만 해당
		재파종 조사	사고접수 후 지체 없이	해당농지에 보상하는 손해로 인하여 재파종이 필요한 면적 또는 면적 비율 조사 ※ 월동무, 쪽파, 시금치, 메밀만 해당	
		재정식 조사	사고접수 후 지체 없이	해당농지에 보상하는 손해로 인하여 재정식이 필요한 면적 또는 면적 비율 조사 ※ 가을배추, 월동배추, 브로콜리, 양상추만 해당	
		경작불능조사	사고접수 후 지체 없이	해당 농지의 피해면적비율 또는 보험목적인 식물체 피해율 조사	
수확 직전		생산비 피해조사	수확직전	사고발생 농지의 피해비율 및 손해정도 비율 확인을 통한 피해율 조사 ※ 조사방법 : 표본조사	

ANSWER
49.①

기출변형

50 농업재해보험 손해평가요령에 따른 적과전종합위험방식 상품 "사과, 배, 단감, 떫은 감"의 조사방법으로서 전수조사가 명시된 조사내용은?

① 낙과피해 조사
② 유과타박률 조사
③ 적과후착과수조사
④ 피해사실확인 조사

> **TIP** 농작물의 품목별·재해별·시기별 손해수량 조사방법(적과전 종합위험방식 상품- 사과, 배, 단감, 떫은 감)〈농업재해보험 손해평가요령 [별표 2]〉

생육 시기	재해	조사내용	조사시기	조사방법	비고
보험계약 체결 ~ 적과 전	보상하는 재해 전부	피해사실 확인 조사	사고 접수 후 지체 없이	보상하는 재해로 인한 피해 발생 여부 조사	피해사실이 명백한 경우 생략 가능
	우박		사고 접수 후 지체 없이	우박으로 인한 유과(어린과실) 및 꽃(눈) 등의 타박비율 조사 ※ 조사방법: 표본조사	적과종료 이전 특정위험 5종 한정 보장 특약 가입건에 한함
6월 1일 ~ 적과 전	태풍(강풍), 우박, 집중호우, 화재, 지진		사고 접수 후 지체 없이	보상하는 재해로 발생한 낙엽 피해 정도 조사 ※ 단감·떫은 감에 대해서만 실시 ※ 조사방법: 표본조사	
적과 후	-	적과후 착과수 조사	적과 종료 후	보험가입금액의 결정 등을 위하여 해당 농지의 적과종료 후 총 착과 수를 조사 ※ 조사방법: 표본조사	피해와 관계없이 전 과수원 조사
적과 후 ~ 수확기 종료	보상하는 재해	낙과 피해 조사	사고 접수 후 지체 없이	재해로 인하여 떨어진 피해 실수 조사 ※ 낙과피해 조사는 보험약관에서 정한 과실피해분류기준에 따라 구분하여 조사 ※ 조사방법: 전수조사 또는 표본조사	-
				낙엽률 조사(우박 및 일소 제외), 낙엽 피해정도 조사 ※ 조사방법: 표본조사	단감·떫은 감
	우박, 일소, 가을동상해	착과 피해 조사	수확 직전	재해로 인하여 달려있는 과실의 피해 과실 수 조사 ※ 착과피해 조사는 보험약관에서 정한 과실피해분류기준에 따라 구분하여 조사 ※ 조사방법: 표본조사	-
수확 완료 후 ~ 보험종기	보상하는 재해 전부	고사 나무 조사	수확완료 후 보험 종기 전	보상하는 재해로 고사되거나 또는 회생이 불가능한 나무 수를 조사 ※ 특약 가입 농지만 해당 ※ 조사방법: 전수조사	수확완료 후 추가 고사 나무가 없는 경우 생략 가능

※ 전수조사는 조사대상 목적물을 전부 조사하는 것을 말하며, 표본조사는 손해평가의 효율성 제고를 위해 재해보험사업자가 통계이론을 기초로 산정한 조사표본에 대해 조사를 실시하는 것을 말한다.

ANSWER
50.①

제3과목 농학개론 중 재배학 및 원예작물학

51 과실의 구조적 특징에 따른 분류로 옳은 것은?

① 인과류 – 사과, 배
② 핵과류 – 밤, 호두
③ 장과류 – 복숭아, 자두
④ 각과류 – 포도, 참다래

TIP ② 밤, 호두 – 각과류 ③ 복숭아, 자두 – 핵과류 ④ 포도, 참다래 – 장과류

52 다음에서 설명하는 번식방법은?

> ㉠ 번식하고자 하는 모수의 가지를 잘라 다른 나무 대목에 붙여 번식하는 방법
> ㉡ 영양기관인 잎, 줄기, 뿌리를 모체로부터 분리하여 상토에 꽂아 번식하는 방법

	㉠	㉡		㉠	㉡
①	삽목	접목	②	취목	삽목
③	접목	분주	④	접목	삽목

TIP ㉠ 접목 : 번식하고자 하는 모수의 가지를 잘라 다른 나무 대목에 붙여 번식하는 방법이다.
㉡ 삽목 : 영양기관인 잎, 줄기, 뿌리를 모체로부터 분리하여 상토에 꽂아 번식하는 방법이다.

53 A농가가 실시한 휴면타파 처리는?

> 경기도에 있는 A농가에서는 작년에 콩의 발아률이 낮아 생산량 감소로 경제적 손실을 보았다. 금년에 콩 종자의 발아율을 높이기 위해 휴면타파 처리를 하여 손실을 만회할 수 있었다.

① 훈증 처리
② 콜히친 처리
③ 토마토톤 처리
④ 종피파상 처리

TIP 종피파상 처리 … 수분을 흡수하지 못하여 휴면 상태에 있는 종자의 휴면 타파를 위하여 종피에 상처를 내는 처리이다. 종피 일부를 가위로 잘라 내거나, 송곳으로 구멍을 뚫어 준다. 또는 종자와 모래를 섞어 비비거나 흔들어 종피에 상처를 내기도 한다.

ANSWER
51.① 52.④ 53.④

54 병해충의 물리적 방제 방법이 아닌 것은?

① 천적 곤충 ② 토양가열
③ 증기소독 ④ 유인포살

> **TIP** 물리적 방제는 병해충을 물리적인 방법으로 직접 제거하거나 접근을 차단하는 방식이다. 증기소독, 토양가열, 유인포살 등이 있으며 생물학적 방제는 병해충의 천적이나 미생물을 이용해 해충의 밀도를 자연적으로 억제하는 방법으로, 따라서 천적 곤충은 생물학적 방제에 해당한다.

55 다음에서 설명하는 채소는?

> • 무, 치커리, 브로콜리 종자를 주로 이용한다.
> • 재배기간이 짧고 무공해로 키울 수 있다.
> • 이식 또는 정식과정 없이 재배할 수 있다.

① 조미채소 ② 뿌리채소
③ 새싹채소 ④ 과일채소

> **TIP** ① 조미채소 : 음식에 맛을 내는 데 사용되는 채소로 고추, 마늘, 양파, 생강 등이 있다.
> ② 뿌리채소 : 뿌리를 식용하는 채소로 무, 당근, 우엉 등이 있다.
> ③ 과일채소(열매채소) : 생식기관인 열매를 식용하는 채소로 오이, 호박, 참외, 토마토 등이 있다.

56 A농가가 오이의 성 결정시기에 받은 영농지도는?

> 지난해 처음으로 오이를 재배했던 A농가에서 오이의 암꽃 수가 적어 주변 농가보다 생산량이 적었다. 올해 지역 농업기술센터의 <u>영농지도</u>를 받은 후 오이의 암꽃 수가 지난해 보다 많아져 생산량이 증가되었다.

① 고온 및 단일 환경으로 관리 ② 저온 및 장일 환경으로 관리
③ 저온 및 단일 환경으로 관리 ④ 고온 및 장일 환경으로 관리

> **TIP** 오이는 15℃ 정도의 야간저온과 10시간의 단일 조건에서 암꽃분화가 촉진된다.

ANSWER
54.① 55.③ 56.③

57 토마토의 생리장해에 관한 설명이다. 생리장해와 처방 방법을 옳게 묶은 것은?

> 칼슘의 결핍으로 과실의 선단이 수침상(水浸狀)으로 썩게 된다.

① 공동과 - 엽면시비
② 기형과 - 약제 살포
③ 배꼽썩음과 - 엽면시비
④ 줄썩음과 - 약제 살포

TIP 토마토의 배꼽썩음과는 토양이나 양액 내에 칼슘이 절대적으로 부족하거나 흡수를 저해하는 길항 원소인 질소, 칼리, 마그네슘 등이 상대적으로 많을 때 발생하는데, 이런 원소들은 칼슘보다 흡수가 쉬워 칼슘 흡수를 저해한다. 배꼽썩음과를 억제하기 위해서는 기본적으로 토양의 산도를 알맞게 유지하고 칼슘의 흡수를 저해하는 지나친 시비, 특히 요소 등 암모니아태 질소, 칼리 등의 양이온 비료의 지나친 사용을 주의해야 한다. 응급 시에는 과실 및 잎표면에 염화칼슘이나 질산칼슘 0.3 ~ 0.5%액, 시판 엽면시비용 칼슘제 등을 3 ~ 4일 간격으로 시비하면 효과적이다.

58 다음에서 설명하는 것은?

> • 벼의 결실기에 종실이 이삭에 달린 채로 싹이 트는 것을 말한다.
> • 태풍으로 벼가 도복이 되었을 때 고온·다습 조건에서 자주 발생한다.

① 출수(出穗) ② 수발아(穗發芽)
③ 맹아(萌芽) ④ 최아(催芽)

TIP ① 출수(出穗) : 이삭이 밖으로 출현하는 것이다.
③ 맹아(萌芽) : 풀이나 나무에 새로 돋아 나오는 싹이다.
④ 최아(催芽) : 농작물의 씨 따위를 심기 전에 알맞은 조건을 만들어 주어 싹을 빨리 틔우는 일이다.

59 토양에 석회를 사용하는 주요 목적은?

① 토양 피복 ② 토양 수분 증가
③ 산성토양 개량 ④ 노양생물 활성 증진

TIP 토양에 석회를 사용하는 주요 목적은 산성토양을 개량하기 위함이다.

ANSWER
57.③ 58.② 59.③

60 설명 중에서 틀린 것은?

① 동해는 물의 빙점보다 낮은 온도에서 발생한다.
② 일소현상, 결구장해, 조기추대는 저온장해 증상이다.
③ 온대과수는 내동성이 강한 편이나, 열대과수는 내동성이 약하다.
④ 서리 피해 방지로 톱밥 및 왕겨 태우기가 있다.

TIP 일소현상, 결구장해, 조기추대는 고온장해 증상이다.

61 다음과 관련되는 현상은?

> A농가는 지난해 노지에 국화를 심고 가을에 절화를 수확하여 출하하였다. 재배지 주변의 가로등이 밤에 켜져 있어 주변 국화의 꽃눈분화가 억제되어 개화가 되지 않아 경제적 손실을 입었다.

① 도장 현상　　　　　　　　② 광중단 현상
③ 순멎이 현상　　　　　　　④ 블라스팅 현상

TIP ② 광중단 현상 : 암기 중의 적당한 시기에 단시간의 빛을 조사할 때, 기대되는 광주성 반응의 효과와 반대의 결과가 나타나는 경우의 광처리법이다. 국화와 같은 단일식물의 경우 연속암기간 중간에 광을 쪼여 소정의 암기 이하의 길이로 분단하면 암기의 합계가 명기보다 길다 하더라도 단일효과를 나타내지 못한다.
① 도장 현상 : 식물이 과도하게 자라서 줄기와 잎이 길어지는 현상이다.
③ 순멎이 현상 : 식물의 생장이 갑자기 멈추고, 새로 자라야 할 순(새싹, 잎, 가지 등)의 성장이 정지되는 현상이다.
④ 블라스팅 현상 : 식물의 꽃이나 열매가 개화하거나 성숙하기 전에 떨어지거나 시드는 현상이다.

62 B 씨가 저장한 화훼는?

> B 씨가 화훼류를 수확하여 4℃ 저장고에 2주간 저장한 후 출하·유통하려고 하였더니 저장 전과 달리 저온장해가 발생하였다.

① 장미　　　　　　　　　　② 금어초
③ 카네이션　　　　　　　　④ 안스리움

TIP 안스리움은 고온을 요구하는 식물로 출하·유통 시 여름에는 20~25℃, 충분한 물, 높은 습도 그리고 적당한 광선을 주며, 겨울에는 물은 거의 필요 없고 16~18℃의 온도를 유지한다.

ANSWER
60.② 61.② 62.④

63 시설원예 자재에 관한 설명으로 옳지 않은 것은?

① 피복자재는 열전도율이 높아야 한다.
② 피복자재는 외부 충격에 강해야 한다.
③ 골격자재는 내부식성이 강해야 한다.
④ 골격자재는 철재 및 경합금재가 사용된다.

TIP 외부의 온도 변화로부터 내부 환경을 안정적으로 유지하기 위해서 피복자재는 열전도율이 낮아야 한다.

64 작물 재배 시 습해 방지 대책으로 옳지 않은 것은?

① 배수
② 토양 개량
③ 증발억제제 살포
④ 내습성 작물 선택

TIP 증발억제제는 수분 증발을 억제해 습해를 심화시킨다.

65 다음에서 설명하는 현상은?

- 온도자극에 의해 화아분화가 촉진되는 것을 말한다.
- 추파성 밀 종자를 저온에 일정 기간 둔 후 파종하면 정상적으로 출수할 수 있다.

① 춘화 현상 ② 경화 현상
③ 추대 현상 ④ 하고 현상

TIP ② 경화 현상:일정한 발육의 단계에서 몸의 조직 가운데 일부가 굳는 것을 말한다.
③ 추대 현상:식물이 꽃줄기를 내는 것을 말한다.
④ 하고 현상:내한성이 강하여 월동을 잘하는 북방형 목초 등이 여름철에 생장이 쇠퇴, 정지하고 심하면 황화, 고사하는 것을 말한다.

ANSWER
63.① 64.③ 65.①

66 토양 입단 파괴요인을 모두 고른 것은?

| ㉠ 유기물 시용 | ㉡ 피복 작물 재배 |
| ㉢ 비와 바람 | ㉣ 경운 |

① ㉠㉡
② ㉠㉣
③ ㉡㉢
④ ㉢㉣

TIP ㉢㉣ 토양의 입단이 파괴되는 원인으로는 수분이 많거나 적을 때 경운을 하거나 토양이 건조하거나 질어질 때, 동결과 융해의 반복이 이루어질 때, 입자의 결합제인 유기물이 분해될 때, 강우가 많거나 기온의 변동이 심할 때 등이 있다.
㉠ 미생물 활동을 촉진하고 입자를 응집시켜 입단구조를 안정화시킴으로써 토양 입단 형성을 돕는다.
㉡ 비·바람으로 인한 침식과 입단 파괴를 막아준다.

67 토양 수분을 pF값이 낮은 것부터 옳게 나열한 것은?

㉠ 결합수
㉡ 모관수
㉢ 흡착수

① ㉠ - ㉡ - ㉢
② ㉡ - ㉠ - ㉢
③ ㉡ - ㉢ - ㉠
④ ㉢ - ㉡ - ㉠

TIP 토양 수분을 pF값이 낮은 것부터 나열하면 '모관수(pF 2.7 ~ 4.5) < 흡착수(pF 4.5 ~ 7.0) < 결합수(pF 7 이상)' 순서이다.
※ pF값 … 물이 토양에 간직되어 있는 힘의 정도를 수주(cm)의 대수로 나타낸 수치이며 클수록 토양에 포함되어 있는 수분양은 적어진다.

ANSWER
66.④ 67.③

68 사과 모양과 온도와의 관계를 설명한 것이다. ( )에 들어갈 내용을 순서대로 나열한 것은?

> 생육 초기에는 ( )생장이, 그 후에는 ( )생장이 왕성하므로 따뜻한 지방에서는 후기 생장이 충분히 이루어져 과실이 대체로 ( )모양이 된다.

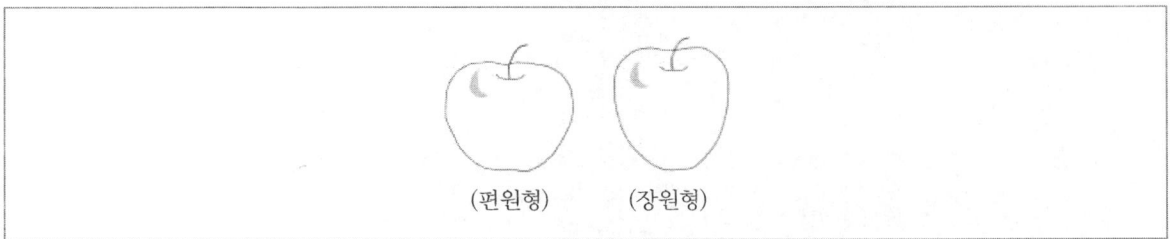

(편원형)　　(장원형)

① 종축, 횡축, 편원형　　② 종축, 횡축, 장원형
③ 횡축, 종축, 편원형　　④ 횡축, 종축, 장원형

TIP 생육 초기에는 종축생장이, 그 후에는 횡축생장이 왕성하므로 따뜻한 지방에서는 후기 생장이 충분히 이루어져 과실이 대체로 편원형모양이 된다.

69 우리나라의 우박 피해에 관한 설명으로 옳지 않은 것은?

① 사과, 배의 착과기와 성숙기에 많이 발생한다.
② 돌발적이고 단기간에 큰 피해가 발생한다.
③ 지리적 조건과 관계없이 광범위하게 분포한다.
④ 수관 상부에 그물을 씌워 피해를 경감시킬 수 있다.

TIP 우리나라의 우박은 내리는 범위의 너비가 수 km에 불과하지만 그 피해는 큰 편이다.

ANSWER
68.① 69.③

70 다음이 설명하는 것은?

- 경작지 표면의 흙을 그루 주변에 모아 주는 것을 말한다.
- 일반적으로 잡초 방지, 도복 방지, 맹아 억제 등의 목적으로 실시한다.

① 멀칭 ② 배토
③ 중경 ④ 쇄토

TIP ① 멀칭 : 농작물을 재배할 때 경지토양의 표면을 덮어주는 일이다.
③ 중경 : 작물의 생육 도중에 작물 사이의 토양을 가볍게 긁어주는 작업이다.
④ 쇄토 : 경운한 토양의 큰 덩어리를 알맞게 분쇄하는 것이다.

71 과수 작물에서 무기양분의 불균형으로 발생하는 생리장해는?

① 일소 ② 동록
③ 열과 ④ 고두병

TIP 고두병 … 과수 작물 표면에 검은 반점이 생기는 고두병의 주원인은 과실에 칼슘 부족 때문인 것으로 알려져 있다. 그 밖에 pH 또는 높은 마그네슘 함량, 칼륨 또는 질소의 과비, 균일하지 않은 물주기, 수확 후 냉장 지연, 특별히 예민한 품종 등이 원인으로 꼽히고 있다.

72 다음이 설명하는 해충과 천적의 연결이 옳은 것은?

- 즙액을 빨아 먹고, 표면에 배설물을 부착시켜 그을음병을 유발시킨다.
- 고추의 전 생육기간에 걸쳐 발생하며 CMV 등 바이러스를 옮기는 매개충이다.

① 진딧물 - 진디벌
② 잎응애류 - 칠레이리응애
③ 잎굴파리 - 굴파리좀벌
④ 총채벌레 - 애꽃노린재

TIP 제시된 내용은 진딧물에 대한 설명이다. 진딧물의 천적은 진디벌이다.

ANSWER
70.② 71.④ 72.①

73 작물의 로제트(rosette) 현상을 타파하기 위한 생장조절물질은?

① 옥신
② 지베렐린
③ 에틸렌
④ 아브시스산

TIP
② 지베렐린 : 벼의 키다리병균에 의해 생산된 고등식물의 식물생장조절제이다. 지베렐린의 작용은 신장촉진작용, 종자발아촉진작용, 개화촉진작용, 착과의 증가작용, 열매의 생장촉진작용 등이 있다.
① 옥신 : 식물의 줄기 신장, 뿌리 형성, 방향성 생장(굴광성 및 굴중성) 등 다양한 생장 과정을 조절하는 호르몬이다.
③ 에틸렌 : 식물의 성숙과 노화 과정, 열매의 숙성, 낙엽과 열매의 탈리 등을 촉진하는 기체 상태의 호르몬이다.
④ 아브시스산 : 식물의 스트레스 반응과 관련된 호르몬이다.

74 과수 재배 시 일조(日照) 부족 현상은?

① 신초 웃자람
② 꽃눈 형성 촉진
③ 과실 비대 촉진
④ 사과 착색 촉진

TIP
① 과수 재배 시 일조가 부족하면 신초 웃자람 현상이 나타난다.
②③④ 일조가 충분해야 나타나는 현상이다.

75 다음 피복재 중 보온성이 가장 높은 연질 필름은?

① 폴리에틸렌(PE) 필름
② 염화비닐(PVC) 필름
③ 불소계 수지(ETFE) 필름
④ 에틸렌 아세트산비닐(EVA) 필름

TIP
② 염화비닐(PVC) 필름 : 투명도나 강도, 내후성, 보온성이 우수하며 피복작업도 비교적 용이하나 먼지의 부착이 많고 필름끼리 잘 달라붙으며 가격이 비싸다. 제조과정에서 가소제, 열 안정제, 자외선 흡수제 등을 첨가하여 성능을 향상시키며 물과 친화성이 적어 물방울이 맺히므로 계면활성제를 첨가하여 무적화시킨다. 또한, 내한성이 약하여 저온하에서 피복할 때는 파손에 주의하여 너무 강하게 고정시키지 않도록 하고 가급적 따뜻한 날에 피복하도록 한다.
① 폴리에틸렌(PE) 필름 : 다른 피복재보다 가격이 싸기 때문에 현재까지 가장 많이 사용되고 있다. 이 필름은 광선투과율이 높고 필름 표면에 먼지가 적게 부착되며 필름끼리 서로 달라붙지 않기 때문에 취급이 편리한 반면에 보온성, 내구성이나 강도면에서 PVC나 EVA에 비해 떨어지기 때문에 피복자재로서 사용이 점점 줄어들고 있다.
③ 불소계 수지(ETFE) 필름 : 내후성·투광성이 뛰어난 신소재의 새로운 피복자재로 원적외선 영역의 흡수율이 높아서 여름철 온실 내 고온현상을 억제시키는 효과가 있다.
④ 에틸렌 아세트산비닐(EVA) 필름 : 보온성과 내구성이 PE와 PVC필름의 중간적 성질을 가지고 있으며 물방울이 생기지 않는 무적필름이기 때문에 점차 그 사용면적이 증가되고 있다. PE필름보다 내후성이 좋고 가벼우며 쉽게 더러워지지 않는 장점이 있으나 인열강도가 약하고 가격이 다소 비싸다는 단점이 있다.

ANSWER
73.② 74.① 75.②

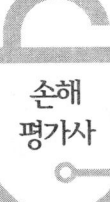

2019년 제5회 1차 시험

제1과목 「상법」 보험편

1 보험계약에 관한 설명으로 옳지 않은 것은? (다툼이 있으면 판례에 따름)
① 보험계약은 당사자 일방이 약정한 보험료를 지급하고, 상대방은 일정한 보험금이나 그 밖의 급여를 지급할 것을 약정함으로써 효력이 발생한다.
② 보험계약은 당사자 사이의 청약과 승낙의 의사합치에 의하여 성립한다.
③ 보험계약은 요물계약이다.
④ 보험계약은 부합계약의 일종이다.

> **TIP** ③ 요물계약(要物契約)은 당사자의 합의 되에 물건의 인도 기타 급부의 완료가 있어야 성립할 수 있는 계약이다. 보험계약은 물건의 인도 기타 급부의 완료와 상관없이 계약이 성립하므로 요물계약에 해당하지 않는다.
> ① 「상법」 제638조(보험계약의 의의)
> ② 「상법」 제638조의2(보험계약의 성립) 제1항 전단
> ④ 부합계약은 계약 당사자의 한쪽이 결정한 것에 대해 다른 한쪽은 사실상 그대로 따를 수밖에 없는 계약을 말한다. 보험계약은 보험자가 결정한 약관에 대하여 보험계약자는 그대로 따를 수밖에 없는 계약이므로 부합계약에 해당한다.

ANSWER
1.③

2 상법상 보험약관의 교부·설명 의무에 관한 내용으로 옳은 것은? (다툼이 있으면 판례에 따름)

① 보험약관이 계약 당사자에 대하여 구속력을 갖는 것은 계약 당사자 사이에서 계약내용에 포함시키기로 합의하였기 때문이다.
② 보험계약이 성립한 후 3월 이내에 보험계약자는 보험자의 보험약관 교부·설명 의무 위반을 이유로 그 계약을 철회할 수 있다.
③ 보험자의 보험약관 교부·설명 의무 위반 시 보험계약자는 해당 계약을 소급해서 무효로 할 수 있는데, 그 권리의 행사시점은 보험사고 발생 시부터이다.
④ 보험자는 보험계약을 체결한 후에 보험계약자에게 중요한 사항을 설명하여야 한다.

> **TIP** 보통 보험약관이 계약 당사자에 대하여 구속력을 갖는 것은 그 자체가 법규범 또는 법규범적 성질을 가진 약관이기 때문이 아니라 당사자가 계약내용에 포함시키기로 합의하였기 때문인 바, 일반적으로 보통 보험 약관을 계약내용에 포함시킨 보험계약서가 작성되면 약관의 구속력은 계약자가 그 약관의 내용을 알지 못 하더라도 배제할 수 없으나 당사자가 명시적으로 약관의 내용과 달리 약정한 경우에는 배제된다고 보아야 하므로 보험회사를 대리한 보험대리점 내지 보험외판원이 보험계약자에게 보통 보험약관과 다른 내용으로 보험계약을 설명하고 이에 따라 계약이 체결되었으면 그때 설명된 내용이 보험계약의 내용이 되고 그와 배치되는 약관의 적용은 배제된다[대법원 1989. 3. 28. 선고 88다4645 판결].
> ※ 보험약관의 교부·설명 의무〈상법 제638조의3〉
> ① 보험자는 보험계약을 체결할 때에 보험계약자에게 보험약관을 교부하고 그 약관의 중요한 내용을 설명하여야 한다.
> ② 보험자가 ①을 위반한 경우 보험계약자는 보험계약이 성립한 날부터 3개월 이내에 그 계약을 취소할 수 있다.

3 타인을 위한 보험에 관한 설명으로 옳지 않은 것은?

① 보험계약자는 위임을 받아 특정의 타인을 위하여 보험계약을 체결할 수 있다.
② 보험계약자는 위임을 받지 아니하고 불특정의 타인을 위하여 보험계약을 체결할 수 있다.
③ 타인을 위한 손해보험계약의 경우에 그 타인의 위임이 없는 때에는 이를 보험자에게 고지하여야 한다.
④ 타인을 위한 보험계약의 경우에 그 타인은 수익의 의사표시를 하여야 그 계약의 이익을 받게 된다.

> **TIP** 타인을 위한 보험〈상법 제639조〉
> ① 보험계약자는 위임을 받거나 위임을 받지 아니하고 특정 또는 불특정의 타인을 위하여 보험계약을 체결할 수 있다. 그러나 손해보험계약의 경우에 그 타인의 위임이 없는 때에는 보험계약자는 이를 보험자에게 고지하여야 하고, 그 고지가 없는 때에는 타인이 그 보험계약이 체결된 사실을 알지 못하였다는 사유로 보험자에게 대항하지 못한다.
> ② ①의 경우에는 그 타인은 당연히 그 계약의 이익을 받는다. 그러나 손해보험계약의 경우에 보험계약자가 그 타인에게 보험사고의 발생으로 생긴 손해의 배상을 한 때에는 보험계약자는 그 타인의 권리를 해하지 아니하는 범위안에서 보험자에게 보험금액의 지급을 청구할 수 있다.
> ③ ①의 경우에는 보험계약자는 보험자에 대하여 보험료를 지급할 의무가 있다. 그러나 보험계약자가 파산선고를 받거나 보험료의 지급을 지체한 때에는 그 타인이 그 권리를 포기하지 아니하는 한 그 타인도 보험료를 지급할 의무가 있다.

ANSWER
2.① 3.④

4 보험증권에 관한 설명으로 옳지 않은 것은?

① 보험자는 보험계약이 성립한 때에는 지체 없이 보험증권을 작성하여 보험계약자에게 교부하여야 한다. 그러나 보험계약자가 보험료의 전부 또는 최초의 보험료를 지급하지 아니한 때에는 그러하지 아니하다.
② 기존의 보험계약을 연장하거나 변경한 경우에 보험자는 그 보험증권에 그 사실을 기재함으로써 보험증권의 교부에 갈음할 수 없다.
③ 보험계약의 당사자는 보험증권의 교부가 있은 날로부터 일정한 기간 내에 한하여 그 증권 내용의 정부에 관한 이의를 할 수 있음을 약정할 수 있다. 이 기간은 1월을 내리지 못한다.
④ 보험증권을 멸실 또는 현저하게 훼손한 때에는 보험계약자는 보험자에 대하여 증권의 재교부를 청구할 수 있다. 그 증권 작성의 비용은 보험계약자의 부담으로 한다.

> TIP ② 기존의 보험계약을 연장하거나 변경한 경우에는 보험자는 그 보험증권에 그 사실을 기재함으로써 보험증권의 교부에 갈음할 수 있다〈상법 제640조(보험증권의 교부) 제2항〉.
> ①「상법」제640조(보험증권의 교부)
> ③「상법」제641조(증권에 관한 이의약관의 효력)
> ④「상법」제642조(증권의 재교부청구)

5 보험계약 등에 관한 설명으로 옳지 않은 것은?

① 보험계약은 그 계약 전의 어느 시기를 보험기간의 시기로 할 수 있다.
② 보험계약 당시에 보험사고가 이미 발생하였거나 또는 발생할 수 없는 것인 때에는 그 계약은 무효로 한다. 그러나 당사자 쌍방과 피보험자가 이를 알지 못한 때에는 그러하지 아니하다.
③ 대리인에 의하여 보험계약을 체결한 경우에 대리인이 안 사유는 그 본인이 안 것과 동일한 것으로 한다.
④ 최초 보험료 지급 지체에 따라 보험계약이 해지된 경우 보험계약자는 그 계약의 부활을 청구할 수 있다.

> TIP ④ 계속보험료가 약정한 시기에 지급되지 아니한 때에는 보험자는 상당한 기간을 정하여 보험계약자에게 최고하고 그 기간 내에 지급되지 아니한 때에는 그 계약을 해지할 수 있음에 따라 보험계약이 해지되고 해지환급금이 지급되지 아니한 경우에 보험계약자는 일정한 기간 내에 연체보험료에 약정이자를 붙여 보험자에게 지급하고 그 계약의 부활을 청구할 수 있다. 보험계약의 성립 규정은 이 경우에 준용한다〈상법 제650조의2(보험계약의 부활)〉.
> ①「상법」제643조(소급보험)
> ②「상법」제644조(보험사고의 객관적 확정의 효과)
> ③「상법」제646조(대리인이 안 것의 효과)

ANSWER
4.② 5.④

6 보험대리상 등의 권한에 관한 설명으로 옳은 것은?

① 보험대리상은 보험계약자로부터 보험료를 수령할 권한이 없다.
② 보험대리상의 권한에 대한 일부 제한이 가능하고, 이 경우 보험자는 선의의 제3자에 대하여 대항할 수 있다.
③ 보험대리상은 보험계약자에게 보험계약의 체결, 변경, 해지 등 보험계약에 관한 의사표시를 할 수 있는 권한이 있다.
④ 보험대리상이 아니면서 특정한 보험자를 위하여 계속적으로 보험계약의 체결을 중개하는 자는 보험계약자로부터 고지를 수령할 수 있는 권한이 있다.

> **TIP** 보험대리상 등의 권한〈상법 제646조의2〉
> ① 보험대리상은 다음의 권한이 있다.
>   1. 보험계약자로부터 보험료를 수령할 수 있는 권한
>   2. 보험자가 작성한 보험증권을 보험계약자에게 교부할 수 있는 권한
>   3. 보험계약자로부터 청약, 고지, 통지, 해지, 취소 등 보험계약에 관한 의사표시를 수령할 수 있는 권한
>   4. 보험계약자에게 보험계약의 체결, 변경, 해지 등 보험계약에 관한 의사표시를 할 수 있는 권한
> ② ①에도 불구하고 보험자는 보험대리상의 ①의 권한 중 일부를 제한할 수 있다. 다만, 보험자는 그러한 권한 제한을 이유로 선의의 보험계약자에게 대항하지 못한다.
> ③ 보험대리상이 아니면서 특정한 보험자를 위하여 계속적으로 보험계약의 체결을 중개하는 자는 보험계약자로부터 보험료를 수령할 수 있는 권한(보험자가 작성한 영수증을 보험계약자에게 교부하는 경우만 해당한다) 및 보험자가 작성한 보험증권을 보험계약자에게 교부할 수 있는 권한의 권한이 있다.
> ④ 피보험자나 보험수익자가 보험료를 지급하거나 보험계약에 관한 의사표시를 할 의무가 있는 경우에는 ①부터 ③까지의 규정을 그 피보험자나 보험수익자에게도 적용한다.

ANSWER
6.③

7 보험계약에 관한 내용으로 옳은 것을 모두 고른 것은?

> ㉠ 보험계약의 당사자가 특별한 위험을 예기하여 보험료의 액을 정한 경우에 보험기간 중 그 예기한 위험이 소멸한 때에는 보험계약자는 그 후의 보험료의 감액을 청구할 수 있다.
> ㉡ 보험계약의 전부 또는 일부가 무효인 경우에 보험계약자와 피보험자가 선의이며 중대한 과실이 없는 때에는 보험자에 대하여 보험료의 전부 또는 일부의 반환을 청구할 수 있다.
> ㉢ 보험사고가 발생하기 전 보험계약자나 보험자는 언제든지 보험계약을 해지할 수 있다.
> ㉣ 타인을 위한 보험계약의 경우에는 보험계약자는 그 타인의 동의를 얻지 아니하거나 보험증권을 소지하지 아니하면 그 계약을 해지하지 못한다.

① ㉠㉡㉢
② ㉠㉡㉣
③ ㉠㉢㉣
④ ㉡㉢㉣

TIP ㉠ 보험계약의 당사자가 특별한 위험을 예기하여 보험료의 액을 정한 경우에 보험기간 중 그 예기한 위험이 소멸한 때에는 보험계약자는 그 후의 보험료의 감액을 청구할 수 있다〈상법 제647조(특별위험의 소멸로 인한 보험료의 감액청구)〉.
㉡ 보험계약의 전부 또는 일부가 무효인 경우에 보험계약자와 피보험자가 선의이며 중대한 과실이 없는 때에는 보험자에 대하여 보험료의 전부 또는 일부의 반환을 청구할 수 있다. 보험계약자와 보험수익자가 선의이며 중대한 과실이 없는 때에도 같다〈상법 제648조(보험계약의 무효로 인한 보험료반환청구)〉.
㉣ 특정한 타인을 위한 보험의 경우에 보험계약자가 보험료의 지급을 지체한 때에는 보험자는 그 타인에게도 상당한 기간을 정하여 보험료의 지급을 최고한 후가 아니면 그 계약을 해제 또는 해지하지 못한다〈상법 제650조(보험료의 지급과 지체의 효과) 제3항〉.
㉢ 보험사고가 발생하기 전에는 보험계약자는 언제든지 계약의 전부 또는 일부를 해지할 수 있다. 그러나 타인을 위한 보험계약 경우에는 보험계약자는 그 타인의 동의를 얻지 아니하거나 보험증권을 소지하지 아니하면 그 계약을 해지하지 못한다〈상법 제649조(사고 발생 전의 임의해지) 제1항〉.

✎ ANSWER
7.②

8 고지의무 위반으로 인한 계약해지에 관한 내용으로 옳지 않은 것은?

① 보험자가 보험계약 당시에 보험계약자나 피보험자의 고지의무 위반 사실을 경미한 과실로 알지 못했던 때라도 계약을 해지할 수 없다.
② 보험계약 당시에 피보험자가 중대한 과실로 부실의 고지를 한 경우에 보험자는 해지권을 행사할 수 있다.
③ 보험자가 보험계약 당시에 보험계약자나 피보험자의 고지의무 위반 사실을 알았던 경우에는 계약을 해지할 수 없다.
④ 보험계약 당시에 보험계약자가 고의로 중요한 사항을 고지하지 아니한 경우 보험자는 해지권을 행사할 수 있다.

> **TIP** 보험계약 당시에 보험계약자 또는 피보험자가 고의 또는 중대한 과실로 인하여 중요한 사항을 고지하지 아니하거나 부실의 고지를 한 때에는 보험자는 그 사실을 안 날로부터 1월 내에, 계약을 체결한 날로부터 3년 내에 한하여 계약을 해지할 수 있다. 그러나 보험자가 계약 당시에 그 사실을 알았거나 중대한 과실로 인하여 알지 못한 때에는 그러하지 아니하다〈상법 제651조(고지의무 위반으로 인한 계약해지)〉.

9 다음 설명 중 옳은 것은?

① 상법상 보험계약자 또는 피보험자는 보험자가 서면으로 질문한 사항에 대하여만 답변하면 된다.
② 상법에 따르면 보험기간 중에 보험계약자 등의 고의로 인하여 사고 발생의 위험이 현저하게 증가된 때에는 보험자는 계약 체결일로부터 3년 이내에 한하여 계약을 해지할 수 있다.
③ 보험자는 보험금액의 지급에 관하여 약정기간이 없는 경우에는 보험사고 발생의 통지를 받은 후 지체 없이 보험금액을 지급하여야 한다.
④ 보험자가 파산의 선고를 받은 때에는 보험계약자는 계약을 해지할 수 있다.

> **TIP** ④ 「상법」 제654조(보험자의 파산선고와 계약해지) 제1항
> ① 보험자가 서면으로 질문한 사항은 중요한 사항으로 추정한다〈상법 제651조의2(서면에 의한 질문의 효력)〉.
> ② 보험자가 위험변경증가의 통지를 받은 때에는 1월 내에 보험료의 증액을 청구하거나 계약을 해지할 수 있다〈상법 제652조(위험변경증가의 통지와 계약해지) 제2항〉.
> ③ 보험자는 보험금액의 지급에 관하여 약정기간이 있는 경우에는 그 기간 내에 약정기간이 없는 경우에는 제657조(보험사고 발생의 통지) 제1항의 통지를 받은 후 지체 없이 지급할 보험금액을 정하고 그 정하여진 날부터 10일 내에 피보험자 또는 보험수익자에게 보험금액을 지급하여야 한다〈상법 제658조(보험금액의 지급)〉.

ANSWER
8.① 9.④

10 2년간 행사하지 아니하면 시효의 완성으로 소멸하는 것은 모두 몇 개인가?

- 보험금 청구권
- 보험료반환 청구권
- 보험료 청구권
- 적립금반환 청구권

① 1개　　　　　　　　　　　② 2개
③ 3개　　　　　　　　　　　④ 4개

> **TIP** 보험금 청구권은 3년간, 보험료 또는 적립금의 반환 청구권은 3년간, 보험료 청구권은 2년간 행사하지 아니하면 시효의 완성으로 소멸한다〈상법 제662조(소멸시효)〉.

11 다음 설명 중 옳은 것은?

① 손해보험계약의 보험자가 보험계약의 청약과 함께 보험료 상당액의 전부를 지급 받은 때에는 다른 약정이 없으면 2주 이내에 낙부의 통지를 발송하여야 한다.
② 손해보험계약의 보험자가 보험계약의 청약과 함께 보험료 상당액의 일부를 지급 받은 때에 상법이 정한 기간 내에 낙부의 통지를 해태한 때에는 승낙한 것으로 추정한다.
③ 손해보험계약의 보험자가 보험계약의 청약과 함께 보험료 상당액의 전부를 지급 받은 때에 다른 약정이 없으면 상법이 정한 기간 내에 낙부의 통지를 해태한 때에는 승낙한 것으로 본다.
④ 손해보험계약의 보험자가 청약과 함께 보험료 상당액의 전부를 받은 경우에 언제나 보험계약상의 책임을 진다.

> **TIP** 보험계약의 성립〈상법 제638조의2〉
> ① 보험자가 보험계약자로부터 보험계약의 청약과 함께 보험료 상당액의 전부 또는 일부의 지급을 받은 때에는 다른 약정이 없으면 30일 내에 그 상대방에 대하여 낙부의 통지를 발송하여야 한다. 그러나 인보험계약의 피보험자가 신체검사를 받아야 하는 경우에는 그 기간은 신체검사를 받은 날부터 기산한다.
> ② 보험자가 ①의 규정에 의한 기간 내에 낙부의 통지를 해태한 때에는 승낙한 것으로 본다.
> ③ 보험자가 보험계약자로부터 보험계약의 청약과 함께 보험료 상당액의 전부 또는 일부를 받은 경우에 그 청약을 승낙하기 전에 보험계약에서 정한 보험사고가 생긴 때에는 그 청약을 거절할 사유가 없는 한 보험자는 보험계약상의 책임을 진다. 그러나 인보험계약의 피보험자가 신체검사를 받아야 하는 경우에 그 검사를 받지 아니한 때에는 그러하지 아니하다.

ANSWER
10.①　11.③

12 가계보험의 약관조항으로 허용될 수 있는 것은?

① 약관설명 의무 위반 시 계약 성립일부터 1개월 이내에 보험계약자가 계약을 취소할 수 있도록 한 조항
② 보험증권의 교부가 있은 날로부터 2주 내에 한하여 그 증권 내용의 정부에 관한 이의를 할 수 있도록 한 조항
③ 해지환급금을 반환한 경우에도 그 계약의 부활을 청구할 수 있도록 한 조항
④ 고지의무를 위반한 사실이 보험사고 발생에 영향을 미치지 아니하였음이 증명된 경우에도 보험자의 보험금 지급 책임을 면하도록 한 조항

TIP ③ 「상법」 제651조(고지의무위반으로 인한 계약해지)
① 보험자가 보험약관의 교부 · 설명 의무를 위반한 경우 보험계약자는 보험계약이 성립한 날부터 3개월 이내에 그 계약을 취소할 수 있다〈상법 제638조의3(보험약관의 교부 · 설명 의무) 제2항〉.
② 보험계약의 당사자는 보험증권의 교부가 있은 날로부터 일정한 기간 내에 한하여 그 증권 내용의 정부에 관한 이의를 할 수 있음을 약정할 수 있다. 이 기간은 1월을 내리지 못한다〈상법 제641조(증권에 관한 이의약관의 효력)〉.
④ 보험사고가 발생한 후라도 보험자가 법에 따라 계약을 해지하였을 때에는 보험금을 지급할 책임이 없고 이미 지급한 보험금의 반환을 청구할 수 있다. 다만, 고지의무를 위반한 사실 또는 위험이 현저하게 변경되거나 증가된 사실이 보험사고 발생에 영향을 미치지 아니하였음이 증명된 경우에는 보험금을 지급할 책임이 있다〈상법 제655조(계약해지와 보험금 청구권)〉.
※ 가계보험 … 가정의 경제권에 위험이 되는 상황에 대처하기 위해 본인의 책임하에 가입하는 보험이다. 생명보험, 상해보험, 화재보험, 자동차보험 등이 있다.

13 다음 설명 중 옳지 않은 것은?

① 손해보험계약의 보험자는 보험사고로 인하여 생길 피보험자의 재산상의 손해를 보상할 책임이 있다.
② 손해보험증권에는 보험증권의 작성지와 그 작성 연월일을 기재하여야 한다.
③ 보험사고로 인하여 상실된 피보험자가 얻을 이익이나 보수는 당사자 간에 다른 약정이 없으면 보험자가 보상할 손해액에 산입하지 아니한다.
④ 집합된 물건을 일괄하여 보험의 목적으로 한 때에는 그 목적에 속한 물건이 보험기간 중에 수시로 교체된 경우에도 보험계약의 체결 시에 현존한 물건은 보험의 목적에 포함된 것으로 한다.

TIP ④ 집합된 물건을 일괄하여 보험의 목적으로 한 때에는 그 목적에 속한 물건이 보험기간 중에 수시로 교체된 경우에도 보험사고의 발생 시에 현존한 물건은 보험의 목적에 포함된 것으로 한다〈상법 제687조(동전)〉.
① 「상법」 제665조(손해보험자의 책임)
② 「상법」 제666조(손해보험증권)
③ 「상법」 제667조(상실이익 등의 불산입)

ANSWER
12.③ 13.④

14 초과보험에 관한 설명으로 옳지 않은 것은?

① 보험금액이 보험계약 당시의 보험계약의 목적의 가액을 현저히 초과한 때를 말한다.
② 보험자 또는 보험계약자는 보험료와 보험금액의 감액을 청구할 수 있다.
③ 보험료의 감액은 보험계약 체결 시에 소급하여 그 효력이 있으나 보험금액의 감액은 장래에 대하여만 그 효력이 있다.
④ 보험계약자의 사기로 인하여 체결된 초과보험계약은 무효이며 보험자는 그 사실을 안 때까지의 보험료를 청구할 수 있다.

> **TIP** 초과보험〈상법 제669조〉
> ① 보험금액이 보험계약의 목적의 가액을 현저하게 초과한 때에는 보험자 또는 보험계약자는 보험료와 보험금액의 감액을 청구할 수 있다. 그러나 보험료의 감액은 장래에 대하여서만 그 효력이 있다.
> ② ①의 가액은 계약 당시의 가액에 의하여 정한다.
> ③ 보험가액이 보험기간 중에 현저하게 감소된 때에도 ①과 같다.
> ④ ①의 경우에 계약이 보험계약자의 사기로 인하여 체결된 때에는 그 계약은 무효로 한다. 그러나 보험자는 그 사실을 안 때까지의 보험료를 청구할 수 있다.

15 상법상 기평가보험과 미평가보험에 관한 설명으로 옳은 것은?

① 당사자 간에 보험가액을 정하지 아니한 때에는 계약 체결 시의 가액을 보험가액으로 한다.
② 당사자 간에 보험가액을 정한 때 그 가액이 사고 발생 시의 가액을 현저하게 초과할 때에는 사고 발생 시의 가액을 보험가액으로 한다.
③ 당사자 간에 보험가액을 정한 때에는 그 가액은 계약 체결 시의 가액으로 정한 것으로 추정한다.
④ 당사자 간에 보험가액을 정한 때에는 그 가액은 사고 발생 시의 가액을 정한 것으로 본다.

> **TIP** 당사자 간에 보험가액을 정한 때에는 그 가액은 사고 발생 시의 가액으로 정한 것으로 추정한다. 그러나 그 가액이 사고 발생 시의 가액을 현저하게 초과할 때에는 사고 발생 시의 가액을 보험가액으로 한다〈상법 제670조(기평가보험)〉.

ANSWER
14.③ 15.②

16 피보험이익에 관한 설명으로 옳지 않은 것은?

① 우리 상법은 손해보험뿐만 아니라 인보험에서도 피보험이익이 있을 것을 요구한다.
② 상법은 피보험이익을 보험계약의 목적이라고 표현하며 보험의 목적과는 다르다.
③ 밀수선이 압류되어 입을 경제적 손실은 피보험이익이 될 수 없다.
④ 보험계약의 동일성을 판단하는 표준이 된다.

TIP 손해보험은 보험사고의 발생으로 입은 손해를 보상할 것을 목적으로 하는 보험이다. 따라서 전제요건으로 손해를 입을 만한 이익이 존재하여야 하는데 이를 피보험이익이라고 한다. 피보험이익은 법률상 또는 경제상 객관적인 가치가 있는 것, 즉 금전으로 산정할 수 있는 이익을 의미하므로 보험의 목적이 사람의 생명·신체인 인보험에서는 요구되지 않는다.

17 상법상 당사자 간에 다른 약정이 있으면 허용되는 것을 모두 고른 것은?

㉠ 보험사고가 전쟁 기타의 변란으로 인하여 생긴 때의 위험을 담보하는 것
㉡ 최초의 보험료의 지급이 없는 때에도 보험자의 책임이 개시되도록 하는 것
㉢ 사고 발생 전 임의해지 시 미경과 보험료의 반환을 청구하지 않기로 하는 것
㉣ 특정한 타인을 위한 보험의 경우에 보험계약자가 보험료의 지급을 지체한 때에는 보험자가 보험계약자에게만 최고하고 그의 지급이 없는 경우 그 계약을 해지하기로 하는 것

① ㉠㉡
② ㉡㉢
③ ㉠㉡㉢
④ ㉠㉢㉣

 TIP
㉣ 특정한 타인을 위한 보험의 경우에 보험계약자가 보험료의 지급을 지체한 때에는 보험자는 그 타인에게도 상당한 기간을 정하여 보험료의 지급을 최고한 후가 아니면 그 계약을 해제 또는 해지하지 못한다〈상법 제650조(보험료 지급과 지체효과) 제3항〉.
㉠ 보험사고가 전쟁 기타의 변란으로 인하여 생긴 때에는 당사자 간에 다른 약정이 없으면 보험자는 보험금액을 지급할 책임이 없다〈상법 제660조(전쟁위험 등으로 인한 면책)〉.
㉡ 보험자의 책임은 당사자 간에 다른 약정이 없으면 최초의 보험료의 지급을 받은 때로부터 개시한다〈상법 제656조(보험료의 지급과 보험자의 책임개시)〉.
㉢ 보험계약자는 당사자 간에 다른 약정이 없으면 미경과보험료의 반환을 청구할 수 있다〈상법 제649조(사고발생전의 임의해지) 제3항〉.

ANSWER
16.① 17.③

18 중복보험에 관한 설명으로 옳은 것은?

① 동일한 보험계약의 목적과 동일한 사고에 관하여 수개의 보험계약이 동시에 또는 순차로 체결된 경우에 그 보험금액의 총액이 보험가액을 현저히 초과한 경우에만 상법상 중복보험에 해당한다.
② 동일한 보험계약의 목적과 동일한 사고에 관하여 수개의 보험계약을 체결하는 경우에는 보험계약자는 각 보험자에 대하여 각 보험계약의 내용을 통지하여야 한다.
③ 중복보험의 경우 보험자 1인에 대한 피보험자의 권리의 포기는 다른 보험자의 권리의무에 영향을 미친다.
④ 보험자는 보험가액의 한도에서 연대책임을 진다.

> **TIP**
> ②「상법」제672조(중복보험) 제2항
> ①④ 동일한 보험계약의 목적과 동일한 사고에 관하여 수개의 보험계약이 동시에 또는 순차로 체결된 경우에 그 보험금액의 총액이 보험가액을 초과한 때에는 보험자는 각자의 보험금액의 한도에서 연대책임을 진다. 이 경우에는 각 보험자의 보상책임은 각자의 보험금액의 비율에 따른다〈상법 제672조(중복보험) 제1항〉.
> ③ 중복보험의 규정에 의한 수 개의 보험계약을 체결한 경우에 보험자 1인에 대한 권리의 포기는 다른 보험자의 권리의무에 영향을 미치지 아니한다〈상법 제673조(중복보험과 보험자 1인에 대한 권리포기)〉.

19 다음 ( )에 들어갈 용어로 옳은 것은?

> (㉠)의 일부를 보험에 붙인 경우에는 보험자는 (㉡)의 (㉢)에 대한 비율에 따라 보상할 책임을 진다. 그러나 당사자 간에 다른 약정이 있는 때에는 보험자는 (㉣)의 한도 내에서 그 손해를 보상할 책임을 진다.

	㉠	㉡	㉢	㉣
①	보험금액	보험가액	보험금액	보험금액
②	보험금액	보험금액	보험가액	보험가액
③	보험가액	보험가액	보험금액	보험가액
④	보험가액	보험금액	보험가액	보험금액

> **TIP**
> 보험가액의 일부를 보험에 붙인 경우에는 보험자는 보험금액의 보험가액에 대한 비율에 따라 보상할 책임을 진다. 그러나 당사자 간에 다른 약정이 있는 때에는 보험자는 보험금액의 한도 내에서 그 손해를 보상할 책임을 진다〈상법 제674조(일부보험)〉.

ANSWER
18.② 19.④

20 손해액의 산정기준 등에 관한 설명으로 옳은 것은?

① 보험의 목적에 관하여 보험자가 부담할 손해가 생긴 경우에는 그 후 그 목적이 보험자가 부담하지 아니하는 보험사고의 발생으로 인하여 멸실된 때에도 보험자는 이미 생긴 손해를 보상할 책임을 면하지 못한다.
② 당사자 간에 다른 약정이 있는 때에도 이득금지의 원칙상 신품가액에 의하여 손해액을 산정할 수는 없다.
③ 보험자가 보상할 손해액은 보험계약이 체결된 때와 곳의 가액에 의하여 산정한다.
④ 손해액의 산정에 관한 비용은 보험계약자의 부담으로 한다.

> **TIP** ① 「상법」 제675조(사고 발생 후의 목적 멸실과 보상책임)
> ②③ 보험자가 보상할 손해액은 그 손해가 발생한 때와 곳의 가액에 의하여 산정한다. 그러나 당사자 간에 다른 약정이 있는 때에는 그 신품가액에 의하여 손해액을 산정할 수 있다〈상법 제676조(손해액의 산정기준) 제1항〉.
> ④ 손해액의 산정에 관한 비용은 보험자의 부담으로 한다〈상법 제676조(손해액의 산정기준) 제2항〉.

21 다음 ( )에 들어갈 상법 규정으로 옳은 것은?

> 상법 제679조(보험 목적의 양도)
> ① 피보험자가 보험의 목적을 양도한 때에는 양수인은 보험계약상의 권리와 의무를 승계한 것으로 추정한다.
> ② 제1항의 경우에 보험의 목적의 ( )은 보험자에 대하여 지체 없이 그 사실을 통지하여야 한다.

① 양도인
② 양수인
③ 양도인과 양수인
④ 양도인 또는 양수인

> **TIP** 보험 목적의 양도〈상법 제679조〉
> ① 피보험자가 보험의 목적을 양도한 때에는 양수인은 보험계약상의 권리와 의무를 승계한 것으로 추정한다.
> ② ①의 경우에 보험의 목적의 <u>양도인 또는 양수인</u>은 보험자에 대하여 지체 없이 그 사실을 통지하여야 한다.

ANSWER
20.① 21.④

22 손해방지의무 등에 관한 상법 규정의 설명으로 옳은 것은?

① 피보험자뿐만 아니라 보험계약자도 손해방지의무를 부담한다.
② 손해방지비용과 보상액의 합계액이 보험금액을 초과한 때에는 보험자의 지시에 의한 경우에만 보험자가 이를 부담한다.
③ 상법은 피보험자는 보험자에 대하여 손해방지비용의 선급을 청구할 수 있다고 규정한다.
④ 손해의 방지와 경감을 위하여 유익하였던 비용은 보험자가 이를 부담하지 않는다.

TIP 보험계약자와 피보험자는 손해의 방지와 경감을 위하여 노력하여야 한다. 그러나 이를 위하여 필요 또는 유익하였던 비용과 보상액이 보험금액을 초과한 경우라도 보험자가 이를 부담한다〈상법 제680조(손해방지의무) 제1항〉.

23 제3자에 대한 보험자대위에 관한 설명으로 옳지 않은 것은?

① 손해가 제3자의 행위로 인하여 발생한 경우에 보험금을 지급한 보험자는 그 지급한 금액의 한도에서 그 제3자에 대한 보험계약자 또는 피보험자의 권리를 취득한다.
② 보험자가 보상할 보험금의 일부를 지급한 경우에는 피보험자의 권리를 침해하지 아니하는 범위에서 그 권리를 행사할 수 있다.
③ 보험계약자나 피보험자의 제3자에 대한 권리가 그와 생계를 같이 하는 가족에 대한 것인 경우 보험자는 그 권리를 취득하지 못한다. 다만, 손해가 그 가족의 과실로 인하여 발생한 경우에는 그러하지 아니하다.
④ 보험계약에서 담보하지 아니하는 손해에 해당하여 보험금 지급의무가 없음에도 보험자가 피보험자에게 보험금을 지급한 경우라면, 보험자대위가 인정되지 않는다.

TIP 제3자에 대한 보험대위〈상법 제682조〉
① 손해가 제3자의 행위로 인하여 발생한 경우에 보험금을 지급한 보험자는 그 지급한 금액의 한도에서 그 제3자에 대한 보험계약자 또는 피보험자의 권리를 취득한다. 다만, 보험자가 보상할 보험금의 일부를 지급한 경우에는 피보험자의 권리를 침해하지 아니하는 범위에서 그 권리를 행사할 수 있다.
② 보험계약자나 피보험자의 ①에 따른 권리가 그와 생계를 같이 하는 가족에 대한 것인 경우 보험자는 그 권리를 취득하지 못한다. 다만, 손해가 그 가족의 고의로 인하여 발생한 경우에는 그러하지 아니하다.

ANSWER
22.① 23.③

24 보험자가 손해를 보상할 경우에 보험료의 지급을 받지 아니한 잔액이 있는 경우, 상법 규정으로 옳은 것은?

① 보상할 금액을 전액 지급한 후 그 지급기일이 도래한 때 보험자는 잔액의 상환을 청구할 수 있다.
② 그 지급기일이 도래하지 아니한 때라도 보상할 금액에서 이를 공제할 수 있다.
③ 그 지급기일이 도래하지 아니한 때라면 보상할 금액에서 이를 공제할 수 없다.
④ 상법은 보험소비자의 보호를 위하여 어떠한 경우에도 보상할 금액에서 이를 공제할 수 없다고 규정한다.

> **TIP** 보험자가 손해를 보상할 경우에 보험료의 지급을 받지 아니한 잔액이 있으면 그 지급기일이 도래하지 아니한 때라도 보상할 금액에서 이를 공제할 수 있다〈상법 제677조(보험료 체납과 보상액의 공제)〉.

25 화재보험에 관한 설명으로 옳지 않은 것은?

① 건물을 보험의 목적으로 한 때에는 그 소재지, 구조와 용도를 화재보험증권에 기재하여야 한다.
② 동산을 보험의 목적으로 한 때에는 그 존치한 장소의 상태와 용도를 화재보험증권에 기재하여야 한다.
③ 보험가액을 정한 때에는 그 가액을 화재보험증권에 기재하여야 한다.
④ 보험계약자의 주소와 성명 또는 상호는 화재보험증권의 기재사항이 아니다.

> **TIP** 화재보험증권〈상법 제685조〉 … 화재보험증권에는 제666조에 게기한 사항 외에 다음의 사항을 기재하여야 한다.
> 1. 건물을 보험의 목적으로 한 때에는 그 소재지, 구조와 용도
> 2. 동산을 보험의 목적으로 한 때에는 그 존치한 장소의 상태와 용도
> 3. 보험가액을 정한 때에는 그 가액
>
> ※ 손해보험증권〈상법 제666조〉 … 손해보험증권에는 다음의 사항을 기재하고 보험자가 기명날인 또는 서명하여야 한다.
>   1. 보험의 목적
>   2. 보험사고의 성질
>   3. 보험금액
>   4. 보험료와 그 지급방법
>   5. 보험기간을 정한 때에는 그 시기와 종기
>   6. 무효와 실권의 사유
>   7. 보험계약자의 주소와 성명 또는 상호
>   7의2. 피보험자의 주소, 성명 또는 상호
>   8. 보험계약의 연월일
>   9. 보험증권의 작성지와 그 작성 연월일

ANSWER
24.② 25.④

제2과목 농어업재해보험법령

26 농어업재해보험법령상 재보험 사업에 관한 설명으로 옳은 것은?

① 정부는 재해보험에 관한 재보험 사업을 할 수 없다.
② 재보험수수료 등 재보험 약정에 포함되어야 할 사항은 농림축산식품부령에서 정하고 있다.
③ 재보험약정서에는 재보험금의 지급에 관한 사항뿐 아니라 분쟁에 관한 사항도 포함되어야 한다.
④ 농림축산식품부장관이 재보험 사업에 관한 업무의 일부를 농업정책보험금융원에 위탁하는 경우에는 해양수산부장관과의 협의를 요하지 않는다.

> **TIP** 재보험사업〈농어업재해보험법 제20조〉
> ① 정부는 재해보험에 관한 재보험사업을 할 수 있다.
> ② 농림축산식품부장관 또는 해양수산부장관은 재보험에 가입하려는 재해보험사업자와 다음 각 호의 사항이 포함된 재보험 약정을 체결하여야 한다.
>   1. 재해보험사업자가 정부에 내야 할 보험료(이하 "재보험료"라 한다)에 관한 사항
>   2. 정부가 지급하여야 할 보험금(이하 "재보험금"이라 한다)에 관한 사항
>   3. 그 밖에 재보험수수료 등 재보험 약정에 관한 것으로서 대통령령으로 정하는 사항 : 재보험수수료에 관한 사항, 재보험 약정기간에 관한 사항, 재보험 책임범위에 관한 사항, 재보험 약정의 변경·해지 등에 관한 사항, 재보험금 지급 및 분쟁에 관한 사항, 그 밖에 재보험의 운영·관리에 관한 사항
> ③ 농림축산식품부장관은 해양수산부장관과 협의를 거쳐 재보험사업에 관한 업무의 일부를 「농업·농촌 및 식품산업 기본법」제63조의2(농업정책보험금융원의 설립) 제1항에 따라 설립된 농업정책보험금융원에 위탁할 수 있다.

27 농어업재해보험법령상 농어업재해재보험기금에 관한 설명이다. ( )에 들어갈 내용을 순서대로 옳게 나열한 것은?

> 농림축산식품부장관은 (㉠)과 협의하여 법 제21조에 따른 농어업재해재보험기금의 수입과 지출을 명확히 하기 위하여 한국은행에 (㉡)을 설치하여야 한다.

	㉠	㉡
①	기획재정부장관	보험계정
②	기획재정부장관	기금계정
③	해양수산부장관	보험계정
④	해양수산부장관	기금계정

> **TIP** 농림축산식품부장관은 <u>해양수산부장관</u>과 협의하여 법 제21조에 따른 농어업재해재보험기금의 수입과 지출을 명확히 하기 위하여 한국은행에 <u>기금계정</u>을 설치하여야 한다〈농어업재해보험법 시행령 제17조(기금계정의 설치)〉.

ANSWER
26.③　27.④

28 농어업재해보험법 시행령에서 정하고 있는 다음 사항에 대한 과태료 부과기준액을 모두 합한 금액은?

- 법 제10조 제2항에서 준용하는 「보험업법」 제95조를 위반하여 보험 안내를 한 자로서 재해보험사업자가 아닌 경우
- 법 제29조에 따른 보고 또는 관계 서류 제출을 하지 아니하거나 보고 또는 관계서류 제출을 거짓으로 한 경우
- 법 제10조 제2항에서 준용하는 「보험업법」 제97조 제1항을 위반하여 보험계약의 체결 또는 모집에 관한 금지행위를 한 경우

① 1,000만 원
② 1,100만 원
③ 1,200만 원
④ 1,300만 원

TIP 과태료의 부과 기준(개별기준)〈농어업재해보험법 시행령 [별표 3] 제23조 관련〉

위반행위	해당 법 조문	과태료
가. 재해보험사업자가 법 제10조(보험모집) 제2항에서 준용하는 「보험업법」 제95조(보험안내자료)를 위반하여 보험 안내를 한 경우	법 제32조 제1항	1,000만 원
나. 법 제10조(보험모집) 제2항에서 준용하는 「보험업법」 제95조(보험안내자료)를 위반하여 보험 안내를 한 자로서 재해보험사업자가 아닌 경우	법 제32조 제3항 제1호	500만 원
다. 법 제10조(보험모집) 제2항에서 준용하는 「보험업법」 제97조(보험계약의 체결 또는 모집에 관한 금지행위) 제1항 또는 「금융소비자 보호에 관한 법률」 제21조(부당권유행위 금지)를 위반하여 보험계약의 체결 또는 모집에 관한 금지행위를 한 경우	법 제32조 제3항 제2호	300만 원
라. 재해보험사업자의 발기인, 설립위원, 임원, 집행간부, 일반간부직원, 파산관재인 및 청산인이 법 제18조(「보험업법」 등의 적용) 제1항에서 적용하는 「보험업법」 제120조(책임준비금 등의 적립)에 따른 책임준비금 또는 비상위험준비금을 계상하지 아니하거나 이를 따로 작성한 장부에 각각 기재하지 아니한 경우	법 제32조 제2항 제1호	500만 원
마. 재해보험사업자의 발기인, 설립위원, 임원, 집행간부, 일반간부직원, 파산관재인 및 청산인이 법 제18조(「보험업법」 등의 적용) 제1항에서 적용하는 「보험업법」 제131조(금융위원회의 명령권) 제1항·제2항 및 제4항에 따른 명령을 위반한 경우	법 제32조 제2항 제2호	300만 원
바. 재해보험사업자의 발기인, 설립위원, 임원, 집행간부, 일반간부직원, 파산관재인 및 청산인이 법 제18조(「보험업법」 등의 적용) 제1항에서 적용하는 「보험업법」 제133조(자료 제출 및 검사 등)에 따른 검사를 거부·방해 또는 기피한 경우	법 제32조 제2항 제3호	200만 원
사. 법 제29조(보고 등)에 따른 보고 또는 관계 서류 제출을 하지 아니하거나 보고 또는 관계 서류 제출을 거짓으로 한 경우	법 제32조 제3항 제3호	300만 원

ANSWER
28.②

29 농어업재해보험법령과 농업재해보험 손해평가요령상 다음의 설명 중 옳지 않은 것은?

① 손해평가사나 손해사정사가 아닌 경우에는 손해평가인이 될 수 없다.
② 농업재해보험 손해평가요령은 농림축산식품부고시의 형식을 갖추고 있다.
③ 가축재해보험도 농업재해보험의 일종이다.
④ 손해평가보조인이라 함은 손해평가 업무를 보조하는 자를 말한다.

> **TIP** ① 농어업재해보험법 시행령 [별표 2]에 따라 손해평가인의 자격요건을 정하고 있다. 손해평가사나 손해사정사가 아닌 경우에도 손해평가인이 될 수 있다.
> ② 농업재해보험 손해평가요령은 행정규칙으로, 2024년 농림축산식품부에서 고시되었다.
> ③④ 「농업재해보험 손해평가요령」제2조(용어의 정의)

30 농어업재해보험법령상 "시범사업"을 하기 위하 재해보험사업자가 농림축산식품부장관에게 제출하여야 하는 사업계획서 내용에 해당하는 것을 모두 고른 것은?

> ㉠ 사업지역 및 사업기간에 관한 사항
> ㉡ 보험상품에 관한 사항
> ㉢ 보험계약사항 등 전반적인 사업운영 실적에 관한 사항
> ㉣ 그 밖에 금융감독원장이 필요하다고 인정하는 사항

① ㉠㉡
② ㉠㉢
③ ㉡㉢
④ ㉡㉣

> **TIP** 시범사업 실시〈농어업재해보험법 시행령 제22조 제1항〉… 재해보험사업자는 법 제27조(시범사업) 제1항에 따른 시범사업을 하려면 다음 각 호의 사항이 포함된 사업계획서를 농림축산식품부장관 또는 해양수산부장관에게 제출하고 협의하여야 한다.
> 1. 대상목적물, 사업지역 및 사업기간에 관한 사항
> 2. 보험상품에 관한 사항
> 3. 정부의 재정지원에 관한 사항
> 4. 그 밖에 농림축산식품부장관 또는 해양수산부장관이 필요하다고 인정하는 사항

ANSWER
29.① 30.①

31 농업재해보험 손해평가요령상 손해평가인의 업무가 아닌 것은?

① 손해액 평가
② 보험가액 평가
③ 보험료의 평가
④ 피해사실 확인

> **TIP** 손해평가인의 업무〈농업재해보험 손해평가요령 제3조 제1항〉
> 1. 피해사실의 확인
> 2. 보험가액 및 손해액의 평가
> 3. 그 밖의 손해평가에 필요한 사항

32 농업재해보험 손해평가요령상 손해평가인의 교육에 관한 설명으로 옳지 않은 것은?

① 재해보험사업자는 위촉된 손해평가인을 대상으로 농업재해보험에 관한 손해평가의 방법 및 절차의 실무교육을 실시하여야 한다.
② 피해유형별 현지조사표 작성실습은 손해평가인 정기교육의 내용이다.
③ 손해평가인 정기교육 시 농업재해보험에 관한 기초지식의 교육내용에는 농어업재해보험법 제정 배경 및 조문별 주요 내용 등이 포함된다.
④ 위촉된 손해평가인의 실무교육 시 재해보험사업자에 대하여 손해평가인은 교육비를 지급한다.

> **TIP** ①④ 재해보험사업자는 위촉된 손해평가인을 대상으로 농업재해보험에 관한 기초지식, 보험상품 및 약관, 손해평가의 방법 및 절차 등 손해평가에 필요한 실무교육을 실시하여야 한다. 손해평가인에 대하여 재해보험사업자는 소정의 교육비를 지급할 수 있다〈농업재해보험 손해평가요령 제5조(손해평가인 실무교육)〉.
> ②③ 「농업재해보험 손해평가요령」 제5조의2(손해평가인 정기교육)

ANSWER
31.③ 32.④

33 농업재해보험 손해평가요령상 재해보험사업자가 손해평가인 업무의 정지나 위촉의 해지를 할 수 있는 사항에 관한 설명으로 옳지 않은 것은?

① 손해평가인이 농업재해보험 손해평가요령의 규정을 위반한 경우 위촉을 해지할 수 있다.
② 손해평가인이 농어업재해보험법에 따른 명령을 위반한 때 3개월간 업무의 정지를 명할 수 있다.
③ 부정한 방법으로 손해평가인으로 위촉된 경우 위촉을 해지할 수 있다.
④ 업무수행과 관련하여 동의를 받지 않고 개인정보를 수집하여 개인정보보호법을 위반한 경우 3개월간 업무의 정지를 명할 수 있다.

TIP 손해평가인 위촉의 취소 및 해지 등〈농업재해보험 손해평가요령 제6조〉
① 재해보험사업자는 손해평가인이 다음의 어느 하나에 해당하게 되거나 위촉 당시에 해당하는 자이었음이 판명된 때에는 그 위촉을 취소하여야 한다.
  1. 피성년후견인
  2. 파산선고를 받은 자로서 복권되지 아니한 자
  3. 벌금 이상의 형을 선고받고 그 집행이 종료(집행이 종료된 것으로 보는 경우를 포함한다)되거나 집행이 면제된 날로부터 2년이 경과되지 아니한 자
  4. 동 조에 따라 위촉이 취소된 후 2년이 경과하지 아니한 자
  5. 거짓 그 밖의 부정한 방법으로 손해평가인으로 위촉된 자
  6. 업무정지 기간 중에 손해평가 업무를 수행한 자
② 재해보험사업자는 손해평가인이 다음의 어느 하나에 해당하는 때에는 6개월 이내의 기간을 정하여 그 업무의 정지를 명하거나 위촉 해지 등을 할 수 있다.
  1. 법 제11조(손해평가 등) 제2항 및 이 요령의 규정을 위반 한 때
  2. 법 및 이 요령에 의한 명령이나 처분을 위반한 때
  3. 업무수행과 관련하여 「개인정보보호법」, 「신용정보의 이용 및 보호에 관한 법률」 등 정보보호와 관련된 법령을 위반한 때
③ 재해보험사업자는 ① 및 ②에 따라 위촉을 취소하거나 업무의 정지를 명하고자 하는 때에는 손해평가인에게 청문을 실시하여야 한다. 다만, 손해평가인이 청문에 응하지 아니할 경우에는 서면으로 위촉을 취소하거나 업무의 정지를 통보할 수 있다.
④ 재해보험사업자는 손해평가인을 해촉하거나 손해평가인에게 업무의 정지를 명한 때에는 지체 없이 이유를 기재한 문서로 그 뜻을 손해평가인에게 통지하여야 한다.
⑤ ②에 따른 업무정지와 위촉 해지 등의 세부기준은 [별표 3]과 같다.
⑥ 재해보험사업자는 「보험업법」에 따른 손해사정사가 「농어업재해보험법」 등 관련 규정을 위반한 경우 적정한 제재가 가능하도록 각 제재의 구체적 적용기준을 마련하여 시행하여야 한다.

ANSWER
33.③

34 농업재해보험 손해평가요령상 손해평가반 구성에 관한 설명으로 옳은 것은?

① 손해평가인은 법에 따른 손해평가를 하는 경우 손해평가반을 구성하고 손해평가반별로 평가일정계획을 수립하여야 한다.
② 자기가 모집하지 않았더라도 자기와 생계를 같이하는 친족이 모집한 보험계약이라면 해당자는 그 보험계약에 관한 손해평가의 손해평가반 구성에서 배제되어야 한다.
③ 자기가 가입하였어도 자기가 모집하지 않은 보험계약이라면 해당자는 그 보험계약에 관한 손해평가의 손해평가반 구성에 참여할 수 있다.
④ 손해평가반에는 손해평가인, 손해평가사, 손해사정사에 해당하는 자를 2인 이상 포함시켜야 한다.

> **TIP** 손해평가반 구성 등〈농업재해보험 손해평가요령 제8조〉
> ① 재해보험사업자는 손해평가를 하는 경우에는 손해평가반을 구성하고 손해평가반별로 평가일정계획을 수립하여야 한다.
> ② ①에 따른 손해평가반은 다음의 어느 하나에 해당하는 자를 1인 이상 포함하여 5인 이내로 구성한다.
>   1. 손해평가인
>   2. 손해평가사
>   3. 「보험업법」에 따른 손해사정사
> ③ ②의 규정에도 불구하고 다음의 어느 하나에 해당하는 손해평가에 대하여는 해당자를 손해평가반 구성에서 배제하여야 한다.
>   1. 자기 또는 자기와 생계를 같이 하는 친족(이하 "이해관계자"라 한다)이 가입한 보험계약에 관한 손해평가
>   2. 자기 또는 이해관계자가 모집한 보험계약에 관한 손해평가
>   3. 직전 손해평가일로부터 30일 이내의 보험가입자 간 상호 손해평가
>   4. 자기가 실시한 손해평가에 대한 검증조사 및 재조사

35 농어업재해보험법상 농어업재해에 해당하지 않는 것은?

① 농작물에 발생하는 자연재해
② 임산물에 발생하는 병충해
③ 농업용 시설물에 발생하는 화재
④ 농어촌 주민의 주택에 발생하는 화재

> **TIP** "농어업재해"란 농작물·임산물·가축 및 농업용 시설물에 발생하는 자연재해·병충해·조수해·질병 또는 화재(농업재해)와 양식수산물 및 어업용 시설물에 발생하는 자연재해·질병 또는 화재(어업재해)를 말한다〈농어업재해보험법 제2조(정의) 제1호〉.

ANSWER
34.② 35.④

36 농어업재해보험법령상 농업재해보험심의회의 심의사항에 해당하는 것을 모두 고른 것은?

> ㉠ 재해보험 목적물의 선정에 관한 사항
> ㉡ 재해보험사업에 대한 재정지원에 관한 사항
> ㉢ 손해평가의 방법과 절차에 관한 사항

① ㉠㉡
② ㉠㉢
③ ㉡㉢
④ ㉠㉡㉢

TIP 농업재해보험심의회〈농어업재해보험법 제3조 제1항〉… 농업재해보험 및 농업재해재보험에 관한 다음 각 호의 사항을 심의하기 위하여 농림축산식품부장관 소속으로 농업재해보험심의회를 둔다.
1. 제2조의3 각 호의 사항 : 재해보험에서 보상하는 재해의 범위에 관한 사항, 재해보험사업에 대한 재정지원에 관한 사항, 손해평가의 방법과 절차에 관한 사항, 농어업재해재보험사업에 대한 정부의 책임범위에 관한 사항, 재보험사업 관련 자금의 수입과 지출의 적정성에 관한 사항, 그 밖에 제3조에 따른 농업재해보험심의회의 위원장 또는 「수산업·어촌 발전 기본법」 제8조 제1항에 따른 중앙 수산업·어촌정책심의회의 위원장이 재해보험 및 재보험에 관하여 회의에 부치는 사항
2. 재해보험 목적물의 선정에 관한 사항
3. 기본계획의 수립·시행에 관한 사항
4. 다른 법령에서 심의회의 심의사항으로 정하고 있는 사항

37 농어업재해보험법령상 재해보험사업에 관한 내용으로 옳지 않은 것은?

① 재해보험사업을 하려는 자는 기획재정부장관과 재해보험사업의 약정을 체결하여야 한다.
② 재해보험의 종류는 농작물재해보험, 임산물재해보험, 가축재해보험 및 양식수산물재해보험으로 한다.
③ 재해보험에 가입할 수 있는 자는 농림업, 축산업, 양식수산업에 종사하는 개인 또는 법인으로 한다.
④ 재해보험에서 보상하는 재해의 범위는 해당 재해의 발생 빈도, 피해 정도 및 객관적인 손해평가방법 등을 고려하여 재해보험의 종류별로 대통령령으로 정한다.

TIP ① 재해보험사업을 하려는 자는 농림축산식품부장관 또는 해양수산부장관과 재해보험사업의 약정을 체결하여야 한다〈농어업재해보험법 제8조(보험사업자) 제2항〉.
② 「농어업재해보험법」 제4조(재해보험의 종류 등)
③ 「농어업재해보험법」 제7조(보험가입자)
④ 「농어업재해보험법」 제6조(보상의 범위 등)

ANSWER
36.④ 37.①

38 농어업재해보험법령상 재해보험사업을 할 수 없는 자는?

① 「수산업협동조합법」에 따른 수산업협동조합중앙회
② 「새마을금고법」에 따른 새마을금고중앙회
③ 「보험업법」에 따른 보험회사
④ 「산림조합법」에 따른 산림조합중앙회

> **TIP** 보험사업자〈농어업재해보험법 제8조 제1항〉
> 1. 삭제〈2011. 3. 31.〉
> 2. 「수산업협동조합법」에 따른 수산업협동조합중앙회
> 2의2. 「산림조합법」에 따른 산림조합중앙회
> 3. 「보험업법」에 따른 보험회사

39 농어업재해보험법령상 재해보험사업 및 보험료율의 산정에 관한 설명으로 옳지 않은 것은?

① 재해보험사업의 약정을 체결하려는 자는 보험료 및 책임준비금 산출방법서 등을 농림축산식품부장관 또는 해양수산부장관에게 제출하여야 한다.
② 재해보험사업자는 보험료율을 객관적이고 합리적인 통계자료를 기초로 산정하여야 한다.
③ 보험료율은 보험목적물별 또는 보상방식별로 산정한다.
④ 보험료율은 대한민국 전체를 하나의 단위로 산정하여야 한다.

> **TIP** 보험료율의 산정〈농어업재해보험법 제9조〉
> ① 제8조(보험사업자) 제2항에 따라 농림축산식품부장관 또는 해양수산부장관과 재해보험사업의 약정을 체결한 자(이하 "재해보험사업자"라 한다)는 재해보험의 보험료율을 객관적이고 합리적인 통계자료를 기초로 하여 보험목적물별 또는 보상방식별로 산정하되, 다음 각 호의 구분에 따른 단위로 산정하여야 한다.
> 1. 행정구역 단위 : 특별시·광역시·도·특별자치도 또는 시(특별자치시와 「제주특별자치도 설치 및 국제자유도시 조성을 위한 특별법」 제10조 제2항에 따라 설치된 행정시를 포함한다)·군·자치구. 다만, 「보험업법」 제129조에 따른 보험료율 산출의 원칙에 부합하는 경우에는 자치구가 아닌 구·읍·면·동 단위로도 보험료율을 산정할 수 있다.
> 2. 권역 단위 : 농림축산식품부장관 또는 해양수산부장관이 행정구역 단위와는 따로 구분하여 고시하는 지역 단위
> ② 재해보험사업자는 보험약관안과 보험료율안에 대통령령으로 정하는 변경이 예정된 경우 이를 공고하고 필요한 경우 이해관계자의 의견을 수렴하여야 한다.

ANSWER
38.② 39.④

40 농어업재해보험법령상 재해보험을 모집할 수 있는 자가 아닌 것은?

① 「수산업협동조합법」에 따라 설립된 수협은행의 임직원
② 「수산업협동조합법」의 공제규약에 따른 공제모집인으로서 해양수산부장관이 인정하는 자
③ 「산림조합법」에 따른 산림조합중앙회의 임직원
④ 「보험업법」 제83조 제1항에 따라 보험을 모집할 수 있는 자

> **TIP** 보험모집〈농어업재해보험법 제10조 제1항〉
> 1. 산림조합중앙회와 그 회원조합의 임직원, 수협중앙회와 그 회원조합 및 「수산업협동조합법」에 따라 설립된 수협은행의 임직원
> 2. 「수산업협동조합법」의 공제규약에 따른 공제모집인으로서 수협중앙회장 또는 그 회원조합장이 인정하는 자
> 2의2. 「산림조합법」의 공제규정에 따른 공제모집인으로서 산림조합중앙회장이나 그 회원조합장이 인정하는 자
> 3. 「보험업법」에 따라 보험을 모집할 수 있는 자

41 농어업재해보험법령상 손해평가사에 관한 설명으로 옳지 않은 것은?

① 농림축산식품부장관은 공정하고 객관적인 손해평가를 촉진하기 위하여 손해평가사 제도를 운영한다.
② 손해평가사 자격이 취소된 사람은 그 취소 처분이 있은 날부터 2년이 지나지 아니한 경우 손해평가사 자격시험에 응시하지 못한다.
③ 손해평가사 자격시험의 제1차 시험은 선택형으로 출제하는 것을 원칙으로 하되, 단답형 또는 기입형을 병행할 수 있다.
④ 보험목적물 또는 관련 분야에 관한 전문 지식과 경험을 갖추었다고 인정되는 대통령령으로 정하는 기준에 해당하는 사람에게는 손해평가사 자격시험 과목의 전부를 면제할 수 있다.

> **TIP** ④ 보험목적물 또는 관련 분야에 관한 전문 지식과 경험을 갖추었다고 인정되는 대통령령으로 정하는 기준에 해당하는 사람에게는 손해평가사 자격시험 과목의 일부를 면제할 수 있다〈농어업재해보험법 제11조의4(손해평가사의 시험 등) 제2항〉.
> ① 「농어업재해보험법」 제11조의2(손해평가사)
> ② 「농어업재해보험법」 제11조의4(손해평가사의 시험 등) 제4항
> ③ 「농어업재해보험법 시행령」 제12조의3(손해평가사 자격시험의 방법) 제2항

ANSWER
40.② 41.④

42 농어업재해보험법령상 손해평가에 관한 설명으로 옳지 않은 것은?

① 재해보험사업자는 손해평가인을 위촉하여 손해평가를 담당하게 할 수 있다.
② 농림축산식품부장관 또는 해양수산부장관은 손해평가인 간의 손해평가에 관한 기술·정보의 교환을 지원할 수 있다.
③ 농림축산식품부장관 또는 해양수산부장관은 손해평가인이 공정하고 객관적인 손해평가를 수행할 수 있도록 분기별 1회 이상 정기교육을 실시하여야 한다.
④ 농림축산식품부장관 또는 해양수산부장관은 손해평가요령을 고시하려면 미리 금융위원회와 협의하여야 한다.

> **TIP** ③ 농림축산식품부장관 또는 해양수산부장관은 손해평가인이 공정하고 객관적인 손해평가를 수행할 수 있도록 연 1회 이상 정기교육을 실시하여야 한다〈농어업재해보험법 제11조(손해평가 등) 제5항〉.
> ①②④「농어업재해보험법」제11조(손해평가 등)

[기출변형]
43 농어업재해보험법령상 재정지원에 관한 내용으로 옳지 않은 것은?

① 정부는 예산의 범위에서 재해보험사업자의 재해보험의 운영 및 관리에 필요한 비용의 전부 또는 일부를 지원할 수 있다.
②「풍수해·지진재해보험법」에 따른 풍수해·지진재해보험에 가입한 자가 동일한 보험목적물을 대상으로 재해보험에 가입할 경우에는 정부가 재정지원을 하지 아니한다.
③ 보험료와 운영비의 지원 방법 및 지원 절차 등에 필요한 사항은 대통령령으로 정한다.
④ 지방자치단체는 예산의 범위에서 재해보험가입자가 부담하는 보험료의 일부를 추가로 지원할 수 있으며, 지방자치단체의 장은 지원금액을 재해보험가입자에게 지급하여야 한다.

> **TIP** 재정지원〈농어업재해보험법 제19조〉
> ① 정부는 예산의 범위에서 재해보험가입자가 부담하는 보험료의 일부와 재해보험사업자의 재해보험의 운영 및 관리에 필요한 비용(이하 "운영비"라 한다)의 전부 또는 일부를 지원할 수 있다. 이 경우 지방자치단체는 예산의 범위에서 재해보험가입자가 부담하는 보험료의 일부를 추가로 지원할 수 있다.
> ② 농림축산식품부장관·해양수산부장관 및 지방자치단체의 장은 ①에 따른 지원 금액을 재해보험사업자에게 지급하여야 한다.
> ③「풍수해·지진재해보험법」에 따른 풍수해·지진재해보험에 가입한 자가 동일한 보험목적물을 대상으로 재해보험에 가입할 경우에는 ①에도 불구하고 정부가 재정지원을 하지 아니한다.
> ④ ①에 따른 보험료와 운영비의 지원 방법 및 지원 절차 등에 필요한 사항은 대통령령으로 정한다.

ANSWER
42.③ 43.④

44 농업재해보험 손해평가요령상 손해평가준비 및 평가결과 제출에 관한 설명으로 옳지 않은 것은?

① 재해보험사업자는 손해평가반이 실시한 손해평가결과를 기록할 수 있는 현지조사서를 마련해야 한다.
② 손해평가반은 보험가입자가 정당한 사유 없이 손해평가를 거부하여 손해평가를 실시하지 못한 경우에는 그 피해를 인정할 수 없는 것으로 평가한다는 사실을 보험가입자에게 통지한 후 현지조사서를 재해보험사업자에게 제출하여야 한다.
③ 보험가입자가 정당한 사유 없이 손해평가반이 작성한 현지조사서에 서명을 거부한 경우에는 손해평가반은 그 피해를 인정할 수 없는 것으로 평가한다는 현지조사서를 작성하여 재해보험사업자에게 제출하여야 한다.
④ 보험가입자가 손해평가반의 손해평가결과에 대하여 설명 또는 통지를 받은 날로부터 7일 이내에 손해평가가 잘못되었음을 증빙하는 서류 또는 사진 등을 제출하는 경우 재해보험사업자는 다른 손해평가반으로 하여금 재조사를 실시하게 할 수 있다.

> **TIP** 손해평가준비 및 평가결과 제출〈농업재해보험 손해평가요령 제10조〉
> ① 재해보험사업자는 손해평가반이 실시한 손해평가결과와 손해평가업무를 수행한 손해평가반 구성원을 기록할 수 있도록 현지조사서를 마련하여야 한다.
> ② 재해보험사업자는 손해평가를 실시하기 전에 ①에 따른 현지조사서를 손해평가반에 배부하고 손해평가시의 주의사항을 숙지시킨 후 손해평가에 임하도록 하여야 한다.
> ③ 손해평가반은 현지조사서에 손해평가 결과를 정확하게 작성하여 보험가입자에게 이를 설명한 후 서명을 받아 재해보험사업자에게 최종 조사일로부터 7영업일 이내에 제출하여야 한다(다만, 하우스 등 원예시설과 축사 건물은 7영업일을 초과하여 제출할 수 있다). 또한, 보험가입자가 정당한 사유 없이 서명을 거부하는 경우 손해평가반은 보험가입자에게 손해평가 결과를 통지한 후 서명없이 현지조사서를 재해보험사업자에게 제출하여야 한다.
> ④ 손해평가반은 보험가입자가 정당한 사유없이 손해평가를 거부하여 손해평가를 실시하지 못한 경우에는 그 피해를 인정할 수 없는 것으로 평가한다는 사실을 보험가입자에게 통지한 후 현지조사서를 재해보험사업자에게 제출하여야 한다.
> ⑤ 재해보험사업자는 보험가입자가 손해평가반의 손해평가결과에 대하여 설명 또는 통지를 받은 날로부터 7일 이내에 손해평가가 잘못되었음을 증빙하는 서류 또는 사진 등을 제출하는 경우 재해보험사업자는 다른 손해평가반으로 하여금 재조사를 실시하게 할 수 있다.

ANSWER
44.③

45 농업재해보험 손해평가요령상 보험목적물별 손해평가의 단위로 옳은 것을 모두 고른 것은?

> ㉠ 벌 : 벌통 단위
> ㉡ 벼 : 농지별
> ㉢ 돼지 : 개별축사별
> ㉣ 농업시설물 : 보험가입 농가별

① ㉠㉡
② ㉠㉢
③ ㉡㉣
④ ㉢㉣

TIP 손해평가 단위〈농업재해보험 손해평가요령 제12조 제1항〉
  1. 농작물 : 농지별
  2. 가축 : 개별가축별(단, 벌은 벌통 단위)
  3. 농업시설물 : 보험가입 목적물별

46 농업재해보험 손해평가요령상 농작물의 보험가액 산정에 관한 설명이다. ( )에 들어갈 내용으로 옳은 것은?

> (   ) 보험가액은 보험증권에 기재된 보험목적물의 평년수확량에 보험가입 당시의 단위당 가입가격을 곱하여 산정한다. 다만, 보험가액에 영향을 미치는 가입면적, 주수, 수령, 품종 등이 가입 당시와 다를 경우 변경할 수 있다.

① 종합위험방식
② 적과전종합위험방식
③ 생산비 보장
④ 특정위험방식

TIP <u>종합위험방식</u> 보험가액은 보험증권에 기재된 보험목적물의 평년수확량에 보험가입 당시의 단위당 가입가격을 곱하여 산정한다. 다만, 보험가액에 영향을 미치는 가입면적, 주수, 수령, 품종 등이 가입 당시와 다를 경우 변경할 수 있다〈농업재해보험 손해평가요령 제13조(농작물의 보험가액 및 보험금 산정) 제1항 제3호〉.

ANSWER
45.① 46.①

47 농어업재해보험법령상 정부의 재정지원에 관한 설명이다. (   )에 들어갈 내용으로 옳은 것은?

> 보험료 또는 운영비의 지원금액을 지급받으려는 재해보험사업자는 농림축산식품부장관 또는 해양수산부장관이 정하는 바에 따라 (   )나 운영비 사용계획서를 농림축산식품부장관 또는 해양수산부장관에게 제출하여야 한다.

① 현지조사서
② 재해보험가입현황서
③ 보험료 사용계획서
④ 기금결산보고서

TIP 보험료 또는 운영비의 지원금액을 지급받으려는 재해보험사업자는 농림축산식품부장관 또는 해양수산부장관이 정하는 바에 따라 재해보험가입현황서나 운영비 사용계획서를 농림축산식품부장관 또는 해양수산부장관에게 제출하여야 한다〈농어업재해보험법 시행령 제15조(보험료 및 운영비의 지원) 제1항〉.

48 농업재해보험 손해평가요령상 농업시설물의 보험가액 산정에 관한 설명이다. (   )에 들어갈 내용으로 옳은 것은?

> 농업시설물에 대한 보험가액은 보험사고가 발생한 때와 곳에서 평가한 피해목적물의 (   )에서 내용연수에 따른 감가상각률을 적용하여 계산한 감가상각액을 차감하여 산정한다.

① 재조달가액
② 보험가입금액
③ 원상복구비용
④ 손해액

TIP 농업시설물에 대한 보험가액은 보험사고가 발생한 때와 곳에서 평가한 피해목적물의 재조달가액에서 내용연수에 따른 감가상각률을 적용하여 계산한 감가상각액을 차감하여 산정한다〈농업재해보험 손해평가요령 제15조(농업시설물의 보험가액 및 손해액 산정) 제1항〉.

ANSWER
47.② 48.①

기출변형

49 농업재해보험 손해평가요령상 종합위험방식 상품에서 조사내용으로 수확 전에 「수확 전 사고조사」를 하는 품목은?

① 복분자
② 오디
③ 감귤
④ 단감

TIP 농작물의 품목별·재해별·시기별 손해수량 조사방법(수확감소보장·과실손해보장 및 농업수입보장)〈농업재해보험 손해평가요령 [별표2]〉

생육시기	재해	조사내용	조사시기	조사방법	비고
수확 전	보상하는 재해 전부	수확 전 사고조사	사고접수 후 지체 없이	표본주의 과실 구분 ※ 조사방법 : 표본조사	감귤(온주 밀감류)만 해당

기출변형

50 농업재해보험 손해평가요령상 특정위험방식 상품(인삼)의 생육시기가 보험기간인 경우에 우박으로 인한 손해수량의 조사내용인 것은?

① 나과피해 조사
② 수확량 조사
③ 고사나무 조사
④ 적과 후 착과수 조사

TIP 농작물의 품목별·재해별·시기별 손해수량 조사방법(특정위험방식 상품, 인삼)〈농업재해보험 손해평가요령 [별표 2]〉

생육시기	재해	조사내용	조사시기	조사방법
보험기간	태풍(강풍)·폭설·집중호우· 침수·화재·우박·냉해·폭염	수확량 조사	피해 확인이 가능한 시기	보상하는 재해로 인하여 감소된 수확량 조사 ※ 조사방법 : 전수조사 또는 표본조사

ANSWER
49.③ 50.②

제3과목 농학개론 중 재배학 및 원예작물학

51 과실의 구조적 특징에 따른 분류로 옳은 것은?

① 인과류 – 사과, 자두
② 핵과류 – 복숭아, 매실
③ 장과류 – 포도, 체리
④ 각과류 – 밤, 키위

> **TIP** ② 핵과류 : 내과피가 단단히 경화되어 핵을 형성하는 과실로, 복숭아, 매실, 자두 등이 속한다.
> ① 인과류 : 꽃받기가 발달하여 식용부위가 된 과실로, 사과, 배 등이 속한다. 자두는 핵과류이다.
> ③ 장과류 : 1개 이상의 먹을 수 있는 씨앗이 들어 있는 작은 액과로, 포도, 블루베리 등이 속한다. 체리는 핵과류이다.
> ④ 각과류 : 단단한 껍데기에 싸여 있는 옅매로 호두, 밤 등이 속한다. 키위는 장과류이다.

52 토양 입단 형성에 부정적 영향을 주는 것은?

① 나트륨 이온 첨가
② 유기물 시용
③ 콩과작물 재배
④ 피복작물 재배

> **TIP** 나트륨 이온을 첨가하면 점토의 결합이 느슨해지면서 입단이 파괴된다.

53 작물 재배에 있어서 질소에 관한 설명으로 옳은 것은?

① 벼과작물에 비해 콩과작물은 질소 시비량을 늘여주는 것이 좋다.
② 질산이온(NO_3^-)으로 식물에 흡수된다
③ 결핍증상은 노엽(老葉)보다 유엽(幼葉)에서 먼저 나타난다.
④ 암모니아태 질소비료는 석회와 함께 사용하는 것이 효과적이다.

> **TIP** ① 벼과작물은 콩과작물에 비해 질소 시비량을 늘여주는 것이 좋다.
> ③ 결핍증상은 유엽보다 노엽에서 먼저 나타난다.
> ④ 암모니아태 질소비료를 석회 및 마그네슘과 함께 사용하면 암모니아태 질소가 가스화되기 때문에 동시에 사용하는 것은 효과적이지 않다.

ANSWER
51.② 52.① 53.②

54 식물체 내 물의 기능을 모두 고른 것은?

㉠ 양분 흡수의 용매	㉡ 세포의 팽압 유지
㉢ 식물체의 항상성 유지	㉣ 물질 합성과정의 매개

① ㉠㉡
② ㉠㉢㉣
③ ㉡㉢㉣
④ ㉠㉡㉢㉣

TIP 물의 기능
㉠ 양분 흡수의 용매: 기체, 무기염류, 유기물질의 용매 역할을 하고 물질을 이동시키는 운반체 역할을 한다.
㉡ 세포의 팽압을 유지: 식물을 구성하는 기본 단위인 세포의 원형질의 주요 구성성분으로 세포 생물량의 80～90%를 차지한다.
㉢ 식물체의 항상성 유지: 식물체 온도의 급격한 변화를 억제하고 잎의 온도를 조절한다.
㉣ 물질 합성과정의 매개: 광합성이나 기타 생화학적 과정의 반응 물질로 체내에서 가지고 있는 물질을 분해하거나 새로운 물질을 합성하는 등 과정에 필요하다.

55 토양습해 대책으로 옳지 않은 것은?

① 밭의 고랑 재배
② 땅속 배수시설 설치
③ 습답의 이랑 재배
④ 토양 개량제 시용

TIP 고랑은 두둑한 땅과 땅 사이에 길고 좁게 들어간 곳으로, 고랑 재배를 할 경우 습해 피해가 크다. 따라서 습해가 예상될 경우 이랑 재배를 하는 것이 좋다.

56 작물 재배 시 한해(旱害) 대책을 모두 고른 것은?

㉠ 중경제초	㉡ 밀식 재배	㉢ 토양입단 조성

① ㉠㉡
② ㉠㉢
③ ㉡㉢
④ ㉠㉡㉢

TIP ㉡ 밀식 재배를 할 경우 가뭄 피해가 더 커질 수 있다.

ANSWER
54.④ 55.① 56.②

57 다음 ( )에 들어갈 내용을 순서대로 옳게 나열한 것은?

> 과수 작물의 동해 및 서리 피해에서 ( )의 경우 꽃이 일찍 피는 따뜻한 지역에서 늦서리 피해가 많이 일어난다. 최근에는 온난화의 영향으로 개화기가 빨라져 ( )에서 서리 피해가 빈번하게 발생한다. ( )은 상층의 더운 공기를 아래로 불어내려 과수원의 기온 저하를 막아주는 방법이다.

① 사과나무, 장과류, 살수법   ② 배나무, 핵과류, 송풍법
③ 배나무, 인과류, 살수법   ④ 사과나무, 각과류, 송풍법

TIP 과수 작물의 동해 및 서리 피해에서 <u>배나무</u>의 경우 꽃이 일찍 피는 따뜻한 지역에서 늦서리 피해가 많이 일어난다. 최근에는 온난화의 영향으로 개화기가 빨라져 <u>핵과류</u>에서 서리 피해가 빈번하게 발생한다. <u>송풍법</u>은 상층의 더운 공기를 아래로 불어내려 과수원의 기온 저하를 막아주는 방법이다.

58 작물의 생육적온에 관한 설명으로 옳지 않은 것은?

① 대사작용에 따라 적온이 다르다.   ② 발아 후 생육단계별로 적온이 있다.
③ 품종에 따른 차이가 존재한다.   ④ 주간과 야간의 적온은 동일하다.

TIP 주간의 생육적온이 야간보다 높다.

59 다음 ( )의 내용을 순서대로 옳게 나열한 것은?

> 광보상점은 광합성에 의한 이산화탄소 ( )과 호흡에 의한 이산화탄소 ( )이 같은 지점이다. 그리고 내음성이 ( ) 작물은 ( ) 작물보다 광보상점이 높다.

① 방출량, 흡수량, 약한, 강한
② 방출량, 흡수량, 강한, 약한
③ 흡수량, 방출량, 약한, 강한
④ 흡수량, 방출량, 강한, 약한

TIP 광보상점은 광합성에 의한 이산화탄소 <u>흡수량</u>과 호흡에 의한 이산화탄소 <u>방출량</u>이 같은 지점이다. 그리고 내음성이 <u>약한</u> 작물은 <u>강한</u> 작물보다 광보상점이 높다.
※ 광보상점 … 식물이 광합성에 의한 이산화탄소의 흡수량과 방출량이 같아지면서 식물체가 실질적으로 흡수하는 이산화탄소의 양이 외견상으로 0이 되는 광의 강도를 의미한다.

ANSWER
57.② 58.④ 59.③

60 우리나라 우박 피해로 옳은 것을 모두 고른 것은?

> ㉠ 전국적으로 7월에 집중적으로 발생한다.
> ㉡ 돌발적이고 단기간에 큰 피해가 발생한다.
> ㉢ 피해지역이 비교적 좁은 범위에 한정된다.
> ㉣ 피해과원의 모든 과실을 제거하여 이듬해 결실률을 높인다.

① ㉠㉣
② ㉡㉢
③ ㉡㉢㉣
④ ㉠㉡㉢㉣

㉠ 우박은 5 ~ 6월과 9 ~ 10월에 주로 발생한다. 5월에 집중적으로 발생한다.
㉣ 피해를 받지 않은 열매는 남기고, 상처가 심하게 나거나 생육이 부진한 열매를 따내 안전한 결실량을 확보하도록 한다.

61 다음에서 설명하는 재해는?

> 시설재배 시 토양 수분의 증발량이 관수량보다 많을 때 주로 발생하며, 비료성분의 집적으로 작물의 토양 수분 흡수가 어려워지고 영양소 불균형을 초래한다.

① 한해
② 습해
③ 염해
④ 냉해

③ 염해 : 시설재배 시 인위적인 비료 축적과 증발량 과다로 발생하여 관수량보다 증발량이 많아 염류가 토양 표면에 남는다. 외부 해수가 유입되거나 간척지 등에서 염분이 잔류할 경우에는 염류 농도가 높은 염토에서 작물 생육 장애가 발생한다.
① 한해 : 추위로 입는 피해(寒害) 또는 가뭄으로 인하여 입는 재해(旱害)를 말한다.
② 습해 : 토양이 과습하여 작물 생장이 쇠퇴하고, 수량이 저하되는 등 과습에 의한 피해를 말한다.
④ 냉해 : 저기온으로 인해 식물에 장해를 일으키는 현상을 말한다.

62 과수 재배에 이용되는 생장조절물질에 관한 설명으로 옳지 않은 것은?

① 삽목 시 발근촉진제로 옥신계 물질을 사용한다.
② 사과나무 적과제로 옥신계 물질을 사용한다.
③ 씨없는 포도를 만들 때 지베렐린을 사용한다.
④ 사과나무 낙과방지제로 시토키닌계 물질을 사용한다.

사과나무의 낙과방지제로는 2, 4-DP, AVG 등이 사용된다. 시토키닌은 생장을 조절하고 세포분열을 촉진하는 역할을 하는 물질이다.

ANSWER
60.② 61.③ 62.④

63 다음이 설명하는 것은?

> 낙엽과수는 가을 노화기간에 자연적인 기온 저하와 함께 내한성 증대를 위해 점진적으로 저온에 노출되어야 한다.

① 경화
② 동화
③ 적화
④ 춘화

TIP ① 경화: 일반적으로 각종 스트레스에 대하여 내성이 강화되는 모든 형태적 또는 생리적 변화과정과 그 결과로, 내한성(耐寒性), 내동성(耐凍性), 내상성(耐霜性), 내건성(耐乾性), 내열성(耐熱性), 내충성(耐蟲性), 내병성(耐病性) 등을 포함한다.
② 동화: 물이 광합성이나 질소동화작용 등을 통해 무기물에서 유기물을 합성하는 과정이다. 이는 에너지를 소비하면서 작은 분자를 큰 분자로 합성하는 생합성 작용으로, 대표적인 예로 광합성을 통해 이산화탄소와 물로부터 포도당을 만들어내는 과정이 있다.
③ 적화: 불필요하거나 약한 꽃을 일부러 제거하는 작업으로 좋은 열매를 키우기 위해 경쟁하는 꽃의 수를 줄여 선택된 꽃 또는 열매에 양분이 집중되도록 한다.
④ 춘화: 일정 기간 저온을 지나야 개화할 수 있는 식물의 생리반응으로 인위적으로 저온처리를 해주기도 한다.

64 재래육묘에 비해 플러그육묘의 장점이 아닌 것은?

① 노동·기술집약적이다.
② 계획생산이 가능하다.
③ 정식 후 생장이 빠르다.
④ 기계화 및 자동화로 대량생산이 가능하다.

TIP 플러그육묘 … 여러 개의 작은 용기(셀)가 연결된 플러그 트레이를 이용하여 묘를 키우는 것을 말한다. 플러그육묘는 육묘과정을 정밀하게 집약적으로 관리함으로써 생력화와 생산비 절감 효과가 크고 생산자재 및 묘소질의 규격화가 가능하다.

65 육묘 재배의 이유가 아닌 것은?

① 과채류 재배 시 수확기를 앞당길 수 있다.
② 벼 재배 시 감자와 1년 2작이 가능하다.
③ 봄결구배추 재배 시 추대를 유도할 수 있다.
④ 맥류 재배 시 생육촉진으로 생산량 증가를 기대할 수 있다.

TIP 봄결구배추 재배 시 추대를 유도하기 위해서는 보온육묘해서 이식하는 것이 좋다.

ANSWER
63.① 64.① 65.③

66 삽목번식에 관한 설명으로 옳지 않은 것은?

① 과수의 결실연령을 단축시킬 수 있다.
② 모주의 유전형질이 후대에 똑같이 계승된다.
③ 종자번식이 불가능한 작물의 번식수단이 된다.
④ 수세를 조절하고 병해충 저항성을 높일 수 있다.

TIP 삽목묘를 이용하면 수세 및 병충해에 대한 내성이 약하다.

67 담배모자이크바이러스의 주요 피해작물이 아닌 것은?

① 가지
② 사과
③ 고추
④ 배추

TIP 담배모자이크바이러스 … 담배, 토마토, 고추, 오이, 가지, 사과, 수박 등을 포함한 과채나 꽃, 잡초 등에서 모자이크병을 일으킨다. 보통 감염된 식물은 죽진 않지만 잎, 꽃, 과일 등에 얼룩이나 반점이 나타나고 잘 크지 못하여, 작물의 양과 질이 떨어지게 된다.

68 식용부위에 따른 분류에서 엽경채류가 아닌 것은?

① 시금치
② 미나리
③ 마늘
④ 오이

TIP 엽경채류 … 주로 잎, 꽃, 잎줄기를 식용하는 채소를 일컫는다. 오이는 과채류에 속한다.

ANSWER
66.④ 67.④ 68.④

69 다음 ( )의 내용을 순서대로 옳게 나열한 것은?

> 저온에 의하여 꽃눈형성이 유기되는 것을 ( )라 말하며, 당근·양배추 등은 ( )으로 식물체가 일정한 크기에 도달해야만 저온에 감응하여 화아분화가 이루어진다.

① 춘화, 종자춘화형
② 이춘화, 종자춘화형
③ 춘화, 녹식물춘화형
④ 이춘화, 녹식물춘화형

TIP 저온에 의하여 꽃눈형성이 유기되는 것을 <u>춘화</u>라 말하며, 당근·양배추 등은 <u>녹식물춘화형</u>으로 식물체가 일정한 크기에 도달해야만 저온에 감응하여 화아분화가 이루어진다.
녹식물춘화형 … 어린 싹이나 잎이 전개된 상태에서 추위를 겪어야 꽃눈이 분화되는 식물을 의미한다.

70 다음 두 농가가 재배하고 있는 품목은?

> A농가 : 과실이 자람에 따라 서서히 호흡이 저하되다 성숙기를 지나 완숙이 진행되는 전환기에 호흡이 일시적으로 상승하는 과실
> B농가 : 성숙기가 되어도 특정한 변화가 일어나지 않는 과실

	A농가	B농가
①	사과	블루베리
②	살구	키위
③	포도	바나나
④	자두	복숭아

TIP <u>과실의 호흡 활성</u>
㉠ 클라이맥테릭형 : 과실의 성숙 과정 중 호흡 활성이 일시적으로 상승하다가 그 후 저하되는 과실로, 사과, 살구, 아보카도, 바나나, 망고, 파파야, 복숭아, 서양배, 자두 등이 속한다.
㉡ 비클라이맥테릭형 : 과실의 전 성숙 과정에 걸쳐 호흡 상승이 보이지 않고 과실 수확 후에도 호흡이 계속 저하되는 과실로, 체리, 포도, 블루베리, 감귤류, 동양배 등이 속한다.
㉢ 말기 상승형 : 과실 성숙 중에 호흡 활성이 증가하다가 과숙 상태가 될 때까지 감소되지 않고 계속 유지되는 과실로, 감, 딸기, 파인애플이 이에 속한다.

ANSWER
69.③ 70.①

71 도로건설로 야간 조명이 늘어나는 지역에서 개화 지연에 대한 대책이 필요한 화훼작물은?

① 국화, 시클라멘
② 장미, 페튜니아
③ 금어초, 제라늄
④ 칼랑코에, 포인세티아

> **TIP** ④ 칼랑코에, 포인세티아는 단일성 식물로 야간 조명이 늘어나면 개화가 지연되어 대책이 필요하다.
> ①②③ 국화(단일성), 시클라멘(장일성), 장미(중성), 페튜니아(장일성), 금어초(장일성), 제라늄(중성)이다.

72 A농가에서 실수로 2℃에 저장하여 저온장해를 받게 될 품목은?

① 장미
② 백합
③ 극락조화
④ 국화

> **TIP** 극락조화는 남아프리가 원산지인 식물로 월동온도가 최저 8℃이므로 그 이하로 떨어지면 냉해를 입는다.

73 A농가의 하우스 오이재배 시 낙과가 발생하였다. B손해평가사가 주요 원인으로 조사할 항목은?

① 유인끈
② 재배방식
③ 일조량
④ 탄산시비

> **TIP** 하우스 오이재배의 경우 일조량이 부족하면 낙과가 많이 발생한다.

74 수경재배에 사용 가능한 원수는?

① 철분 함량이 높은 물
② 나트륨, 염소의 함량이 100ppm 이상인 물
③ 산도가 pH 7에 가까운 물
④ 중탄산 함량이 100ppm 이상인 물

> **TIP** ③ pH 7은 중성으로 수경재배에 사용이 가능한 물이다.
> ①②④ 철분, 나트륨, 염분 함량이 높거나, 중탄산 함량이 높은 물은 수경재배에 적합하지 않다.

75 시설재배에서 연질 피복재가 아닌 것은?

① 폴리에틸렌필름
② 폴리에스테르필름
③ 염화비닐필름
④ 에틸렌아세트산비닐필름

> **TIP** 폴리에스테르필름은 경질 피복재이다.

ANSWER
71.④ 72.③ 73.③ 74.③ 75.②

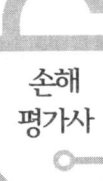

2020년 제6회 1차 시험

제1과목 「상법」 보험편

1 보험계약의 의의와 성립에 관한 설명으로 옳지 않은 것은?

① 보험계약의 성립은 특별한 요식행위를 요하지 않는다.
② 보험계약의 사행계약성으로 인하여 상법은 도덕적 위험을 방지하고자 하는 다수의 규정을 두고 있다.
③ 보험자가 상법에서 정한 낙부통지 기간 내에 통지를 해태한 때에는 청약을 거절한 것으로 본다.
④ 보험계약은 쌍무·유상계약이다.

> **TIP** 보험계약의 성립〈상법 제638조의2〉
> ① 보험자가 보험계약자로부터 보험계약의 청약과 함께 보험료 상당액의 전부 또는 일부의 지급을 받은 때에는 다른 약정이 없으면 30일 내에 그 상대방에 대하여 낙부의 통지를 발송하여야 한다. 그러나 인보험계약의 피보험자가 신체검사를 받아야 하는 경우에는 그 기간은 신체검사를 받은 날부터 기산한다.
> ② 보험자가 ①의 규정에 의한 기간 내에 낙부의 통지를 해태한 때에는 승낙한 것으로 본다.

2 다음 ( )에 들어갈 기간으로 옳은 것은?

> 보험자가 파산의 선고를 받은 때에는 보험계약자는 계약을 해지할 수 있으며, 해지하지 아니한 보험계약은 파산선고 후 ( )을 경과한 때에는 그 효력을 잃는다.

① 10일
② 1월
③ 3월
④ 6월

> **TIP** 보험자가 파산의 선고를 받은 때에는 보험계약자는 계약을 해지할 수 있으며, 이 규정에 의하여 해지하지 아니한 보험계약은 파산선고 후 <u>3월</u>을 경과한 때에는 그 효력을 잃는다〈상법 제654조(보험자의 파산선고와 계약해지)〉.

ANSWER
1.③ 2.③

3 일부보험에 관한 설명으로 옳지 않은 것은?

① 일부보험은 보험금액이 보험가액에 미달하는 보험이다.
② 특약이 없을 경우, 일부보험에서 보험자는 보험금액의 보험가액에 대한 비율에 따라 보상할 책임을 진다.
③ 일부보험에 관하여 당사자 간에 다른 약정이 있는 때에는 보험자는 실제 발생한 손해 전부를 보상할 책임을 진다.
④ 일부보험은 당사자의 의사와 상관없이 발생할 수 있다.

> **TIP** 보험가액의 일부를 보험에 붙인 경우에는 보험자는 보험금액의 보험가액에 대한 비율에 따라 보상할 책임을 진다. 그러나 당사자 간에 다른 약정이 있는 때에는 보험자는 보험금액의 한도 내에서 그 손해를 보상할 책임을 진다〈상법 제674조(일부보험)〉.

4 손해액의 산정에 관한 설명으로 옳지 않은 것은?

① 보험자가 보상할 손해액은 그 손해가 발생한 때와 곳의 가액에 의하여 산정하는 것이 원칙이다.
② 손해액 산정에 관하여 당사자 간에 다른 약정이 있는 때에는 신품가액에 의하여 산정할 수 있다.
③ 특약이 없는 한 보험자가 보상할 손해액에는 보험사고로 인하여 상실된 피보험자가 얻을 이익이나 보수를 산입하지 않는다.
④ 손해액 산정에 필요한 비용은 보험자와 보험계약자가 공동으로 부담한다.

> **TIP** 손해액의 산정기준〈상법 제676조〉
> ① 보험자가 보상할 손해액은 그 손해가 발생한 때와 곳의 가액에 의하여 산정한다. 그러나 당사자 간에 다른 약정이 있는 때에는 그 신품가액에 의하여 손해액을 산정할 수 있다.
> ② ①의 손해액의 산정에 관한 비용은 보험자의 부담으로 한다.

5 보험자가 손해를 보상할 경우에 보험료의 지급을 받지 아니한 잔액이 있을 경우와 관련하여 상법 제677조(보험료 체납과 보상액의 공제)의 내용으로 옳은 것은?

① 보험자는 보험계약에 대한 납입최고 및 해지예고 통보를 하지 않고도 보험계약을 해지할 수 있다.
② 보험자는 보상할 금액에서 지급기일이 도래하지 않은 보험료는 공제할 수 없다.
③ 보험자는 보험금 전부에 대한 지급을 거절할 수 있다.
④ 보험자는 보상할 금액에서 지급기일이 도래한 보험료를 공제할 수 있다.

> **TIP** 보험자가 손해를 보상할 경우에 보험료의 지급을 받지 아니한 잔액이 있으면 그 지급기일이 도래하지 아니한 때라도 보상할 금액에서 이를 공제할 수 있다〈상법 제677조(보험료 체납과 보상액 공제)〉.

ANSWER
3.③ 4.④ 5.④

6 보험계약에 관한 설명으로 옳은 것은?

① 보험의 목적의 성질, 하자 또는 자연소모로 인한 손해는 보험자가 보상할 책임이 없다.
② 피보험자가 보험의 목적을 양도한 때에는 양수인은 보험계약상의 권리와 의무를 승계한 것으로 간주한다.
③ 손해방지의무는 보험계약자에게만 부과되는 의무이다.
④ 보험의 목적이 양도된 경우 보험의 목적의 양도인 또는 양수인은 보험자에 대하여 30일 이내에 그 사실을 통지하여야 한다.

> **TIP** ①「상법」제678조(보험자의 면책사유)
> ② 피보험자가 보험의 목적을 양도한 때에는 양수인은 보험계약상의 권리와 의무를 승계한 것으로 추정한다〈상법 제679조(보험 목적의 양도) 제1항〉.
> ③ 보험계약자와 피보험자는 손해의 방지와 경감을 위하여 노력하여야 한다〈상법 제680조(손해방지의무)〉.
> ④ 보험의 목적의 양도인 또는 양수인은 보험자에 대하여 지체 없이 그 사실을 통지하여야 한다〈상법 제679조(보험 목적의 양도) 제2항〉.

7 보험목적에 관한 보험대위(잔존물대위)의 설명으로 옳지 않은 것은?

① 일부보험에서도 보험금액의 보험가액에 대한 비율에 따라 잔존물대위권을 취득할 수 있다.
② 잔존물대위가 성립하기 위해서는 보험목적의 전부가 멸실하여야 한다.
③ 피보험자는 보험자로부터 보험금을 지급받기 전에는 잔존물을 임의로 처분할 수 있다.
④ 잔존물에 대한 권리가 보험자에게 이전되는 시점은 보험자가 보험금액을 전부 지급하고, 물권변동 절차를 마무리한 때이다.

> **TIP** 잔존물에 대한 권리의 이전은 물권변동 절차가 불필요하다.
> ※ 보험의 목적의 전부가 멸실한 경우에 보험금액의 전부를 지급한 보험자는 그 목적에 대한 피보험자의 권리를 취득한다. 그러나 보험가액의 일부를 보험에 붙인 경우에는 보험자가 취득할 권리는 보험금액의 보험가액에 대한 비율에 따라 이를 정한다〈상법 제681조(보험목적에 관한 보험대위)〉.

ANSWER
6.① 7.④

8 화재보험에 관한 설명으로 옳지 않은 것은? (다툼이 있으면 판례에 따름)

① 화재보험에서는 일반적으로 위험개별의 원칙이 적용된다.
② 화재가 발생한 건물의 철거비와 폐기물처리비는 화재와 상당인과관계가 있는 건물수리비에 포함된다.
③ 화재보험계약의 보험자는 화재로 인하여 생긴 손해를 보상할 책임이 있다.
④ 보험자는 화재의 소방 또는 손해의 감소에 필요한 조치로 인하여 생긴 손해에 대해서도 보상할 책임이 있다.

> **TIP**
> ① 화재보험에서는 일반적으로 위험보편의 원칙이 적용된다. 화재보험계약의 보험자는 화재로 인하여 손해가 발생한 때에는 그 화재의 원인이 무엇인지를 묻지 않고 손해를 보상할 책임이 있다. 이를 위험보편의 원칙이라고 한다.
> ② 화재로 인한 건물 수리 시에 지출한 철거비와 폐기물처리비는 화재와 상당인과관계가 있는 건물수리비에 포함된다고 보아야 할 것이고, 이를 손해액에 산입되지 아니하는 별도의 비용으로 볼 것은 아니다[대법원 2003. 4. 25. 선고 2002다64520 판결].
> ③ 「상법」 제683조(화재보험자의 책임)
> ④ 「상법」 제684조(소방 등의 조치로 인한 손해의 보상)

9 화재보험증권에 관한 설명으로 옳은 것은?

① 화재보험증권의 교부는 화재보험계약의 성립요건이다.
② 화재보험증권은 불요식증권의 성질을 가진다.
③ 화재보험계약에서 보험가액을 정했다면 이를 화재보험증권에 기재하여야 한다.
④ 건물을 화재보험의 목적으로 한 경우에는 건물의 소재지, 구조와 용도는 화재보험증권의 법정기재사항이 아니다.

> **TIP**
> ③ 「상법」 제685조(화재보험증권)
> ① 보험자가 보험계약자로부터 보험계약의 청약과 함께 보험료 상당액의 전부 또는 일부의 지급을 받은 때에는 다른 약정이 없으면 30일 내에 그 상대방에 대하여 낙부의 통지를 발송하여야 한다〈상법 제638조의2(보험계약의 성립) 제1항〉.
> ② 보험계약은 보험계약 체결 시 보험청약서를 작성하므로 요식계약이다.
> ④ 건물을 보험의 목적으로 한 때에는 그 소재지, 구조와 용도를 기재해야 한다〈상법 제685조(화재보험증권) 제1호〉.

ANSWER
8.① 9.③

10 집합보험에 관한 설명으로 옳은 것은? (다툼이 있으면 판례에 따름)

① 집합보험에서는 피보험자의 가족과 사용인의 물건도 보험의 목적에 포함된다.
② 집합보험 중에서 보험의 목적이 특정되어 있는 것을 담보하는 보험을 총괄보험이라고 하며, 보험 목적의 일부 또는 전부가 수시로 교체될 것을 예정하고 있는 보험을 특정보험이라 한다.
③ 집합된 물건을 일괄하여 보험의 목적으로 한 때에는 그 목적에 속한 물건이 보험기간 중에 수시로 교체된 경우에 보험사고의 발생 시에 현존한 물건에 대해서는 보험의 목적에서 제외된 것으로 한다.
④ 집합보험에서 보험 목적의 일부에 대해서 고지의무 위반이 있는 경우, 보험자는 원칙적으로 계약 전체를 해지할 수 있다.

TIP ①「상법」제686조(집합보험의 목적)
② 집합보험은 운송 중의 화물이나 집안의 가재도구와 같이 보험의 목적이 특정되어 있는 것을 담보하는 특정보험과, 창고 안의 물건이나 점포 안의 상품과 같이 보험의 목적이 특정되지 아니하고 수시로 교체되는 것을 예정하고 있는 총괄보험으로 나눌 수 있다.
③ 집합된 물건을 일괄하여 보험의 목적으로 한 때에는 그 목적에 속한 물건이 보험기간 중에 수시로 교체된 경우에도 보험사고의 발생 시에 현존한 물건은 보험의 목적에 포함된 것으로 한다〈상법 제687조(동전)〉.
④ 경제적으로 독립한 여러 물건에 대하여 화재보험계약을 체결함에 있어 집합된 물건 전체에 대하여 단일의 보험금액으로써 계약을 체결하거나 물건을 집단별로 나누어 따로이 보험금액을 정하거나 간에, 보험의 목적이 된 수개의 물건 가운데 일부에 대하여만 고지의무 위반이 있는 경우에 보험자는 나머지 부분에 대하여도 동일한 조건으로 그 부분만에 대하여 보험계약을 체결하지 아니하였으리라는 사정이 없는 한 그 고지의무 위반이 있는 물건에 대하여만 보험계약을 해지할 수 있고 나머지 부분에 대하여는 보험계약의 효력에 영향이 없다고 할 것이고, 이 경우 보험계약자가 일부 물건에 대하여 고지하지 아니한 사항이 보험계약의 나머지 부분에 있어서도 상법 제651조에서 정한 '중요한 사항', 즉 보험자가 보험사고의 발생과 그로 인한 책임부담의 개연율을 측정하여 보험계약의 체결 여부 또는 보험료나 특별한 면책조항의 부가와 같은 보험계약의 내용을 결정하기 위한 표준이 되는 사항으로서 객관적으로 보험자가 그 사실을 안다면 그 계약을 체결하지 아니하든가 또는 적어도 동일한 조건으로는 계약을 체결하지 아니하리라고 생각되는 사항에 해당하는 경우에만 그 불고지를 들어 계약 전체를 실효시키거나 취소할 수 있다[대법원 1999.04.23. 선고 99다 8599 판결].

ANSWER
10.①

11 보험계약의 성립에 관한 설명으로 옳지 않은 것은?

① 보험계약은 보험계약자의 청약과 이에 대한 보험자의 승낙으로 성립한다.
② 보험계약자로부터 청약을 받은 보험자는 보험료 지급여부와 상관없이 청약일로부터 30일 이내에 승낙 의사표시를 발송하여야 한다.
③ 보험자의 승낙의사표시는 반드시 서면으로 할 필요는 없다.
④ 보험자가 보험계약자로부터 보험계약의 청약과 함께 보험료 상당액의 전부 또는 일부를 받은 경우에 그 청약을 승낙하기 전에 보험계약에서 정한 보험사고가 생긴 때에는 그 청약을 거절할 사유가 없는 한 보험자는 보험계약상의 책임을 진다.

> TIP ② 보험자가 보험계약자로부터 보험계약의 청약과 함께 보험료 상당액의 전부 또는 일부의 지급을 받은 때에는 다른 약정이 없으면 30일 내에 그 상대방에 대하여 낙부의 통지를 발송하여야 한다〈상법 제638조의2(보험계약의 성립) 제1항〉.
> ①③④ 「상법」 제638조의2(보험계약의 성립)

12 타인을 위한 보험에 관한 설명으로 옳은 것은?

① 보험계약자는 위임을 받아야만 특정한 타인을 위하여 보험계약을 체결할 수 있다.
② 타인을 위한 손해보험계약의 경우에 보험계약자는 그 타인의 서면위임을 받아야만 보험자와 계약을 체결할 수 있다.
③ 타인을 위한 손해보험계약의 경우에 보험계약자가 그 타인에게 보험사고의 발생으로 생긴 손해의 배상을 한 때에는 타인의 권리를 해하지 않는 범위 내에서 보험자에게 보험금액의 지급을 청구할 수 있다.
④ 타인을 위해서 보험계약을 체결한 보험계약자는 보험자에게 보험료를 지급할 의무가 없다.

> TIP 타인을 위한 보험〈상법 제639조〉
> ① 보험계약자는 위임을 받거나 위임을 받지 아니하고 특정 또는 불특정의 타인을 위하여 보험계약을 체결할 수 있다. 그러나 손해보험계약의 경우에 그 타인의 위임이 없는 때에는 보험계약자는 이를 보험자에게 고지하여야 하고, 그 고지가 없는 때에는 타인이 그 보험계약이 체결된 사실을 알지 못하였다는 사유로 보험자에게 대항하지 못한다.
> ② ①의 경우에는 그 타인은 당연히 그 계약의 이익을 받는다. 그러나 손해보험계약의 경우에 보험계약자가 그 타인에게 보험사고의 발생으로 생긴 손해의 배상을 한 때에는 보험계약자는 그 타인의 권리를 해하지 아니하는 범위 안에서 보험자에게 보험금액의 지급을 청구할 수 있다.
> ③ ①의 경우에는 보험계약자는 보험자에 대하여 보험료를 지급할 의무가 있다. 그러나 보험계약자가 파산선고를 받거나 보험료의 지급을 지체한 때에는 그 타인이 그 권리를 포기하지 아니하는 한 그 타인도 보험료를 지급할 의무가 있다.

ANSWER
11.② 12.③

13 보험증권의 교부에 관한 내용으로 옳은 것을 모두 고른 것은?

> ⊙ 보험계약이 성립하고 보험계약자가 최초의 보험료를 지급했다면 보험자는 지체 없이 보험증권을 작성하여 보험계약자에게 교부하여야 한다.
> ⓒ 보험증권을 현저하게 훼손한 때에는 보험계약자는 보험증권의 재교부를 청구할 수 있다. 이 경우에 증권 작성비용은 보험자의 부담으로 한다.
> ⓒ 기존의 보험계약을 연장한 경우에는 보험자는 그 사실을 보험증권에 기재하여 보험증권의 교부에 갈음할 수 있다.

① ㉠㉡ ② ㉠㉢
③ ㉡㉢ ④ ㉠㉡㉢

TIP ㉡ 보험증권을 멸실 또는 현저하게 훼손한 때에는 보험계약자는 보험자에 대하여 증권의 재교부를 청구할 수 있다. 그 증권 작성의 비용은 보험계약자의 부담으로 한다〈상법 제642조(증권의 재교부 청구)〉.
㉠㉢ 보험자는 보험계약이 성립한 때에는 지체 없이 보험증권을 작성하여 보험계약자에게 교부하여야 한다. 그러나 보험계약자가 보험료의 전부 또는 최초의 보험료를 지급하지 아니한 때에는 그러하지 아니하다. 기존의 보험계약을 연장하거나 변경한 경우에는 보험자는 그 보험증권에 그 사실을 기재함으로써 보험증권의 교부에 갈음할 수 있다〈상법 제640조(보험증권의 교부)〉.

14 보험사고의 객관적 확정의 효과에 관한 설명으로 옳은 것은?

① 보험계약 당시에 보험사고가 이미 발생하였더라도 그 계약은 무효로 하지 않는다.
② 보험계약 당시에 보험사고가 발생할 수 없는 것이라도 그 계약은 무효로 하지 않는다.
③ 보험계약 당시에 보험사고가 이미 발생하였지만 보험수익자가 이를 알지 못한 때에는 그 계약은 무효로 하지 않는다.
④ 보험계약 당시에 보험사고가 발생할 수 없는 것이었지만 당사자 쌍방과 피보험자가 그 사실을 몰랐다면 그 계약은 무효로 하지 않는다.

TIP 보험계약 당시에 보험사고가 이미 발생하였거나 또는 발생할 수 없는 것인 때에는 그 계약은 무효로 한다. 그러나 당사자 쌍방과 피보험자가 이를 알지 못한 때에는 그러하지 아니하다〈상법 제644조(보험사고의 객관적 확정의 효과)〉.

ANSWER
13.② 14.④

15 보험대리상이 아니면서 특정한 보험자를 위하여 계속적으로 보험계약의 체결을 중개하는 자의 권한을 모두 고른 것은?

> ㉠ 보험자가 작성한 보험증권을 보험계약자에게 교부할 수 있는 권한
> ㉡ 보험자가 작성한 영수증 교부를 조건으로 보험계약자로부터 보험료를 수령할 수 있는 권한
> ㉢ 보험계약자로부터 보험계약의 취소의 의사표시를 수령할 수 있는 권한
> ㉣ 보험계약자에게 보험계약의 체결에 관한 의사표시를 할 수 있는 권한

① ㉠㉡   ② ㉠㉢
③ ㉡㉢   ④ ㉢㉣

TIP 보험대리상이 아니면서 특정한 보험자를 위하여 계속적으로 보험계약의 체결을 중개하는 자는 보험계약자로부터 보험료를 수령할 수 있는 권한(보험자가 작성한 영수증을 보험계약자에게 교부하는 경우만 해당) 및 보험자가 작성한 보험증권을 보험계약자에게 교부할 수 있는 권한의 권한이 있다〈상법 제646조의2 제3항(보험대리상 등의 권한)〉.

16 임의해지에 관한 설명으로 옳지 않은 것은?

① 보험계약자는 원칙적으로 보험사고가 발생하기 전에는 언제든지 계약의 전부 또는 일부를 해지할 수 있다.
② 보험사고가 발생하기 전이라도 타인을 위한 보험의 경우에 보험계약자는 그 타인의 동의를 얻지 못하거나 보험증권을 소지하지 않은 경우에는 계약의 전부 또는 일부를 해지할 수 없다.
③ 보험사고의 발생으로 보험자가 보험금액을 지급한 때에도 보험금액이 감액되지 아니하는 보험의 경우에는 보험계약자는 그 사고 발생 후에도 보험계약을 해지할 수 없다.
④ 보험사고 발생 전에 보험계약자가 계약을 해지하는 경우, 당사자 사이의 특약으로 미경과 보험료의 반환을 제한할 수 있다.

TIP 사고발생전의 임의해지〈상법 제649조〉
① 보험사고가 발생하기 전에는 보험계약자는 언제든지 계약의 전부 또는 일부를 해지할 수 있다. 그러나 제639조의 보험계약의 경우에는 보험계약자는 그 타인의 동의를 얻지 아니하거나 보험증권을 소지하지 아니하면 그 계약을 해지하지 못한다.
② 보험사고의 발생으로 보험자가 보험금액을 지급한 때에도 보험금액이 감액되지 아니하는 보험의 경우에는 보험계약자는 그 사고발생 후에도 보험계약을 해지할 수 있다.
③ ①의 경우에는 보험계약자는 당사자 간에 다른 약정이 없으면 미경과보험료의 반환을 청구할 수 있다.

ANSWER
15.① 16.③

17 보험계약자 甲은 보험자 乙과 손해보험계약을 체결하면서 계약에 관한 사항을 고지하지 않았다. 이에 대한 보험자 乙의 상법상 계약해지권에 관한 설명으로 옳은 것은?

① 甲의 고지의무 위반 사실에 대한 乙의 계약해지권은 계약 체결일로부터 최대 1년 내에 한하여 행사할 수 있다.
② 乙은 甲의 중과실을 이유로 상법상 보험계약해지권을 행사할 수 없다.
③ 乙의 계약해지권은 甲이 고지의무를 위반했다는 사실을 계약 당시에 乙이 알 수 있었는지 여부와 상관없이 행사할 수 있다.
④ 甲이 고지하지 않은 사실이 계약과 관련하여 중요하지 않은 것이라면 乙은 상법상 고지의무 위반을 이유로 보험계약을 해지할 수 없다.

> **TIP** ④ 약관에 정하여진 사항이라고 하더라도 거래상 일반적이고 공통된 것이어서 보험계약자가 별도의 설명 없이도 충분히 예상할 수 있었던 사항이거나, 이미 법령에 의하여 정하여진 것을 되풀이하거나 부연하는 정도에 불과한 사항이라면, 그러한 사항에 관하여까지 보험자에게 명시·설명의무가 있다고는 할 수 없다[대법원 2007. 4. 27. 선고 2006다87453 판결].
> ① 「상법」 제651조(고지의무위반으로 인한 계약해지)에 따라 甲의 고지 의무 위반 사실에 대한 乙의 계약해지권은 계약 체결일로부터 최대 3년 내에 한하여 행사할 수 있다.
> ② 「상법」 제653조(보험계약자 등의 고의나 중과실로 인한 위험증가와 계약해지)에 따라 乙은 甲의 중과실을 이유로 상법상 보험 계약해지권을 행사할 수 있다.
> ③ 「상법」 제651조(고지의무위반으로 인한 계약해지)에 따라 乙이 계약 당시에 그 사실을 알았거나 중대한 과실로 인하여 알지 못한 때에는 보험 계약해지권을 행사할 수 없다.

18 보험계약자 甲은 보험자 乙과 보험계약을 체결하면서 일정한 보험료를 매월 균등하게 10년간 지급하기로 약정하였다. 이에 관한 설명으로 옳지 않은 것은?

① 甲은 약정한 최초의 보험료를 계약 체결 후 지체 없이 납부하여야 한다.
② 甲이 계약이 성립한 후에 2월이 경과하도록 최초의 보험료를 지급하지 아니하면, 그 계약은 법률에 의거해 효력을 상실한다. 이에 관한 당사자 간의 특약은 계약의 효력에 영향을 미치지 않는다.
③ 甲이 계속보험료를 약정한 시기에 지급하지 아니하여 乙이 보험계약을 해지하려면 상당한 기간을 정하여 甲에게 최고하여야 한다.
④ 甲이 계속보험료를 지급하지 않아서 乙이 계약해지권을 적법하게 행사하였더라도 해지환급금이 지급되지 않았다면 甲은 일정한 기간 내에 연체보험료에 약정이자를 붙여 乙에게 지급하고 그 계약의 부활을 청구할 수 있다.

> **TIP** 보험계약자는 계약 체결 후 지체 없이 보험료의 전부 또는 제1회 보험료를 지급하여야 하며, 보험계약자가 이를 지급하지 아니하는 경우에는 다른 약정이 없는 한 계약 성립 후 2월이 경과하면 그 계약은 해제된 것으로 본다〈상법 제650조(보험료의 지급과 지체의 효과) 제1항〉.

ANSWER
17.④ 18.②

19 위험변경증가와 계약해지에 관한 설명으로 옳은 것을 모두 고른 것은?

> ⊙ 위험변경증가의 통지를 해태한 때에는 보험자는 그 사실을 안 날부터 1월 내에 보험료의 증액을 청구하거나 계약을 해지할 수 있다.
> ⓒ 보험계약자 등의 고의나 중과실로 인하여 위험이 현저하게 변경 또는 증가된 때에는 보험자는 그 사실을 안 날부터 1월 내에 보험료의 증액을 청구하거나 계약을 해지할 수 있다.
> ⓒ 보험사고가 발생한 후라도 보험사가 위험변경증가에 따라 계약을 해지하였을 때에는 보험금을 지급할 책임이 없고 이미 지급한 보험금의 반환을 청구할 수 있다. 다만, 위험이 현저하게 변경되거나 증가된 사실이 보험사고 발생에 영향을 미치지 아니하였음이 증명된 경우에는 보험금을 지급할 책임이 있다.

① ㉠㉡
② ㉠㉢
③ ㉡㉢
④ ㉠㉡㉢

TIP ㉠ 보험기간 중에 보험계약자 또는 피보험자가 사고 발생의 위험이 현저하게 변경 또는 증가된 사실을 안 때에는 지체 없이 보험자에게 통지하여야 한다. 이를 해태한 때에는 보험자는 그 사실을 안 날로부터 1월 내에 한하여 계약을 해지할 수 있다〈상법 제652조(위험변경증가의 통지와 계약해지) 제1항〉.
㉡ 보험기간 중에 보험계약자, 피보험자 또는 보험수익자의 고의 또는 중대한 과실로 인하여 사고발생의 위험이 현저하게 변경 또는 증가된 때에는 보험자는 그 사실을 안 날부터 1월내에 보험료의 증액을 청구하거나 계약을 해지할 수 있다〈상법 제653조(보험계약자 등의 고의나 중과실로 인한 위험증가와 계약해지)〉.
㉢ 보험사고가 발생한 후라도 보험자가 제650조(보험료의 지급과 지체의 효과), 제651조(고지의무위반으로 인한 계약해지), 제652조(위험변경증가의 통지와 계약해지) 및 제653조(보험계약자 등의 고의나 중과실로 인한 위험증가와 계약해지)에 따라 계약을 해지하였을 때에는 보험금을 지급할 책임이 없고 이미 지급한 보험금의 반환을 청구할 수 있다. 다만, 고지의무(告知義務)를 위반한 사실 또는 위험이 현저하게 변경되거나 증가된 사실이 보험사고 발생에 영향을 미치지 아니하였음이 증명된 경우에는 보험금을 지급할 책임이 있다〈상법 제655조(계약해지와 보험금청구권)〉.

ANSWER
19.③ 20.①

20 다음은 중복보험에 관한 설명이다. ( )에 들어갈 용어로 옳은 것은?

> 동일한 보험계약의 목적과 동일한 사고에 관하여 수 개의 보험계약이 동시에 또는 순차로 체결된 경우에 그 (㉠)의 총액이 (㉡)을 초과한 때에는 보험자는 각자의 (㉢)의 한도에서 연대책임을 진다.

	㉠	㉡	㉢
①	보험금액	보험가액	보험금액
②	보험금액	보험가액	보험가액
③	보험료	보험가액	보험금액
④	보험료	보험금액	보험금액

TIP 동일한 보험계약의 목적과 동일한 사고에 관하여 수개의 보험계약이 동시에 또는 순차로 체결된 경우에 그 <u>보험금액</u>의 총액이 <u>보험가액</u>을 초과한 때에는 보험자는 각자의 <u>보험금액</u>의 한도에서 연대책임을 진다〈상법 제672조(중복보험) 제1항〉.

21 청구권에 관한 소멸시효기간으로 옳지 않은 것은?

① 보험금청구권 : 3년
② 보험료청구권 : 3년
③ 적립금 반환 청구권 : 3년
④ 보험료 반환 청구권 : 3년

TIP 보험금청구권은 3년간, 보험료 또는 적립금의 반환 청구권은 3년간, 보험료 청구권은 2년간 행사하지 아니하면 시효의 완성으로 소멸한다〈상법 제662조(소멸시효)〉.

22 손해보험에 관한 설명으로 옳지 않은 것은?

① 보험자는 보험사고로 인하여 생길 보험계약자의 재산상의 손해를 보상할 책임이 있다.
② 금전으로 산정할 수 있는 이익에 한하여 보험계약의 목적으로 할 수 있다.
③ 보험계약의 목적은 상법 보험편 손해보험 장에서 규정하고 있으나 인보험 장에서는 그러하지 아니하다.
④ 중복보험의 경우에 보험자 1인에 대한 권리의 포기는 다른 보험자의 권리의무에 영향을 미치지 아니한다.

TIP ① 손해보험계약의 보험자는 보험사고로 인하여 생길 피보험자의 재산상의 손해를 보상할 책임이 있다〈상법 제665조(손해보험자의 책임)〉.
② 「상법」 제668조(보험계약의 목적)
③ 「상법」 제2장 손해보험 제1절 통칙에 제668조(보험계약의 목적)이 규정되어 있으나, 인보험에는 그러하지 않다.
④ 「상법」 제673조(중복보험과 보험자 1인에 대한 권리포기)

ANSWER
20.① 21.② 22.①

23 손해보험증권의 법정기재사항이 아닌 것은?

① 보험의 목적
② 보험금액
③ 보험료의 산출방법
④ 무효와 실권의 사유

> **TIP** 손해보험증권〈상법 제666조〉… 손해보험증권에는 다음의 사항을 기재하고 보험자가 기명날인 또는 서명하여야 한다.
> 1. 보험의 목적
> 2. 보험사고의 성질
> 3. 보험금액
> 4. 보험료와 그 지급방법
> 5. 보험기간을 정한 때에는 그 시기와 종기
> 6. 무효와 실권의 사유
> 7. 보험계약자의 주소와 성명 또는 상호
> 7의2. 피보험자의 주소, 성명 또는 상호
> 8. 보험계약의 연월일
> 9. 보험증권의 작성지와 그 작성 연월일

24 초과보험에 관한 설명으로 옳지 않은 것은?

① 보험금액이 보험계약의 목적의 가액을 현저하게 초과한 경우에 성립한다.
② 보험가액이 보험기간 중 현저하게 감소된 때에도 초과보험에 관한 규정이 적용된다.
③ 보험계약자 또는 보험자는 보험료와 보험금액의 감액을 청구할 수 있으나 보험료의 감액은 장래에 대하여서만 그 효력이 있다.
④ 계약이 보험계약자의 사기로 인하여 체결된 때에는 보험자는 그 사실을 안 날로부터 1월 내에 계약을 해지할 수 있다.

> **TIP** 초과보험〈상법 제669조〉
> ① 보험금액이 보험계약의 목적의 가액을 현저하게 초과한 때에는 보험자 또는 보험계약자는 보험료와 보험금액의 감액을 청구할 수 있다. 그러나 보험료의 감액은 장래에 대하여서만 그 효력이 있다.
> ② ①의 가액은 계약 당시의 가액에 의하여 정한다.
> ③ 보험가액이 보험기간 중에 현저하게 감소된 때에도 ①과 같다.
> ④ ①의 경우에 계약이 보험계약자의 사기로 인하여 체결된 때에는 그 계약은 무효로 한다. 그러나 보험자는 그 사실을 안 때까지의 보험료를 청구할 수 있다.

ANSWER
23.③ 24.④

25 보험가액에 관한 설명으로 옳지 않은 것은?

① 당사자 간에 보험가액을 정한 때에는 그 가액은 사고 발생 시의 가액으로 정한 것으로 추정한다.
② 당사자 간에 정한 보험가액이 사고 발생 시의 가액을 현저하게 초과할 때에는 그 원인에 따라 당사자 간에 정한 보험가액과 사고 발생 시의 가액 중 협의하여 보험가액을 정한다.
③ 상법상 초과보험을 판단하는 보험계약의 목적의 가액은 계약 당시의 가액에 의하여 정하는 것이 원칙이다.
④ 당사자 간에 보험가액을 정하지 아니한 때에는 사고 발생 시의 가액을 보험가액으로 한다.

> **TIP** ①② 당사자 간에 보험가액을 정한 때에는 그 가액은 사고 발생 시의 가액으로 정한 것으로 추정한다. 그러나 그 가액이 사고 발생 시의 가액을 현저하게 초과할 때에는 사고 발생 시의 가액을 보험가액으로 한다〈상법 제670조(기평가보험)〉.
> ③ 「상법」 제669조(초과보험)
> ④ 「상법」 제671조(미평가보험)

ANSWER
25.②

제2과목 농어업재해보험법령

26 농어업재해보험법령상 농림축산식품부장관 또는 해양수산부장관이 재해보험사업을 하려는 자와 재해보험사업의 약정을 체결할 때에 포함되어야 하는 사항이 아닌 것은?

① 약정기간에 관한 사항
② 재해보험사업의 약정을 체결한 자가 준수하여야 할 사항
③ 국가에 대한 재정지원에 관한 사항
④ 약정의 변경·해지 등에 관한 사항

> **TIP** 재해보험사업의 약정체결〈농어업재해보험법 시행령 제10조 제2항〉… 농림축산식품부장관 또는 해양수산부장관은 법에 따라 재해보험사업을 하려는 자와 재해보험사업의 약정을 체결할 때에는 다음의 사항이 포함된 약정서를 작성하여야 한다.
> 1. 약정기간에 관한 사항
> 2. 재해보험사업의 약정을 체결한 자(이하 "재해보험사업자"라 한다)가 준수하여야 할 사항
> 3. 재해보험사업자에 대한 재정지원에 관한 사항
> 4. 약정의 변경·해지 등에 관한 사항
> 5. 그 밖에 재해보험사업의 운영에 관한 사항

27 농어업재해보험법상 농어업재해에 관한 설명이다. ( )에 들어갈 내용을 순서대로 옳게 나열한 것은?

> "농어업재해"란 농작물·임산물·가축 및 농업용 시설물에 발생하는 자연재해·병충해·(㉠)·질병 또는 화재와 양식수산물 및 어업용 시설물에 발생하는 자연재해·질병 또는 (㉡)를 말한다.

	㉠	㉡
①	지진	조수해(鳥獸害)
②	조수해(鳥獸害)	풍수해
③	조수해(鳥獸害)	화재
④	지진	풍수해

> **TIP** "농어업재해"란 농작물·임산물·가축 및 농업용 시설물에 발생하는 자연재해·병충해·조수해(鳥獸害)·질병 또는 화재와 양식수산물 및 어업용 시설물에 발생하는 자연재해·질병 또는 화재를 말한다〈농어업재해보험법 제2조(정의) 제1호〉.

ANSWER
26.③ 27.③

28 농어업재해보험법령상 농업재해보험심의회 또는 어업재해보험심의회에 관한 설명으로 옳지 않은 것은?

① 심의회는 위원장 및 부위원장 각 1명을 포함한 21명 이내의 위원으로 구성한다.
② 심의회의 위원장은 각각 농림축산식품부장관 및 해양수산부장관으로 하고, 부위원장은 위원 중에서 호선(互選)한다.
③ 심의회의 회의는 재적위원 3분의 1 이상의 요구가 있을 때 또는 위원장이 필요하다고 인정할 때에 소집한다.
④ 심의회의 회의는 재적위원 과반수의 출석으로 개의(開議)하고, 출석위원 과반수의 찬성으로 의결한다.

> **TIP** ② 심의회의 위원장은 각각 농림축산식품부차관 및 해양수산부차관으로 하고, 부의원장은 위원 중에서 호선(互選)한다〈농어업재해보험법 제3조(심의회) 제3항〉.
> ① 「농어업재해보험법」제3조(농업재해보험심의회) 제2항
> ③④ 「농어업재해보험법 시행령」제3조(회의)

29 농어업재해보험법령상 보험료율의 산정에 있어서 기준이 되는 행정구역 단위가 아닌 것은?

① 특별시
② 광역시
③ 자치구
④ 읍·면

> **TIP** 보험료율의 산정〈농어업재해보험법 제9조〉
> ① 제8조 제2항에 따라 농림축산식품부장관 또는 해양수산부장관과 재해보험사업의 약정을 체결한 자(이하 "재해보험사업자"라 한다)는 재해보험의 보험료율을 객관적이고 합리적인 통계자료를 기초로 하여 보험목적물별 또는 보상방식별로 산정하되, 다음 각 호의 구분에 따른 단위로 산정하여야 한다.
> 1. 행정구역 단위 : 특별시·광역시·도·특별자치도 또는 시(특별자치시와 「제주특별자치도 설치 및 국제자유도시 조성을 위한 특별법」제10조(행정시의 폐지·설치·분리·합병 등) 제2항에 따라 설치된 행정시를 포함한다)·군·자치구. 다만, 「보험업법」제129조(보험료율 산출의 원칙)에 따른 보험료율 산출의 원칙에 부합하는 경우에는 자치구가 아닌 구·읍·면·동 단위로도 보험료율을 산정할 수 있다.
> 2. 권역 단위 : 농림축산식품부장관 또는 해양수산부장관이 행정구역 단위와는 따로 구분하여 고시하는 지역 단위
> ② 재해보험사업자는 보험약관안과 보험료율안에 대통령령으로 정하는 변경이 예정된 경우 이를 공고하고 필요한 경우 이해관계자의 의견을 수렴하여야 한다.

ANSWER
28.② 29.④

30 농어업재해보험법령상 양식수산물재해보험의 손해평가인으로 위촉될 수 있는 자격 요건을 갖추지 않은 자는?

① 재해보험 대상 양식수산물을 3년 동안 양식한 경력이 있는 어업인
②「고등교육법」제2조에 따른 전문대학에서 보험 관련 학과를 졸업한 사람
③「수산생물질병관리법」에 따른 수산질병관리사
④「농수산물 품질관리법」에 따른 수산물품질관리사

> **TIP** 손해평가인의 자격요건(양식수산물 재해보험)〈농어업재해보험법 시행령 [별표 2] 제12조 제1항 관련〉
> 1. 재해보험 대상 양식수산물을 5년 이상 양식한 경력이 있는 어업인
> 2. 공무원으로 해양수산부, 국립수산과학원, 국립수산물품질원 또는 지방자치단체에서 수산물양식 분야 또는 수산생명의학 분야에 관한 연구 또는 지도업무를 3년 이상 담당한 경력이 있는 사람
> 3. 교원으로 수산계 고등학교에서 수산물양식 분야 또는 수산생명의학 분야의 관련 과목을 5년 이상 교육한 경력이 있는 사람
> 4. 조교수 이상으로「고등교육법」에 따른 학교에서 수산물양식 관련학 또는 수산생명의학 관련학을 3년 이상 교육한 경력이 있는 사람
> 5. 「보험업법」에 따른 보험회사의 임직원이나「수산업협동조합법」에 따른 수산업협동조합중앙회, 수협은행 및 조합의 임직원으로 수산업지원 또는 보험·공제 관련 업무를 3년 이상 담당하였거나 손해평가 업무를 2년 이상 담당한 경력이 있는 사람
> 6. 「고등교육법」에 따른 학교에서 수산물양식 관련학 또는 수산생명의학 관련학을 전공하고 수산전문 연구기관 또는 연구소에서 5년 이상 근무한 학사학위 소지자
> 7. 「고등교육법」에 따른 전문대학에서 보험 관련 학과를 졸업했거나 졸업 예정인 사람
> 8. 「학점인정 등에 관한 법률」에 따라 전문대학의 보험 관련 학과 졸업자(졸업예정자를 포함한다)와 같은 수준 이상의 학력이 있다고 인정받은 사람이나「고등교육법」에 따른 학교에서 80학점(보험 관련 과목 학점이 45학점 이상이어야 한다) 이상을 이수한 사람 등 제7호에 해당하는 사람과 같은 수준 이상의 학력이 있다고 인정되는 사람
> 9. 「수산생물질병 관리법」에 따른 수산질병관리사
> 10. 재해보험 대상 양식수산물 분야에서「국가기술자격법」에 따른 기사 이상의 자격을 소지한 사람
> 11. 「농수산물 품질관리법」에 따른 수산물품질관리사

31 농어업재해보험법상 손해평가사의 감독에 관한 내용이다. ( )에 들어갈 숫자는?

> 농림축산식품부장관은 손해평가사가 그 직무를 게을리하거나 직무를 수행하면서 부적절한 행위를 하였다고 인정하면 ( )년 이내의 기간을 정하여 업무의 정지를 명할 수 있다.

① 1
② 2
③ 3
④ 5

> **TIP** 농림축산식품부장관은 손해평가사가 그 직무를 게을리하거나 직무를 수행하면서 부적절한 행위를 하였다고 인정하면 <u>1</u>년 이내의 기간을 정하여 업무의 정지를 명할 수 있다〈농어업재해보험법 제11조의6(손해평가사의 감독) 제1항〉.

ANSWER
30.① 31.①

32 농어업재해보험법령상 재해보험사업에 관한 내용으로 옳지 않은 것은?

① 재해보험의 종류는 농작물재해보험, 임산물재해보험, 가축재해보험 및 양식수산물재해보험으로 한다.
② 재해보험에서 보상하는 재해의 범위는 해당 재해의 발생 범위, 피해 정도 및 주관적인 손해평가방법 등을 고려하여 재해보험의 종류별로 대통령령으로 정한다.
③ 정부는 재해보험에서 보상하는 재해의 범위를 확대하기 위하여 노력하여야 한다.
④ 가축재해보험에서 보상하는 재해의 범위는 자연재해, 화재 및 보험목적물별로 농림축산식품부장관이 정하여 고시하는 질병이다.

> **TIP** ② 재해보험에서 보상하는 재해의 범위는 해당 재해의 발생 빈도, 피해 정도 및 객관적인 손해평가방법 등을 고려하여 재해보험의 종류별로 대통령령으로 정한다〈농어업재해보험법 제6조(보상의 범위 등) 제1항〉.
> ①「농어업재해보험법」제4조(재해보험의 종류 등)
> ③「농어업재해보험법」제6조(보상의 범위 등) 제2항
> ④「농어업재해보험법 시행령」[별표 1] 재해보험에서 보상하는 재해의 범위(제8조 관련)

기출변형

33 농어업재해보험법상 손해평가사의 자격 취소사유로 명시되지 않은 것은?

① 손해평가사의 자격을 거짓 또는 부정한 방법으로 취득한 사람
② 업무 기간 중에 손해평가 업무를 수행을 거절한 사람
③ 거짓으로 손해평가를 한 사람
④ 다른 사람에게 손해평가사의 명의를 사용하게 하거나 그 자격증을 대여한 사람

> **TIP** 손해평가사의 자격 취소〈농어업재해보험법 제11조의5 제1항〉… 농림축산식품부장관은 다음 각 호의 어느 하나에 해당하는 사람에 대하여 손해평가사 자격을 취소할 수 있다. 다만, 제1호 및 제5호에 해당하는 경우에는 자격을 취소하여야 한다.
> 1. 손해평가사의 자격을 거짓 또는 부정한 방법으로 취득한 사람
> 2. 거짓으로 손해평가를 한 사람
> 3. 다른 사람에게 손해평가사의 명의를 사용하게 하거나 그 자격증을 대여한 사람
> 4. 손해평가사 명의의 사용이나 자격증의 대여를 알선한 사람
> 5. 업무정지 기간 중에 손해평가 업무를 수행한 사람

ANSWER
32.② 33.②

34 농어업재해보험법령상 재정지원에 관한 설명으로 옳은 것은?

① 정부는 예산의 범위에서 재해보험사업자가 지급하는 보험금의 일부를 지원할 수 있다.
② 「풍수해·지진재해보험법」에 따른 풍수해·지진재해보험에 가입한 자가 동일한 보험목적물을 대상으로 재해보험에 가입할 경우에는 정부가 재정지원을 하여야 한다.
③ 재해보험의 운영에 필요한 지원금액을 지급받으려는 재해보험사업자는 농림축산식품부장관 또는 해양수산부장관이 정하는 바에 따라 재해보험가입현황서나 운영비 사용계획서를 농림축산식품부장관 또는 해양수산부장관에게 제출하여야 한다.
④ 농림축산식품부장관·해양수산부장관이 예산의 범위에서 지원하는 재정지원의 경우 그 지원 금액을 재해보험가입자에게 지급하여야 한다.

> **TIP** 「농어업재해보험법 시행령」 제15조(보험료 및 운영비의 지원) 제1항
> ※ 재정지원〈농어업재해보험법 제19조〉
> ① 정부는 예산의 범위에서 재해보험가입자가 부담하는 보험료의 일부와 재해보험사업자의 재해보험의 운영 및 관리에 필요한 비용(이하 "운영비"라 한다)의 전부 또는 일부를 지원할 수 있다. 이 경우 지방자치단체는 예산의 범위에서 재해보험가입자가 부담하는 보험료의 일부를 추가로 지원할 수·있다.
> ② 농림축산식품부장관·해양수산부장관 및 지방자치단체의 장은 ①에 따른 지원 금액을 재해보험사업자에게 지급하여야 한다.
> ③ 「풍수해·지진재해보험법」에 따른 풍수해·지진재해보험에 가입한 자가 동일한 보험목적물을 대상으로 재해보험에 가입할 경우에는 ①에도 불구하고 정부가 재정지원을 하지 아니한다.
> ④ ①에 따른 보험료와 운영비의 지원 방법 및 지원 절차 등에 필요한 사항은 대통령령으로 정한다.

기출변형

35 농어업재해보험법상 분쟁조정에 관한 내용이다. ( )에 들어갈 법률로 옳은 것은?

> 재해보험과 관련된 분쟁의 조정(調停)은 ( ) 제33조부터 제43조까지의 규정에 따른다.

① 보험업법
② 풍수해·지진재해보험법
③ 금융소비자 보호에 관한 법률
④ 화재로 인한 재해보상과 보험가입에 관한 법률

> **TIP** 재해보험과 관련된 분쟁의 조정(調停)은 <u>「금융소비자 보호에 관한 법률」</u> 제33조부터 제43조까지의 규정에 따른다〈농어업재해보험법 제17조(분쟁조정)〉.

ANSWER
34.③ 35.③

36 농업재해보험 손해평가요령상 용어의 정의로 옳지 않은 것은?

① "농업재해보험"이란 「농어업재해보험법」 제4조에 따른 농작물재해보험, 임산물재해보험 및 양식수산물재해보험을 말한다.
② "손해평가인"이라 함은 「농어업재해보험법」 제11조 제1항과 농어업재해보험법 시행령 제12조 제1항에서 정한 자 중에서 재해보험사업자가 위촉하여 손해평가 업무를 담당하는 자를 말한다.
③ "손해평가보조인"이라 함은 「농어업재해보험법」에 따라 손해평가인, 손해평가사 또는 손해사정사가 그 피해사실을 확인하고 평가하는 업무를 보조하는 자를 말한다.
④ "손해평가사"라 함은 「농어업재해보험법」 제11조의4 제1항에 따른 자격시험에 합격한 자를 말한다.

> **TIP** "농어업재해보험"이란 농어업재해로 발생하는 재산 피해에 따른 손해를 보상하기 위한 보험을 말한다〈농어업재해보험법 제2조(정의) 제2호〉.

기출변형

37 농어업재해보험법령상 농어업재해재보험기금을 조성하기 위한 재원으로 옳지 않은 것은?

① 정부로부터 받은 출연금
② 재해보험사업자가 내야 할 과태료
③ 재보험금의 회수 자금
④ 기금의 운용수익금

> **TIP** 기금의 조성〈농어업재해보험법 제22조〉
> ① 기금은 다음 각 호의 재원으로 조성한다.
>   1. 제20조(재보험 사업) 제2항 제1호에 따라 받은 재보험료
>   2. 정부, 정부 외의 자 및 다른 기금으로부터 받은 출연금
>   3. 재보험금의 회수 자금
>   4. 기금의 운용수익금과 그 밖의 수입금
>   5. ②에 따른 차입금
>   6. 「농어촌구조개선 특별회계법」 제5조(농어촌특별세사업계정의 세입 및 세출) 제2항 제7호에 따라 농어촌구조개선 특별회계의 농어촌특별세사업계정으로부터 받은 전입금
> ② 농림축산식품부장관은 기금의 운용에 필요하다고 인정되는 경우에는 해양수산부장관과 협의하여 기금의 부담으로 금융기관, 다른 기금 또는 다른 회계로부터 자금을 차입할 수 있다.

ANSWER
36.① 37.②

38 농어업재해보험법령상 시범사업의 실시에 관한 설명으로 옳은 것은?

① 기획재정부장관이 신규 보험상품을 도입하려는 경우 재해보험사업자와의 협의를 거치지 않고 시범사업을 할 수 있다.
② 재해보험사업자가 시범사업을 하려면 사업계획서를 농림축산식품부장관에게 제출하고 기획재정부장관과 협의하여야 한다.
③ 재해보험사업자는 시범사업이 끝나면 정부의 재정지원에 관한 사항이 포함된 사업결과 보고서를 제출하여야 한다.
④ 농림축산식품부장관 또는 해양수산부장관은 시범사업의 사업결과보고서를 받으면 그 사업결과를 바탕으로 신규 보험상품의 도입 가능성 등을 검토·평가하여야 한다.

> **TIP** ④ 「농어업재해보험법 시행령」 제22조(시범사업 실시) 제3항
> ①② 재해보험사업자는 신규 보험상품을 도입하려는 경우 등 필요한 경우에는 농림축산식품부장관 도는 해양수상부장관과 협의하여 시범사업을 할 수 있다〈농어업재해보험법 제27조(시범사업) 제1항〉.
> ③ 재해보험사업자는 시범사업이 끝나면 지체 없이 보험계약사항, 보험금 지급 등 전반적인 사업운영 실적에 관한 사항, 사업 운영과정에서 나타난 문제점 및 제도개선에 관한 사항, 사업의 중단·연장 및 확대 등에 관한 사항이 포함된 사업결과보고서를 작성하여 농림축산식품부장관 또는 해양수산부장관에게 제출하여야 한다〈농어업재해보험 시행령 제22조(시범사업 실시) 제2항〉.

39 농어업재해보험법령상 농림축산식품부장관이 해양수산부장관과 협의하여 농어업재해 재보험기금의 수입과 지출에 관한 사무를 수행하게 하기 위하여 소속 공무원 중에서 임명하는 자에 해당하지 않는 것은?

① 기금수입징수관
② 기금출납원
③ 기금지출관
④ 기금재무관

> **TIP** 농림축산식품부장관은 해양수산부장관과 협의하여 기금의 수입과 지출에 관한 사무를 수행하게 하기 위하여 소속 공무원 중에서 기금수입징수관, 기금재무관, 기금지출관 및 기금출납공무원을 임명한다〈농어업재해보험법 제25조(기금의 회계기관) 제1항〉.

ANSWER
38.④ 39.②

40 농어업재해보험법령상 농림축산식품부장관 또는 해양수산부장관으로부터 보험상품의 운영 및 개발에 필요한 통계자료의 수집·관리업무를 위탁받아 수행할 수 있는 자를 모두 고른 것은?

> ㉠ 「수산업협동조합법」에 따른 수협은행
> ㉡ 「보험업법」에 따른 보험회사
> ㉢ 농업정책보험금융원
> ㉣ 지방자치단체의 장

① ㉠㉡
② ㉡㉢
③ ㉢㉣
④ ㉠㉡㉢

TIP 통계의 수집·관리 등에 관한 업무의 위탁〈농어업재해보험법 시행령 제21조 제1항〉… 농림축산식품부장관 또는 해양수산부장관은 법 제26조 제4항에 따라 같은 조 제1항 및 제3항에 따른 통계의 수집·관리, 조사·연구 등에 관한 업무를 다음 각 호의 어느 하나에 해당하는 자에게 위탁할 수 있다.
1. 「농업협동조합법」에 따른 농업협동조합중앙회
1의2. 「산림조합법」에 따른 산림조합중앙회
2. 「수산업협동조합법」에 따른 수산업협동조합중앙회 및 수협은행
3. 「정부출연연구기관 등의 설립·운영 및 육성에 관한 법률」 제8조(연구기관의 설립)에 따라 설립된 연구기관
4. 「보험업법」에 따른 보험회사, 보험료율산출기관 또는 보험계리를 업으로 하는 자
5. 「민법」 제32조(비영리법인의 설립과 허가)에 따라 농림축산식품부장관 또는 해양수산부장관의 허가를 받아 설립된 비영리법인
6. 「공익법인의 설립·운영에 관한 법률」 제4조(설립허가 기준)에 따라 농림축산식품부장관 또는 해양수산부장관의 허가를 받아 설립된 공익법인
7. 농업정책보험금융원

41 농어업재해보험법령상 고의로 진실을 숨기거나 거짓으로 손해평가를 한 손해평가인과 손해평가사에게 부과될 수 있는 벌칙이 아닌 것은?

① 징역 6월
② 과태료 2,000만 원
③ 벌금 500만 원
④ 벌금 1,000만 원

TIP 벌칙〈농어업재해보험법 제30조〉
① 「보험업법」 제98조(특별이익의 제공 금지)에 따른 금품 등을 제공(같은 조 제3호의 경우에는 보험금 지급의 약속을 말한다)한 자 또는 이를 요구하여 받은 보험가입자는 3년 이하의 징역 또는 3천만 원 이하의 벌금에 처한다.
② 다음 각 호의 어느 하나에 해당하는 자는 1년 이하의 징역 또는 1천만 원 이하의 벌금에 처한다.
 1. 제10조(보험모집) 제1항을 위반하여 모집을 한 자
 2. 고의로 진실을 숨기거나 거짓으로 손해평가를 한 자
 3. 다른 사람에게 손해평가사의 명의를 사용하게 하거나 그 자격증을 대여한 자
 4. 손해평가사의 명의를 사용하거나 그 자격증을 대여받은 자 또는 명의의 사용이나 자격증의 대여를 알선한 자
③ 회계를 처리한 자는 500만 원 이하의 벌금에 처한다.

ANSWER
40.④ 41.②

42 농업재해보험 손해평가요령상 손해평가인의 위반행위 중 1차 위반행위에 대한 개별 처분기준의 종류가 다른 것은?

① 고의로 진실을 숨기거나 거짓으로 손해평가를 한 경우
② 검증조사 결과 부당·부실 손해평가로 확인된 경우
③ 현장조사 없이 보험금 산정을 위해 손해평가행위를 한 경우
④ 정당한 사유 없이 손해평가반 구성을 거부하는 경우

TIP ② 경고
①③④ 위촉 해지

※ 업무정지·위촉해지 등 제재조치의 세부기준(개별기준)〈농업재해보험 손해평가요령 [별표 3]〉

위반행위	근거조문	처분기준 1차	처분기준 2차	처분기준 3차
1. 법 제11조 제2항 및 이 요령의 규정을 위반한 때	제6조 제2항 제1호			
1) 고의 또는 중대한 과실로 손해평가의 신뢰성을 크게 악화 시킨 경우		위촉해지		
2) 고의로 진실을 숨기거나 거짓으로 손해평가를 한 경우		위촉해지	–	–
3) 정당한 사유 없이 손해평가반 구성을 거부하는 경우		위촉해지		
4) 현장조사 없이 보험금 산정을 위해 손해평가행위를 한 경우		위촉해지		
5) 현지조사서를 허위로 작성한 경우		위촉해지		
6) 검증조사 결과 부당·부실 손해평가로 확인된 경우		경고	업무정지 3개월	위촉해지
7) 기타 업무수행상 과실로 손해평가의 신뢰성을 약화시킨 경우		주의	경고	업무정지 3개월
2. 법 및 이 요령에 의한 명령이나 처분을 위반한 때	제6조 제2항 제2호	업무정지 6개월	위촉해지	–
3. 업무수행과 관련하여 「개인정보보호법」, 「신용정보의 이용 및 보호에 관한 법률」 등 정보보호와 관련된 법령을 위반한 때	제6조 제2항 제3호	위촉해지	–	–

ANSWER
42.②

43 농어업재해보험법령상 재해보험사업자가 재해보험사업을 원활히 수행하기 위하여 재해보험 업무의 일부를 위탁할 수 있는 자에 해당하지 않는 것은?

① 「농업협동조합법」에 따라 설립된 지역농업협동조합·지역축산업협동조합 및 품목별·업종별 협동조합
② 「산림조합법」에 따라 설립된 지역산림조합 및 품목별·업종별 산림조합
③ 「보험업법」 제187조에 따라 손해사정을 업으로 하는 자
④ 농어업재해보험 관련 업무를 수행할 목적으로 「민법」 제32조에 따라 기획재정부장관의 허가를 받아 설립된 영리법인

> **TIP** 업무 위탁〈농어업재해보험법 시행령 제13조〉
> 1. 「농업협동조합법」에 따라 설립된 지역농업협동조합·지역축산업협동조합 및 품목별·업종별 협동조합
> 1의2. 「산림조합법」에 따라 설립된 지역산림조합 및 품목별·업종별 산림조합
> 2. 「수산업협동조합법」에 따라 설립된 지구별 수산업협동조합, 업종별 수산업협동조합, 수산물가공 수산업협동조합 및 수협은행
> 3. 「보험업법」 187조(손해사정업)에 따라 손해사정을 업으로 하는 자
> 4. 농어업재해보험 관련 업무를 수행할 목적으로 「민법」 제32조(비영리법인의 설립과 허가)에 따라 농림축산식품부장관 또는 해양수산부장관의 허가를 받아 설립된 비영리법인

44 농업재해보험 손해평가요령상 손해평가에 관한 설명으로 옳지 않은 것은?

① 교차손해평가에 있어서도 평가인력 부족 등으로 신속한 손해평가가 불가피하다고 판단되는 경우에는 손해평가반구성에 지역손해평가인을 배제할 수 있다.
② 손해평가 단위와 관련하여 농지란 하나의 보험가입금액에 해당하는 토지로 필지(지번) 등과 관계없이 농작물을 재배하는 하나의 경작지를 말한다.
③ 손해평가반이 손해평가를 실시할 때에는 재해보험사업자가 해당 보험가입자의 보험계약사항 중 손해평가와 관련된 사항을 해당 지방자치단체에 통보하여야 한다.
④ 보험가입자가 정당한 사유 없이 검증조사를 거부하는 경우 검증조사반은 검증조사가 불가능하여 손해평가결과를 확인할 수 없다는 사실을 보험가입자에게 통지한 후 검증조사결과를 작성하여 재해보험사업자에게 제출하여야 한다.

> **TIP** ③ 손해평가반이 손해평가를 실시할 때에는 재해보험사업자가 해당 보험가입자의 보험계약사항 중 손해평가와 관련된 사항을 손해평가반에게 통보하여야 한다〈농업재해보험 손해평가요령 제9조(피해사실 확인) 제2항〉.
> ① 「농업재해보험 손해평가요령」 제8조의2(교차손해평가) 제3항
> ② 「농업재해보험 손해평가요령」 제12조(손해평가 단위) 제2항
> ④ 「농업재해보험 손해평가요령」 제10조(손해평가준비 및 평가결과 제출) 제4항

ANSWER
43.④ 44.③

45 농업재해보험 손해평가요령상 종합위험방식 상품(농업수입보장 포함)의 수확 전 생육시기에 "오디"의 과실손해조사 시기로 옳은 것은?

① 결실완료 후
② 수정완료 후
③ 조사가능일
④ 사고접수 후 지체 없이

TIP 농작물의 품목별·재해별·시기별 손해수량 조사방법(수확감소보장·과실손해보장 및 농업수입보장)〈농업재해보험 손해평가요령 [별표 2]〉

생육시기	재해	조사내용	조사시기	조사방법	비고
수확 전	보상하는 재해 전부	과실손해조사	결실완료 후	결실수 조사 ※ 조사방법 : 표본조사	오디만 해당

46 농업재해보험 손해평가요령상 농작물의 보험가액 산정에 관한 설명으로 옳지 않은 것을 모두 고른 것은?

㉠ 인삼의 특정위험방식 보험가액은 적과후착과수조사를 통해 산정한 기준수확량에 보험가입 당시의 단위당 가입가격을 곱하여 산정한다.
㉡ 적과전종합위험방식의 보험가액은 적과후착과수조사를 통해 산정한 기준수확량에 보험가입 당시의 단위당 가입가격을 곱하여 산정한다.
㉢ 종합위험방식 보험가액은 특별한 사정이 없는 한 보험증권에 기재된 보험목적물의 평년수확량에 최초 보험사고 발생 시의 단위당 가입가격을 곱하여 산정한다.

① ㉠
② ㉢
③ ㉠㉢
④ ㉡㉢

TIP 농작물의 보험가액 및 보험금 산정〈농업재해보험 손해평가요령 제13조 제1항〉
① 농작물에 대한 보험가액 산정은 다음 각 호와 같다.
　1. 특정위험방식인 인삼은 가입면적에 보험가입 당시의 단위당 가입가격을 곱하여 산정하며, 보험가액에 영향을 미치는 가입면적, 연근 등이 가입 당시와 다를 경우 변경할 수 있다.
　2. 적과전종합위험방식의 보험가액은 적과후착과수(달린 열매 수)조사를 통해 산정한 기준수확량에 보험가입 당시의 단위당 가입가격을 곱하여 산정한다.
　3. 종합위험방식 보험가액은 보험증권에 기재된 보험목적물의 평년수확량에 보험가입 당시의 단위당 가입가격을 곱하여 산정한다. 다만, 보험가액에 영향을 미치는 가입면적, 주수, 수령, 품종 등이 가입 당시와 다를 경우 변경할 수 있다.
　4. 생산비보장의 보험가액은 작물별로 보험가입 당시 정한 보험가액을 기준으로 산정한다. 다만, 보험가액에 영향을 미치는 가입면적 등이 가입당시와 다를 경우 변경할 수 있다.
　5. 나무손해보장의 보험가액은 기재된 보험목적물이 나무인 경우로 최초 보험사고 발생 시의 해당 농지 내에 심어져 있는 과실생산이 가능한 나무 수(피해 나무 수 포함)에 보험가입 당시의 나무당 가입가격을 곱하여 산정한다.

ANSWER
45.① 46.③

47 농업재해보험 손해평가요령 제10조(손해평가준비 및 평가결과 제출)의 일부이다. (   )에 들어갈 내용을 순서대로 옳게 나열한 것은?

> 재해보험사업자는 보험가입자가 손해평가반의 손해평가결과에 대하여 설명 또는 통지를 (㉠)로부터 (㉡) 이내에 손해평가가 잘못되었음을 증빙하는 서류 또는 사진 등을 제출하는 경우 재해보험사업자는 다른 손해평가반으로 하여금 재조사를 실시하게 할 수 있다.

	㉠	㉡
①	받은 날	7일
②	받은 다음 날	7일
③	받은 날	10일
④	받은 다음 날	10일

TIP 재해보험사업자는 보험가입자가 손해평가반의 손해평가결과에 대하여 설명 또는 통지를 <u>받은 날</u>로부터 <u>7일</u> 이내에 손해평가가 잘못되었음을 증빙하는 서류 또는 사진 등을 제출하는 경우 재해보험사업자는 다른 손해평가반으로 하여금 재조사를 실시하게 할 수 있다〈농업재해보험 손해평가요령 제10조(손해평가준비 및 평가결과제출) 제5항〉.

48 [기출변형] 농업재해보험 손해평가요령상 손해평가반 구성 등에 관한 설명이다. (   )에 들어갈 내용을 순서대로 나열한 것은?

> 자기 또는 (   )가 모집한 보험계약에 관한 손해평가, 직전 손해평가일로부터 (   ) 이내의 보험가입자 간 상호 손해평가에 대하여는 해당자를 손해평가반 구성에서 배제하여야 한다.

① 이해관계자, 30일
② 이해관계자, 14일
③ 재해보험사업자, 30일
④ 재해보험사업자, 14일

TIP 손해평가반 구성 등〈농업재해보험 손해평가요령 제8조 제3항〉… 다음 각 호의 어느 하나에 해당하는 손해평가에 대하여는 해당자를 손해평가반 구성에서 배제하여야 한다.
1. 자기 또는 자기와 생계를 같이 하는 친족(이하 "이해관계자"라 한다)이 가입한 보험계약에 관한 손해평가
2. 자기 또는 <u>이해관계자가</u> 모집한 보험계약에 관한 손해평가
3. 직전 손해평가일로부터 <u>30일</u> 이내의 보험가입자 간 상호 손해평가
4. 자기가 실시한 손해평가에 대한 검증조사 및 재조사

ANSWER
47.① 48.③

49 농어업재해보험법령과 농업재해보험 손해평가요령상 손해평가 및 손해평가인에 관한 설명으로 옳지 않은 것은?

① 농어업재해보험법의 구성 및 조문별 주요 내용은 농림축산식품부장관 또는 해양수산부장관이 실시하는 손해평가인 정기교육의 세부내용에 포함된다.
② 손해평가인이 적법한 절차에 따라 위촉이 취소된 후 3년이 되었다면 새로이 손해평가인으로 위촉될 수 있다.
③ 재해보험사업자로부터 소정의 절차에 따라 손해평가 업무의 일부를 위탁받은 자는 손해평가보조인을 운용할 수 없다.
④ 재해보험사업자는 손해평가인의 업무의 정지를 명하고자 하는 때에는 손해평가인이 청문에 응하지 않는 경우가 아닌 한 청문을 실시하여야 한다.

> **TIP** ③ 재해보험사업자 및 법에 따라 손해평가 업무를 위탁받은 자는 손해평가 업무를 원활히 수행하기 위하여 손해평가보조인을 운용할 수 있다〈농업재해보험 손해평가요령 제4조 제3항〉.
> ①「농어업재해보험법 시행령」제12조(손해평가인의 자격요건 등)
> ②④「농업재해보험 손해평가요령」제6조(손해평가인 위촉의 취소 및 해지 등)

50 농업재해보험 손해평가요령상 적과전종합위험방식 상품(사과, 배, 단감, 떫은 감)의 6월 1일 ~ 적과전 생육시기에 해당되는 재해가 아닌 것은? (단, 적과종료 이전 특정위험 5종 한정 보장 특약 가입건에 한함)

① 일소
② 화재
③ 지진
④ 강풍

> **TIP** 농작물의 품목별·재해별·시기별 손해수량 조사방법(적과전종합위험방식 상품)〈농업재해보험 손해평가요령 [별표 2]〉
>
> | 생육시기 | 재해 | 조사내용 | 조사시기 | 조사방법 | 비고 |
> |---|---|---|---|---|---|
> | 6월 1일 ~ 적과전 | 태풍(강풍), 우박, 집중호우, 화재, 지진 | 피해사실 확인 조사 | 사고접수 후 지체 없이 | 보상하는 재해로 발생한 낙엽피해 정도 조사
※ 단감·떫은감에 대해서만 실시
※ 조사방법 : 표본조사 | 적과종료 이전 특정위험 5종 한정 보장 특약 가입건에 한함 |
>
> ※ 전수조사는 조사대상 목적물을 전부 조사하는 것을 말하며, 표본조사는 손해평가의 효율성 제고를 위해 재해보험사업자가 통계이론을 기초로 산정한 조사표본에 대해 조사를 실시하는 것을 말한다.

ANSWER
49.③ 50.①

제3과목 농학개론 중 재배학 및 원예작물학

51 인과류에 해당하는 것은?

① 과피가 밀착·건조하여 껍질이 딱딱해진 과실
② 성숙하면서 씨방벽 전체가 다육질로 되는 과즙이 많은 과실
③ 과육의 내부에 단단한 핵을 형성하여 이 속에 종자가 있는 과실
④ 꽃받기의 피층이 발달하여 과육 부위가 되고 씨방은 과실 안쪽에 위치하여 과심 부위가 되는 과실

> **TIP** ① 각과류
> ② 장과류
> ③ 핵과류
> ※ 인과류 … 꽃받침이 발달 성장한 인과류는 씨방 안에 종자가 들어있는 과일로서 씨방외측 꽃받침의 연장부가 이를 둘러 싸고 있는 부분이 발달하여 과육부가 된 것이다. 대표 과일로는 사과, 배, 비파, 모과 등이 있다.

52 산성토양에 관한 설명으로 옳은 것은?

① 토양 용액에 녹아 있는 수소 이온은 치환 산성 이온이다.
② 석회를 사용하면 산성토양을 교정할 수 있다.
③ 토양 입자로부터 치환성 염기의 용탈이 억제되면 토양이 산성화된다.
④ 콩은 벼에 비해 산성토양에 강한 편이다.

> **TIP** ① 토양 용액에 녹아 있는 수소 이온은 활산성 이온이다.
> ③ 토양 입자로부터 수소이온이 흡착되고 치환성 염기의 용탈이 많을 경우에 토양이 산성화된다.
> ④ 콩은 산성토양에 약하므로 석회를 살포하여 토양을 중화시켜 주고, 비료는 전용복합비료로 기준량에 맞추어 살포한다.

53 작물 생육의 일정한 시기에 저온을 경과해야 개화가 일어나는 현상은?

① 경화　　　　　　　　　　② 순화
③ 춘화　　　　　　　　　　④ 분화

> **TIP** ③ 춘화 : 화아 분화를 위해 생육의 일정 단계에 특정한 온도 조건을 경과해야만 하는 현상이다.
> ① 경화 : 작물 또는 종자를 저온, 고온, 건조 환경에서 내동성, 내염성, 내건성을 증대시키기 위한 처리이다.
> ④ 분화 : 식물의 특정 부위(꽃, 잎, 뿌리, 열매 등)가 형태적 및 기능적으로 변화하여 고유의 구조와 역할을 갖게 되는 것이다.

ANSWER
51.④　52.②　53.③

54 작물 생육에 영향을 미치는 토양 환경에 관한 설명으로 옳지 않은 것은?

① 유기물을 투입하면 지력이 증진된다.
② 사양토는 점토에 비해 통기성이 낮다.
③ 토양이 입단화되면 보수성과 통기성이 개선된다.
④ 깊이갈이를 하면 토양의 물리성이 개선된다.

> **TIP** 사양토는 점토에 비해 입경이 크기 때문에 통기성이 좋다.
> ※ **사양토** … 토양을 입자가 세밀한 점토, 중간입자인 실트, 거친입자인 모래로 나눌 때, 이들이 거의 같은 양 섞여 있는 토양에 비해서 약간 모래가 많은 토양을 사양토라고 한다.

55 가뭄이 지속될 때 작물의 잎에 나타날 수 있는 특징으로 옳지 않은 것은?

① 엽면적이 감소한다.
② 증산이 억제된다.
③ 광합성이 촉진된다.
④ 조직이 치밀해진다.

> **TIP** 가뭄이 지속되어 토양이 마르기 시작하면 식물은 성장을 늦추는 동시에 광합성 활동이 감소한다. 가뭄이 길어질수록 조직의 손상이 가속화된다.

56 A농가가 과수 작물 재배 시 동해를 예방하기 위해 실시할 수 있는 조치가 아닌 것은?

① 과실 수확 전 토양에 질소를 시비한다.
② 과다하게 결실이 되지 않도록 적과를 실시한다.
③ 배수 관리를 통해 토양의 과습을 방지한다.
④ 강전정을 피하고 분지 각도를 넓게 한다.

> **TIP** 일반적으로 질소의 과다시비가 동해를 조장하고, 가리비료나 인산비료의 사용은 조해나 동해를 심화시킨다.

ANSWER
54.② 55.③ 56.①

57 A농가가 작물에 나타나는 토양습해를 줄이기 위해 실시할 수 있는 대책으로 옳은 것을 모두 고른 것은?

> ㉠ 이랑 재배
> ㉡ 표층 시비
> ㉢ 토양 개량제 사용

① ㉠㉡
② ㉠㉢
③ ㉡㉢
④ ㉠㉡㉢

TIP 습해 대책
㉠ 배수는 가장 근본적이고 효과적인 대책이다.
㉡ 습답에서는 휴립재배, 밭에서는 휴립휴파를 한다.
㉢ 토양 통기를 조성하기 위해 중경을 실시한다. 부식, 석회, 토양개량제 등을 사용하여 공급량이 증대되도록 한다.
㉣ 뿌리를 지표 가까이 유도하여 산소를 쉽게 접할 수 있도록 한다. 뿌리의 흡수장애 시에는 엽면시비를 한다.
㉤ 과산화석회를 사용하면 과습지에서도 상당기간 산소가 방출된다.
㉥ 내습성 작물과 품종을 선택한다.
㉦ 습답의 이랑재배를 한다.

58 벼와 옥수수의 광합성을 비교한 내용으로 옳지 않은 것은?

① 옥수수는 벼에 비해 광 포화점이 높은 광합성 특성을 보인다.
② 옥수수는 벼에 비해 온도가 높을수록 광합성이 유리하다.
③ 옥수수는 벼에 비해 이산화탄소 보상점이 높은 광합성 특성을 보인다.
④ 옥수수는 벼에 비해 수분 공급이 제한된 조건에서 광합성이 유리하다.

TIP CO_2 보상점은 벼(C3식물)가 옥수수(C4식물)보다 더 높다.

ANSWER
57.④ 58.③

59 종자나 눈이 휴면에 들어가면서 증가하는 식물 호르몬은?

① 옥신(auxin)
② 시토키닌(cytokinin)
③ 지베렐린(gibberellin)
④ 아브시스산(abscisic acid)

> **TIP** ④ 아브시스산(abscisic acid) : 식물의 성장을 억제하고 스트레스 내성을 향상시키는 호르몬으로, 휴면 중인 식물에 많이 들어 있다. 식물 내 수분이 모자라면 합성량이 증가하여 기공을 닫고 수분을 가둔다.
> ① 옥신(auxin) : 줄기 끝의 분열 조직과 어린 잎에서 생성, 생장 촉진, 각 기관 사이의 조화를 유지한다.
> ② 시토키닌(cytokinin) : 식물의 세포 분열 촉진, 잎과 곁눈의 생장 촉진, 잎과 과일의 노화를 방지한다.
> ③ 지베렐린(gibberellin) : 세포분열과 세포의 신장 촉진, 종자의 발아 촉진, 시금치, 양배추 등의 꽃눈 형성을 촉진한다.

60 과수 작물의 조류(鳥類) 피해 방지 대책으로 옳지 않은 것은?

① 방조망 설치
② 페로몬 트랩 설치
③ 폭음기 설치
④ 광 반사물 설치

> **TIP** 페로몬 트랩은 해충 방제에 사용된다. 또한 전 농업에 걸쳐 해충의 발생밀도를 예찰하는 데 주요하게 사용되고 있다.
> ※ 과수 작물 조류 피해 방지 대책 … 방조망 설치가 가장 효과적인 방지대책이다. 이외에는 폭음, 광, 모형 등을 이용한 방법, 총포 및 농약을 이용하여 포살하는 방법 등이 있다.

61 강풍으로 인해 작물에 나타나는 생리적 반응을 모두 고른 것은?

㉠ 세포 팽압 증대	㉡ 기공 폐쇄	㉢ 작물 체온 저하

① ㉠㉡
② ㉠㉢
③ ㉡㉢
④ ㉠㉡㉢

> **TIP** 바람 피해(풍해, 風害)는 잎이 떨어지거나 찢겨진 상처로 인하여 생기는 호흡의 증대, 수분흡수 감소로 세포 팽압의 감소, 잎의 공기가 들어오고 나가는 기공의 폐쇄로 인한 건조, 작물 체온의 저하 등 직접적인 생리적 장해, 쓰러짐에 따른 피해와 해안지방의 경우 바람에 의한 염분으로 인한 피해를 들 수 있다.

ANSWER
59.④ 60.② 61.③

62 육묘용 상토에 이용하는 경량 혼합 상토 중 유기물 재료는?

① 버미큘라이트(vermiculite)
② 피트모스(peatmoss)
③ 펄라이트(perlite)
④ 제올라이트(zeolite)

TIP ② 피트모스(peatmoss) : 한랭한 늪지대에서 물이끼나 수초 등의 유체가 퇴적되어 분해된 것으로 수천 수만 년 동안 물 속의 지층 속에 갇혀 있으면서 공기가 차단되어 완전히 썩지 못하고 부분적으로 분해되어 만들어진 물질이다. 피트 모스의 3상 분포는 고상 10%, 액상 75%, 기상 15%로 물을 지니는 성질이 좋고 알갱이 사이에 공기를 지닐 수 있 는 공간이 풍부하여 통기성이 우수하고 유기질이 풍부한 용토이다. 일반토양이나 인조용토와 섞어서 원예용으로 많 이 이용되고 있다.
① 버미큘라이트(vermiculite) : 작물을 재배할 때 토양에 질석을 적절히 배합하면 토양 내부에 미세한 빈 공간이 무수 히 생기는 것과 같기 때문에 통기성과 통수성이 우수해진다.
③ 펄라이트(perlite) : 화산 작용으로 생긴 진주암을 850 ~ 1,200℃로 가열, 팽창해 만든 인공 토양으로 가열 시 소독이 되기 때문에 무균상태로 잡초종자나 해충이 없어 주로 식물 재배용으로 사용된다.
④ 제올라이트(zeolite) : 알루미늄 산화물과 규산 산화물의 결합으로 생겨난 음이온을 알칼리 금속 및 알카리 토금속이 결 합되어 있는 광물이다.

63 작물을 육묘한 후 이식 재배하여 얻을 수 있는 효과를 모두 고른 것은?

| ㉠ 수량 증대 | ㉡ 토지 이용률 증대 | ㉢ 뿌리 활착 증진 |

① ㉠㉡
② ㉠㉢
③ ㉡㉢
④ ㉠㉡㉢

TIP 이식 재배의 장점
㉠ 생육 촉진 및 수량 증대 효과
㉡ 토지 이용 효율 증대
㉢ 숙기 단축
㉣ 뿌리의 활착 증진

ANSWER
62.② 63.④

64 다음 ( )에 들어갈 내용으로 옳은 것은?

> 포도·무화과 등에서와 같이 생장이 중지되어 약간 굳어진 상태의 가지를 삽목하는 것을 (㉠)이라 하고, 사과·복숭아·감귤 등에서와 같이 1년 미만의 연한 새순을 이용하여 삽목하는 것을 (㉡)이라고 한다.

	㉠	㉡		㉠	㉡
①	신초삽	숙지삽	②	신초삽	일아삽
③	숙지삽	일아삽	④	숙지삽	신초삽

TIP 삽목의 종류
㉠ 숙지삽: 전년생 가지를 삽수로 이용하는 것으로 포도, 무화과, 돌배나무 등에 이용된다.
㉡ 신초삽: 줄기 끝에 1년 미만의 연한 새순을 삽수로 이용하는 줄기꽂이 방법으로 국화, 카네이션, 제라늄, 포인세티아, 고구마 등에 이용하는 영양 번식법이다.
㉢ 일아삽: 홑눈을 꽂는 것으로 지삽의 일종이다. 유럽포도의 묘목양성에 널리 이용된다.

65 형태에 따른 영양 번식 기관과 작물이 바르게 짝지어진 것은?

① 괴경 – 감자
② 인경 – 글라디올러스
③ 근경 – 고구마
④ 구경 – 양파

TIP ② 인경: 나리류, 프리탈리아, 튤립, 수선화, 히야신스, 아마릴리스, 리코리스, 알르움
③ 근경: 칸나, 진저, 연꽃
④ 구경: 글라디올러스, 토란, 후리지아, 구근아이리스, 크로커스, 익시아

66 A농가가 요소 엽면시비를 하고자 하는 이유가 아닌 것은?

① 신속하게 영양을 공급하여 작물 생육을 회복시키고자 할 때
② 토양 해충의 피해를 받아 뿌리의 기능이 크게 저하되었을 때
③ 강우 등으로 토양의 비료 성분이 유실되었을 때
④ 작물의 생식 생장을 촉진하고자 할 때

TIP 요소 엽면시비는 생식 촉진 목적보다는 영양 성장 촉진에 더 적합하다.
※ 요소 엽면시비 … 질소를 빠르게 공급할 수 있는 방법에 해당한다. 요소는 잎으로 흡수되면 체내 질소량이 증가되면서 영양생장을 촉진하기에 잎의 출현을 빠르게 하고 잎의 크기를 크게 하며 뿌리를 튼튼하게 한다. 흰가루병 예방 및 방제에 효과가 매우 크며 영양 성장을 촉진하는 데에 효과적이다.

ANSWER
64.④ 65.① 66.④

67 해충 방제에 이용되는 천적을 모두 고른 것은?

> ㉠ 애꽃노린재류 ㉡ 콜레마니진디벌
> ㉢ 칠레이리응애 ㉣ 점박이응애

① ㉠㉣
② ㉠㉡㉢
③ ㉡㉢㉣
④ ㉠㉡㉢㉣

TIP 해충별 천적
㉠ 총채벌레 : 미끌애꽃노린재, 으뜸애꽃노린재, 오이이리응애
㉡ 가루이 : 온실가루이좀벌, 황온좀벌, 담배장님노린재, 지중해이리응애
㉢ 잎응애 : 칠레이리응애, 사막이리응애, 긴털이리응애
㉣ 잎굴파리 : 굴파리좀벌
㉤ 진딧물 : 콜레마니진디벌, 진디혹파리 등
㉥ 나방류 : 쌀좀알벌, 예쁜가는배고치벌, 배추나비고치벌
㉣ 점박이응애 : 칠레이리응애, 사막이리응애 등

68 세균에 의해 작물에 발생하는 병해는?

① 궤양병
② 탄저병
③ 역병
④ 노균병

TIP
① 궤양병 : 진균이나 세균의 일종에 의하여 형성된 기주체의 일부분이 움푹 들어가 썩은 병해이다.
② 탄저병 : 탄저균 감염에 의해 발생하는 급성 감염질환이다.
③ 역병 : 페스트(흑사병)와 같이 확산 속도가 급속하고 치명적인 전염병을 총칭하는 말이다.
④ 노균병 : 조균류 노균병과의 사상균의 기생으로 일어나는 식물의 병이다.

ANSWER
67.② 68.①

69 시설 내에서 광 부족이 지속될 때 나타날 수 있는 박과 채소 작물의 생육 반응은?

① 낙화 또는 낙과의 발생이 많아진다.
② 잎이 짙은 녹색을 띤다.
③ 잎이 작고 두꺼워진다.
④ 줄기의 마디 사이가 짧고 굵어진다.

> **TIP** ② 잎이 짙은 녹색을 띠는 것은 광 부족보다는 적절한 광량이 있을 때 나타나는 반응에 해당한다.
> ③④ 광이 과다하거나 과도한 자외선에 노출될 때 나타나는 반응이다.

70 백합과에 속하는 다년생 작물로 순을 이용하는 채소는?

① 셀러리
② 아스파라거스
③ 브로콜리
④ 시금치

> **TIP** 아스파라거스는 백합과에 속하는 다년생 식물로 정식 후 줄기는 매년 봄에 지하경으로부터 나오는데 초장이 1.5~2m 정도 된다. 어린 줄기일 때 수확한 것이 식용으로 이용한다.

71 사과 과실에 봉지 씌우기를 하여 얻을 수 있는 효과를 모두 고른 것은?

| ㉠ 당도 증진 | ㉡ 병해충 방지 |
| ㉢ 과피 착색 증진 | ㉣ 동록 방지 |

① ㉠㉡㉢
② ㉠㉡㉣
③ ㉠㉢㉣
④ ㉡㉢㉣

> **TIP** 봉지를 씌우는 시기가 빠르면 빠를수록 과실의 착색 증진과 병해충 방지 및 동록발생억제 효과가 높으나, 당도가 떨어지는 경향이 있다.

ANSWER
69.① 70.② 71.④

72 과실의 수확 적기를 판정하는 항목으로 옳은 것을 모두 고른 것은?

> ㉠ 만개 후 일수
> ㉡ 당산비
> ㉢ 단백질 함량

① ㉠㉡
② ㉠㉢
③ ㉡㉢
④ ㉠㉡㉢

TIP 수확 시기를 판정할 수 있는 방법으로는 착색에 의한 판정, 만개 후 일수에 의한 판정, 당도 및 산 함량에 의한 판정, 요오드 반응에 의한 판정, 호흡량에 의한 판정 등으로서 결정할 수 있다.

73 절화의 수확 및 수확 후 관리 기술에 관한 설명으로 옳지 않은 것은?

① 스탠더드 국화는 꽃봉오리가 1/2 정도 개화하였을 때 수확하여 출하한다.
② 장미는 조기에 수확할수록 꽃목굽음이 발생하기 쉽다.
③ 글라디올러스는 수확 후 눕혀서 저장하면 꽃이 구부러지지 않는다.
④ 카네이션은 수확 후 에틸렌 작용 억제제를 사용하면 절화 수명을 연장할 수 있다.

TIP 글라디올러스는 수상화서이다. 수확 후 수평으로 보관하는 경우에 체내 옥신에 의해서 중력의 반대 방향으로 휘어지는 경곡현상이 나타난다. 이러한 현상은 줄기 위쪽으로 갈수록 민감하다. 온도가 높을 때 심해지는 경곡현상을 방지하기 위해서는 반드시 세워서 저장한다.

ANSWER
72.① 73.③

74 토양 재배에 비해 무토양 재배의 장점이 아닌 것은?

① 배지의 완충능이 높다.
② 연작 재배가 가능하다.
③ 자동화가 용이하다.
④ 청정 재배가 가능하다.

> **TIP** ① 토양은 유기물과 다양한 미네랄이 포함되어 있어 완충능이 높지만, 무토양 재배에서는 사용되는 배지나 수경 재배용 용액의 완충능이 상대적으로 낮다.
> ② 무토양 재배는 병원균 축적이 적어 연작장해가 적기 때문에 연작이 가능하다.
> ③ 관수, 양분 공급 등의 자동화 시스템을 쉽게 적용할 수 있다.
> ④ 무토양이기 때문에 병해충이 적으며 청정하게 작물 재배가 가능하다.

75 시설 내의 환경 특이성에 관한 설명으로 옳지 않은 것은?

① 위치에 따라 온도 분포가 다르다.
② 위치에 따라 광 분포가 불균일하다.
③ 노지에 비해 토양의 염류 농도가 낮아지기 쉽다.
④ 노지에 비해 토양이 건조해지기 쉽다.

> **TIP** 염류가 쌓여 환경이 불량하고 유용미생물의 활성이 떨어지고 이로 인해 비료성분 유효화가 지연되어 작물의 활력과 흡수력이 약화되어 작물 생육이 불량해진다.

ANSWER
74.① 75.③

2021년 제7회 1차 시험

제1과목 「상법」 보험편

1 보험계약에 관한 설명으로 옳지 않은 것은?

① 보험계약은 유상·쌍무계약이다.
② 보험계약은 보험자의 청약에 대하여 보험계약자가 승낙함으로써 성립한다.
③ 보험계약은 보험자의 보험금 지급책임이 우연한 사고의 발생에 달려 있으므로 사행계약의 성질을 갖는다.
④ 보험계약은 부합계약이다.

> **TIP** 보험계약의 성립〈상법 제638조의2〉
> ① 보험자가 보험계약자로부터 보험계약의 청약과 함께 보험료 상당액의 전부 또는 일부의 지급을 받은 때에는 다른 약정이 없으면 30일 내에 그 상대방에 대하여 낙부의 통지를 발송하여야 한다. 그러나 인보험계약의 피보험자가 신체검사를 받아야 하는 경우에는 그 기간은 신체검사를 받은 날부터 기산한다.
> ② 보험자가 ①의 규정에 의한 기간 내에 낙부의 통지를 해태한 때에는 승낙한 것으로 본다.
> ③ 보험자가 보험계약자로부터 보험계약의 청약과 함께 보험료 상당액의 전부 또는 일부를 받은 경우에 그 청약을 승낙하기 전에 보험계약에서 정한 보험사고가 생긴 때에는 그 청약을 거절할 사유가 없는 한 보험자는 보험계약상의 책임을 진다. 그러나 인보험계약의 피보험자가 신체검사를 받아야 하는 경우에 그 검사를 받지 아니한 때에는 그러하지 아니하다.

2 손해보험에 관한 설명으로 옳지 않은 것은? (단, 다른 약정이 없음을 전제로 함)

① 보험사고로 인하여 상실된 피보험자가 얻을 보수는 보험자가 보상할 손해액에 산입하여야 한다.
② 보험계약은 금전으로 산정할 수 있는 이익에 한하여 보험계약의 목적으로 할 수 있다.
③ 무효와 실권의 사유는 손해보험증권의 기재사항이다.
④ 당사자 간에 보험가액을 정하지 아니한 때에는 사고 발생 시의 가액을 보험가액으로 한다.

> **TIP** ① 보험사고로 인하여 상실된 피보험자가 얻을 이익이나 보수는 당사자 간에 다른 약정이 없으면 보험자가 보상할 손해액에 산입하지 아니한다〈상법 제667조(상실이익 등의 불산입)〉.
> ② 「상법」 제668조(보험계약의 목적)
> ③ 「상법」 제666조(손해보험증권) 제6호
> ④ 「상법」 제671조(미평가보험)

ANSWER
1.② 2.①

3 타인을 위한 보험에 관한 설명으로 옳은 것은?

① 보험계약자는 위임을 받지 아니하면 특정의 타인을 위하여 보험계약을 체결할 수 없다.
② 타인을 위한 보험계약의 경우에 그 타인은 수익의 의사표시를 하여야 그 계약의 이익을 받을 수 있다.
③ 보험계약자가 불특정의 타인을 위한 보험을 그 타인의 위임 없이 체결할 경우에는 이를 보험자에게 고지할 필요가 없다.
④ 타인을 위한 보험계약의 경우 보험계약자가 보험료의 지급을 지체한 때에는 그 타인이 그 권리를 포기하지 아니하는 한 그 타인도 보험료를 지급할 의무가 있다.

> **TIP** 타인을 위한 보험〈상법 제639조〉
> ① 보험계약자는 위임을 받거나 위임을 받지 아니하고 특정 또는 불특정의 타인을 위하여 보험계약을 체결할 수 있다. 그러나 손해보험계약의 경우에 그 타인의 위임이 없는 때에는 보험계약자는 이를 보험자에게 고지하여야 하고, 그 고지가 없는 때에는 타인이 그 보험계약이 체결된 사실을 알지 못하였다는 사유로 보험자에게 대항하지 못한다.
> ② ①의 경우에는 그 타인은 당연히 그 계약의 이익을 받는다. 그러나 손해보험계약의 경우에 보험계약자가 그 타인에게 보험사고의 발생으로 생긴 손해의 배상을 한 때에는 보험계약자는 그 타인의 권리를 해하지 아니하는 범위 안에서 보험자에게 보험금액의 지급을 청구할 수 있다.
> ③ ①의 경우에는 보험계약자는 보험자에 대하여 보험료를 지급할 의무가 있다. 그러나 보험계약자가 파산선고를 받거나 보험료의 지급을 지체한 때에는 그 타인이 그 권리를 포기하지 아니하는 한 그 타인도 보험료를 지급할 의무가 있다.

4 상법상 보험에 관한 설명으로 옳은 것은?

① 보험증권의 멸실로 보험계약자가 증권의 재교부를 청구한 경우 증권의 작성비용은 보험자의 부담으로 한다.
② 보험기간의 시기는 보험계약 이후로만 하여야 한다.
③ 보험계약 당시에 보험사고가 이미 발생하였을 경우 당사자 쌍방과 피보험자가 이를 알지 못하였어도 그 계약은 무효이다.
④ 보험계약의 당사자는 보험증권의 교부가 있은 날로부터 일정한 기간 내에 한하여 그 증권내용의 정부(正否)에 관한 이의를 할 수 있음을 약정할 수 있다.

> **TIP** ④ 「상법」 제641조(증권에 관한 이의약관의 효력)
> ① 보험증권을 멸실 또는 현저하게 훼손한 때에는 보험계약자는 보험자에 대하여 증권의 재교부를 청구할 수 있다. 그 증권작성의 비용은 보험계약자의 부담으로 한다〈상법 제642조(증권의 재교부청구)〉.
> ② 보험계약은 그 계약 전의 어느 시기를 보험기간의 시기로 할 수 있다〈상법 제643조(소급보험)〉.
> ③ 보험계약 당시에 보험사고가 이미 발생하였거나 또는 발생할 수 없는 것인 때에는 그 계약은 무효로 한다. 그러나 당사자 쌍방과 피보험자가 이를 알지 못한 때에는 그러하지 아니하다〈상법 제644조(보험사고의 객관적 확정의 효과)〉.

ANSWER
3.④ 4.④

5 보험대리상 등의 권한에 관한 설명으로 옳지 않은 것은?

① 보험대리상은 보험계약자로부터 보험계약에 관한 청약의 의사표시를 수령할 수 있다.
② 보험자는 보험계약자로부터 보험료를 수령할 수 있는 보험대리상의 권한을 제한할 수 있다.
③ 보험대리상은 보험계약자에게 보험계약에 관한 해지의 의사표시를 할 수 없다.
④ 보험대리상이 아니면서 특정한 보험자를 위하여 계속적으로 보험계약의 체결을 중개하는 자는 보험계약자로부터 보험계약에 관한 취소의 의사표시를 수령할 수 없다.

> **TIP** 보험대리상 등의 권한〈상법 제646조의2〉
> ① 보험대리상은 다음의 권한이 있다.
>   1. 보험계약자로부터 보험료를 수령할 수 있는 권한
>   2. 보험자가 작성한 보험증권을 보험계약자에게 교부할 수 있는 권한
>   3. 보험계약자로부터 청약, 고지, 통지, 해지, 취소 등 보험계약에 관한 의사표시를 수령할 수 있는 권한
>   4. 보험계약자에게 보험계약의 체결, 변경, 해지 등 보험계약에 관한 의사표시를 할 수 있는 권한
> ② ①에도 불구하고 보험자는 보험대리상의 ①의 권한 중 일부를 제한할 수 있다. 다만, 보험자는 그러한 권한 제한을 이유로 선의의 보험계약자에게 대항하지 못한다.
> ③ 보험대리상이 아니면서 특정한 보험자를 위하여 계속적으로 보험계약의 체결을 중개하는 자는 보험계약자로부터 보험료를 수령할 수 있는 권한(보험자가 작성한 영수증을 보험계약자에게 교부하는 경우만 해당한다) 및 보험자가 작성한 보험증권을 보험계약자에게 교부할 수 있는 권한이 있다.
> ④ 피보험자나 보험수익자가 보험료를 지급하거나 보험계약에 관한 의사표시를 할 의무가 있는 경우에는 ①부터 ③까지의 규정을 그 피보험자나 보험수익자에게도 적용한다.

6 보험계약의 해지에 관한 설명으로 옳지 않은 것은?

① 보험계약자가 보험계약을 전부 해지했을 때에는 언제든지 미경과보험료의 반환을 청구할 수 있다.
② 타인을 위한 보험의 경우를 제외하고, 보험사고가 발생하기 전에는 보험계약자는 언제든지 보험계약의 전부를 해지할 수 있다.
③ 타인을 위한 보험계약의 경우 보험사고가 발생하기 전에는 그 타인의 동의를 얻으면 그 계약을 해지할 수 있다.
④ 보험금액이 지급된 때에도 보험금액이 감액되지 아니하는 보험의 경우에는 보험계약자는 그 사고 발생 후에도 보험계약을 해지할 수 있다

> **TIP** 사고 발생전의 임의해지〈상법 제649조〉
> ① 보험사고가 발생하기 전에는 보험계약자는 언제든지 계약의 전부 또는 일부를 해지할 수 있다. 그러나 타인을 위한 보험계약의 경우에는 보험계약자는 그 타인의 동의를 얻지 아니하거나 보험증권을 소지하지 아니하면 그 계약을 해지하지 못한다.
> ② 보험사고의 발생으로 보험자가 보험금액을 지급한 때에도 보험금액이 감액되지 아니하는 보험의 경우에는 보험계약자는 그 사고 발생 후에도 보험계약을 해지할 수 있다.
> ③ ①의 경우에는 보험계약자는 당사자 간에 다른 약정이 없으면 미경과보험료의 반환을 청구할 수 있다.

ANSWER
5.③ 6.①

7 보험료의 지급과 지체의 효과에 관한 설명으로 옳은 것은?

① 보험계약자는 계약 체결 후 지체 없이 보험료의 전부 또는 제1회 보험료를 지급하여야 한다.
② 계속보험료가 약정한 시기에 지급되지 아니한 때에는 보험자는 상당한 기간을 정하여 보험계약자에게 최고하고 그 기간 내에 지급되지 아니한 때에는 그 계약은 해지된 것으로 본다.
③ 특정한 타인을 위한 보험의 경우에 보험계약자가 보험료의 지급을 지체한 때에는 보험자는 그 계약을 해제 또는 해지할 수 있다.
④ 보험계약자가 최초보험료를 지급하지 아니한 경우에는 다른 약정이 없는 한 계약 성립 후 1월이 경과하면 그 계약은 해제된 것으로 본다.

> **TIP** 보험료의 지급과 지체의 효과〈상법 제650조〉
> ① 보험계약자는 계약 체결 후 지체 없이 보험료의 전부 또는 제1회 보험료를 지급하여야 하며, 보험계약자가 이를 지급하지 아니하는 경우에는 다른 약정이 없는 한 계약 성립 후 2월이 경과하면 그 계약은 해제된 것으로 본다.
> ② 계속보험료가 약정한 시기에 지급되지 아니한 때에는 보험자는 상당한 기간을 정하여 보험계약자에게 최고하고 그 기간 내에 지급되지 아니한 때에는 그 계약을 해지할 수 있다.
> ③ 특정한 타인을 위한 보험의 경우에 보험계약자가 보험료의 지급을 지체한 때에는 보험자는 그 타인에게도 상당한 기간을 정하여 보험료의 지급을 최고한 후가 아니면 그 계약을 해제 또는 해지하지 못한다.

8 고지의무에 관한 설명으로 옳지 않은 것은?

① 고지의무를 부담하는 자는 보험계약상의 보험계약자 또는 보험수익자이다.
② 보험계약자가 고의로 중요한 사항을 고지하지 아니한 경우, 보험자는 계약 체결일로부터 1월이 된 시점에는 계약을 해지할 수 있다.
③ 보험자가 계약 당시에 보험계약자의 고지의무위반 사실을 알았을 때에는 계약을 해지할 수 없다.
④ 보험계약자가 중대한 과실로 중요한 사항을 고지하지 아니한 경우, 보험자는 계약 체결일로부터 5년이 경과한 시점에는 계약을 해지할 수 없다.

> **TIP** 보험계약 당시에 보험계약자 또는 피보험자가 고의 또는 중대한 과실로 인하여 중요한 사항을 고지하지 아니하거나 부실의 고지를 한 때에는 보험자는 그 사실을 안 날로부터 1월 내에, 계약을 체결한 날로부터 3년 내에 한하여 계약을 해지할 수 있다. 그러나 보험자가 계약 당시에 그 사실을 알았거나 중대한 과실로 인하여 알지 못한 때에는 그러하지 아니하다〈상법 제651조(고지의무위반으로 인한 계약해지)〉.

ANSWER
7.① 8.①

9 보험약관에 관한 설명으로 옳은 것을 모두 고른 것은? (다툼이 있으면 판례에 따름)

> ㉠ 보통보험약관이 계약당사자에 대하여 구속력을 가지는 것은 보험계약 당사자 사이에서 계약내용에 포함시키기로 합의하였기 때문이다.
> ㉡ 보험자가 약관의 교부·설명 의무를 위반한 경우에 보험계약이 성립한 날부터 3개월 이내에는 피보험자 또는 보험수익자도 그 계약을 해지할 수 있다.
> ㉢ 약관의 내용이 이미 법령에 의하여 정하여진 것을 되풀이 하는 정도에 불과한 경우, 보험자는 고객에게 이를 따로 설명하지 않아도 된다.

① ㉠㉡
② ㉠㉢
③ ㉡㉢
④ ㉠㉡㉢

TIP ㉠ 보통보험약관이 계약당사자에 대하여 구속력을 갖는 것은 그 자체가 법규범 또는 법규범적 성질을 가진 계약이기 때문이 아니라 보험계약당사자 사이에서 계약내용에 포함시키기로 합의하였기 때문이라고 볼 것인바, 일반적으로 당사자 사이에서 보통보험약관을 계약내용에 포함시킨 보험계약서가 작성된 경우에는 계약자가 그 보험약관의 내용을 알지 못하는 경우에도 그 약관의 구속력을 배제할 수 없는 것이 원칙이나 다만 당사자 사이에서 명시적으로 약관에 관하여 달리 약정한 경우에는 우 약관의 구속력은 배제된다[대법원 1985. 11. 26. 선고 84다카2543 판결].
㉡ 보험자는 보험계약을 체결할 때에 보험계약자에게 보험약관을 교부하고 그 약관의 중요한 내용을 설명하여야 하며, 보험자가 위반한 경우 보험계약자는 보험계약이 성립한 날부터 3개월 이내에 그 계약을 취소할 수 있다〈상법 제638조의3(보험약관의 교부·설명 의무)〉.
㉢ 약관의 설명의무를 위반하여 계약을 체결한 때에는 약관의 내용을 계약의 내용으로 주장할 수 없도록 한다. 설명의무의 대상이 되는 약관의 '중요한 내용'은 사회통념에 비추어 고객이 계약 체결의 여부나 대가를 결정하는 데 직접적인 영향을 미칠 수 있는 사항을 말한다. 약관 조항 중에 무엇이 중요한 내용에 해당하는지는 일률적으로 말할 수 없고, 구체적인 사건에서 개별적 사정을 고려하여 판단하여야 한다. 그러나 사업자에게 이러한 약관의 설명의무가 인정되는 것은 어디까지나 계약 상대방이 알지 못하는 가운데 약관에 정해진 중요한 사항이 계약 내용으로 되어 예측하지 못한 불이익을 받게 되는 것을 피하고자 하는 데 근거가 있다. 따라서 약관에 정해진 사항이라고 하더라도 거래상 일반적이고 공통된 것이어서 계약 상대방이 별도의 설명 없이도 충분히 예상할 수 있었던 사항이거나 이미 법령에서 정하여진 것을 되풀이하거나 부연하는 정도에 불과한 사항이라면 그러한 사항에 대해서까지 보험자에게 설명의무가 있다고 할 수 없다[대법원 2018. 10. 25. 선고 2014다232784 판결].

ANSWER
9.②

10 위험변경증가의 통지와 계약해지에 관한 설명으로 옳은 것은?

① 보험기간 중에 피보험자가 사고 발생의 위험이 현저하게 변경 또는 증가된 사실을 안 때에는 지체 없이 보험자에게 통지하여야 한다.
② 보험계약 체결 직전에 보험계약자가 사고 발생의 위험이 변경 또는 증가된 사실을 안 때에는 지체 없이 보험자에게 통지하여야 한다.
③ 보험기간 중에 위험변경증가의 통지를 받은 때에는 보험자는 3개월 내에 보험료의 증액을 청구할 수 있다.
④ 보험기간 중에 위험변경증가의 통지를 받은 때에는 보험자는 3개월 내에 계약을 해지할 수 있다.

> **TIP** 위험변경증가의 통지와 계약해지〈상법 제652조〉
> ① 보험기간 중에 보험계약자 또는 피보험자가 사고 발생의 위험이 현저하게 변경 또는 증가된 사실을 안 때에는 지체 없이 보험자에게 통지하여야 한다. 이를 해태한 때에는 보험자는 그 사실을 안 날로부터 1월 내에 한하여 계약을 해지할 수 있다.
> ② 보험자가 ①의 위험변경증가의 통지를 받은 때에는 1월 내에 보험료의 증액을 청구하거나 계약을 해지할 수 있다.

11 보험계약자 등의 고의나 중과실로 인한 위험증가와 계약해지에 관한 설명으로 옳지 않은 것은? (다툼이 있으면 판례에 따름)

① 보험기간 중에 보험계약자의 중대한 과실로 인하여 사고 발생의 위험이 현저하게 증가된 때에는 보험자는 그 사실을 안 날부터 1월 내에 보험료의 증액을 청구할 수 있다.
② 위험의 현저한 변경이나 증가된 사실과 보험사고 발생과의 사이에 인과관계가 부존재한다는 점에 관한 주장·입증책임은 보험자 측에 있다.
③ 보험기간 중에 피보험자의 고의로 인하여 사고 발생의 위험이 현저하게 증가된 때에는 보험자는 그 사실을 안 날부터 1월 내에 계약을 해지할 수 있다.
④ 사고 발생의 위험이 현저하게 변경 또는 증가된 사실이라 함은 그 변경 또는 증가된 위험이 보험계약의 체결 당시에 존재하고 있었다면 보험자가 보험계약을 체결하지 않았거나 적어도 그 보험료로는 보험을 인수하지 않았을 것으로 인정되는 정도의 것을 말한다.

> **TIP** ② 고지의무에 위반한 사실 또는 위험의 현저한 변경이나 증가된 사실과 보험사고 발생과의 사이에 인과관계가 부존재한다는 점에 관한 주장·입증책임은 보험계약자 측에 있다[대법원 1997. 9. 5. 선고 95다25268 판결].
> ① 「상법」제652조(위험변경증가의 통지와 계약해지) 제1항
> ③ 「상법」제651조(고지의무위반으로 인한 계약해지)
> ④ 보험계약자나 피보험자가 보험기간 중에 통지의무를 지는 상법 제652조 및 보험계약자, 피보험자 또는 보험수익자가 보험기간 중에 위험유지의무를 지는 상법 제653조에 정한 '사고 발생의 위험이 현저하게 변경 또는 증가된 사실'이라 함은, 그 변경 또는 증가된 위험이 보험계약의 체결 당시에 존재하고 있었다면 보험자가 보험계약을 체결하지 않았거나 적어도 그 보험료로는 보험을 인수하지 않았을 것으로 인정되는 정도의 것을 말한다[대법원 1997. 9. 5. 선고 95다25268 판결].

ANSWER
10.① 11.②

12 보험자의 계약해지와 보험금청구권에 관한 설명으로 옳은 것을 모두 고른 것은?

> ㉠ 보험사고 발생 후라도 보험계약자의 계속보험료 지급지체를 이유로 보험자가 계약을 해지하였을 때에는 보험금을 지급할 책임이 있다.
> ㉡ 보험사고 발생 후에 보험계약자가 고지의무를 위반한 사실이 보험사고 발생에 영향을 미치지 아니하였음이 증명된 경우에는 보험자는 보험금을 지급할 책임이 있다.
> ㉢ 보험수익자의 중과실로 인하여 사고 발생의 위험이 현저하게 변경되거나 증가된 사실이 보험사고 발생에 영향을 미치지 아니하였음이 증명된 경우에는 보험자는 보험금을 지급할 책임이 있다.

① ㉢
② ㉠㉡
③ ㉡㉢
④ ㉠㉡㉢

> **TIP** 보험사고가 발생한 후라도 보험자가 계약을 해지하였을 때에는 보험금을 지급할 책임이 없고 이미 지급한 보험금의 반환을 청구할 수 있다. 다만, 고지의무(告知義務)를 위반한 사실 또는 위험이 현저하게 변경되거나 증가된 사실이 보험사고 발생에 영향을 미치지 아니하였음에 증명된 경우에는 보험금을 지급할 책임이 있다〈상법 제655조(계약해지와 보험금청구권)〉.

13 보험사고 발생의 통지의무에 관한 설명으로 옳은 것은?

① 상법은 보험사고 발생의 통지의무위반 시 보험자의 계약해지권을 규정하고 있다.
② 보험계약자는 보험사고의 발생을 안 때에는 상당한 기간 내에 보험자에게 그 통지를 발송하여야 한다.
③ 피보험자가 보험사고 발생의 통지의무를 해태함으로 인하여 손해가 증가된 때에는 보험자는 그 증가된 손해를 보상할 책임이 없다.
④ 보험수익자는 보험사고 발생의 통지의무자에 포함되지 않는다.

> **TIP** 보험사고 발생의 통지의무〈상법 제657조〉
> ① 보험계약자 또는 피보험자나 보험수익자는 보험사고의 발생을 안 때에는 지체 없이 보험자에게 그 통지를 발송하여야 한다.
> ② 보험계약자 또는 피보험자나 보험수익자가 ①의 통지의무를 해태함으로 인하여 손해가 증가된 때에는 보험자는 그 증가된 손해를 보상할 책임이 없다.

ANSWER
12.③ 13.③

14 보험금액의 지급에 관한 설명으로 옳지 않은 것은? (다툼이 있으면 판례에 따름)

① 보험금액의 지급에 관하여 약정기간이 있는 경우, 보험자는 그 기간 내에 보험금액을 지급하여야 한다.
② 보험금액의 지급에 관하여 약정기간이 없는 경우, 보험자는 보험사고 발생의 통지를 받은 후 지체 없이 지급할 보험금액을 정하여야 한다.
③ 보험금액의 지급에 관하여 약정기간이 없는 경우, 보험금액이 정하여진 날부터 1월 내에 보험수익자에게 보험금액을 지급하여야 한다.
④ 보험계약자의 동의 없이 보험자와 피보험자 사이에 한 보험금 지급기한 유예의 합의는 유효하다.

> **TIP** 보험자는 보험금액의 지급에 관하여 약정기간이 있는 경우에는 그 기간 내에 약정기간이 없는 경우에는 보험사고 발생의 통지를 받은 후 지체 없이 지급할 보험금액을 정하고 그 정하여진 날부터 10일 내에 피보험자 또는 보험수익자에게 보험금액을 지급하여야 한다〈상법 제658조(보험금액의 지급)〉.

15 상법 제662조(소멸시효)에 관한 설명으로 옳은 것은?

① 보험금청구권은 2년간 행사하지 아니하면 시효의 완성으로 소멸한다.
② 보험료의 반환청구권은 3년간 행사하지 아니하면 시효의 완성으로 소멸한다.
③ 보험료청구권은 1년간 행사하지 아니하면 시효의 완성으로 소멸한다.
④ 적립금의 반환청구권은 2년간 행사하지 아니하면 시효의 완성으로 소멸한다.

> **TIP** 보험금청구권은 3년간, 보험료 또는 적립금의 반환청구권은 3년간, 보험료청구권은 2년간 행사하지 아니하면 시효의 완성으로 소멸한다〈상법 제662조(소멸시효)〉.

14.③ 15.②

16 보험계약자 등의 불이익변경금지에 관한 설명으로 옳지 않은 것은?

① 상법 보험편의 규정은 당사자 간의 특약으로 피보험자의 이익으로 변경하지 못한다.
② 상법 보험편의 규정은 당사자 간의 특약으로 보험수익자의 불이익으로 변경하지 못한다.
③ 해상보험의 경우 보험계약자 등의 불이익변경금지 규정은 적용되지 아니한다.
④ 재보험의 경우 보험계약자 등의 불이익변경금지 규정은 적용되지 아니한다.

> **TIP** 이 편의 규정은 당사자 간의 특약으로 보험계약자 또는 피보험자나 보험수익자의 불이익으로 변경하지 못한다. 그러나 재보험 및 해상보험 기타 이와 유사한 보험의 경우에는 그러하지 아니하다〈상법 제663조(보험계약자 등의 불이익변경금지)〉.

17 중복보험에 관한 설명으로 옳은 것을 모두 고른 것은?

┌───┐
│ ㉠ 중복보험의 경우 보험자 1인에 대한 권리의 포기는 다른 보험자의 권리의무에 영향을 미치지 않는다.
│ ㉡ 중복보험계약을 체결하는 경우에는 보험계약자는 각 보험자에 대하여 각 보험계약의 내용을 통지하여야 한다.
│ ㉢ 중복보험에서 보험금액의 총액이 보험가액을 초과한 때에는 보험자는 각자의 보험금액의 한도에서 연대책임을 진다.
└───┘

① ㉠　　　　　　　　　　　　　② ㉠㉡
③ ㉡㉢　　　　　　　　　　　　④ ㉠㉡㉢

> **TIP** 중복보험〈상법 제672조〉
> ① 동일한 보험계약의 목적과 동일한 사고에 관하여 수개의 보험계약이 동시에 또는 순차로 체결된 경우에 그 보험금액의 총액이 보험가액을 초과한 때에는 보험자는 각자의 보험금액의 한도에서 연대책임을 진다. 이 경우에는 각 보험자의 보상책임은 각자의 보험금액의 비율에 따른다.
> ② 동일한 보험계약의 목적과 동일한 사고에 관하여 수개의 보험계약을 체결하는 경우에는 보험계약자는 각보험자에 대하여 각 보험계약의 내용을 통지하여야 한다.
> ③ 초과보험의 규정은 ①의 보험계약에 준용한다.
> ※ 중복보험의 규정에 의한 수개의 보험계약을 체결한 경우에 보험자 1인에 대한 권리의 포기는 다른 보험자의 권리의무에 영향을 미치지 아니한다〈상법 제673조(중복보험과 보험자 1인에 대한 권리포기)〉.

ANSWER
16.① 17.④

18 甲은 보험가액이 2억 원인 건물에 대하여 보험금액을 1억 원으로 하는 손해보험에 가입하였다. 이에 관한 설명으로 옳지 않은 것은? (단, 다른 약정이 없음을 전제로 함)

① 일부보험에 해당한다.
② 전손(全損)인 경우에는 보험자는 1억 원을 지급한다.
③ 1억 원의 손해가 발생한 경우에는 보험자는 1억 원을 지급한다.
④ 8천만 원의 손해가 발생한 경우에는 보험자는 4천만 원을 지급한다.

> **TIP** 보험가액의 일부를 보험에 붙인 경우에는 보험자는 보험금액의 보험가액에 대한 비율에 따라 보상할 책임을 진다. 그러나 당사자 간에 다른 약정이 있는 때에는 보험자는 보험금액의 한도 내에서 그 손해를 보상할 책임을 진다〈상법 제674조(일부보험)〉.

19 일부보험에 관한 설명으로 옳은 것은?

① 계약 체결의 시점에 의도적으로 보험가액보다 낮게 보험금액을 약정하는 것은 허용되지 않는다.
② 일부보험에 관한 상법의 규정은 강행규정이다.
③ 일부보험의 경우에는 잔존물 대위가 인정되지 않는다.
④ 일부보험에 있어서 일부손해가 발생하여 비례보상원칙을 적용하면 손해액은 보상액보다 크다.

> **TIP** ① 보험가액 한도 내에서 보험금액이 책정된다.
> ② 일부보험에 관한 상법의 규정은 임의규정이다.
> ③ 보험의 목적의 전부가 멸실되면 잔존물 대위가 성립한다. 일부보험의 경우에 잔존물 대위가 인정된다.

ANSWER
18.③ 19.④

20 손해액 산정에 관한 설명으로 옳지 않은 것은?

① 보험사고로 인하여 상실된 피보험자가 얻을 이익은 당사자 간에 다른 약정이 없으면 보험자가 보상할 손해액에 산입하지 아니한다.
② 당사자 간에 다른 약정이 있는 때에는 신품가액에 의하여 보험자가 보상할 손해액을 산정할 수 있다.
③ 손해액 산정에 필요한 비용은 보험자와 보험계약자 및 보험수익자가 공동으로 부담한다.
④ 손해보상은 원칙적으로 금전으로 하지간 당사자의 합의로 손해의 전부 또는 일부를 현물로 보상할 수 있다.

> **TIP** 손해액의 산정기준〈상법 제676조〉
> ① 보험자가 보상할 손해액은 그 손해가 발생한 때와 곳의 가액에 의하여 산정한다. 그러나 당사자 간에 다른 약정이 있는 때에는 그 신품가액에 의하여 손해액을 산정할 수 있다.
> ② ①의 손해액의 산정에 관한 비용은 보험자의 부담으로 한다.

21 손해보험에 관한 설명으로 옳지 않은 것은?

① 보험자가 손해를 보상할 경우에 보험료의 지급을 받지 아니한 잔액이 있으면 그 지급 기일이 도래하지 아니한 때라도 보상할 금액에서 이를 공제할 수 있다.
② 보험계약자가 손해의 방지와 경감을 위하여 필요 또는 유익하였던 비용과 보상액이 보험금액을 초과한 경우에는 보험자는 보험금액의 한도 내에서 이를 부담한다.
③ 보험의 목적에 관하여 보험자가 부담할 손해가 생긴 경우에는 그 후 그 목적이 보험자가 부담하지 아니하는 보험사고의 발생으로 인하여 멸실된 때에도 보험자는 이미 생긴 손해를 보상할 책임을 면하지 못한다.
④ 보험의 목적의 자연소모로 인한 손해는 보험자가 이를 보상할 책임이 없다.

> **TIP** ② 보험계약자와 피보험자는 손해의 방지와 경감을 위하여 노력하여야 한다. 그러나 이를 위하여 필요 또는 유익하였던 비용과 보상액이 보험금액을 초과한 경우라도 보험자가 이를 부담한다〈상법 제680조(손해방지의무)〉.
> ①「상법」제677조(보험료체납과 보상액의 공제)
> ③「상법」제675조(사고발생 후의 목적멸실과 보상책임)
> ④「상법」제678조(보험자의 면책사유)

ANSWER
20.③ 21.②

22 보험대위에 관한 설명으로 옳은 것은? (다툼이 있으면 판례에 따름)

① 손해가 제3자의 행위로 인하여 발생한 경우에 보험금을 지급하기 전이라도 보험자는 그 제3자에 대한 보험계약자의 권리를 취득한다.
② 잔존물대위가 성립하기 위해서는 보험목적의 전부가 멸실하여야 한다.
③ 잔존물에 대한 권리가 보험자에게 이전되는 시점은 보험자가 보험금액을 전부 지급하고, 물권변동 절차를 마무리한 때이다.
④ 재보험에 대하여는 제3자에 대한 보험자대위가 적용되지 않는다.

② 「상법」 제681조(보험목적에 관한 보험대위)
① 손해가 제3자의 행위로 인하여 발생한 경우에 보험금을 지급한 보험자는 그 지급한 금액의 한도에서 그 제3자에 대한 보험계약자 또는 피보험자의 권리를 취득한다. 다만, 보험자가 보상할 보험금의 일부를 지급한 경우에는 피보험자의 권리를 침해하지 아니하는 범위에서 그 권리를 행사할 수 있다〈상법 제682조(제3자에 대한 보험 대위)제1항〉.
③ 잔존물에 대한 권리가 보험자에게 이전되는 시기는 보험자가 보험금과 비용을 전부 지급한 때이다.
④ 보험자가 피보험자에게 보험금을 지급하면 보험자대위의 법리에 따라 피보험자가 보험사고의 발생에 책임이 있는 제3자에 대하여 가지는 권리는 지급한 보험금의 한도에서 보험자에게 당연히 이전되고(상법 제682조), 이는 재보험자가 원보험자에게 재보험금을 지급한 경우에도 마찬가지이다. 따라서 재보험관계에서 재보험자가 원보험자에게 재보험금을 지급하면 원보험자가 취득한 제3자에 대한 권리는 지급한 재보험금의 한도에서 다시 재보험자에게 이전된다[대법원 2015. 6. 11. 선고 2012다10386 판결].

23 화재보험에 관한 설명으로 옳은 것은? (다툼이 있으면 판례에 따름)

① 화재가 발생한 건물을 수리하면서 지출한 철거비와 폐기물처리비는 화재와 상당인과 관계가 있는 건물수리비에는 포함되지 않는다.
② 피보험자가 화재 진화를 위해 살포한 물로 보험목적이 훼손된 손해는 보상하지 않는다.
③ 불에 탈 수 있는 목조교량은 화재보험의 목적이 될 수 없다.
④ 보험자가 손해를 보상함에 있어서 화재와 손해 간에 상당인과관계가 필요하다.

④ 화재사고와 손해 간의 상당인과관계란 사고의 원인(화재)과 발생된 결과(손해) 사이의 관계가 있음을 말하는 것으로 보험의 목적에 따라 화재로 인한 손해임을 확인할 수 있는 범위 내로 보상범위가 결정되고 이외의 간접적으로 발생하는 손해나 노후, 마모, 편승수리비 등에 대하여는 보상하지 않는다.
① 화재로 인한 건물 수리 시에 지출한 철거비와 폐기물처리비는 화재와 상당인과관계가 있는 건물수리비에 포함된다고 보아야 할 것이고, 이를 손해액에 산입되지 아니하는 별도의 비용으로 볼 것은 아니다[대법원 2003. 4. 25. 선고 2002다64520 판결].
② 보험자는 화재의 소방 또는 손해의 감소에 필요한 조치로 인하여 생긴 손해를 보상할 책임이 있다〈상법 제684조(소방 등의 조치로 인한 손해의 보상)〉.
③ 목조교량이라 할지라도 적용되는 요율이나 보험료가 달라질 뿐 보험의 목적이 될 수 없는 것은 아니다.

ANSWER
22.② 23.④

24 건물을 화재보험의 목적으로 한 경우 화재보험증권의 법정기재사항이 아닌 것은?

① 건물의 소재지, 구조와 용도
② 보험가액을 정한 때에는 그 가액
③ 보험기간을 정한 때에는 그 시기와 종기
④ 설계감리법인의 주소와 성명 또는 상호

> **TIP** 화재보험증권〈상법 제685조〉… 화재보험증권에는 제666조에 게기한 사항 외에 다음의 사항을 기재하여야 한다.
> 1. 건물을 보험의 목적으로 한 때에는 그 소재지, 구조와 용도
> 2. 동산을 보험의 목적으로 한 때에는 그 존치한 장소의 상태와 용도
> 3. 보험가액을 정한 때에는 그 가액
> ※ 손해보험증권〈상법 제666조〉… 손해보험증권에는 다음의 사항을 기재하고 보험자가 기명날인 또는 서명하여야 한다.
>   1. 보험의 목적
>   2. 보험사고의 성질
>   3. 보험금액
>   4. 보험료와 그 지급방법
>   5. 보험기간을 정한 때에는 그 시기와 종기
>   6. 무효와 실권의 사유
>   7. 보험계약자의 주소와 성명 또는 상호
>   7의2. 피보험자의 주소, 성명 또는 상호
>   8. 보험계약의 연월일
>   9. 보험증권의 작성지와 그 작성 연월일

25 집합보험에 관한 설명으로 옳은 것은?

① 피보험자의 가족의 물건은 보험의 목적에 포함되지 않는 것으로 한다.
② 피보험자의 사용인의 물건은 보험의 목적에 포함되지 않는 것으로 한다.
③ 보험의 목적에 속한 물건이 보험기간 중에 수시로 교체된 경우에는 보험사고의 발생 시에 현존한 물건이라도 보험의 목적에 포함되지 않는 것으로 한다.
④ 집합보험이란 경제적으로 독립한 여러 물건의 집합물을 보험의 목적으로 한 보험을 말한다.

> **TIP** ①②④ 집합된 물건을 일괄하여 보험의 목적으로 한 때에는 피보험자의 가족과 사용인의 물건도 보험의 목적에 포함된 것으로 한다. 이 경우에는 그 보험은 그 가족 또는 사용인을 위하여서도 체결한 것으로 본다〈상법 제686조(집합보험의 목적)〉.
> ③ 집합된 물건을 일괄하여 보험의 목적으로 한 때에는 그 목적에 속한 물건이 보험기간 중에 수시로 교체된 경우에도 보험사고의 발생 시에 현존한 물건은 보험의 목적에 포함된 것으로 한다〈상법 제687조(동전)〉.

ANSWER
24.④ 25.④

제2과목 농어업재해보험법령

26 농어업재해보험법상 용어의 설명으로 옳지 않은 것은?

① "농어업재해보험"은 농어업재해로 발생하는 인명 및 재산 피해에 따른 손해를 보상하기 위한 보험을 말한다.
② "어업재해"란 양식수산물 및 어업용 시설물에 발생하는 자연재해·질병 또는 화재를 말한다.
③ "농업재해"란 농작물·임산물·가축 및 농업용 시설물에 발생하는 자연재해·병충해·조수해(鳥獸害)·질병 또는 화재를 말한다.
④ "보험료"란 보험가입자와 보험사업자 간의 약정에 따라 보험가입자가 보험사업자에게 내야 하는 금액을 말한다.

> **TIP** "농어업재해"란 농작물·임산물·가축 및 농업용 시설물에 발생하는 자연재해·병충해·조수해(鳥獸害)·질병 또는 화재(이하 "농업재해"라 한다)와 양식수산물 및 어업용 시설물에 발생하는 자연재해·질병 또는 화재(이하 "어업재해"라 한다)를 말한다〈농어업재해보험법 제2조(정의) 제1호〉.

27 농어업재해보험법상 재해보험사업을 할 수 없는 자는?

①「농업협동조합법」에 따른 농업협동조합중앙회
②「수산업협동조합법」에 따른 수산업협동조합중앙회
③「보험업법」에 따른 보험회사
④「산림조합법」에 따른 산림조합중앙회

> **TIP** 보험사업자〈농어업재해보험법 제8조〉
> ① 재해보험사업을 할 수 있는 자는 다음과 같다.
>   1. 삭제〈2011. 3. 11.〉
>   2. 「수산업협동조합법」에 따른 수산업협동조합중앙회(이하 "수협중앙회"라 한다)
>   2의2. 「산림조합법」에 따른 산림조합중앙회
>   3. 「보험업법」에 따른 보험회사
> ② ①에 따라 재해보험사업을 하려는 자는 농림축산식품부장관 또는 해양수산부장관과 재해보험사업의 약정을 체결하여야 한다.
> ③ ②에 따른 약정을 체결하려는 자는 다음의 서류를 농림축산식품부장관 또는 해양수산부장관에게 제출하여야 한다.
>   1. 사업방법서, 보험약관, 보험료 및 책임준비금산출방법서
>   2. 그 밖에 대통령령으로 정하는 서류
> ④ ②에 따른 재해보험사업의 약정을 체결하는 데 필요한 사항은 대통령령으로 정한다.

ANSWER
26.① 27.①

28 농어업재해보험법상 재해보험에 관한 설명으로 옳지 않은 것은?

① 재해보험에 가입할 수 있는 자는 농림업, 축산업, 양식수산업에 종사하는 개인 또는 법인으로 하고, 구체적인 보험가입자의 기준은 대통령령으로 정한다.
② 「산림조합법」의 공제규정에 따른 공저모집인으로서 산림조합중앙회장이나 그 회원조합장이 인정하는 자는 재해보험을 모집할 수 있다.
③ 재해보험사업자는 사고 예방을 위하여 보험가입자가 납입한 보험료의 일부를 되돌려줄 수 있다.
④ 「수산업협동조합법」에 따른 조합이 그 조합원에게 재해보험의 보험료 일부를 지원하는 경우에는 보험업법상 해당 보험계약의 체결 또는 모집과 관련한 특별이익의 제공으로 본다.

> **TIP** 보험모집〈농어업재해보험법 제10조〉
> ① 재해보험을 모집할 수 있는 자는 다음 각 호와 같다.
>   1. 산림조합중앙회와 그 회원조합의 임직원, 수협중앙회와 그 회원조합 및 「수산업협동조합법」에 따라 설립된 수협은행의 임직원
>   2. 「수산업협동조합법」 제60조(사업)의 공제규약에 따른 공제모집인으로서 수협중앙회장 또는 그 회원조합장이 인정하는 자
>   2의2. 「산림조합법」 제48조(공제규정)의 공제규정에 따른 공제모집인으로서 산림조합중앙회장이나 그 회원조합장이 인정하는 자
>   3. 「보험업법」 제83조(모집할 수 있는 자) 제1항에 따라 보험을 모집할 수 있는 자

ANSWER
28.④

29 농어업재해보험법령상 손해평가에 관한 설명으로 옳은 것은?

① 재해보험사업자는 「보험업법」에 따른 손해평가인에게 손해평가를 담당하게 할 수 있다.
② 「고등교육법」에 따른 전문대학에서 임산물재배 관련 학과를 졸업한 사람은 손해평가인으로 위촉될 자격이 인정된다.
③ 농림축산식품부장관은 손해평가사가 공정하고 객관적인 손해평가를 수행할 수 있도록 연 1회 이상 정기교육을 실시하여야 한다.
④ 농림축산식품부장관 또는 해양수산부장관은 손해평가 요령을 고시하려면 미리 금융위원회와 협의하여야 한다.

TIP ④ 「농어업재해보험법」 제11조(손해평가 등) 제4항
① 재해보험사업자는 보험목적물에 관한 지식과 경험을 갖춘 사람 또는 그 밖의 관계 전문가를 손해평가인으로 위촉하여 손해평가를 담당하게 하거나 제11조의2(손해평가사)에 따른 손해평가사 또는 「보험업법」 제186조(손해사정사)에 따른 손해사정사에게 손해평가를 담당하게 할 수 있다〈농어업재해보험법 제11조(손해평가 등) 제1항〉.
② 「고등교육법」 제2조에 따른 학교에서 임산물재배 관련학을 전공하고 임업전문 연구기관 또는 연구소에서 5년 이상 근무한 학사학위 이상 소지자〈농어업재해보험법 시행령 [별표 2] 손해평가인의 자격요건(제12조 제1항 관련)〉
③ 농림축산식품부장관 또는 해양수산부장관은 손해평가인이 공정하고 객관적인 손해평가를 수행할 수 있도록 연 1회 이상 정기교육을 실시하여야 한다〈농어업재해보험법 제11조(손해평가 등) 제3항〉.

30 농어업재해보험법상 손해평가사에 관한 설명으로 옳은 것은?

① 농림축산식품부장관과 해양수산부장관은 공정하고 객관적인 손해평가를 촉진하기 위하여 손해평가사 제도를 운영한다.
② 임산물재해보험에 관한 피해사실의 확인은 손해평가사가 수행하는 업무에 해당하지 않는다.
③ 손해평가사 자격이 취소된 사람은 그 처분이 있은 날부터 3년이 지나지 아니한 경우 손해평가사 자격시험에 응시하지 못한다.
④ 손해평가사는 다른 사람에게 그 자격증을 대여해서는 아니 되나, 손해평가사 자격증의 대여를 알선하는 것은 허용된다.

TIP ② 「농어업재해보험법」 제11조의3(손해평가사의 업무)
① 농림축산식품부장관은 공정하고 객관적인 손해평가를 촉진하기 위하여 손해평가사 제도를 운영한다〈농어업재해보험법 제11조의2(손해평가사)〉.
③ 정지·무효 처분을 받은 사람, 손해평가사 자격이 취소된 사람에 해당하는 사람은 그 처분이 있은 날부터 2년이 지나지 아니한 경우 손해평가사 자격시험에 응시하지 못한다〈농어업재해보험법 제11조의4(손해평가사의 시험 등) 제4항〉.
④ 누구든지 손해평가사의 자격을 취득하지 아니하고 그 명의를 사용하거나 자격증을 대여 받아서는 아니 되며, 명의의 사용이나 자격증의 대여를 알선해서도 아니 된다〈농어업재해보험법제11조의4(손해평가사의 시험 등) 제7항〉.

ANSWER
29.④ 30.②

31 농어업재해보험법상 농림축산식품부장관이 손해평가사 자격을 취소하여야 하는 대상을 모두 고른 것은?

> ㉠ 업무정지 기간 중에 손해평가 업무를 수행한 사람
> ㉡ 업무 수행과 관련하여 향응을 제공받은 사람
> ㉢ 손해평가사의 자격을 부정한 방법으로 취득한 사람
> ㉣ 손해평가 요령을 준수하지 않고 손해평가를 한 사람

① ㉠㉡   ② ㉠㉢
③ ㉡㉣   ④ ㉢㉣

TIP 손해평가사의 자격 취소〈농어업재해보험법 제11조의5〉
① 농림축산식품부장관은 다음의 어느 하나에 해당하는 사람에 대하여 손해평가사 자격을 취소할 수 있다. 다만, 제1호 및 제5호에 해당하는 경우에는 자격을 취소하여야 한다.
  1. 손해평가사의 자격을 거짓 또는 부정한 방법으로 취득한 사람
  2. 거짓으로 손해평가를 한 사람
  3. 다른 사람에게 손해평가사의 명의를 사용하게 하거나 그 자격증을 대여한 사람
  4. 위반하여 손해평가사 명의의 사용이나 자격증의 대여를 알선한 사람
  5. 업무정지 기간 중에 손해평가 업무를 수행한 사람
② ①에 따른 자격 취소 처분의 세부기준은 대통령령으로 정한다.

32 농어업재해보험법령상 보험금 수급권에 관한 설명으로 옳은 것은?

① 재해보험사업자는 보험금을 현금으로 지급하여야 하나, 불가피한 사유가 있을 때에는 수급권자의 신청이 없더라도 수급권자 명의의 계좌로 입금할 수 있다.
② 재해보험가입자가 재해보험에 가입된 보험목적물을 양도하는 경우 그 양수인은 재해보험계약에 관한 양도인의 권리 및 의무를 승계한다.
③ 재해보험의 보험목적물이 담보로 제공된 경우에는 보험금을 지급받을 권리를 압류할 수 있다.
④ 농작물의 재생산에 직접적으로 소요되는 비용의 보장을 목적으로 보험금수급전용계좌로 입금된 보험금의 경우 그 2분의 1에 해당하는 액수 이하의 금액에 관하여는 채권을 압류할 수 있다.

TIP ③ 「농어업재해보험법」 제12조(수급권의 보호) 제1항
① 재해보험사업자는 법 제11조의7(보험수급 전용 계좌) 제1항 단서에 따른 사유로 보험금을 이체할 수 없을 때에는 수급권자의 신청에 따라 다른 금융기관에 개설된 보험금수급전용계좌로 이체해야 한다. 다만, 다른 보험금수급전용계좌로도 이체할 수 없는 경우에는 수급권자 본인의 주민등록증 등 신분증명서의 확인을 거쳐 보험금을 직접 현금으로 지급할 수 있다〈농어업재해보험법 시행령 제12조의11(보험금수급전용계좌의 신청 방법·절차 등) 제3항〉.
② 재해보험가입자가 재해보험에 가입된 보험목적물을 양도하는 경우 그 양수인은 재해보험계약에 관한 양도인의 권리 및 의무를 승계한 것으로 추정한다〈농어업재해보험법 제13조(보험목적물의 양도에 따른 권리 및 의무의 승계)〉.
④ 제11조의7(보험수급 전용 계좌) 제1항에 따라 지정된 보험금수급전용계좌의 예금 중 대통령령으로 정하는 액수 이하의 금액(보험금수급전용계좌로 입금된 보험금은 입금된 보험금의 2분의 1에 해당하는 액수)에 관한 채권은 압류할 수 없다〈농어업재해보험법 제12조(수급권의 보호) 제2항〉.

ANSWER
31.② 32.③

33 농어업재해보험법령상 재해보험사업자가 재해보험 업무의 일부를 위탁할 수 있는 자가 아닌 것은?

① 「농업협동조합법」에 따라 설립된 지역축산업협동조합
② 「농업·농촌 및 식품산업 기본법」에 따라 설립된 농업정책보험금융원
③ 「산림조합법」에 따라 설립된 품목별·업종별산림조합
④ 「보험업법」에 따라 손해사정을 업으로 하는 자

> **TIP** 업무 위탁〈농어업재해보험법 시행령 제13조〉… 법 제14조(업무위탁)에서 "대통령령으로 정하는 자"란 다음 각 호의 자를 말한다.
> 1. 「농업협동조합법」에 따라 설립된 지역농업협동조합·지역축산업협동조합 및 품목별·업종별 협동조합
> 1의2. 「산림조합법」에 따라 설립된 지역산림조합 및 품목별·업종별 산림조합
> 2. 「수산업협동조합법」에 따라 설립된 지구별 수산업협동조합, 업종별 수산업협동조합, 수산물가공 수산업협동조합 및 수협은행
> 3. 「보험업법」 제187조(손해사정업)에 따라 손해사정을 업으로 하는 자
> 4. 농어업재해보험 관련 업무를 수행할 목적으로 「민법」 제32조(비영리법인의 설립과 허가)에 따라 농림축산식품부장관 또는 해양수산부장관의 허가를 받아 설립된 비영리법인

34 농어업재해보험법상 재정지원에 관한 설명으로 옳은 것은?

① 정부는 예산의 범위에서 재해보험가입자가 부담하는 보험료의 전부 또는 일부를 지원할 수 있다.
② 지방자치단체는 예산의 범위에서 재해보험사업자의 재해보험의 운영 및 관리에 필요한 비용의 전부 또는 일부를 지원할 수 있다.
③ 농림축산식품부장관은 정부의 보험료 지원 금액을 재해보험가입자에게 지급하여야 한다.
④ 「풍수해·지진재해보험법」에 따른 풍수해·지진재해보험에 가입한 자가 동일한 보험목적물을 대상으로 재해보험에 가입할 경우에는 재정지원을 하지 아니한다.

> **TIP** 재정지원〈농어업재해보험법 제19조〉
> ① 정부는 예산의 범위에서 재해보험가입자가 부담하는 보험료의 일부와 재해보험사업자의 재해보험의 운영 및 관리에 필요한 비용(이하 "운영비"라 한다)의 전부 또는 일부를 지원할 수 있다. 이 경우 지방자치단체는 예산의 범위에서 재해보험가입자가 부담하는 보험료의 일부를 추가로 지원할 수 있다.
> ② 농림축산식품부장관·해양수산부장관 및 지방자치단체의 장은 ①에 따른 지원 금액을 재해보험사업자에게 지급하여야 한다.
> ③ 「풍수해·지진재해보험법」에 따른 풍수해·지진재해보험에 가입한 자가 동일한 보험목적물을 대상으로 재해보험에 가입할 경우에는 ①에도 불구하고 정부가 재정지원을 하지 아니한다.
> ④ ①에 따른 보험료와 운영비의 지원 방법 및 지원 절차 등에 필요한 사항은 대통령령으로 정한다.

ANSWER
33.② 34.④ 35.④

35 농어업재해보험법상 농어업재해재보험기금(이하 "기금"이라 함)에 관한 설명으로 옳지 않은 것은?

① 기금은 농림축산식품부장관이 해양수산부장관과 협의하여 관리·운용한다.
② 농림축산식품부장관은 해양수산부장관과 협의를 거쳐 기금의 관리·운용에 관한 사무의 일부를 농업정책보험금융원에 위탁할 수 있다.
③ 농림축산식품부장관은 해양수산부장관과 협의하여 기금의 수입과 지출에 관한 사무를 수행하게 하기 위하여 소속 공무원 중에서 기금수입징수관 등을 임명한다.
④ 농림축산식품부장관이 농업정책보험금융원의 임원 중에서 임명한 기금지출원인행위담당임원은 기금지출관의 업무를 수행한다.

> **TIP** ④ 농림축산식품부장관은 제24조(기금의 관리·운용) 제2항에 따라 기금의 관리·운용에 관한 사무를 위탁한 경우에는 해양수산부장관과 협의하여 농업정책보험금융원의 임원 중에서 기금수입담당임원과 기금지출원인행위담당임원을, 그 직원 중에서 기금지출원과 기금출납원을 각각 임명하여야 한다. 이 경우 기금수입담당임원은 기금수입징수관의 업무를, 기금지출원인행위담당임원은 기금재무관의 업무를, 기금지출원은 기금지출관의 업무를, 기금출납원은 기금출납공무원의 업무를 수행한다〈농어업재해보험법제 25조(기금의 회계기관) 제2항〉.
> ① 「농어업재해보험법」 제24조(기금의 관리·운용) 제1항
> ② 「농어업재해보험법」 제24조(기금의 관리·운용) 제2항
> ③ 「농어업재해보험법」 제25조(기금의 회계기관) 제1항

36 농어업재해보험법령상 재보험사업 및 농어업재해재보험기금(이하 "기금"이라 함)에 관한 설명으로 옳지 않은 것은?

① 기금은 기금의 관리·운용에 필요한 경비의 지출에 사용할 수 없다.
② 농림축산식품부장관은 해양수산부장관과 협의하여 기금의 수입과 지출을 명확히 하기 위하여 한국은행에 기금계정을 설치하여야 한다.
③ 재보험금의 회수 자금은 기금 조성의 재원에 포함된다.
④ 정부는 재해보험에 관한 재보험사업을 할 수 있다.

> **TIP** ① 기금은 농림축산식품부장관이 해양수산부장관과 협의하여 관리·운용한다〈농어업재해보험법 제24조(기금의 관리·운용) 제1항〉.
> ② 「농어업재해보험법 시행령」 제17조(기금계정의 설치)
> ③ 「농어업재해보험법」 제22조(기금의 조성) 제1항 제3호
> ④ 「농어업재해보험법」 제20조(재보험사업) 제1항

ANSWER
35.④ 36.① 37.④

37 농어업재해보험법령상 보험가입촉진계획에 포함되어야 하는 사항을 모두 고른 것은?

> ㉠ 전년도의 성과분석 및 해당 연도의 사업계획
> ㉡ 해당 연도의 보험상품 운영계획
> ㉢ 농어업재해보험 교육 및 홍보계획

① ㉠㉡
② ㉠㉢
③ ㉡㉢
④ ㉠㉡㉢

TIP 보험가입촉진계획의 제출 등〈농어업재해보험법 시행령 제22조의2〉
① 보험가입촉진계획에는 다음의 사항이 포함되어야 한다.
　1. 전년도의 성과분석 및 해당 연도의 사업계획
　2. 해당 연도의 보험상품 운영계획
　3. 농어업재해보험 교육 및 홍보계획
　4. 보험상품의 개선·개발계획
　5. 그 밖에 농어업재해보험가입 촉진을 위하여 필요한 사항
② 재해보험사업자는 수립한 보험가입촉진계획을 해당 연도 1월 31일까지 농림축산식품부장관 또는 해양수산부장관에게 제출하여야 한다.

38 농어업재해보험법상 벌칙에 관한 설명이다. ( )에 들어갈 내용은?

> 「보험업법」 제98조에 따른 금품 등을 제공(같은 조 제3호의 경우에는 보험금 지급의 약속을 말한다)한 자 또는 이를 요구하여 받은 보험가입자는 (㉠)년 이하의 징역 또는 (㉡)천만 원 이하의 벌금에 처한다.

	㉠	㉡		㉠	㉡
①	1	1	②	1	3
③	3	3	④	3	5

TIP 벌칙〈농어업재해보험법 제30조〉
① 「보험업법」 제98조(특별이익의 제공 금지)에 따른 금품 등을 제공(같은 조 제3호의 경우에는 보험금 지급의 약속을 말한다)한 자 또는 이를 요구하여 받은 보험가입자는 3년 이하의 징역 또는 3천만 원 이하의 벌금에 처한다.
② 다음의 어느 하나에 해당하는 자는 1년 이하의 징역 또는 1천만 원 이하의 벌금에 처한다.
　1. 보험모집 규정을 위반하여 모집을 한 자
　2. 고의로 진실을 숨기거나 거짓으로 손해평가를 한 자
　3. 다른 사람에게 손해평가사의 명의를 사용하게 하거나 그 자격증을 대여한 자
　4. 손해평가사의 명의를 사용하거나 그 자격증을 대여받은 자 또는 명의의 사용이나 자격증의 대여를 알선한 자
③ 회계 구분 규정을 위반하여 회계를 처리한 자는 500만 원 이하의 벌금에 처한다.

ANSWER
37.④　38.③　39.③

39 농업재해보험 손해평가요령상 손해평가인 위촉에 관한 규정이다. (　)에 들어갈 내용은?

> 재해보험사업자는 피해 발생 시 원활한 손해평가가 이루어지도록 농업재해보험이 실시되는 (　)별 보험가입자의 수 등을 고려하여 적정 규모의 손해평가인을 위촉하여야 한다.

① 시·도
② 읍·면·동
③ 시·군·자치구
④ 특별자치도·특별자치시

TIP 손해평가인 위촉〈농업재해보험 손해평가요령 제4조〉
① 재해보험사업자는 손해평가인을 위촉한 경우에는 그 자격을 표시할 수 있는 손해평가인증을 발급하여야 한다.
② 재해보험사업자는 피해 발생 시 원활한 손해평가가 이루어지도록 농업재해보험이 실시되는 시·군·자치구별 보험가입자의 수 등을 고려하여 적정 규모의 손해평가인을 위촉하여야 한다.
③ 손해평가 업무를 위탁받은 자는 손해평가 업무를 원활히 수행하기 위하여 손해평가보조인을 운용할 수 있다.

40 농업재해보험 손해평가요령상 손해평가인 정기교육의 세부내용에 명시적으로 포함되어 있지 않은 것은?

① 농어업재해보험법 제정 배경
② 손해평가 관련 민원사례
③ 피해유형별 보상사례
④ 농업재해보험 상품 주요내용

TIP 손해평가인 정기교육〈농업재해보험 손해평가요령 제5조의2〉
① 손해평가인 정기교육의 세부내용은 다음과 같다.
　1. 농업재해보험에 관한 기초지식 : 농어업재해보험법 제정 배경·구성 및 조문별 주요내용, 농업재해보험사업현황
　2. 농업재해보험의 종류별 약관 : 농업재해보험 상품 주요내용 및 약관 일반 사항
　3. 손해평가의 절차 및 방법 : 농업재해보험 손해평가 개요, 보험목적물별 손해평가 기준 및 피해유형별 보상사례
　4. 피해유형별 현지조사표 작성 실습
② 재해보험사업자는 정기교육 대상자에게 소정의 교육비를 지급할 수 있다.

ANSWER
39.③　40.②

기출변형

41 농업재해보험 손해평가요령상 재해보험사업자가 손해평가인에 대하여 위촉을 취소하여야 하는 경우는?

① 피성년후견인이 된 때
② 업무수행과 관련하여 「개인정보보호법」 등 정보보호와 관련된 법령을 위반한 때
③ 업무수행상 과실로 손해평가의 신뢰성을 약화시킨 경우
④ 현지조사서를 허위로 작성한 경우

> **TIP** 손해평가인 위촉의 취소 및 해지 등〈농업재해보험 손해평가요령 제6조〉
> ① 재해보험사업자는 손해평가인이 다음의 어느 하나에 해당하게 되거나 위촉 당시에 해당하는 자이었음이 판명된 때에는 그 위촉을 취소하여야 한다.
>   1. 피성년후견인
>   2. 파산선고를 받은 자로서 복권되지 아니한 자
>   3. 벌금 이상의 형을 선고받고 그 집행이 종료(집행이 종료된 것으로 보는 경우를 포함한다)되거나 집행이 면제된 날로부터 2년이 경과되지 아니한 자
>   4. 동 조에 따라 위촉이 취소된 후 2년이 경과하지 아니한 자
>   5. 거짓 그 밖의 부정한 방법으로 제4조(손해평가인 위촉)에 따라 손해평가인으로 위촉된 자
>   6. 업무정지 기간 중에 손해평가업무를 수행한 자
> ② 재해보험사업자는 손해평가인이 다음의 어느 하나에 해당하는 때에는 6개월 이내의 기간을 정하여 그 업무의 정지를 명하거나 위촉 해지 등을 할 수 있다.
>   1. 법 제11조(손해평가 등) 제2항 및 이 요령의 규정을 위반 한 때
>   2. 법 및 이 요령에 의한 명령이나 처분을 위반한 때
>   3. 업무수행과 관련하여 「개인정보보호법」, 「신용정보의 이용 및 보호에 관한 법률」 등 정보보호와 관련된 법령을 위반한 때

ANSWER
41.①

42 농업재해보험 손해평가요령상 손해평가사 甲을 손해평가반 구성에서 배제하여야 하는 경우를 모두 고른 것은?

> ㉠ 甲의 이해관계자가 가입한 보험계약에 관한 손해평가
> ㉡ 甲의 이해관계자가 모집한 보험계약에 관한 손해평가
> ㉢ 甲의 이해관계자가 실시한 손해평가에 대한 검증조사

① ㉠㉡
② ㉠㉢
③ ㉡㉢
④ ㉠㉡㉢

TIP 손해평가반 구성 등〈농업재해보험 손해평가요령 제8조〉
① 재해보험사업자는 제2조(용어의 정의) 제1호의 손해평가를 하는 경우에는 손해평가반을 구성하고 손해평가반별로 평가일정계획을 수립하여야 한다.
② ①에 따른 손해평가반은 다음 각 호의 어느 하나에 해당하는 자를 1인 이상 포함하여 5인 이내로 구성한다.
  1. 손해평가인
  2. 손해평가사
  3. 손해사정사
③ ②의 규정에도 불구하고 다음 각 호의 어느 하나에 해당하는 손해평가에 대하여는 해당자를 손해평가반 구성에서 배제하여야 한다.
  1. 자기 또는 자기와 생계를 같이 하는 친족(이하 "이해관계자"라 한다)이 가입한 보험계약에 관한 손해평가
  2. 자기 또는 이해관계자가 모집한 보험계약에 관한 손해평가
  3. 직전 손해평가일로부터 30일 이내의 보험가입자 간 상호 손해평가
  4. 자기가 실시한 손해평가에 대한 검증조사 및 재조사

ANSWER
42.①

43 농업재해보험 손해평가요령상 손해평가에 관한 설명으로 옳지 않은 것은?

① 손해평가반은 손해평가인, 손해평가사, 손해사정사 중 어느 하나에 해당하는 자를 1인 이상 포함하여 5인 이내로 구성한다.
② 교차손해평가에 있어서 거대재해 발생 등으로 신속한 손해평가가 불가피하다고 판단되는 경우에도 손해평가반 구성에 지역손해평가인을 포함하여야 한다.
③ 재해보험사업자는 손해평가반이 실시한 손해평가결과를 기록할 수 있도록 현지조사서를 마련하여야 한다.
④ 손해평가반이 손해평가를 실시할 때에는 재해보험사업자가 해당 보험가입자의 보험계약사항 중 손해평가와 관련된 사항을 손해평가반에게 통보하여야 한다.

> **TIP** ② 교차손해평가를 위해 손해평가반을 구성할 경우에는 제2항에 따라 선발된 지역손해평가인 1인 이상이 포함되어야 한다. 다만, 거대재해 발생, 평가인력 부족 등으로 신속한 손해평가가 불가피하다고 판단되는 경우 그러하지 아니할 수 있다〈농업재해보험 손해평가요령 제8조의2(교차손해평가) 제3항〉.
> ① 「농업재해보험 손해평가요령」 제8조(손해평가반 구성 등) 제2항
> ③ 「농업재해보험 손해평가요령」 제10조(손해평가준비 및 평가결과 제출) 제1항
> ④ 「농업재해보험 손해평가요령」 제9조(피해사실 확인) 제2항

44 농업재해보험 손해평가요령상 손해평가결과 검증에 관한 설명으로 옳지 않은 것은?

① 검증조사결과 현저한 차이가 발생된 경우 해당 손해평가반이 조사한 전체 보험목적물에 대하여 검증조사를 하여야 한다.
② 보험가입자가 정당한 사유 없이 검증조사를 거부하는 경우 검증조사반은 검증조사가 불가능하여 손해평가 결과를 확인할 수 없다는 사실을 보험가입자에게 통지한 후 검증조사결과를 작성하여 재해보험사업자에게 제출하여야 한다.
③ 재해보험사업자 및 재해보험사업의 재보험사업자는 손해평가반이 실시한 손해평가 결과를 확인하기 위하여 손해평가를 실시한 보험목적물 중에서 일정수를 임의 추출하여 검증조사를 할 수 있다.
④ 농림축산식품부장관은 재해보험사업자로 하여금 검증조사를 하게 할 수 있다.

> **TIP** 손해평가결과 검증〈농업재해보험 손해평가요령 제11조〉
> ① 재해보험사업자 및 재해보험사업의 재보험사업자는 손해평가반이 실시한 손해평가결과를 확인하기 위하여 손해평가를 실시한 보험목적물 중에서 일정수를 임의 추출하여 검증조사를 할 수 있다.
> ② 농림축산식품부장관은 재해보험사업자로 하여금 ①의 검증조사를 하게 할 수 있으며, 재해보험사업자는 특별한 사유가 없는 한 이에 응하여야 한다.
> ③ ① 및 ②에 따른 검증조사결과 현저한 차이가 발생되어 재조사가 불가피하다고 판단될 경우에는 해당 손해평가반이 조사한 전체 보험목적물에 대하여 재조사를 할 수 있다.
> ④ 보험가입자가 정당한 사유 없이 검증조사를 거부하는 경우 검증조사반은 검증조사가 불가능하여 손해평가 결과를 확인할 수 없다는 사실을 보험가입자에게 통지한 후 검증조사결과를 작성하여 재해보험사업자에게 제출하여야 한다.

ANSWER
43.② 44.①

45 농업재해보험 손해평가요령상 보험목적물별 손해평가 단위이다. (   )에 들어갈 내용은?

> • 농작물 : (㉠)
> • 가축(단, 벌은 제외) : (㉡)
> • 농업시설물 : (㉢)

	㉠	㉡	㉢
①	농지별	축사별	보험가입 목적물별
②	품종별	축사별	보험가입자별
③	농지별	개별가축별	보험가입 목적물별
④	품종별	개별가축별	보험가입자별

TIP 손해평가 단위〈농업재해보험 손해평가요령 제12조 제1항〉
1. 농작물 : 농지별
2. 가축 : 개별가축별(단, 벌은 벌통 단위)
3. 농업시설물 : 보험가입 목적물별

기출변형

46 농업재해보험 손해평가요령상 종합위험방식 수확감소보장에서 "벼"의 경우, 다음의 조건으로 산정한 보험금은?

> • 보험가입금액 : 100만 원   • 자기부담비율 : 20%
> • 평균수확량 : 1,000kg   • 수확량 : 500kg
> • 미보상감수량 : 50kg

① 10만 원   ② 20만 원
③ 25만 원   ④ 45만 원

TIP 100만 원×(45%−20%) = 25만 원

※ 농작물의 보험금 산정(종합위험방식)〈농업재해보험 손해평가요령 [별표 1]〉

구분	보장 범위	산정 내용	비고
종합위험방식	수확감소	보험가입금액 × (피해율 − 자기부담비율) ※ 피해율(감자·복숭아 제외) = (평년수확량 − 수확량−미보상감수량) ÷ 평년수확량 ※ 피해율(감자·복숭아) = {(평년수확량 − 수확량 − 미보상감수량) + 병충해감수량} ÷ 평년수확량	옥수수 외

ANSWER
45.③ 46.③

47 농업재해보험 손해평가요령에 따른 종합위험방식 상품의 조사내용 중 "재정식 조사"에 해당되는 품목은?

① 벼
② 콩
③ 양배추
④ 양파

> **TIP** 농작물의 품목별 · 재해별 · 시기별 손해수량 조사방법(수확감소보장 · 과실손해 보장 및 농업수입보장)〈농업재해보험 손해평가요령 [별표 2]〉
>
> | 조사내용 | 조사시기 | 조사방법 | 비고 |
> |---|---|---|---|
> | 재정식 조사 | 사고접수 후 지체 없이 | 해당 농지에 보상하는 손해로 인하여 재정식이 필요한 면적 또는 면적비율 조사 | 양배추만 해당 |

기출변형

48 농업재해보험 손해평가요령상 종합위험방식 "마늘"의 조기파종 보험금 산정에 관한 내용이다. (   )에 들어갈 내용은?

> • 보험가입금액 × (   )% × 표준출현피해율
> • 단, 10a당 출현주수가 30,000주보다 작고, 10a당 30,000주 이상으로 재파종한 경우에 한함

① 10
② 20
③ 25
④ 35

> **TIP** 농작물의 보험금산정(종합위험방식)〈농업재해보험 손해평가요령 [별표 1]〉
>
> | 구분 | 보장범위 | 산정내용 | 비고 |
> |---|---|---|---|
> | 종합위험방식 | 조기파종 | 보험가입금액 × 35% × 표준출현피해율
단, 10a당 출현주수가 30,000주보다 작고, 10a당 30,000주 이상으로 재파종한 경우에 한함
※ 표준출현피해율(10a 기준) = (30,000 − 출현주수) ÷ 30,000 | 마늘 |

ANSWER
47.③ 48.④

49 농업재해보험 손해평가요령상 농작물의 품목별·재해별·시기별 손해수량 조사방법 중 적과전종합위험방식 "떫은감"에 관한 기술이다. ( )에 들어갈 내용은?

생육시기	재해	조사내용	조사시기	조사방법
적과 후~ 수확기 종료	가을동상해	(㉠)	(㉡)	달려있는 과실 중 재해로 인한 피해과실수 조사 • (㉠)는 보험약관에서 정한 실피해분류기준에 따라 구분하여 조사 • 조사방법 : 표본조사

	㉠	㉡
①	피해사실 확인 조사	사고접수 후 지체 없이
②	피해사실 확인 조사	수확 직전
③	착과피해조사	사고접수 후 지체 없이
④	착과피해조사	수확 직전

> **TIP** 농작물의 품목별·재해별·시기별 손해수량 조사방법(적과전종합위험방식)〈농업재해보험 손해평가요령 [별표 2]〉
>
> | 생육시기 | 재해 | 조사내용 | 조사시기 | 조사방법 |
> |---|---|---|---|---|
> | 적과 후~
수확기 종료 | 우박,
일소,
가을동상해 | 착과
피해조사 | 수확 직전 | 달려있는 과실 중 재해로 인한 피해과실수 조사
※ 착과피해조사는 보험약관에서 정한 과실피해분류기준에 따라 구분하여 조사
※ 조사방법 : 표본조사 |

50 농업재해보험 손해평가요령상 가축 및 농업시설물의 보험가액 및 손해액 산정에 관한 설명으로 옳은 것은?

① 가축에 대한 보험가액은 보험사고가 발생한 때와 곳에서 평가한 보험목적물의 수량에 적용가격을 곱한 후 감가상각액을 차감하여 산정한다.
② 보험가입 당시 보험가입자와 재해보험사업자가 가축에 대한 보험가액 및 손해액 산정방식을 별도로 정한 경우에는 그 방법에 따른다.
③ 농업시설물에 대한 보험가액은 보험사고가 발생한 때와 곳에서 평가한 재조달가액으로 한다.
④ 농업시설물에 대한 손해액은 보험사고가 발생한 때와 곳에서 산정한 피해목적물 수량에 적용가격을 곱하여 산정한다.

> **TIP** ②「농업재해보험 손해평가요령」제14조(가축의 보험가액 및 손해액 산정) 제3항
> ① 가축에 대한 보험가액은 보험사고가 발생한 때와 곳에서 평가한 보험목적물의 수량에 적용가격을 곱하여 산정한다〈농업재해보험 손해평가요령 제14조(가축의 보험가액 및 손해액 산정) 제1항〉.
> ③ 농업시설물에 대한 보험가액은 보험사고가 발생한 때와 곳에서 평가한 피해목적물의 재조달가액에서 내용연수에 따른 감가상각률을 적용하여 계산한 감가상각액을 차감하여 산정한다〈농업재해보험 손해평가요령 제15조(농업시설물의 보험가액 및 손해액 산정) 제1항〉.
> ④ 농업시설물에 대한 손해액은 보험사고가 발생한 때와 곳에서 산정한 피해목적물의 원상복구비용을 말한다〈농업재해보험 손해평가요령 제15조(농업시설물의 보험가액 및 손해액 산정) 제2항〉.

ANSWER 49.④ 50.②

제3과목 농학개론 중 재배학 및 원예작물학

51 채소의 식용부위에 따른 분류 중 화채류에 속하는 것은?

① 양배추　　　　　　　　② 브로콜리
③ 우엉　　　　　　　　　④ 고추

> **TIP** 양배추는 엽채류, 우엉은 직근류, 고추는 과채류이다.
> ※ 화채류(꽃채소) … 브로콜리, 콜리플라워(꽃양배추) 등이 있다.

52 작물의 건물량을 생산하는 데 필요한 수분량을 말하는 요수량이 가장 작은 것은?

① 호박　　　　　　　　　② 기장
③ 완두　　　　　　　　　④ 오이

> **TIP** 작물의 요수량
>
> | 작물명 | 요수량 | 작물명 | 요수량 |
> | --- | --- | --- | --- |
> | 기장 | 310 | 호박 | 834 |
> | 완두 | 788 | 오이 | 713 |
> | 목화 | 646 | 옥수수 | 368 |
> | 보리 | 534 | 귀리 | 597 |
> | 감자 | 636 | 수수 | 322 |
> | 클로버 | 799 | 밀 | 513 |
> | 흰명아주 | 948 | 앨팰퍼 | 831 |

53 수분과잉 장해에 관한 설명으로 옳지 않은 것은?

① 생장이 쇠퇴하며 수량도 감소한다.
② 건조 후에 수분이 많이 공급되면 열과 등이 나타난다.
③ 뿌리의 활력이 높아진다.
④ 식물이 웃자라게 된다.

> **TIP** 수분과잉은 토양 내 산소 부족을 유발하여 뿌리의 호흡이 저해되면서 뿌리의 활력을 감소시킨다. 뿌리의 기능이 약화되어 양분 흡수가 저하되고 식물 전체의 생육이 쇠퇴한다.

ANSWER
51.② 52.② 53.③

54 고온장해에 관한 증상으로 옳지 않은 것은?

① 발아 불량   ② 품질 저하
③ 착과 불량   ④ 추대 지연

> **TIP** 추대는 저온 환경에서 지연되고 고온에서는 촉진된다.

55 다음에서 설명하는 냉해로 올바르게 짝지어진 것은?

> ㉠ 작물생육기간 중 특히 냉온에 대한 저항성이 약한 시기에 저온의 접촉으로 뚜렷한 피해를 받게 되는 냉해
> ㉡ 오랜 기간 동안 냉온이나 일조 부족으로 생육이 늦어지고 등숙이 충분하지 못해 감수를 초래하게 되는 냉해

	㉠	㉡
①	지연형 냉해	장해형 냉해
②	접촉형 냉해	감수형 냉해
③	장해형 냉해	지연형 냉해
④	피해형 냉해	장기형 냉해

> **TIP** 냉해의 구분
> ㉠ 지연형 : 생육 초기부터 저온이나 일조부족 등으로 인해 발육이 늦어져 이삭이 감소하고 출수가 지연되는 형태로 수량까지 영향을 미친다. 심하면 청고현상이 발생한다.
> ㉡ 장해형 : 유수형성기에서 개화기 사이에 일시적이나 지속적으로 저온에 노출되어 생식기관이 정상적으로 형성되지 못하거나 수정불량이 발생하여 등숙률의 감소로 인한 수량의 감소를 불러온다.
> ㉢ 병해형 : 도열병균의 침입에 의해 발생하는 냉해로 벼의 경우 규산의 흡수가 작아지고 조직의 규질화가 덜 되면서 저항력의 저하로 인하여 피해가 더욱 증가한다.
> ㉣ 혼합형 : 여러 개의 장해가 긴 시간 동안 동시에 발생하는 장해이다.

56 C4 작물이 아닌 것은?

① 보리   ② 사탕수수
③ 수수   ④ 옥수수

> **TIP** C4작물의 종류에는 사탕수수, 수수, 옥수수, 기장, 조 등이 있다.

ANSWER
54.④ 55.③ 56.①

기출변형

57 작물의 일장형에 관한 설명으로 옳지 않은 것은?

① 보통 16 ~ 18시간의 장일조건에서 개화가 유도, 촉진되는 식물을 장일식물이라고 하며 시금치, 완두, 상추, 양파, 감자 등이 있다.
② 보통 8 ~ 10시간의 단일조건에서 개화가 유도, 촉진되는 식물을 단일식물이라고 하며 가지, 콩, 오이 등이 있다.
③ 감자는 덩이줄기 형성에 광주기의 영향을 받는 작물로, 중성식물로 분류되지 않는다.
④ 좁은 범위에서만 화성이 유도, 촉진되는 식물을 정일식물 또는 중간식물이라고 한다.

　TIP　감자는 덩이줄기 형성에 광주기의 영향을 받는 작물로, 중성식물로 분류되지 않는다.
　　※ 단일식물… 한계일장보다 짧은 일장조건(보통 8 ~ 10시간)에서 개화하는 식물이다. 단일조건에서는 화성(花成)이 유도 촉진되는 식물이고 장일상태에서는 저해된다. 단일식물에는 늦벼, 기장, 피, 옥수수, 콩, 아마, 담배, 호박, 코스모스, 나팔꽃 등이 있다.

58 과수원의 바람 피해에 관한 설명으로 옳지 않은 것은?

① 강풍은 증산 작용을 억제하여 광합성을 촉진한다.
② 강풍은 매개곤충의 활동을 저하시켜 수분과 수정을 방해한다.
③ 작물의 열을 빼앗아 작물체온을 저하시킨다.
④ 해안지방은 염분 피해를 받을 수 있다.

　TIP　강풍은 공기를 건조하게 하면서 증산작용이 증대된다. 또한 기공이 차단되면서 이산화탄소 흡수가 낮아지면서 광합성을 저해한다.

59 식물의 필수 원소 중 엽록소의 구성 성분으로 다양한 효소반응에 관여하는 것은?

① 아연(Zn)　　　　　　　　　② 몰리브덴(Mo)
③ 칼슘(Ca)　　　　　　　　　④ 마그네슘(Mg)

　TIP　④ 마그네슘(Mg) : 다양한 효소반응이 있다.
　　① 아연(Zn) : 일부 효소반응에 작용한다.
　　② 몰리브덴(Mo) : 질소결합에 작용한다.
　　③ 칼슘(Ca) : 광합성에 작용한다.
　　※ 식물의 필수원소
　　　㉠ 다량원소 : 탄소(C), 수소(H), 산소(O), 질소(N), 황(S), 칼륨(K), 인(P), 칼슘(Ca), 마그네슘(Mg)
　　　㉡ 미량원소 : 철(Fe), 망간(Mn), 아연(Zn), 구리(Cu), 몰리브덴(Mo), 붕소(B), 염소(Cl), 니켈(Ni)

ANSWER
57.② 58.① 59.④

60 염류 집적에 대한 대책이 아닌 것은?

① 흡비작물 재배
② 무기물 시용
③ 심경과 객토
④ 담수 처리

> **TIP** ② 무기물 비료에는 염류가 포함되어 있다. 염류 집적 대책으로 무기물을 시용하면 추가적으로 염류를 축적할 수 있기 때문에 염류 집적의 대책으로 적절하지 않다.
> ① 염류를 흡수하는 작물을 재배하여 토양의 염류 농도를 낮출 수 있다.
> ③ 심경을 통해 토양의 염류를 분산시키고, 객토로 염류 농도를 희석할 수 있다.
> ④ 토양에 물을 가득 채워 염류를 씻어내는 방법으로 염류 제거에 효과적이다.

61 벼의 수발아에 관한 설명으로 옳지 않은 것은?

① 결실기에 종실이 이삭에 달린 채로 싹이 트는 것을 말한다.
② 결실기의 벼가 우기에 도복이 되었을 때 자주 발생한다.
③ 조생종이 만생종보다 수발아가 잘 발생한다.
④ 휴면성이 강한 품종이 약한 것보다 수발아가 잘 발생한다.

> **TIP** 벼의 수발아는 종자가 수분을 흡수한 상태로 장시간 저온상태에 있으면서 휴면이 종료되어 발아하는 것이다. 수발아는 휴면성이 약한(휴면기간이 짧은) 조생종에 더 많이 발생한다.
> ※ 수발아 … 종자가 이삭에 붙은 채로 싹이 나는 현상이다.

62 정식기에 가까워지면 묘를 외부환경에 미리 노출시켜 적응시키는 것은?

① 춘화
② 동화
③ 이화
④ 경화

> **TIP** ④ 경화법 : 정식 전 외부환경에 적응할 수 있도록 정식환경에 노출시켜 모종을 적응시키는 것이다. 관수량을 줄이고, 직사광선 노출시간을 늘리며, 온도를 낮춘다. 잎이 두꺼워지고 발달하며, 건물량이 증가된다. 또한, 줄기나 잎보다 뿌리가 많이 발달하고 외기에 견디는 힘이 증가하여 활착이 촉진된다.
> ① 춘화 : 일정 기간 저온을 지나야 개화할 수 있는 식물의 생리반응으로 인위적으로 저온처리를 해주기도 한다.
> ② 동화 : 식물이 광합성이나 질소동화작용 등을 통해 무기물에서 유기물을 합성하는 과정이다. 이는 에너지를 소비하면서 작은 분자를 큰 분자로 합성하는 생합성 작용으로, 대표적인 예로 광합성을 통해 이산화탄소와 물로부터 포도당을 만들어내는 과정이 있다.
> ③ 이화 : 생물체 내에서 큰 분자를 작은 분자로 분해하면서 에너지를 방출하는 과정이다. 이는 세포호흡이나 소화 작용과 같이 에너지를 얻기 위해 유기물을 분해하는 작용을 의미하며, 포도당이 이산화탄소와 물로 분해되며 에너지를 생성하는 세포호흡이 대표적인 예에 해당한다.

ANSWER
60.② 61.④ 62.④

63 다음에서 설명하는 번식 방법으로 올바르게 짝지어진 것은?

> ㉠ 식물의 잎, 줄기, 뿌리를 모체로부터 분리하여 상토에 꽂아 번식하는 방법
> ㉡ 뿌리 부근에서 생겨난 포기나 부정아를 나누어 번식하는 방법

	㉠	㉡
①	삽목	분주
②	취목	삽목
③	삽목	접목
④	접목	분주

TIP 번식 방법
㉠ 실생 : 씨앗으로 번식한 모종인 씨모를 통한 번식 방법으로 종자번식 또는 유성번식이라고도 한다.
㉡ 삽목 : 식물의 잎, 줄기, 뿌리를 모체로부터 분리하여 상토에 꽂아서 하는 번식 방법으로 영양번식 또는 무성번식에 해당한다.
㉢ 취목 : 모주에 붙어 있는 가지의 상처부위 또는 돌려 벗긴 곳에 습기가 있는 수태를 감아서 막뿌리를 발생시켜서 독립개체를 만드는 번식 방법이다.
㉣ 접목 : 바탕나무와 접수의 친화성을 이용하여 두 식물의 영양체를 형성층에 유착하는 번식 방법이다.
㉤ 분주 : 뿌리 부근에 생겨난 포기나 부정아를 나누어 하는 번식 방법이다.
㉥ 분구 : 줄기나 뿌리의 변형체인 인경, 구경, 괴경 등을 분리하는 번식 방법이다.

64 육묘에 관한 설명으로 옳지 않은 것은?

① 직파에 비해 종자가 절약된다.
② 토지이용도가 낮아진다.
③ 직파에 비해 발아가 균일하다.
④ 수확기 및 출하기를 앞당길 수 있다.

TIP ② 모종을 키운 후 본밭에 이식하기 때문에 본밭의 토지이용도를 높인다.
① 육묘를 통해 강한 묘만 이식하므로 직파보다 종자 사용량이 적다.
③ 육묘 시에는 발아 환경을 관리할 수 있어 직파보다 발아가 균일하다.
④ 육묘를 통해 이미 어느 정도 자란 묘를 이식하므로 직파에 비해 수확기와 출하기를 앞당길 수 있다.

ANSWER
63.① 64.②

65 한계일장보다 짧을 때 개화하는 식물끼리 올바르게 짝지어진 것은?

① 국화, 포인세티아
② 장미, 시클라멘
③ 카네이션, 페튜니아
④ 금잔화, 금어초

> **TIP** 화훼구분
> ⊙ 단일성 화훼 : 한계일장보다 짧을 때 개화하는 식물(국화, 포인세티아, 프리지아, 나팔꽃 등)이다.
> ⓒ 장일성 화훼 : 한계일장보다 길 때 개화하는 식물(금잔화, 거베라, 시네라리아 등)이다.
> ⓒ 중일성 화훼 : 일조시간에 관계없이 개화하는 식물(히아신스, 수선화, 튤립, 카네이션 등)이다.

66 4℃에 저장 시 저온장해가 발생하는 절화류로 짝지어진 것은?

① 장미, 카네이션
② 백합, 금어초
③ 극락조화, 안스리움
④ 국화, 글라디올러스

> **TIP** 극락조화와 안스리움은 고온에서 잘 자라는 식물로 저온에 노출되는 시간이 길어질수록 피해가 발생한다.

67 채소 작물의 온도 적응성에 따른 분류가 같은 것끼리 짝지어진 것은?

① 가지, 무
② 고추, 마늘
③ 딸기, 상추
④ 오이, 양파

> **TIP** 호온성 작물에는 가지, 고추, 오이, 생강 토마토 등이 있다. 호냉성 작물에는 무, 마늘, 딸기, 상추, 양파, 당근, 감자 등이 있다.

68 저장성을 향상시키기 위한 저장 전 처리에 관한 설명으로 옳지 않은 것은?

① 수박은 고온기 수확 시 품온이 높아 바로 수송할 경우 부패하기 쉬우므로 예냉을 실시한다.
② 감자는 수확 시 생긴 상처를 빨리 아물게 하기 위해 큐어링을 실시한다.
③ 마늘은 휴면이 끝나면 싹이 자라 상품성이 저하될 수 있으므로 맹아 억제 처리를 한다.
④ 결구배추는 수분 손실을 줄이기 위해 수확한 후 바로 저장고에 넣어 보관한다.

> **TIP** 결구배추는 수분 손실을 줄이기 위해 일정 기간 환기와 함께 예냉을 거친 후 저장한다. 수확 후 바로 저장고에 넣으면 배추 내부의 열기가 제거되지 않아 부패할 위험이 있다.

ANSWER
65.① 66.③ 67.③ 68.④

69 식물 분류학적으로 같은 과(科)에 속하지 않는 것은?

① 배
② 블루베리
③ 복숭아
④ 복분자

> **TIP** ② 진달래과
> ①③④ 장미과

70 멀칭의 목적으로 옳은 것은?

① 휴면 촉진
② 단일 촉진
③ 잡초 발생 억제
④ 단위결과 억제

> **TIP** 멀칭은 작물 주변의 토양 표면을 비닐, 짚, 플라스틱 등의 재료로 덮어주는 농업 기술이다. 멀칭을 통해 잡초의 생육에 필요한 빛을 차단하여 잡초의 성장을 방지한다.
> ※ 멀칭(바닥덮기)… 농작물을 재배할 때 토양의 표면을 덮어주는 작업이다. 잡초 발생 억제, 토양의 건조방지, 토양의 보호, 병원체 차단 등의 효과가 있다.

71 물리적 병충해 방제방법을 모두 고른 것은?

㉠ 토양 가열	㉡ 천적 곤충 이용
㉢ 증기 소독	㉣ 윤작 등 작부체계의 변경

① ㉠㉢
② ㉠㉣
③ ㉡㉢
④ ㉡㉣

> **TIP** ㉡ 생물적 방제 ㉣ 경종적 방제
> ※ 물리적 **병충해** 제거방법 … 열이나 빛을 이용한 방제법으로 온도조절, 광처리, 공기조절, 수량조절 등이 있으며, 이를 이용하여 소각, 담수, 포살 및 채란, 필름을 이용한 차단 등을 이용한다.

ANSWER
69.② 70.③ 71.①

72 과수에서 세균에 의한 병으로만 나열한 것은?

① 근두암종병, 화상병, 궤양병
② 근두암종병, 탄저병, 부란병
③ 화상병, 탄저병, 궤양병
④ 화상병, 근두암종병, 부란병

> **TIP** 과수에서 발생하는 세균에 의한 병해는 근두암종병, 화상병, 궤양병, 증생병 등이 있다.

73 다음에서 설명하는 온실형은?

> • 처마가 높고 폭이 좁은 양지붕형 온실을 연결한 형태이다.
> • 토마토, 파프리카(착색단고추) 등 과채류 재배에 적합하다.

① 양쪽지붕형
② 터널형
③ 벤로형
④ 쓰리쿼터형

> **TIP** ③ 벤로형 : 네덜란드의 벤로 지역에서 시작된 온실 형태이다. 마가 높고 폭이 좁은 양지붕형 온실을 연결한 형태로 골격률이 낮아 투광률이 높으므로 난방비가 절약된다. 토마토, 파프리카, 오이, 피망 등의 키가 큰 호온성 과채류 재배에 적합하다.
> ① 양쪽지붕형 : 양쪽으로 경사진 지붕을 가진 구조의 온실이다. 두 면이 지붕 형태로 경사를 이루고 있으며, 환기와 채광이 용이하다.
> ② 터널형 : 아치형으로 길게 이어진 구조를 가진 온실이다. 구조가 단순하고 경제적이며, 주로 비닐로 덮여 있으며 넓은 면적을 효율적으로 덮을 수 있어서 저비용으로 넓은 면적을 덮을 때 사용된다.
> ④ 쓰리쿼터형 : 지붕의 한쪽 면이 다른 면보다 길게 경사진 구조를 가진 온실이다. 일조량을 극대화하기 위해 설계되었다. 지붕의 한쪽 면이 더 길어 남쪽 창향으로 햇빛을 최대한 받도록 유도하는 형태이다.

ANSWER
72.① 73.③

74 다음 피복재 중 투과율이 가장 높은 연질 필름은?

① 염화비닐(PVC) 필름
② 불소계수지(ETFE) 필름
③ 에틸렌아세트산비닐(EVA) 필름
④ 폴리에틸렌(PE) 필름

> **TIP** '폴리오레핀필름 > 폴리에틸렌필름 > 에틸렌아세트산비닐 필름 > 염화비닐 필름' 순으로 투과율이 높다.

75 담액수경의 특징에 관한 설명으로 옳은 것은?

① 산소 공급 장치를 설치해야 한다.
② 베드의 바닥에 일정한 구배를 만들어 양액이 흐르게 해야 한다.
③ 배지로는 펄라이트와 암면 등이 사용된다.
④ 베드를 높이 설치하여 작업효율을 높일 수 있다.

> **TIP** 담액수경 … 작물의 뿌리를 영양분이 포함된 물속에 담가 재배하는 방식이다. 베드에 다량의 배양을 순환시키며 뿌리에 산소를 공급하기 위한 산소공급 장치를 설치해야 한다. 산소공급방법에 따라 환류식, 낙차식, 수위조절식 등으로 구분된다.

ANSWER
74.④ 75.①

2022년 제8회 1차 시험

제1과목 「상법」 보험편

1 상법상 손해보험계약에 관한 설명으로 옳은 것은?
① 피보험자는 보험계약에서 정한 불확정한 사고가 발생한 경우 보험금의 지급을 보험자에게 청구할 수 없다.
② 보험자가 보험계약자로부터 보험계약의 청약과 함께 보험료 상당액의 전부 또는 일부의 지급을 받은 때는 다른 약정이 없으면 30일 이내에 낙부통지를 발송해야 한다.
③ 보험자는 보험사고가 발생한 경우 보험금이 아닌 형태의 보험급여를 지급할 것을 약정할 수 없다.
④ 보험기간의 시기(始期)는 보험계약 체결시점과 같아야 한다.

> **TIP** ② 「상법」 제638조의2(보험계약의 성립) 제1항
> ①③ 보험계약은 당사자 일방이 약정한 보험료를 지급하고 재산 또는 생명이나 신체에 불확정한 사고가 발생할 경우에 상대방이 일정한 보험금이나 그 밖의 급여를 지급할 것을 약정함으로써 효력이 생긴다〈상법 제638조(보험계약의 의의)〉.
> ④ 보험계약은 그 계약전의 어느 시기를 보험기간의 시기로 할 수 있다〈상법 제643조(소급보험)〉.

2 甲보험회사의 화재보험 약관에는 보험계약자에게 설명해야 하는 중요한 내용을 포함하고 있으나 甲회사가 이를 설명하지 않고 보험계약을 체결하였다. 이에 관한 설명으로 옳지 않은 것은? (다툼이 있으면 판례에 따름)
① 보험계약이 성립한 날로부터 1개월이 된 시점이라면 보험계약자는 보험계약을 취소할 수 있다.
② 甲보험회사는 화재보험약관을 보험계약자에게 교부해야 한다.
③ 보험계약이 성립한 날로부터 4개월이 된 시점이라면 보험계약자는 보험계약을 취소할 수 없다.
④ 보험계약자가 보험계약을 취소하지 않았다면 甲보험회사는 중요한 약관조항을 계약의 내용으로 주장할 수 있다.

> **TIP** 보험약관의 교부·설명 의무〈상법 제638조의3〉
> ① 보험자는 보험계약을 체결할 때에 보험계약자에게 보험약관을 교부하고 그 약관의 중요한 내용을 설명하여야 한다.
> ② 보험자가 ①을 위반한 경우 보험계약자는 보험계약이 성립한 날부터 3개월 이내에 그 계약을 취소할 수 있다.

ANSWER
1.② 2.④

3 상법상 보험증권에 관한 설명으로 옳은 것은?

① 보험계약자가 보험증권을 멸실한 경우에는 보험자에 대하여 증권의 재교부를 청구할 수 있으며, 그 증권 작성의 비용은 보험계약자가 부담한다.
② 기존의 보험계약을 변경한 경우 보험자는 그 보험증권에 그 사실을 기재함으로써 보험증권의 교부에 갈음할 수 없다.
③ 타인을 위한 보험계약이 성립된 경우에는 보험자는 그 타인에게 보험증권을 교부해야 한다.
④ 보험계약자가 최초의 보험료를 지급하지 아니한 경우에도 보험계약이 성립한 때에는 보험자는 지체 없이 보험증권을 작성하여 보험계약자에게 교부하여야 한다.

> **TIP** ① 「상법」 제642조(증권의 재교부청구)
> ② 기존의 보험계약을 연장하거나 변경한 경우에는 보험자는 그 보험증권에 그 사실을 기재함으로써 보험증권의 교부에 갈음할 수 있다〈상법 제640조(보험증권의 교부) 제2항〉.
> ③④ 보험자는 보험계약이 성립한 때에는 지체 없이 보험증권을 작성하여 보험계약자에게 교부하여야 한다. 그러나 보험계약자가 보험료의 전부 또는 최초의 보험료를 지급하지 아니한 때에는 그러하지 아니하다〈상법 제640조(보험증권의 교부) 제1항〉.

4 타인을 위한 손해보험계약(보험회사 A, 보험계약자 B, 타인 C)에서 보험사고의 객관적 확정이 있는 경우 그 보험계약의 효력에 관한 설명으로 옳지 않은 것은?

① 보험계약 당시에 보험사고가 이미 발생하였음을 B가 알고서 보험계약을 체결하였다면 그 계약은 무효이다.
② 보험계약 당시에 보험사고가 이미 발생하였음을 A와 B가 알았을지라도 C가 알지 못했다면 그 계약은 유효하다.
③ 보험계약 당시에 보험사고가 발생할 수 없음을 A가 알면서도 보험계약을 체결하였다면 그 계약은 무효이다.
④ 보험계약 당시에 보험사고가 발생할 수 없음을 A, B, C가 알지 못한 때에는 그 계약은 유효하다.

> **TIP** 보험계약 당시에 보험사고가 이미 발생하였거나 또는 발생할 수 없는 것인 때에는 그 계약은 무효로 한다. 그러나 당사자 쌍방과 피보험자가 이를 알지 못한 때에는 그러하지 아니하다〈상법 제644조(보험사고의 객관적 확정의 효과)〉.

ANSWER
3.① 4.②

5 상법상 보험대리상 등에 관한 설명으로 옳은 것은 모두 몇 개인가?

> - 보험대리상은 보험계약자로부터 보험료를 수령할 수 있는 권한을 갖는다.
> - 보험대리상이 아니면서 특정한 보험자를 위하여 계속적으로 보험계약의 체결을 중개하는 자는 보험자가 작성한 보험증권을 보험계약자에게 교부할 수 있는 권한을 갖는다.
> - 대리인에 의하여 보험계약을 체결한 경우 대리인이 안 사유는 그 본인이 안 것과 동일한 것으로 한다.
> - 보험자는 보험대리상이 보험계약자로부터 청약, 고지, 통지 등 보험계약에 관한 의사표시를 수령할 수 있는 권한을 제한할 수 없다.

① 1개　　　　　　　　　　　② 2개
③ 3개　　　　　　　　　　　④ 4개

TIP 보험대리상 등의 권한〈상법 제646조의2〉
① 보험대리상은 다음 각 호의 권한이 있다.
　　1. 보험계약자로부터 보험료를 수령할 수 있는 권한
　　2. 보험자가 작성한 보험증권을 보험계약자에게 교부할 수 있는 권한
　　3. 보험계약자로부터 청약, 고지, 통지, 해지, 취소 등 보험계약에 관한 의사표시를 수령할 수 있는 권한
　　4. 보험계약자에게 보험계약의 체결, 변경, 해지 등 보험계약에 관한 의사표시를 할 수 있는 권한
② ①에도 불구하고 보험자는 보험대리상의 ①의 각 권한 중 일부를 제한할 수 있다. 다만, 보험자는 그러한 권한 제한을 이유로 선의의 보험계약자에게 대항하지 못한다.
③ 보험대리상이 아니면서 특정한 보험자를 위하여 계속적으로 보험계약의 체결을 중개하는 자는 ①의 제1호(보험자가 작성한 영수증을 보험계약자에게 교부하는 경우만 해당한다) 및 제2호의 권한이 있다.

6 상법상 보험계약자가 보험자와 보험료를 분납하기로 약정한 경우에 관한 설명으로 옳지 않은 것은?

① 보험계약 체결 후 보험계약자가 제1회 보험료를 지급하지 아니한 경우, 다른 약정이 없는 한 계약 성립 후 2월이 경과하면 보험계약은 해제된 것으로 본다.
② 계속보험료가 연체된 경우 보험자는 즉시 그 계약을 해지할 수는 없다.
③ 계속보험료가 연체된 경우 보험대리상이 아니면서 특정한 보험자를 위하여 계속적으로 보험계약의 체결을 중개하는 자는 보험계약자에 대해 해지의 의사표시를 할 수 있는 권한이 있다.
④ 보험대리상이 아니면서 특정한 보험자를 위하여 계속적으로 보험계약의 체결을 중개하는 자는 보험자가 작성한 영수증을 보험계약자에게 교부하는 경우에 한하여 보험료를 수령할 권한이 있다.

TIP ③④ 보험대리상이 아니면서 특정한 보험자를 위하여 계속적으로 보험계약의 체결을 중개하는 자는 제1항 제1호(보험계약자로부터 보험료를 수령할 수 있는 권한(보험자가 작성한 영수증을 보험계약자에게 교부하는 경우만 해당한다)) 및 제2호(보험자가 작성한 보험증권을 보험계약자에게 교부할 수 있는 권한)의 권한이 있다〈상법 제646조의2(보험대리상 등의 권한) 제3항〉.
①② 「상법」 제650조(보험료의 지급과 지체의 효과)

✎ ANSWER
5.③　6.③

7 상법상 특정한 타인(이하 "A"라고 함)을 위한 손해보험계약에 관한 설명으로 옳은 것은?

① 보험계약자는 A의 동의를 얻지 아니하거나 보험증권을 소지하지 아니하면 그 계약을 해지하지 못한다.
② A가 보험계약에 따른 이익을 받기 위해서는 이익을 받겠다는 의사표시를 하여야 한다.
③ 보험계약자가 계속보험료의 지급을 지체한 때에는 보험자는 A에게 보험료 지급을 최고하지 않아도 보험계약을 해지할 수 있다.
④ 보험계약자가 A를 위해 보험계약을 체결하려면 A의 위임을 받아야 한다.

TIP 특정한 타인을 위한 보험의 경우에 보험계약자가 보험료의 지급을 지체한 때에는 보험자는 그 타인에게도 상당한 기간을 정하여 보험료의 지급을 최고한 후가 아니면 그 계약을 해제 또는 해지하지 못한다〈상법 제650조(보험료의 지급과 지체의 효과)〉.

8 상법상 손해보험계약의 부활에 관한 설명으로 옳지 않은 것은?

① 제1회 보험료의 지급이 이루어지지 않아 보험계약이 해제된 경우 보험계약자는 보험계약의 부활을 청구할 수 있다.
② 계속보험료의 연체로 인하여 보험계약이 해지되고 해지환급금이 지급되지 아니한 경우 보험계약자는 보험계약의 부활을 청구할 수 있다.
③ 계속보험료의 연체로 인하여 보험계약이 해지된 경우 보험계약자가 보험계약의 부활을 청구하려면 연체보험료에 약정이자를 붙여 보험자에게 지급해야 한다.
④ 보험계약자가 상법상의 요건을 갖추어 계약의 부활을 청구하는 경우 보험자는 30일 이내에 낙부통지를 발송해야 한다.

TIP 제650조의2 제2항(계속보험료가 약정한 시기에 지급되지 아니한 때에는 보험자는 상당한 기간을 정하여 보험계약자에게 최고하고 그 기간내에 지급되지 아니한 때에는 그 계약을 해지할 수 있다)에 따라 보험계약이 해지되고 해지환급금이 지급되지 아니한 경우에 보험계약자는 일정한 기간내에 연체보험료에 약정이자를 붙여 보험자에게 지급하고 그 계약의 부활을 청구할 수 있다.

ANSWER
7.① 8.①

9 상법상 고지의무에 관한 설명으로 옳은 것은?

① 타인을 위한 손해보험계약에서 그 타인은 고지의무를 부담하지 않는다.
② 보험자가 서면으로 질문한 사항은 중요한 사항으로 본다.
③ 고지의무자가 고의 또는 중과실로 중요한 사항을 불고지 또는 부실고지 한 사실을 보험자가 보험계약 체결직후 알게 된 경우, 보험자가 그 사실을 안 날로부터 1월이 경과하면 보험계약을 해지할 수 없다.
④ 고지의무자가 고의 또는 중과실로 중요한 사항을 불고지 또는 부실고지한 경우 보험자가 계약 당시에 그 사실을 알았을지라도 보험자는 보험계약을 해지할 수 있다.

> **TIP** ③④ 보험계약 당시에 보험계약자 또는 피보험자가 고의 또는 중대한 과실로 인하여 중요한 사항을 고지하지 아니하거나 부실의 고지를 한 때에는 보험자는 그 사실을 안 날로부터 1월 내에, 계약을 체결한 날로부터 3년 내에 한하여 계약을 해지할 수 있다. 그러나 보험자가 계약당시에 그 사실을 알았거나 중대한 과실로 인하여 알지 못한 때에는 그러하지 아니하다〈상법 제651조(고지의무위반으로 인한 계약해지)〉.
> ① 보험계약자는 위임을 받거나 위임을 받지 아니하고 특정 또는 불특정의 타인을 위하여 보험계약을 체결할 수 있다. 그러나 손해보험계약의 경우에 그 타인의 위임이 없는 때에는 보험계약자는 이를 보험자에게 고지하여야 하고, 그 고지가 없는 때에는 타인이 그 보험계약이 체결된 사실을 알지 못하였다는 사유로 보험자에게 대항하지 못한다〈상법 제639조(타인을 위한 보험)〉.
> ② 보험자가 서면으로 질문한 사항은 중요한 사항으로 추정한다〈상법 제651조의2(서면에 의한 질문의 효력)〉.

10 보험기간 중 사고발생의 위험이 현저하게 변경된 경우에 관한 설명으로 옳은 것을 모두 고른 것은?

> ㉠ 보험수익자가 이 사실을 안 때에는 지체 없이 보험자에게 통지하여야 한다.
> ㉡ 보험자가 보험계약자로부터 위험변경의 통지를 받은 때로부터 2월이 경과하면 계약을 해지할 수 없다.
> ㉢ 보험수익자의 고의로 인하여 위험이 현저하게 변경된 때에는 보험자는 보험료의 증액을 청구할 수 있다.
> ㉣ 피보험자의 중대한 과실로 인하여 위험이 현저하게 변경된 때에는 보험자는 계약을 해지할 수 없다.

① ㉠㉡
② ㉡㉢
③ ㉢㉣
④ ㉠㉡㉢㉣

> **TIP** ㉡㉢㉣ 보험기간 중에 보험계약자, 피보험자 또는 보험수익자의 고의 또는 중대한 과실로 인하여 사고발생의 위험이 현저하게 변경 또는 증가된 때에는 보험자는 그 사실을 안 날부터 1월 내에 보험료의 증액을 청구하거나 계약을 해지할 수 있다〈상법 제653조(보험계약자 등의 고의나 중과실로 인한 위험증가와 계약해지)〉.
> ㉠ 보험기간 중에 보험계약자 또는 피보험자가 사고발생의 위험이 현저하게 변경 또는 증가된 사실을 안 때에는 지체 없이 보험자에게 통지하여야 한다〈상법 제652조(위험변경증가의 통지와 계약해지) 제1항〉.

ANSWER
9.③ 10.②

11 보험계약의 해지에 관한 설명으로 옳지 않은 것은? (다툼이 있으면 판례에 따름)

① 보험자가 파산의 선고를 받은 때에는 보험계약자는 계약을 해지할 수 있다.
② 보험자가 보험기간 중에 사고발생의 위험이 현저하게 증가하여 보험계약을 해지한 경우 이미 지급한 보험금의 반환을 청구할 수 없다.
③ 보험자가 파산의 선고를 받은 경우 해지하지 아니한 보험계약은 파산선고 후 3월을 경과한 때에는 그 효력을 잃는다.
④ 보험자가 보험기간 중 사고발생의 위험이 현저하게 변경되었음을 이유로 계약을 해지하려는 경우 그 사실을 입증하여야 한다.

> **TIP** ② 보험사고가 발생하기 전에는 보험계약자는 언제든지 계약의 전부 또는 일부를 해지할 수 있다. 이 경우에는 보험계약자는 당사자 간에 다른 약정이 없으면 미경과 보험료의 반환을 청구할 수 있다〈상법 제649조(사고발생 전의 임의해지) 제1항 및 3항〉.
> ①③ 「상법」 제654조(보험자의 파산선고와 계약해지)
> ④ 보험계약의 보험약관에서 '피보험자가 고의로 자신을 해친 경우'를 보험자의 면책사유로 규정하고 있는 경우 보험자가 보험금 지급책임을 면하기 위하여는 위 면책사유에 해당하는 사실을 증명할 책임이 있다. 이 경우 보험자는 자살의 의사를 밝힌 유서 등 객관적인 물증의 존재나, 일반인의 상식에서 자살이 아닐 가능성에 대한 합리적인 의심이 들지 않을 만큼 명백한 주위 정황사실을 증명하여야 한다[대법원 2001. 1. 30. 선고 2000다12495 판결, 대법원 2002. 3. 29. 선고 2001다49234 판결 등 참조].

12 상법상 보험사고의 발생에 따른 보험자의 책임에 관한 설명으로 옳은 것은?

① 보험수익자가 보험사고의 발생을 안 때에는 보험자에게 그 통지를 할 의무가 없다.
② 보험사고가 보험계약자의 고의로 인하여 생긴 때에는 보험자는 보험금액을 지급할 책임이 없다.
③ 보험자는 보험금액의 지급에 관하여 약정기간이 없는 경우 지급할 보험금액이 정하여진 날로부터 5일 내에 지급하여야 한다.
④ 보험자의 책임은 당사자간에 다른 약정이 없으면 보험계약자가 보험계약의 체결을 청약한 때로부터 개시한다.

> **TIP** ② 「상법」 제682조(제3자에 대한 보험대위) 제2항
> ① 보험계약자 또는 피보험자나 보험수익자는 보험사고의 발생을 안 때에는 지체 없이 보험자에게 그 통지를 발송하여야 한다〈상법 제657조(보험사고발생의 통지의무) 제1항〉.
> ③ 보험자는 보험금액의 지급에 관하여 약정기간이 있는 경우에는 그 기간 내에 약정기간이 없는 경우에는 제657조(보험사고 발생의 통지의무) 제1항의 통지를 받은 후 지체 없이 지급할 보험금액을 정하고 그 정하여진 날부터 10일 내에 피보험자 또는 보험수익자에게 보험금액을 지급하여야 한다〈상법 제658조(보험금액의 지급)〉.
> ④ 보험자의 책임은 당사자 간에 다른 약정이 없으면 최초의 보험료의 지급을 받은 때로부터 개시한다〈상법 제656조(보험료의 지급과 보험자의 책임개시)〉.

ANSWER
11.② 12.②

13 상법 보험편에 관한 설명으로 옳지 않은 것은? (다툼이 있으면 판례에 따름)

① 재보험에서는 당사자 간의 특약에 의하여 상법 보험편의 규정을 보험계약자의 불이익으로 변경할 수 있다.
② 보험계약자 등의 불이익변경 금지원칙은 보험계약자와 보험자가 서로 대등한 경제적 지위에서 계약조건을 정하는 기업보험에 있어서는 그 적용이 배제된다.
③ 상법 보험편의 규정은 그 성질에 반하지 아니하는 범위에서 공제에도 준용된다.
④ 상법 보험편의 규정은 약관에 의하여 피보험자나 보험수익자의 이익으로 변경할 수 없다.

 ④ 보험계약의 당사자는 보험증권의 교부가 있은 날로부터 일정한 기간 내에 한하여 그 증권내용의 정부에 관한 이의를 할 수 있음을 약정할 수 있다. 이 기간은 1월을 내리지 못한다〈상법 제641조(증권에 관한 이의약관의 효력)〉.
① 「상법」 제663조(보험계약자 등의 불이익변경금지)
② 「상법」 제663조(보험계약자 등의 불이익변경금지)에 규정된 '보험계약자 등의 불이익변경 금지원칙'은 보험계약자와 보험자가 서로 대등한 경제적 지위에서 계약조건을 정하는 이른바 기업보험에 있어서의 보험계약 체결에 있어서는 그 적용이 배제된다[대법원 2005. 8. 25. 선고 2004다18903 판결].
③ 「상법」 제664조(상호보험, 공제 등에의 준용)

14 상법상 손해보험증권에 기재되어야 하는 사항으로 옳은 것은 모두 몇 개인가?

| • 보험수익자의 주소, 성명 또는 상호 | • 무효의 사유 |
| • 보험사고의 성질 | • 보험금액 |

① 1개 ② 2개
③ 3개 ④ 4개

 손해보험증권〈상법 제666조〉 … 손해보험증권에는 다음의 사항을 기재하고 보험자가 기명날인 또는 서명하여야 한다.
1. 보험의 목적
2. 보험사고의 성질
3. 보험금액
4. 보험료와 그 지급방법
5. 보험기간을 정한 때에는 그 시기와 종기
6. 무효와 실권의 사유
7. 보험계약자의 주소와 성명 또는 상호
7의2. 피보험자의 주소, 성명 또는 상호
8. 보험계약의 연월일
9. 보험증권의 작성지와 그 작성 연월일

ANSWER
13.④ 14.③

15 상법상 손해보험에 관한 설명으로 옳지 않은 것은?

① 당사자 간에 보험가액을 정한 때에는 그 가액은 사고발생 시의 가액으로 정한 것으로 본다.
② 당사자는 약정에 의하여 보험사고로 인하여 상실된 피보험자가 얻을 보수를 보험자가 보상할 손해액에 산입할 수 있다.
③ 화재보험의 보험자는 화재의 소방 또는 손해의 감소에 필요한 조치로 인하여 생긴 손해를 보상할 책임이 있다.
④ 보험계약은 금전으로 산정할 수 있는 이익에 한하여 보험계약의 목적으로 할 수 있다.

> **TIP** ① 당사자 간에 보험가액을 정한 때에는 그 가액은 사고발생 시의 가액으로 정한 것으로 추정한다. 그러나 그 가액이 사고발생 시의 가액을 현저하게 초과할 때에는 사고발생 시의 가액을 보험가액으로 한다〈상법 제670조(기평가보험)〉.
> ②「상법」제667조(상실이익 등의 불산입)
> ③「상법」제684조(소방 등의 조치로 인한 손해의 보상)
> ④「상법」제668조(보험계약의 목적)

16 손해보험에서의 보험가액에 관한 설명으로 옳은 것은?

① 초과보험에 있어서 보험계약의 목적의 가액은 사고 발생시의 가액에 의하여 정한다.
② 보험금액이 보험계약의 목적의 가액을 현저하게 초과한 때에는 보험계약자는 소급하여 보험료의 감액을 청구할 수 있다.
③ 보험가액이 보험계약 당시가 아닌 보험기간 중에 현저하게 감소된 때에는 보험자는 보험료와 보험금액의 감액을 청구할 수 없다.
④ 초과보험이 보험계약자의 사기로 인하여 체결된 때에는 그 계약은 무효이며 보험자는 그 사실을 안 때까지의 보험료를 청구할 수 있다.

> **TIP** 초과보험〈상법 제669조〉
> ① 보험금액이 보험계약의 목적의 가액을 현저하게 초과한 때에는 보험자 또는 보험계약자는 보험료와 보험금액의 감액을 청구할 수 있다. 그러나 보험료의 감액은 장래에 대하여서만 그 효력이 있다.
> ② ①의 가액은 계약 당시의 가액에 의하여 정한다.
> ③ 보험가액이 보험기간 중에 현저하게 감소된 때에도 ①과 같다.
> ④ ①의 경우에 계약이 보험계약자의 사기로 인하여 체결된 때에는 그 계약은 무효로 한다. 그러나 보험자는 그 사실을 안 때까지의 보험료를 청구할 수 있다.

ANSWER
15.① 16.④

17 상법상 소멸시효에 관하여 ( )에 들어갈 내용으로 옳은 것은?

> 보험금청구권은 (㉠)년간, 보험료청구권은 (㉡)년간, 적립금의 반환청구권은 (㉢)년간 행사하지 아니하면 시효의 완성으로 소멸한다.

	㉠	㉡	㉢
①	2	3	2
②	2	3	3
③	3	2	3
④	3	3	2

TIP 보험금청구권은 <u>3년간</u>, 보험료청구권은 <u>2년간</u>, 보험료 또는 적립금의 반환청구권은 <u>3년간</u> 행사하지 아니하면 시효의 완성으로 소멸한다〈상법 제662조(소멸시효)〉.

18 상법상 중복보험에 관한 설명으로 옳지 않은 것은?

① 보험계약자가 중복보험의 체결사실을 보험자에게 통지하지 아니한 경우 보험자는 보험계약을 취소할 수 있다.
② 중복보험을 체결한 경우 보험계약자는 각 보험자에 대하여 각 보험계약의 내용을 통지하여야 한다.
③ 중복보험이라 함은 동일한 보험계약의 목적과 동일한 사고에 관하여 수개의 보험계약이 동시에 또는 순차로 체결된 경우를 말한다.
④ 중복보험은 하나의 보험계약을 수인의 보험자와 체결한 공동보험과 구별된다.

TIP 중복보험〈상법 제672조〉
① 동일한 보험계약의 목적과 동일한 사고에 관하여 수개의 보험계약이 동시에 또는 순차로 체결된 경우에 그 보험금액의 총액이 보험가액을 초과한 때에는 보험자는 각자의 보험금액의 한도에서 연대책임을 진다. 이 경우에는 각 보험자의 보상책임은 각자의 보험금액의 비율에 따른다.
② 동일한 보험계약의 목적과 동일한 사고에 관하여 수개의 보험계약을 체결하는 경우에는 보험계약자는 각 보험자에 대하여 각 보험계약의 내용을 통지하여야 한다.

ANSWER
17.③ 18.①

19 다음 사례에 관한 설명으로 옳은 것은? (단, 다른 약정이 없고, 보험사고 당시 보험가액은 보험계약 당시와 동일한 것으로 전제함)

> 〈사례 1〉 甲은 보험가액이 3억 원인 자신의 아파트를 보험목적으로 하여 A보험회사 및 B보험회사와 보험금액을 3억 원으로 하는 화재보험계약을 각각 체결하였다.
> 〈사례 2〉 乙은 보험가액이 10억 원인 자신의 건물을 보험목적으로 하여 C보험회사와 보험금액을 5억 원으로 하는 화재보험계약을 체결하였다.

① 화재로 인하여 甲의 아파트가 전부 소실된 경우 甲은 A와 B로부터 각각 3억 원의 보험금을 수령할 수 있다.
② 화재로 인하여 甲의 아파트가 전부 소실된 경우 甲이 A에 대한 보험금 청구를 포기하였다면 甲에게 보험금 3억 원을 지급한 B는 A에 대해 구상금을 청구할 수 없다.
③ 화재로 인하여 乙의 건물에 5억 원의 손해가 발생한 경우 C는 乙에게 5억 원을 보험금으로 지급하여야 한다.
④ 화재로 인하여 甲의 아파트가 전부 소실된 경우 A는 甲에 대하여 3억 원의 한도에서 B와 연대책임을 부담한다.

TIP 〈사례 1〉은 중복보험, 〈사례 2〉는 일부보험과 관련이 있다.
①②④ 동일한 보험계약의 목적과 동일한 사고에 관하여 수개의 보험계약이 동시에 또는 순차로 체결된 경우에 그 보험금액의 총액이 보험가액을 초과한 때에는 보험자는 각자의 보험금액의 한도에서 연대책임을 진다. 이 경우에는 각 보험자의 보상책임은 각자의 보험금액의 비율에 따른다〈상법 제672조(중복보험) 제1항〉.
③ 보험가액의 일부를 보험에 붙인 경우에는 보험자는 보험금액의 보험가액에 대한 비율에 따라 보상할 책임을 진다. 그러나 당사자 간에 다른 약정이 있는 때에는 보험자는 보험금액의 한도 내에서 그 손해를 보상할 책임을 진다〈상법 제674조(일부보험)〉.

19.④

20 화재보험에 있어서 보험자의 보상의무에 관한 설명으로 옳지 않은 것은? (다툼이 있으면 판례에 따름)

① 보험사고의 발생은 보험금 지급을 청구하는 보험계약자 등이 입증해야 한다.
② 보험자의 보험금지급의무는 보험기간 내에 보험사고가 발생하고 그 보험사고의 발생으로 인하여 피보험자의 피보험이익에 손해가 생기면 성립된다.
③ 손해란 피보험이익의 전부 또는 일부가 멸실됐거나 감손된 것을 말한다.
④ 보험의 목적에 관하여 보험자가 부담할 손해가 생긴 경우에는 그 후 그 목적이 보험자가 부담하지 아니하는 보험사고의 발생으로 인하여 멸실된 때에는 보험자는 이미 생긴 손해를 보상할 책임을 면한다.

> **TIP** ③④ 보험의 목적에 관하여 보험자가 부담할 손해가 생긴 경우에는 그 후 그 목적이 보험자가 부담하지 아니하는 보험사고의 발생으로 인하여 멸실된 때에도 보험자는 이미 생긴 손해를 보상할 책임을 면하지 못한다〈상법 제675조(사고발생 후의 목적멸실과 보상책임)〉.
> ① 보험계약의 보험약관에서 '피보험자가 고의로 자신을 해친 경우'를 보험자의 면책사유로 규정하고 있는 경우 보험자가 보험금 지급책임을 면하기 위하여는 위 면책사유에 해당하는 사실을 증명할 책임이 있다. 이 경우 보험자는 자살의 의사를 밝힌 유서 등 객관적인 물증의 존재나, 일반인의 상식에서 자살이 아닐 가능성에 대한 합리적인 의심이 들지 않을 만큼 명백한 주위 정황사실을 증명하여야 한다[대법원 2001. 1. 30. 선고 2000다12495 판결, 대법원 2002. 3. 29. 선고 2001다4923 판결 등 참조].
> ② 「상법」 제638조(보험계약의 의의)

21 상법상 손해보험에서 손해액의 산정기준 등에 관한 설명으로 옳지 않은 것은?

① 보험자가 보상할 손해액은 그 손해가 발생한 때와 곳의 가액에 의하여 산정하는 것이 원칙이다.
② 손해액의 산정에 관한 비용은 보험계약자의 부담으로 한다.
③ 보험자가 손해를 보상할 경우에 보험료의 지급을 받지 아니한 잔액이 있으면 그 지급기일이 도래하지 아니한 때라도 보상할 금액에서 이를 공제할 수 있다.
④ 보험자는 약정에 따라 신품가액에 의하여 손해액을 산정할 수 있다.

> **TIP** 손해액의 산정기준〈상법 제676조〉
> ① 보험자가 보상할 손해액은 그 손해가 발생한 때와 곳의 가액에 의하여 산정한다. 그러나 당사자 간에 다른 약정이 있는 때에는 그 신품가액에 의하여 손해액을 산정할 수 있다.
> ② ①의 손해액의 산정에 관한 비용은 보험자의 부담으로 한다.

ANSWER
20.④ 21.②

22 상법상 손해보험에 있어 보험자의 면책 사유로 옳은 것을 모두 고른 것은?

> ㉠ 보험의 목적의 성질로 인한 손해
> ㉡ 보험의 목적의 하자로 인한 손해
> ㉢ 보험의 목적의 자연소모로 인한 손해
> ㉣ 보험사고가 보험계약자의 고의 또는 중대한 과실로 인하여 생긴 경우

① ㉠㉡
② ㉡㉢
③ ㉢㉣
④ ㉠㉡㉢㉣

TIP ㉠㉡㉢ 보험의 목적의 성질, 하자 또는 자연소모로 인한 손해는 보험자가 이를 보상할 책임이 없다〈상법 제678조(보험자의 면책사유)〉.
㉣ 보험사고가 보험계약자 또는 피보험자나 보험수익자의 고의 또는 중대한 과실로 인하여 생긴 때에는 보험자는 보험금액을 지급할 책임이 없다〈상법 제659조(보험자의 면책사유)〉.

23 상법상 손해보험에서 손해방지의무에 관한 설명으로 옳지 않은 것은? (다툼이 있으면 판례에 따름)

① 손해방지의무의 주체는 보험계약자와 피보험자이다.
② 손해방지를 위하여 필요 또는 유익하였던 비용은 보험자가 부담한다.
③ 손해방지를 위하여 필요 또는 유익하였던 비용과 보상액이 보험금액을 초과한 경우에는 보험금액의 한도에서만 보험자가 이를 부담한다.
④ 피보험자가 손해방지의무를 고의 또는 중과실로 위반한 경우 보험자는 손해방지의무 위반과 상당인과관계가 있는 손해에 대하여 배상을 청구할 수 있다.

TIP 보험계약자와 피보험자는 손해의 방지와 경감을 위하여 노력하여야 한다. 그러나 이를 위하여 필요 또는 유익하였던 비용과 보상액이 보험금액을 초과한 경우라도 보험자가 이를 부담한다〈상법 제680조(손해방지의무)〉.

ANSWER
22.④ 23.③

24 보험목적에 관한 보험대위에 관한 설명이다. (   )에 들어갈 내용으로 옳은 것은?

> 보험의 목적의 전부가 멸실한 경우에 (㉠)의 (㉡)를 지급한 보험자는 그 목적에 대한 (㉢)의 권리를 취득한다. 그러나 (㉣)의 일부를 보험에 붙인 경우에는 보험자가 취득할 권리는 보험금액의 보험가액에 대한 비율에 따라 이를 정한다.

	㉠	㉡	㉢	㉣
①	보험금액	전부	피보험자	보험가액
②	보험금액	일부	보험계약자	보험금액
③	보험가액	일부	피보험자	보험가액
④	보험가액	전부	피보험자	보험가액

TIP 보험의 목적의 전부가 멸실한 경우에 <u>보험금액</u>의 <u>전부</u>를 지급한 보험자는 그 목적에 대한 <u>피보험자</u>의 권리를 취득한다. 그러나 <u>보험가액</u>의 일부를 보험에 붙인 경우에는 보험자가 취득할 권리는 보험금액의 보험가액에 대한 비율에 따라 이를 정한다〈상법 제681조(보험목적에 관한 보험대위)〉.

25 제3자에 대한 보험대위에 관한 설명으로 옳지 않은 것은? (다툼이 있으면 판례에 따름)

① 제3자에 대한 보험대위의 취지는 이득금지 원칙의 실현과 부당한 면책의 방지에 있다.
② 보험자는 피보험자와 생계를 같이 하는 가족에 대한 피보험자의 권리는 취득하지 못하는 것이 원칙이다.
③ 보험금을 지급한 보험자는 그 지급한 금액의 한도에서 그 제3자에 대한 피보험자의 권리를 취득한다.
④ 보험약관상 보험자가 면책되는 사고임에도 불구하고 보험자가 보험금을 지급한 경우 피보험자의 제3자에 대한 권리를 대위취득할 수 있다.

TIP ④ 보험자는 보험사고로 인하여 생긴 보험계약자 또는 보험수익자의 제3자에 대한 권리를 대위하여 행사하지 못한다〈상법 제729조(제3자에 대한 보험대위의 금지)〉.
①②③ 「상법」 제682조(제3자에 대한 보험대위)

ANSWER
24.① 25.④

제2과목 농어업재해보험법령

26 농어업재해보험법상 재해보험 발전 기본계획에 포함되어야 하는 사항으로 명시되지 않은 것은?

① 재해보험의 종류별 가입률 제고 방안에 관한 사항
② 손해평가인의 정기교육에 관한 사항
③ 재해보험사업에 대한 지원 및 평가에 관한 사항
④ 재해보험의 대상 품목 및 대상 지역에 관한 사항

> **TIP** 기본계획 및 시행계획의 수립·시행〈농어업재해보험법 제2조의2 제2항〉… 기본계획에는 다음 각 호의 사항이 포함되어야 한다.
> 1. 재해보험사업의 발전 방향 및 목표
> 2. 재해보험의 종류별 가입률 제고 방안에 관한 사항
> 3. 재해보험의 대상 품목 및 대상 지역에 관한 사항
> 4. 재해보험사업에 대한 지원 및 평가에 관한 사항
> 5. 그 밖에 재해보험 활성화를 위하여 농림축산식품부장관 또는 해양수산부장관이 필요하다고 인정하는 사항

27 농어업재해보험법상 농업재해보험심의회의 심의사항에 해당되는 것을 모두 고른 것은?

㉠ 재해보험에서 보상하는 재해의 범위에 관한 사항
㉡ 손해평가의 방법과 절차에 관한 사항
㉢ 농어업재해재보험사업에 대한 정부의 책임범위에 관한 사항
㉣ 농어업재해보험사업 관련 자금의 수입과 지출의 적정성에 관한 사항

① ㉠㉡
② ㉡㉢
③ ㉠㉢㉣
④ ㉠㉡㉢㉣

> **TIP** 농업재해보험심의회〈농어업재해보험법 제3조 제1항〉… 농업재해보험 및 농업재해재보험에 관한 다음 각 호의 사항을 심의하기 위하여 농림축산식품부장관 소속으로 농업재해보험심의회를 둔다.
> 1. 제2조의3 각 호의 사항 : 재해보험에서 보상하는 재해의 범위에 관한 사항, 재해보험사업에 대한 재정지원에 관한 사항, 손해평가의 방법과 절차에 관한 사항, 농어업재해재보험사업에 대한 정부의 책임범위에 관한 사항, 재보험사업 관련 자금의 수입과 지출의 적정성에 관한 사항, 그 밖에 농업재해보험심의회의 위원장 또는 「수산업·어촌 발전 기본법」에 따른 중앙 수산업·어촌정책심의회의 위원장이 재해보험 및 재보험에 관하여 회의에 부치는 사항
> 2. 재해보험 목적물의 선정에 관한 사항
> 3. 기본계획의 수립·시행에 관한 사항
> 4. 다른 법령에서 심의회의 심의사항으로 정하고 있는 사항

ANSWER
26.② 27.④

28 농어업재해보험법상 재해보험을 모집할 수 있는 자에 해당하지 않는 것은?

① 산림조합중앙회의 임직원
② 「수산업협동조합법」에 따라 설립된 수협은행의 임직원
③ 「산림조합법」제48조의 공제규정에 따른 공제모집인으로서 농림축산식품부장관이 인정하는 자
④ 「보험업법」제83조제1항에 따라 보험을 모집할 수 있는 자

> **TIP** 보험모집〈농어업재해보험법 제10조 제1항〉
> 1. 산림조합중앙회와 그 회원조합의 임직원, 수협중앙회와 그 회원조합 및 「수산업협동조합법」에 따라 설립된 수협은행의 임직원
> 2. 「수산업협동조합법」 제60조(사업)의 공제규약에 따른 공제모집인으로서 수협중앙회장 또는 그 회원조합장이 인정하는 자
> 2의2. 「산림조합법」 제48조(공제규정)의 공제규정에 따른 공제모집인으로서 산림조합중앙회장이나 그 회원조합장이 인정하는 자
> 3. 「보험업법」 제83조(모집할 수 있는 자) 제1항에 따라 보험을 모집할 수 있는 자

29 농어업재해보험법상 손해평가 등에 관한 설명으로 옳은 것은?

① 재해보험사업자는 동일 시·군·구 내에서 교차손해평가를 수행할 수 없다.
② 농림축산식품부장관은 손해평가인이 공정하고 객관적인 손해평가를 수행할 수 있도록 연 1회 이상 정기교육을 실시하여야 한다.
③ 농림축산식품부장관이 손해평가 요령을 정한 뒤 이를 고시하려면 미리 금융위원회의 인가를 거쳐야 한다.
④ 농림축산식품부장관은 손해평가인 간의 손해평가에 관한 기술·정보의 교환을 금지하여야 한다.

> **TIP** ② 「농어업재해보험법」 제11조(손해평가 등) 제5항
> ① 재해보험사업자는 공정하고 객관적인 손해평가를 위하여 동일 시·군·구(자치구를 말한다) 내에서 교차손해평가(손해평가인 상호간에 담당지역을 교차하여 평가하는 것을 말한다)를 수행할 수 있다〈농어업재해보험법 제11조(손해평가 등) 제3항〉.
> ③ 농림축산식품부장관 또는 해양수산부장관은 제2항에 따른 손해평가 요령을 고시하려면 미리 금융위원회와 협의하여야 한다〈농어업재해보험법 제11조(손해평가 등) 제4항〉.
> ④ 농림축산식품부장관 또는 해양수산부장관은 손해평가인 간의 손해평가에 관한 기술·정보의 교환을 지원할 수 있다〈농어업재해보험법 제11조(손해평가 등) 제6항〉.

ANSWER
28.③ 29.②

30 농어업재해보험법령상 손해평가사의 자격 취소사유로 명시되지 않은 것은?

① 손해평가사의 자격을 거짓 또는 부정한 방법으로 취득한 경우
② 거짓으로 손해평가를 한 경우
③ 업무 수행과 관련하여 보험계약자로부터 향응을 제공받은 경우
④ 법 제11조의4 제7항을 위반하여 손해평가사 명의의 사용이나 자격증의 대여를 알선한 경우

> **TIP** 손해평가사의 자격 취소〈농어업재해보험법 제11조의5 제1항〉… 농림축산식품부장관은 다음 각 호의 어느 하나에 해당하는 사람에 대하여 손해평가사 자격을 취소할 수 있다. 다만, 제1호 및 제5호에 해당하는 경우에는 자격을 취소하여야 한다.
> 1. 손해평가사의 자격을 거짓 또는 부정한 방법으로 취득한 사람
> 2. 거짓으로 손해평가를 한 사람
> 3. 다른 사람에게 손해평가사의 명의를 사용하게 하거나 그 자격증을 대여한 사람
> 4. 손해평가사 명의의 사용이나 자격증의 대여를 알선한 사람
> 5. 업무정지 기간 중에 손해평가 업무를 수행한 사람

31 농어업재해보험법령상 보험금의 압류 금지에 관한 조문의 일부이다. ( )에 들어갈 내용은?

> 법 제12조 제2항에서 "대통령령으로 정하는 액수"란 다음 각 호의 구분에 따른 보험금 액수를 말한다.
> 1. 농작물·임산물·가축 및 양식수산물의 재생산에 직접적으로 소요되는 비용의 보장을 목적으로 법 제11조의7 제1항 본문에 따라 보험금수급전용계좌로 입금된 보험금 : 입금된 (㉠)
> 2. 제1호 외의 목적으로 법 제11조의7 제1항 본문에 따라 보험금수급전용계좌로 입금된 보험금 : 입금된 (㉡)에 해당하는 액수

	㉠	㉡
①	보험금의 2분의 1	보험금의 3분의 1
②	보험금의 2분의 1	보험금의 3분의 2
③	보험금 전액	보험금의 3분의 1
④	보험금 전액	보험금의 2분의 1

> **TIP** 보험금의 압류 금지〈농어업재해보험법 시행령 제12조의12〉… 법 제12조(수급권의 보호) 제2항에서 "대통령령으로 정하는 액수"란 다음 각 호의 구분에 따른 보험금 액수를 말한다.
> 1. 농작물·임산물·가축 및 양식수산물의 재생산에 직접적으로 소요되는 비용의 보장을 목적으로 법 제11조의7(보험금수급전용계좌) 제1항 본문에 따라 보험금수급전용계좌로 입금된 보험금 : 입금된 <u>보험금 전액</u>
> 2. 제1호 외의 목적으로 법 제11조의7(보험금수급전용계좌) 제1항 본문에 따라 보험금수급전용계좌로 입금된 보험금 : 입금된 <u>보험금의 2분의 1</u>에 해당하는 액수

ANSWER
30.③ 31.④

32 농어업재해보험법령상 재해보험사업자가 보험모집 및 손해평가 등 재해보험 업무의 일부를 위탁할 수 있는 자에 해당하지 않는 것은?

① 「농업협동조합법」에 따라 설립된 지역농업협동조합
② 「수산업협동조합법」에 따라 설립된 지구별 수산업협동조합
③ 「보험업법」 제187조에 따라 손해사정을 업으로 하는 자
④ 농어업재해보험 관련 업무를 수행할 목적으로 「민법」에 따라 설립된 영리법인

TIP 업무 위탁〈농어업재해보험법 시행령 제13조〉
1. 「농업협동조합법」에 따라 설립된 지역농업협동조합·지역축산업협동조합 및 품목별·업종별 협동조합
1의2. 「산림조합법」에 따라 설립된 지역산림조합 및 품목별·업종별 산림조합
2. 「수산업협동조합법」에 따라 설립된 지구별 수산업협동조합, 업종별 수산업협동조합, 수산물가공 수산업협동조합 및 수협은행
3. 「보험업법」 제187조(손해사정업)에 따라 손해사정을 업으로 하는 자
4. 농어업재해보험 관련 업무를 수행할 목적으로 「민법」 제32조(비영리법인의 설립과 허가)에 따라 농림축산식품부장관 또는 해양수산부장관의 허가를 받아 설립된 비영리법인

기출변형

33 농어업재해보험법상 재정지원에 관한 설명으로 옳지 않은 것은?

① 정부는 재해보험사업자의 재해보험의 운영 및 관리에 필요한 비용의 전부를 지원하여야 한다.
② 지방자치단체는 예산의 범위에서 재해보험가입자가 부담하는 보험료의 일부를 추가로 지원할 수 있다.
③ 「풍수해·지진재해보험법」에 따른 풍수해·지진재해보험에 가입한 자가 동일한 보험목적물을 대상으로 재해보험에 가입할 경우에는 재정지원을 하지 아니한다.
④ 법 제19조 제1항에 따른 보험료와 운영비의 지원 방법 및 지원 절차 등에 필요한 사항은 대통령령으로 정한다.

TIP ① 정부는 예산의 범위에서 재해보험가입자가 부담하는 보험료의 일부와 재해보험사업자의 재해보험의 운영 및 관리에 필요한 비용의 전부 또는 일부를 지원할 수 있다. 이 경우 지방자치단체는 예산의 범위에서 재해보험가입자가 부담하는 보험료의 일부를 추가로 지원할 수 있다〈농어업재해보험법 제19조(재정지원) 제1항〉.
②③④ 「농어업재해보험법」 제19조(재정지원)

ANSWER
32.④ 33.①

34 농어업재해보험법령상 손해평가인의 자격요건에 관한 내용의 일부이다. (   )에 들어갈 숫자는?

> 「학점인정 등에 관한 법률」 제8조에 따라 전문대학의 보험 관련 학과 졸업자와 같은 수준 이상의 학력이 있다고 인정받은 사람이나 「고등교육법」 제2조에 따른 학교에서 (㉠)학점(보험 관련 과목 학점이 (㉡)학점 이상이어야 한다) 이상을 이수한 사람 등 제7호에 해당하는 사람과 같은 수준 이상의 학력이 있다고 인정되는 사람

	㉠	㉡		㉠	㉡
①	60	40	②	60	45
③	80	40	④	80	45

TIP 「학점인정 등에 관한 법률」 제8조에 따라 전문대학의 보험 관련 학과 졸업자(졸업예정자를 포함한다)와 같은 수준 이상의 학력이 있다고 인정받은 사람이나 「고등교육법」 제2조에 따른 학교에서 80학점(보험 관련 과목 학점이 45학점 이상이어야 한다) 이상을 이수한 사람 등 제7호에 해당하는 사람과 같은 수준 이상의 학력이 있다고 인정되는 사람〈농어업재해보험법 시행령 [별표 2] 손해평가인의 자격요건(제12조 제1항 관련)〉

35 농어업재해보험법상 농어업재해재보험기금의 재원에 포함되는 것을 모두 고른 것은?

> ㉠ 재해보험가입자가 재해보험사업자에게 내야 할 보험료의 회수 자금
> ㉡ 정부, 정부 외의 자 및 다른 기금으로부터 받은 출연금
> ㉢ 농어업재해재보험기금의 운용수익금
> ㉣ 「농어촌구조개선 특별회계법」 제5조 제2항 제7호에 따라 농어촌구조개선 특별회계의 농어촌특별세사업계정으로부터 받은 전입금

① ㉠㉡㉢
② ㉠㉡㉣
③ ㉠㉢㉣
④ ㉡㉢㉣

TIP 기금의 조성〈농어업재해보험 제22조 제1항〉
1. 재해보험사업자가 정부에 내야 할 보험료(이하 "재보험료"라 한다)에 관한 사항에 따라 받은 재보험료
2. 정부, 정부 외의 자 및 다른 기금으로부터 받은 출연금
3. 재보험금의 회수 자금
4. 기금의 운용수익금과 그 밖의 수입금
5. 제2항에 따른 차입금
6. 「농어촌구조개선 특별회계법」 제5조(농어촌특별세사업계정의 세입 및 세출) 제2항 제7호에 따라 농어촌구조개선 특별회계의 농어촌특별세사업계정으로부터 받은 전입금

ANSWER 34.④ 35.④

36 농어업재해보험법령상 농어업재해재보험기금(이하 "기금"이라 한다)에 관한 설명으로 옳은 것은?

① 농림축산식품부장관은 행정안전부장관과 협의를 거쳐 기금의 관리·운용에 관한 사무의 일부를 농업정책보험금융원에 위탁할 수 있다.
② 농림축산식품부장관은 기금의 수입과 지출을 명확히 하기 위하여 농업정책보험금융원에 기금계정을 설치하여야 한다.
③ 기금의 관리·운용에 필요한 경비의 지출은 기금의 용도에 해당한다.
④ 기금은 농림축산식품부장관이 환경부장관과 협의하여 관리·운용한다.

> TIP ③ 「농어업재해보험법」 제23조(기금의 용도)
> ① 농림축산식품부장관은 해양수산부장관과 협의를 거쳐 기금의 관리·운용에 관한 사무의 일부를 농업정책보험금융원에 위탁할 수 있다〈농어업재해보험법 제24조(기금의 관리·운용) 제2항〉.
> ② 농림축산식품부장관은 해양수산부장관과 협의하여 법 제21조(기금의 설치)에 따른 농어업재해재보험기금의 수입과 지출을 명확히 하기 위하여 한국은행에 기금계정을 설치하여야 한다〈농어업재해보험법 시행령 제17조(기금계정의 설치)〉.
> ④ 기금은 농림축산식품부장관이 해양수산부장관과 협의하여 관리·운용한다〈농어업재해보험법 제24조(기금의 관리·운용) 제1항〉.

37 농어업재해보험법상 보험사업의 관리에 관한 설명으로 옳지 않은 것은?

① 농림축산식품부장관 또는 해양수산부장관은 재해보험사업을 효율적으로 추진하기 위하여 손해평가인력의 육성 업무를 수행한다.
② 농림축산식품부장관은 손해평가사의 업무 정지 처분을 하는 경우 청문을 하지 않아도 된다.
③ 농림축산식품부장관은 손해평가사 자격시험의 실시 및 관리에 관한 업무를 「한국산업인력공단법」에 따른 한국산업인력공단에 위탁할 수 있다.
④ 정부는 농어업인의 재해대비의식을 고양하고 재해보험의 가입을 촉진하기 위하여 교육·홍보 및 보험가입자에 대한 정책자금 지원, 신용보증 지원 등을 할 수 있다.

> TIP ② 손해평가사의 자격 취소, 손해평가사의 업무 정지 어느 하나에 해당하는 처분을 하려면 청문을 하여야 한다〈농어업재해보험법 제29조의2(청문)〉.
> ①③ 「농어업재해보험법」 제25조의2(농어업재해보험사업의 관리)
> ④ 「농어업재해보험법」 제28조(보험가입의 촉진 등)

ANSWER
36.③ 37.②

38 농어업재해보험법상 손해평가사의 자격을 취득하지 아니하고 그 명의를 사용하거나 자격증을 대여받은 자에게 부과될 수 있는 벌칙은?

① 과태료 5백만 원
② 벌금 2천만 원
③ 징역 6월
④ 징역 2년

> **TIP** 손해평가사의 명의를 사용하거나 그 자격증을 대여받은 자 또는 명의의 사용이나 자격증의 대여를 알선한 자는 1년 이하의 징역 또는 1천만 원 이하의 벌금에 처한다〈농어업재해보험법 제30조(벌칙) 제2항 제4호〉.

39 농업재해보험 손해평가요령상 용어의 정의에 관한 내용의 일부이다. (   )에 들어갈 내용은?

> "(   )"(이)라 함은 「농어업재해보험법」 제11조 제1항과 「농어업재해보험법 시행령」 제12조 제1항에서 정한 자 중에서 재해보험사업자가 위촉하여 손해평가업무를 담당하는 자를 말한다.

① 손해평가인
② 손해평가사
③ 손해사정사
④ 손해평가보조인

> **TIP** "<u>손해평가인</u>"이라 함은 법 제11조(손해평가 등) 제1항과 「농어업재해보험법 시행령」 제12조(손해평가인의 자격요건 등) 제1항에서 정한 자 중에서 재해보험사업자가 위촉하여 손해평가업무를 담당하는 자를 말한다〈농업재해보험 손해평가요령 제2조(용어의 정의)〉.

40 농업재해보험 손해평가요령상 손해평가인의 업무로 명시되지 않은 것은?

① 보험가액 평가
② 보험료율 산정
③ 피해사실 확인
④ 손해액 평가

> **TIP** 손해평가인의 업무〈농업재해보험 손해평가요령 제3조〉
> 1. 피해사실 확인
> 2. 보험가액 및 손해액 평가
> 3. 그 밖에 손해평가에 관하여 필요한 사항

ANSWER
38.③ 39.① 40.②

41 농업재해보험 손해평가요령상 손해평가인의 위촉과 교육에 관한 설명으로 옳은 것은?

① 손해평가인 정기교육의 세부내용 중 농업재해보험 상품 주요내용은 농업재해보험에 관한 기초지식에 해당한다.
② 손해평가인 정기교육의 세부내용에 피해유형별 현지조사표 작성 실습은 포함되지 않는다.
③ 재해보험사업자 및 「농어업재해보험법」 제14조에 따라 손해평가 업무를 위탁받은 자는 손해평가 업무를 원활히 수행하기 위하여 손해평가보조인을 운용할 수 있다.
④ 실무교육에 참여하는 손해평가인은 재해보험사업자에게 교육비를 납부하여야 한다.

> **TIP** ③ 「농업재해보험 손해평가요령」 제4조(손해평가인 위촉) 제3항
> ① 「농업재해보험 손해평가요령」 제5조의2(손해평가인 정기교육) 제1항 제2호에 따라 농업재해보험 상품 주요내용은 농업재해보험의 종류별 약관에 해당한다.
> ② 「농업재해보험 손해평가요령」 제5조의2(손해평가인 정기교육) 제1항 제4호에 피해유형별 현지조사표 작성 실습이 포함된다.
> ④ 「농업재해보험 손해평가요령」 제5조 손해평가인 실무교육) 제3항에 따라 손해평가인에 대하여 재해보험사업자는 소정의 교육비를 지급할 수 있다.

42 농업재해보험 손해평가요령상 손해평가인 위촉의 취소에 관한 설명이다. ( )에 들어갈 내용은?

> 재해보험사업자는 손해평가인이 「농어업재해보험법」 제30조에 의하여 벌금이상의 형을 선고받고 그 집행이 종료(집행이 종료된 것으로 보는 경우를 포함한다)되거나 집행이 면제된 날로부터 (㉠)년이 경과되지 아니한 자, 또는 (㉡) 기간 중에 손해평가업무를 수행한 자인 경우 그 위촉을 취소하여야 한다.

	㉠	㉡		㉠	㉡
①	1	자격정지	②	2	업무정지
③	1	업무정지	④	3	자격정지

> **TIP** 손해평가인 위촉의 취소 및 해지 등〈농업재해보험 손해평가요령 제6조 제1항〉… 재해보험사업자는 손해평가인이 다음 각 호의 어느 하나에 해당하게 되거나 위촉당시에 해당하는 자이었음이 판명된 때에는 그 위촉을 취소하여야 한다.
> 1. 피성년후견인
> 2. 파산선고를 받은 자로서 복권되지 아니한 자
> 3. 법 제30조(벌칙)에 의하여 벌금이상의 형을 선고받고 그 집행이 종료(집행이 종료된 것으로 보는 경우를 포함한다)되거나 집행이 면제된 날로부터 <u>2년</u>이 경과되지 아니한 자
> 4. 동 조에 따라 위촉이 취소된 후 2년이 경과하지 아니한 자
> 5. 거짓 그 밖의 부정한 방법으로 제4조(손해평가인 위촉)에 따라 손해평가인으로 위촉된 자
> 6. <u>업무정지</u> 기간 중에 손해평가업무를 수행한 자

ANSWER
41.③ 42.②

43 농업재해보험 손해평가요령상 손해평가반 구성에 관한 설명으로 옳은 것은?

① 자기가 실시한 손해평가에 대한 검증조사 및 재조사에 해당하는 손해평가의 경우 해당자를 손해평가반 구성에서 배제하여야 한다.
② 자기가 가입하였어도 모집하지 않은 보험계약에 관한 손해평가의 경우 해당자는 손해평가반 구성에 참여할 수 있다.
③ 손해평가인은 손해평가를 하는 경우에는 손해평가반을 구성하고 손해평가반별로 평가일정계획을 수립하여야 한다.
④ 손해평가반은 손해평가인을 3인 이상 포함하여 7인 이내로 구성한다.

TIP 손해평가반 구성 등〈농업재해보험 손해평가요령 제8조〉
① 재해보험사업자는 제2조(용어의 정의) 제1호의 손해평가를 하는 경우에는 손해평가반을 구성하고 손해평가반별로 평가일정계획을 수립하여야 한다.
② ①에 따른 손해평가반은 다음 각 호의 어느 하나에 해당하는 자를 1인 이상 포함하여 5인 이내로 구성한다.
　1. 손해평가인
　2. 손해평가사
　3. 손해사정사
③ ②의 규정에도 불구하고 다음 각 호의 어느 하나에 해당하는 손해평가에 대하여는 해당자를 손해평가반 구성에서 배제하여야 한다.
　1. 자기 또는 자기와 생계를 같이 하는 친족(이하 "이해관계자"라 한다)이 가입한 보험계약에 관한 손해평가
　2. 자기 또는 이해관계자가 모집한 보험계약에 관한 손해평가
　3. 직전 손해평가일로부터 30일 이내의 보험가입자 간 상호 손해평가
　4. 자기가 실시한 손해평가에 대한 검증조사 및 재조사

ANSWER
43.①

기출변형

44 농업재해보험 손해평가요령상 손해평가준비 및 평가결과 제출에 관한 설명으로 옳은 것은?

① 손해평가반은 재해보험사업자가 실시한 손해평가결과를 기록할 수 있도록 현지조사서를 마련하여야 한다.
② 손해평가반은 손해평가를 실시하기 전에 현지조사서를 재해보험사업자에게 배부하고 손해평가에 임하여야 한다.
③ 손해평가반은 보험가입자가 7일 이내게 손해평가가 잘못되었음을 증빙하는 서류 등을 제출하는 경우 다른 손해평가반으로 하여금 재조사를 실시하게 할 수 있다.
④ 손해평가반은 보험가입자가 정당한 사유 없이 손해평가를 거부하여 손해평가를 실시하지 못한 경우에는 그 피해를 인정할 수 없는 것으로 평가한다는 사실을 보험가입자에게 통지한 후 현지조사서를 재해보험사업자에게 제출하여야 한다.

TIP 손해평가준비 및 평가결과 제출〈농업재해보험 손해평가요령 제10조〉
① 재해보험사업자는 손해평가반이 실시한 손해평가결과와 손해평가업무를 수행한 손해평가반 구성원을 기록할 수 있도록 현지조사서를 마련하여야 한다.
② 재해보험사업자는 손해평가를 실시하기 전에 ①에 따른 현지조사서를 손해평가반에 배부하고 손해평가시의 주의사항을 숙지시킨 후 손해평가에 임하도록 하여야 한다.
③ 손해평가반은 현지조사서에 손해평가 결과를 정확하게 작성하여 보험가입자에게 이를 설명한 후 서명을 받아 재해보험사업자에게 최종 조사일로부터 5영업일 이내에 제출하여야 한다(다만, 하우스 등 원예시설과 축사 건물은 7영업일을 초과하여 제출할 수 있다). 드한, 보험가입자가 정당한 사유 없이 서명을 거부하는 경우 손해평가반은 보험가입자에게 손해평가 결과를 통지한 후 서명 없이 현지조사서를 재해보험사업자에게 제출하여야 한다.
④ 손해평가반은 보험가입자가 정당한 사유 없이 손해평가를 거부하여 손해평가를 실시하지 못한 경우에는 그 피해를 인정할 수 없는 것으로 평가한다는 사실을 보험가입자에게 통지한 후 현지조사서를 재해보험사업자에게 제출하여야 한다.
⑤ 재해보험사업자는 보험가입자가 손해평가반의 손해평가결과에 대하여 설명 또는 통지를 받은 날로부터 7일 이내에 손해평가가 잘못되었음을 증빙하는 서류 또는 사진 등을 제출하는 경우 재해보험사업자는 다른 손해평가반으로 하여금 재조사를 실시하게 할 수 있다.

ANSWER
44.④

45 농업재해보험 손해평가요령상 손해평가결과 검증에 관한 설명으로 옳은 것은?

① 재해보험사업자 및 재해보험사업의 재보험사업자는 손해평가반이 실시한 손해평가결과를 확인하기 위하여 손해평가를 실시한 보험목적물 중에서 일정수를 임의 추출하여 검증조사를 할 수 있다.
② 손해평가반은 농림축산식품부장관으로 하여금 검증조사를 하게 할 수 있다.
③ 손해평가결과와 임의 추출조사의 결과에 차이가 발생하면 해당 손해평가반이 조사한 전체 보험목적물에 대하여 재조사를 하여야 한다.
④ 보험가입자가 검증조사를 거부하는 경우 검증조사반은 손해평가 검증을 강제할 수 있다는 사실을 보험가입자에게 통지하여야 한다.

> **TIP** 손해평가결과 검증〈농업재해보험 손해평가요령 제11조〉
> ① 재해보험사업자 및 법 제25조의2(농어업 재해보험사업의 관리)에 따라 농어업재해보험사업의 관리를 위탁받은 기관(사업 관리 위탁 기관)은 손해평가반이 실시한 손해평가결과를 확인하기 위하여 손해평가를 실시한 보험목적물 중에서 일정수를 임의 추출하여 검증조사를 할 수 있다.
> ② 농림축산식품부장관은 재해보험사업자로 하여금 ①의 검증조사를 하게 할 수 있으며, 재해보험사업자는 특별한 사유가 없는 한 이에 응하여야 하고, 그 결과를 농림축산식품부장관에게 제출하여야 한다.
> ③ ① 및 ②에 따른 검증조사결과 현저한 차이가 발생되어 재조사가 불가피하다고 판단될 경우에는 해당 손해평가반이 조사한 전체 보험목적물에 대하여 재조사를 할 수 있다.
> ④ 보험가입자가 정당한 사유없이 검증조사를 거부하는 경우 검증조사반은 검증조사가 불가능하여 손해평가 결과를 확인할 수 없다는 사실을 보험가입자에게 통지한 후 검증조사결과를 작성하여 재해보험사업자에게 제출하여야 한다.
> ⑤ 사업 관리 위탁 기관이 검증조사를 실시한 경우 그 결과를 재해보험사업자에게 통보하고 필요에 따라 결과에 대한 조치를 요구할 수 있으며, 재해보험사업자는 특별한 사유가 없는 한 그에 따른 조치를 실시해야 한다.

46 농업재해보험 손해평가요령상 농업시설물의 보험가액 및 손해액 산정에 관한 설명이다. ( )에 들어갈 내용은?

> • 농업시설물에 대한 보험가액은 보험사고가 발생한 때와 곳에서 평가한 피해목적물의 (㉠)에서 내용연수에 따른 감가상각률을 적용하여 계산한 감가상각액을 (㉡)하여 산정한다.
> • 농업시설물에 대한 손해액은 보험사고가 발생한 때와 곳에서 산정한 피해목적물의 (㉢)을 말한다.

	㉠	㉡	㉢		㉠	㉡	㉢
①	시장가격	곱	시장가격	②	시장가격	차감	원상복구비용
③	재조달가액	곱	시장가격	④	재조달가액	차감	원상복구비용

> **TIP** 농업시설물의 보험가액 및 손해액 산정〈농업재해보험 손해평가요령 제15조〉
> ① 농업시설물에 대한 보험가액은 보험사고가 발생한 때와 곳에서 평가한 피해목적물의 <u>재조달가액</u>에서 내용연수에 따른 감가상각률을 적용하여 계산한 감가상각액을 <u>차감</u>하여 산정한다.
> ② 농업시설물에 대한 손해액은 보험사고가 발생한 때와 곳에서 산정한 피해목적물의 <u>원상복구비용</u>을 말한다.
> ③ ① 및 ②에도 불구하고 보험가입당시 보험가입자와 재해보험사업자가 보험가액 및 손해액 산정 방식을 별도로 정한 경우에는 그 방법에 따른다.

ANSWER
45.① 46.④

47 농업재해보험 손해평가요령상 특정위험방식 중 "인삼"의 경우, 다음의 조건으로 산정한 보험금은?

> • 보험가입금액: 1,000만 원
> • 보험가액: 1,000만 원
> • 피해율: 50%
> • 자기부담비율: 20%

① 200만 원
② 300만 원
③ 500만 원
④ 700만 원

TIP 1,000만 원 × (50% − 20%) = 300만 원

※ 농작물의 보험금 산정(특정위험방식)〈농업재해보험 손해평가요령 [별표 1]〉

구분	보장 범위	산정 내용	비고
특정위험방식	작물특정위험보장	보험가입금액 × (피해율 − 자기부담비율) ※ 피해율 = $(1 - \frac{수확량}{연근별기준수확량}) \times \frac{피해면적}{재배면적}$	인삼

기출변형

48 농업재해보험 손해평가요령상 종합위험방식 「이앙·직파불능보장」에서 "벼"의 경우, 보험가입금액이 1,000만 원이고 보험가액이 1,500만 원이라면 산정한 보험금은? (단, 다른 사정은 고려하지 않음)

① 100만 원
② 150만 원
③ 250만 원
④ 375만 원

TIP 1,000만 원 × 15% = 150만 원

※ 농작물의 보험금 산정(종합위험방식)〈농업재해보험 손해평가요령 [별표 1]〉

구분	보장 범위	산정 내용	비고
종합위험방식	이앙·직파불능	보험가입금액 × 15%	벼

ANSWER
47.② 48.②

기출변형

49 농업재해보험 손해평가요령상 종합위험방식 상품의 조사내용 중 "착과수조사"에 해당되는 품목은?

① 사과
② 오디
③ 자두
④ 단감

> **TIP** 농작물의 품목별·재해별·시기별 손해수량 조사방법(수확감소보장·과실손해보장 및 농업수입보장)〈농업재해보험 손해평가요령 [별표 2]〉

생육시기	재해	조사내용	조사시기	조사방법	비고
수확 직전	–	착과수 조사	수확직전	해당농지의 최초 품종 수확 직전 총 착과 수를 조사 ※ 피해와 관계없이 전 과수원 조사 ※ 조사방법 : 표본조사	포도, 복숭아, 자두, 감귤(만감류)만 해당

50 농업재해보험 손해평가요령상 농작물의 품목별·재해별·시기별 손해수량 조사방법 중 종합위험방식 상품에 관한 표의 일부이다. ( )에 들어갈 내용은?

생육시기	재해	조사내용	조사시기	조사방법	비고
수확 시작 후 ~ 수확 종료	태풍(강풍), 우박	(㉠)	사고접수 후 지체 없이	전체 열매수(전체 개화수) 및 수확 가능 열매수 조사 – 6월 1일 ~ 6월 20일 사고건에 한함 • 조사방법 : 표본조사	(㉡)만 해당

	㉠	㉡		㉠	㉡
①	과실손해조사	복분자	②	과실손해조사	무화과
③	수확량조사	복분자	④	수확량조사	무화과

> **TIP** 농작물의 품목별·재해별·시기별 손해수량 조사방법(수확감소보장·과실손해보장 및 농업수입보장)〈농업재해보험 손해평가요령 [별표 2]〉

생육시기	재해	조사내용	조사시기	조사방법	비고
수확 시작 후 ~ 수확종료	태풍(강풍), 우박	과실 손해조사	사고접수 후 지체 없이	전체 열매수(전체 개화수) 및 수확 가능 열매수 조사 ※ 6월 1일 ~ 6월 20일 사고건에 한함 ※ 조사방법 : 표본조사	복분자만 해당

ANSWER
49.③ 50.①

제3과목 농학개론 중 재배학 및 원예작물학

51 작물 분류학적으로 과명(family name)별 작물의 연결이 옳은 것은?

① 백합과 – 수선화
② 가지과 – 감자
③ 국화과 – 들깨
④ 장미과 – 블루베리

> **TIP** ① 수선화과 – 수선화
> ③ 꿀풀과 – 들깨
> ④ 진달래과 – 블루베리

52 토양의 생화학적 환경에 관한 내용이다. ( )에 들어갈 내용으로 옳은 것은?

> 높은 강우 또는 관수량의 토양에서는 용탈작용으로 토양의 (㉠)가 촉진되고, 이 토양에서는 아연과 망간의 흡수율이 (㉡)진다. 반면, 탄질비가 높은 유기물 토양에서는 미생물 밀도가 높아져 부숙 시 토양 질소함량이 (㉢)하게 된다.

	㉠	㉡	㉢
①	산성화	높아	감소
②	염기화	낮아	증가
③	염기화	높아	감소
④	산성화	낮아	증가

> **TIP** 높은 강우 또는 관수량의 토양에서는 용탈작용으로 토양의 산성화가 촉진되고, 이 토양에서는 아연과 망간의 흡수율이 높아진다. 반면, 탄질비가 높은 유기물 토양에서는 미생물 밀도가 높아져 부숙 시 토양 질소함량이 감소하게 된다.
> ※ 토양의 산성화
> ㉠ 개념 : 기후나 공해에 의해 토양의 pH가 낮아지는 현상을 말한다.
> ㉡ 원인 : 토양 중의 Ca^{2+}, Mg^{2+}, K^+ 등의 치환성 염기가 용탈되어 미포화 교질이 많아져 산성화가 이루어진다.

ANSWER
51.② 52.①

53 토양수분 스트레스를 줄이기 위한 재배방법으로 옳지 않은 것은?

① 요수량이 낮은 품종을 재배한다.
② 칼륨결핍이 발생하지 않도록 재배한다.
③ 질소과용이 발생하지 않도록 한다.
④ 밭 재배 시 재식밀도를 높여 준다.

> **TIP** 밭 재배를 할 때에 재식밀도를 성기게 한다.
> ※ 토양수분 증발 억제 … 증발억제제 살포, 중경제초, 피복, 드라이 파이밍, 토양 입단을 조성한다.

54 내건성 작물의 생육특성을 모두 고른 것은?

> ㉠ 기공 크기의 증가
> ㉡ 지상부보다 근권부 발달
> ㉢ 낮은 호흡에 따른 저장물질의 소실 감소

① ㉠㉡   ② ㉠㉢
③ ㉡㉢   ④ ㉠㉡㉢

> **TIP** ㉠ 잎 조직이 치밀하고 표피에 각피가 발달되었다. 기공이 작고 그 수가 많다.
> ㉡ 지상부에 비해서 뿌리가 잘 발달된 특성이 있다.
> ㉢ 건조할 때 호흡이 낮아지는 정도가 크고 광합성의 감퇴 정도가 낮다.
> ※ 내건성작물 … 가뭄이나 건조한 환경에서도 비교적 잘 자라는 작물을 말한다. 이러한 작물은 수분이 부족한 조건에서도 생육이 가능한 특성을 지니며, 주로 뿌리가 깊거나 잎이 작고 두꺼워 수분 손실을 줄이는 구조를 갖고 있다. 또한 생장 기간이 짧거나 수분 요구가 낮은 특성을 통해 물 부족 상황을 견딜 수 있다. 대표적인 내건성 작물로는 조, 수수, 기장, 옥수수, 밀 등의 곡류와 강낭콩, 녹두, 병아리콩 등의 콩과작물, 그리고 고구마, 당근과 같은 근채류가 있다. 참깨, 해바라기, 땅콩 등의 유류작물도 내건성 작물로 분류된다. 다만, 내건성 작물이라고 해서 물이 전혀 필요 없는 것은 아니며, 발아기나 초기 생육기에는 적절한 수분 공급이 필요하다.

55 광도가 증가함에 따라 작물의 광합성이 증가하는데 일정 수준 이상에 도달하게 되면 더 이상 증가하지 않는 지점은?

① 광순화점   ② 광보상점
③ 광반응점   ④ 광포화점

> **TIP** ① 광순화점 : 광합성 속도가 더 이상 증가하지 않고 최대치에 도달하는 빛의 강도이다.
> ② 광보상점 : 광합성으로 생성된 산소량과 호흡으로 소비된 산소량이 동일해지는 빛의 강도이다.
> ③ 광반응점 : 식물이 빛에 반응하여 광합성을 시작하는 최소한의 빛 강도이다.

ANSWER
53.④ 54.③ 55.④

56 토양침식이 우려될 때 재배법으로 옳지 않은 것은?

① 점토함량이 높은 식토 경지에서 재배한다.
② 토양의 입단화를 유지한다.
③ 경사지에서는 계단식 재배를 한다.
④ 녹비작물로 초생재배를 한다.

> TIP 식토는 점토함량이 낮다.
> ※ 식토의 특성
>   ㉠ 투기·투수가 불량하고 유기질 분해가 느리다.
>   ㉡ 습해나 유해물질에 의해 피해를 입기 쉽다.
>   ㉢ 접착력이 강하고 건조하면 굳어져서 경작이 불편하다.

57 다음 ( )에 들어갈 내용으로 옳은 것은?

> 저온에서 일정 기간 이상 경과하게 되면 식물체 내 화아분화가 유기되는 것을 (㉠)라 말하며, 이후 25 ~ 30℃에 3 ~ 4주 정도 노출시켜 이미 받은 저온감응을 다시 상쇄시키는 것을 (㉡)라 한다.

	㉠	㉡
①	춘화	일비
②	이춘화	춘화
③	춘화	이춘화
④	이춘화	일비

> TIP 저온에서 일정 기간 이상 경과하게 되면 식물체 내 화아분화가 유기되는 것을 춘화라 말하며, 이후 25 ~ 30℃에 3 ~ 4주 정도 노출시켜 이미 받은 저온감응을 다시 상쇄시키는 것을 이춘화라 한다.
> ※ 춘화, 이춘화 및 일비
>   ㉠ 춘화 : 저온에서 일정 기간 이상 경과하게 되면 식물체 내 화아분화가 유기되는 것이다.
>   ㉡ 이춘화 : 저온처리과정에서 환경이 고온건조 통기불량하게 되면 저온처리효과가 떨어지거나 심한 경우 아주 소실되는 것이다.
>   ㉢ 일비 : 수세미 등의 줄기를 절단했을 때 절구(切口)에서 수분이 솟아나오는 현상이다.

ANSWER
56.① 57.③

58 A손해평가사가 어떤 농가에게 다음과 같은 조언을 하고 있다. 다음 ( )에 들어갈 내용으로 옳은 것은?

> • 농가: 저희 농가의 딸기가 최근 2℃ 이하에서 생육스트레스를 받았습니다.
> • A: 딸기의 (㉠)를 잘 이해해야 합니다. 그리고 30℃를 넘지 않도록 관리해야 됩니다.
> • 농가: 그럼, 30℃는 딸기 생육의 (㉡)라고 생각해도 되는군요.

	㉠	㉡
①	생육가능온도	최적적산온도
②	생육최적온도	최적한계온도
③	생육가능온도	최고한계온도
④	생육최적온도	최고적산온도

㉠ 딸기의 생육온도는 발아적온 20℃, 육묘적온 17~20℃, 근비대적온 18℃, 저장적온 4℃이다.
㉡ 저온성 작물인 딸기는 28~30℃에서 온도 포화점에 도달한다. 30℃는 딸기의 최고한계온도에 해당한다.

59 정식기에 어린 묘를 외부환경에 미리 적응시켜 순화시키는 과정은?

① 경화　　　　　　　　　　② 왜화
③ 이화　　　　　　　　　　④ 동화

① 경화 : 월동작물이 5℃ 이하의 저온에 계속 처하게 되면 원형질의 수분투과성이 증대되고, 함수량의 저하, 세포액의 삼투압 증대, 당분과 수용성 단백질의 증대 등을 초래하여 내동성이 커지는 것이다.
② 왜화 : 식물의 키가 작아지는 생리적 또는 유전적 현상을 의미한다. 왜성 품종의 육종, 생장조절제의 처리, 저온·광 부족 등 환경 요인, 또는 왜성 대목에 접목하는 방식 등을 통해 유도될 수 있다. 작물의 왜화를 통해 도복을 방지하고, 관리 편의성과 품질 향상을 도모할 수 있다.
③ 이화 : 생물체 내에서 큰 분자를 작은 분자로 분해하면서 에너지를 방출하는 과정이다. 이는 세포호흡이나 소화 작용과 같이 에너지를 얻기 위해 유기물을 분해하는 작용을 의미하며, 포도당이 이산화탄소와 물로 분해되며 에너지를 생성하는 세포호흡이 대표적인 예에 해당한다.
④ 동화 : 물이 광합성이나 질소동화작용 등을 통해 무기물에서 유기물을 합성하는 과정이다. 이는 에너지를 소비하면서 작은 분자를 큰 분자로 합성하는 생합성 작용으로, 대표적인 예로 광합성을 통해 이산화탄소와 물로부터 포도당을 만들어내는 과정이 있다.

ANSWER
58.③　59.①

60 과수재배에 있어 생장조절물질에 관한 설명으로 옳지 않은 것은?

① 지베렐린 - 포도의 숙기촉진과 과실비대에 이용
② 루톤분제 - 대목용 삽목 번식 시 발근 촉진
③ 아브시스산 - 휴면 유도
④ 에틸렌 - 과실의 낙과 방지

> **TIP** ④ 에틸렌: 스트레스 호르몬으로 과실의 성숙과 노화에 관여한다.
> ① 지베렐린: 식물의 생장을 촉진시키고 개화현상에 관여한다.
> ② 루톤분제: 삽목과 삽묘에서 뿌리발근과 생육을 촉진에 효과가 있다.
> ③ 아브시스산: 식물의 휴면에 관여하고 불량한 환경에 의한 스트레스를 감소시키기 위해 분비된다.

61 도복 피해를 입은 작물에 대한 피해 경감대책으로 옳지 않은 것은?

① 왜성 품종 선택
② 질소질 비료 시용
③ 맥류에서의 높은 복토
④ 밀식재배 지양

> **TIP** 도복 대책
> ㉠ 대를 약하게 하는 병충해를 방제한다
> ㉡ 재식밀도를 적절하게 조절한다.
> ㉢ 질소 편중의 시비를 줄인다.
> ㉣ 키가 작고 대가 강한 도복에 강한 품종을 선택한다.
> ㉤ 맥류에서 복토를 깊게 한다.

62 무성생식에 비해 종자번식이 갖는 상업적 장점이 아닌 것은?

① 대량생산 용이
② 결실연령 단축
③ 원거리이동 용이
④ 우량종 개발

> **TIP** 무성번식이 유년기를 줄이면서 개화 및 결실연령을 단축할 수 있다.
> ※ 종자번식 및 무성생식
> ㉠ 종자번식
> • 번식이 쉽고 대량생산이 용이하다.
> • 품종개량을 위해 우량종을 개발할 수 있다.
> • 종자의 수송이 용이하며, 원거리 이동도 용이하다.
> • 교잡에 의해서 변이가 나타날 수 있다.
> ㉡ 무성생식
> • 작물의 동일한 품종을 모본의 유전적 특성을 유지하며 생산할 수 있다.
> • 종자로 번식이 불가능한 과수가 번식이 가능하다.
> • 유년기가 줄어 개화와 결실기를 단축할 수 있다.

ANSWER
60.④ 61.② 62.②

63 P손해평가사는 '가지'의 종자발아율이 낮아 고민하고 있는 육묘 농가를 방문하였다. 이 농가에서 잘못 적용한 영농법은?

① 보수성이 좋은 상토를 사용하였다.
② 통기성이 높은 상토를 사용하였다.
③ 광투과가 높도록 상토를 복토하였다.
④ pH가 교정된 육묘용 상토를 사용하였다.

TIP 가지는 싹이 트는 데에 시간이 비교적으로 많이 소요된다. 30℃ 정도의 따뜻한 곳에서 습한 상태로 유지하면 어린 싹이 보인다. 원예용 상토를 플러그 트레이, 플라스틱 상자 등에 80~90% 정도를 채운다. 씨를 뿌린 후에 종자가 보이지 않도록 상토를 덮고 물을 충분히 준 다음에 신문지로 덮어주면 발아한다.

64 토양 표면을 피복해 주는 멀칭의 효과가 아닌 것은?

① 잡초 억제
② 로제트 발생
③ 토양수분 조절
④ 지온 조절

TIP 멀칭의 효과
㉠ 토양수분이 유지된다.
㉡ 토양침식과 수분손실을 방지한다.
㉢ 토지의 유기물 함량이 증대된다.
㉣ 잡초의 발아가 억제된다.
㉤ 토양의 염분 농도 및 토양온도를 조절한다.
㉥ 병충해의 발생을 억제한다.

65 경종적 방제차원의 병충해 방제가 아닌 것은?

① 내병성 품종선택
② 무병주 묘 이용
③ 콜히친 처리
④ 접목재배

TIP 콜히친은 신품종을 만드는 데에 활용된다.
※ 경종적 방제법 … 병해충, 잡초의 생태적 특징을 이용하여 작물의 재배조건을 변경시키고 내충, 내병성 품종의 이용, 토양관리의 개선 등에 의하여 병충해, 잡초의 발생을 억제하여 피해를 경감시키는 방법으로, 병충해 방제의 보호적인 방지법에 해당한다.

ANSWER
63.③ 64.② 65.③

66 농가에서 널리 이용하는 엽삽에 유리한 작물이 아닌 것은?

① 렉스베고니아
② 글록시니아
③ 페페로미아
④ 메리골드

> **TIP** 엽삽 … 식물체의 일부인 가지나 잎을 어미나무에서 잘라내어 완전한 개체로 생육시키는 삽목의 일종으로, 잎꽂이에 해당한다.

67 화훼작물에 있어 진균에 의한 병이 아닌 것은?

① 잘록병
② 역병
③ 잿빛곰팡이병
④ 무름병

> **TIP** 진균에 의한 병은 무·배추·포도 노균병, 수박 덩굴쪼김병, 오이류 덩굴마름병, 감자·토마토·고추 역병, 딸기·사과 흰가루병, 잿빛곰팡이병 등이 있다. 구름병은 세균이나 곰팡이에 의한 병이다.

68 '잎들깨'를 생산하는 농가에서 생산량 증대를 위해 야간 인공조명을 설치하였다. 이 야간 조명으로 인하여 옆 농가에서 피해가 있을 법한 작물은?

① 장미
② 칼랑코에
③ 페튜니아
④ 금잔화

> **TIP** ② 칼랑코에는 낮이 길이를 짧게 유지하야 꽃이 피는 단일성 식물에 해당한다. 단일성 식물에는 국화, 포인세티아, 코스모스, 나팔꽃 등이 있다.
> ① 장미는 일장에 크게 영향을 받지 않는 중성 식물이다. 중성식물로는 베고니아, 채송화, 제라늄 등이 있다.
> ③④ 장일성 식물로 낮의 길이가 길게 유지되면 꽃이 핀다. 장일성 식물에는 메리골드, 과꽃, 글라디올러스 등이 있다.

ANSWER
66.④ 67.④ 68.②

69 오이의 암꽃 수를 증가시킬 수 있는 육묘 관리법은?

① 지베렐린 처리
② 질산은 처리
③ 저온 단일 조건
④ 고온 장일 조건

TIP 오이는 영양생장과 생식생장이 동시에 진행된다. 뿌리가 천근성으로 수분 등의 환경변화에 민감하다. 또한 육묘기에서부터 꽃눈분화가 이루어진다. 암꽃의 착생은 저온과 단일 조건에서 증가하기 때문에 고온기에는 암꽃 수가 증가하기 어렵다.

70 다음의 해충 방제법은?

> 친환경농산물을 생산하는 농가가 최근 엽채류에 해충이 발생하여 제충국에서 살충성분('피레트린')을 추출 및 살포하여 진딧물 해충을 방제하였다.

① 화학적 방제법
② 물리적 방제법
③ 페로몬 방제법
④ 생물적 방제법

TIP 살균제, 살충제, 유인제, 기피제, 화학불임제 등을 사용하여 방제하는 것은 화학적 방제법에 해당한다.

71 종자춘화형에 속하는 작물은?

① 양파, 당근
② 당근, 배추
③ 양파, 무
④ 배추, 무

TIP 종자춘화형 … 종자가 수분을 흡수하여 배유가 부풀기 시작할 때부터 일정한 저온에 감응하면 꽃눈이 분화하는 것이다. 배추, 무 등이 해당한다.

ANSWER
69.③ 70.① 71.④

72 다음이 설명하는 과수의 병은?

> • 기공이나 상처 및 표피를 뚫고 작물 내 침입
> • 일정 기간 또는 일생을 기생하면서 병 유발
> • 시들음, 부패 등의 병징 발견

① 포도 근두암종병
② 사과 탄저병
③ 감귤 궤양병
④ 대추나무 빗자루병

> **TIP** 사과 탄저병 … 분생포자가 빗물이나 곤충, 조류 등에 의해서 분산 전반되면서 전염이 이루어진다. 과실에서 주로 발생하지만 가지나 줄기에도 발생하기도 한다. 과실 표면에 갈색의 작은 반점이 생기고 점차 확대되면서 병반의 중앙부가 움푹 들어가게 된다.

73 과수의 결실에 관한 설명으로 옳지 않은 것은?

① 타가수분을 위해 수분수는 20% 내외로 혼식한다.
② 탄질비(C/N ratio)가 높을수록 결실률이 높아진다.
③ 꽃가루관의 신장은 저온조건에서 빨라지므로 착과율이 높아진다.
④ 엽과비(leaf/fruit ratio)가 높을수록 과실의 크기가 커진다.

> **TIP** 저온에 의해서 발아가 지연된다. 낮은 기온(15℃ 이하)가 지속되는 경우 꽃가루관의 신장이 장기간 억제된다.

ANSWER
72.② 73.③

74 A농가가 선택한 피복재는?

> A농가는 재배시설의 피복재에 물방울이 맺혀 광투과율의 저하와 병해 발생이 증가하였다. 그래서 계면활성제가 처리된 필름을 선택하여 필름의 표면장력을 낮춤으로써 물방울의 맺힘 문제를 해결하였다.

① 광파장변환 필름
② 폴리에틸렌 필름
③ 해충기피 필름
④ 무적 필름

> **TIP** ④ 무적 필름 : 태양광을 투과하면서도 내부의 열을 유지하는 기능이 뛰어난 온실용 폴리에칠렌 필름이다. 무적은 필름 표면에 물방울이 맺히지 않는 기능을 의미한다.
> ① 광파장변환 필름 : 태양광 중 식물 성장에 유리한 파장으로 빛을 변환하여 광합성 효율을 높이는 특수 필름이다.
> ② 폴리에틸렌 필름 : 저렴하고 내구성이 좋은 플라스틱 필름으로 농업용 비닐하우스나 포장재로 사용되며 투명도와 방수성이 뛰어나다.
> ③ 해충기피 필름 : 해충을 쫓아내는 성분이 포함된 필름이다.

75 다음에서 설명하는 재배법은?

> • 양액재배 베드를 허리 높이까지 설치
> • 딸기 '설향' 재배에 널리 활용
> • 재배 농가의 노동환경 개선 및 청정재배사 관리

① 고설 재배
② 토경 재배
③ 고랭지 재배
④ NFT 재배

> **TIP** ① 고설재배 : 땅에서 1m 높이의 베드에서 딸기를 재배하면서 영양액을 일정한 간격으로 정해진 양을 공급하는 현대방식의 재배법이다.
> ② 토경 재배 : 토양에서 식물을 키우는 재배법을 의미한다.
> ③ 고랭지 재배 : 표고 600m 이상의 지역에서 낮은 온도로 작물을 재배하는 것이다.
> ④ NFT 재배 : 경사가 진 베드에 설치된 파이프에 배양액을 흐르게 하는 박막식 수경재배를 의미한다.

ANSWER
74.④ 75.①

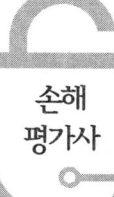

2023년 제9회 1차 시험

제1과목 「상법」 보험편

1. 상법상 보험자가 보험계약자로부터 손해보험계약의 청약과 함께 보험료 상당액의 전부 또는 일부를 받은 경우 이 보험계약에 관한 설명으로 옳지 않은 것은?

   ① 보험계약은 낙성계약이므로 보험자가 승낙하면 성립한다.
   ② 다른 약정이 없으면 보험자는 30일 내에 보험계약자에 대하여 낙부의 통지를 발송하여야 한다.
   ③ 보험자가 상법이 정하는 낙부의 통지기간 내에 그 통지를 해태한 때에는 승낙한 것으로 본다.
   ④ 승낙하기 전에 발생한 보험사고에 대해서 청약을 거절할 사유가 있더라도 보험자는 보험계약상의 책임을 진다.

   TIP ④ 그 청약을 승낙하기 전에 보험계약에서 정한 보험사고가 생긴 때에는 그 청약을 거절할 사유가 없는 한 보험자는 보험계약상의 책임을 진다〈상법 제638조의2(보험계약의 성립) 제3항〉.
   ① 낙성계약이란 당사자 간 의사가 일치하는 점에 이르러 성사되는 것으로 보험계약도 이에 속한다.
   ② 「상법」 제638조의2(보험계약의 성립) 제1항
   ③ 「상법」 제638조의2(보험계약의 성립) 제2항

ANSWER
1.④

2 상법상 타인을 위한 보험에 관한 설명으로 옳지 않은 것은?

① 보험계약자는 보험자에 대하여 보험료를 지급할 의무가 있다.
② 보험계약자는 위임을 받지 아니하고 타인을 위하여 보험계약을 체결할 수 있다.
③ 타인은 계약 성립 시 특정되어야 한다.
④ 보험계약자가 파산선고를 받은 때에는 그 타인이 그 권리를 포기하지 아니하는 한 그 타인도 보험료를 지급할 의무가 있다.

> **TIP** ③ 보험계약자는 위임을 받거나 위임을 받지 아니하고 특정 또는 불특정의 타인을 위하여 보험계약을 체결할 수 있다〈상법 제639조(타인을 위한 보험) 제1항 전단〉.
> ①②④ 「상법」 제639조(타인을 위한 보험)
> ※ 타인을 위한 보험〈상법 제639조〉
> ① 보험계약자는 위임을 받거나 위임을 받지 아니하고 특정 또는 불특정의 타인을 위하여 보험계약을 체결할 수 있다. 그러나 손해보험계약의 경우에 그 타인의 위임이 없는 때에는 보험계약자는 이를 보험자에게 고지하여야 하고, 그 고지가 없는 때에는 타인이 그 보험계약이 체결된 사실을 알지 못하였다는 사유로 보험자에게 대항하지 못한다.
> ② ①의 경우에는 그 타인은 당연히 그 계약의 이익을 받는다. 그러나 손해보험계약의 경우에 보험계약자가 그 타인에게 보험사고의 발생으로 생긴 손해의 배상을 한 때에는 보험계약자는 그 타인의 권리를 해하지 아니하는 범위 안에서 보험자에게 보험금액의 지급을 청구할 수 있다.
> ③ ①의 경우에는 보험계약자는 보험자에 대하여 보험료를 지급할 의무가 있다. 그러나 보험계약자가 파산선고를 받거나 보험료의 지급을 지체한 때에는 그 타인이 그 권리를 포기하지 아니하는 한 그 타인도 보험료를 지급할 의무가 있다.

ANSWER
2.③

3 상법상 보험증권에 관한 설명으로 옳은 것은?

① 기존의 보험계약을 변경한 경우 보험자는 그 보험증권에 그 사실을 기재함으로써 보험증권의 교부에 갈음할 수 있다.
② 보험자는 보험계약자의 청약이 있는 경우 보험료의 지급 여부와 상관없이 지체 없이 보험증권을 작성하여 보험계약자에게 교부하여야 한다.
③ 보험계약의 당사자는 보험증권의 교부가 있은 날부터 14일 내에 한하여 그 증권내용의 정부(正否)에 관한 이의를 할 수 있음을 약정할 수 있다.
④ 보험계약자가 보험증권을 멸실한 경우 보험계약자는 보험자에게 증권의 재교부를 구할 수 있으며, 그 증권작성의 비용은 보험자의 부담으로 한다.

> **TIP** ① 「상법」 제640조(보험증권의 교부) 제2항
> ② 보험자는 보험계약이 성립한 때에는 지체 없이 보험증권을 작성하여 보험계약자에게 교부하여야 한다〈상법 제640조(보험증권의 교부) 제1항〉.
> ③ 보험계약의 당사자는 보험증권의 교부가 있은 날로부터 일정한 기간 내에 한하여 그 증권내용의 정부에 관한 이의를 할 수 있음을 약정할 수 있다. 이 기간은 1월을 내리지 못한다〈상법 제641조(증권에 관한 이의약관의 효력)〉.
> ④ 보험증권을 멸실 또는 현저하게 훼손한 때에는 보험계약자는 보험자에 대하여 증권의 재교부를 청구할 수 있다. 그 증권작성의 비용은 보험계약자의 부담으로 한다〈상법 제642조(증권의 재교부청구)〉.

4 상법상 보험사고 등에 관한 설명으로 옳지 않은 것은?

① 보험계약은 그 계약 전의 어느 시기를 보험기간의 시기(始期)로 할 수 있다.
② 보험계약 당시에 보험사고가 발생할 수 없음이 객관적으로 확정된 경우 당사자 쌍방과 보험자가 이를 알았는지 여부에 관계없이 그 계약은 무효로 한다.
③ 자기를 위한 보험계약에서 보험사고가 발생하기 전에는 언제든지 보험계약자는 계약의 전부 또는 일부를 해지할 수 있다.
④ 피보험자는 보험사고의 발생을 안 때에는 지체 없이 보험자에게 그 통지를 발송하여야 한다.

> **TIP** ② 보험계약 당시에 보험사고가 이미 발생하였거나 또는 발생할 수 없는 것인 때에는 그 계약은 무효로 한다. 그러나 당사자 쌍방과 피보험자가 이를 알지 못한 때에는 그러하지 아니하다〈상법 제644조(보험사고의 객관적 확정의 효과)〉.
> ① 「상법」 제643조(소급보험)
> ③ 「상법」 제649조(사고발생전의 임의해지)
> ④ 「상법」 제657조(보험사고발생의 통지의무)

ANSWER
3.① 4.②

5 甲은 보험대리상이 아니면서 특정한 보험자 乙을 위하여 계속적으로 보험계약의 체결을 중개하는 자로서 丙이 乙과 보험계약을 체결하도록 중개하였다. 甲의 권한에 관한 설명으로 옳지 않은 것은?

① 甲은 자신이 작성한 영수증을 丙에게 교부하는 경우 丙으로부터 보험료를 수령할 권한이 있다.
② 甲은 乙이 작성한 보험증권을 丙에게 교부할 수 있는 권한이 있다.
③ 甲은 丙으로부터 청약, 고지, 통지, 해지, 취소 등 보험계약에 관한 의사표시를 수령할 수 있는 권한이 없다.
④ 甲은 丙에게 보험계약의 체결, 변경, 해지 등 보험계약에 관한 의사표시를 할 수 있는 권한이 없다.

> **TIP** ① 보험대리상이 아니면서 특정한 보험자를 위하여 계속적으로 보험계약의 체결을 중개하는 자는 제1항 제1호(보험자가 작성한 영수증을 보험계약자에게 교부하는 경우만 해당한다) 및 제2호의 권한이 있다〈상법 제646조의2(보험대리상 등의 권한) 제3항〉. 즉, 보험료 수령이 아닌 영수증 혹은 보험증권을 수령할 권한이 있다.
> ②③④ 「상법」 제646조의2(보험대리상 등의 권한) 제1항

6 상법상 보험료의 지급 및 반환 등에 관한 설명으로 옳은 것은?

① 보험사고가 발생하기 전에 보험계약자가 계약을 해지한 경우 당사자 간에 약정을 한 경우에 한해 보험계약자는 미경과 보험료의 반환을 청구할 수 있다.
② 보험계약자가 계약체결 후 제1회 보험료를 지급하지 아니하는 경우 다른 약정이 없는 한 보험자가 계약성립 후 2월 이내에 그 계약을 해제하지 않으면 그 계약은 존속한다.
③ 계속보험료가 약정한 시기에 지급되지 아니한 때에는 보험자는 보험계약자에 대하여 최고 없이 그 계약을 해지할 수 있다.
④ 특정한 타인을 위한 보험의 경우에 보험계약자가 보험료의 지급을 지체한 때에는 보험자는 그 타인에게 상당한 기간을 정하여 보험료의 지급을 최고한 후가 아니면 그 계약을 해제 또는 해지하지 못한다.

> **TIP** ④ 「상법」 제650조(보험료의 지급과 지체의 효과) 제3항
> ① 제1항의 경우에는 보험계약자는 당사자 간에 다른 약정이 없으면 미경과 보험료의 반환을 청구할 수 있다〈상법 제649조(사고발생전의 임의 해지)〉.
> ② 보험계약자는 계약체결 후 지체 없이 보험료의 전부 또는 제1회 보험료를 지급하여야 하며, 보험계약자가 이를 지급하지 아니하는 경우에는 다른 약정이 없는 한 계약성립 후 2월이 경과하면 그 계약은 해제된 것으로 본다〈상법 제650조(보험료의 지급과 지체의 효과) 제1항〉.
> ③ 계속보험료가 약정한 시기에 지급되지 아니한 때에는 보험자는 상당한 기간을 정하여 보험계약자에게 최고하고 그 기간 내에 지급되지 아니한 때에는 그 계약을 해지할 수 있다〈상법 제650조(보험료의 지급과 지체의 효과) 제2항〉.

ANSWER
5.① 6.④

7 상법상 보험계약자가 부활을 청구할 수 있는 경우는 모두 몇 개인가? (단, 어느 경우든 해지환급금은 지급되지 않음)

- 보험계약자가 계속보험료를 지급하지 않아 보험자가 계약을 해지한 경우
- 피보험자의 고지의무 위반을 이유로 보험자가 계약을 해지한 경우
- 위험이 현저하게 변경되어 보험자가 계약을 해지한 경우
- 위험이 현저하게 증가하여 보험자가 계약을 해지한 경우

① 1개
② 2개
③ 3개
④ 4개

'보험계약자가 계속보험료를 지급하지 않아 보험자가 계약을 해지한 경우'만 해당한다.
※ 제650조(보험료의 지급과 지체의 효과) 제2항에 따라 보험계약이 해지되고 해지환급금이 지급되지 아니한 경우에 보험계약자는 일정한 기간 내에 연체보험료에 약정이자를 붙여 보험자에게 지급하고 그 계약의 부활을 청구할 수 있다〈상법 제650조의2(보험계약의 부활)〉. 계속보험료가 약정한 시기에 지급되지 아니한 때에는 보험자는 상당한 기간을 정하여 보험계약자에게 최고하고 그 기간 내에 지급되지 아니한 때에는 그 계약을 해지할 수 있다〈상법 제650조 제2항(보험료의 지급과 지체의 효과)〉.

8 상법상 고지의무에 관한 설명으로 옳은 것은?

① 보험수익자는 고지의무를 부담한다.
② 보험계약 당시에 고지의무와 관련 보험자가 서면으로 질문한 사항은 중요한 사항으로 의제한다.
③ 고지의무자의 고지의무 위반을 이유로 보험자가 계약을 해지한 경우 보험자는 이미 받은 보험료의 전부를 반환하여야 한다.
④ 고지의무자가 고지의무를 위반한 사실이 보험사고 발생에 영향을 미치지 아니하였음이 증명된 경우 보험자는 보험금을 지급할 책임이 있다.

④ 「상법」 제655조(계약해지와 보험금청구권)
① 보험계약자 또는 피보험자가 고지의무를 부담한다〈상법 제651조(고지의무위반으로 인한 계약해지)〉.
② 보험자가 서면으로 질문한 사항은 중요한 사항으로 추정한다〈상법 제651조의2(서면에 의한 질문의 효력)〉.
③ 보험사고가 발생한 후라도 보험자가 제650조(보험료의 지급과 지체의 효과), 제651조(보험료의 지급과 지체의 효과), 제652조 및 제653조에 따라 계약을 해지하였을 때에는 보험금을 지급할 책임이 없고 이미 지급한 보험금의 반환을 청구할 수 있다〈상법 제655조(계약해지와 보험금청구권)〉.

ANSWER
7.① 8.④

9 상법상 보험계약 관련 소멸시효의 기간으로 옳은 것은?

① 보험금청구권 : 2년
② 보험료청구권 : 3년
③ 보험료의 반환청구권 : 2년
④ 적립금의 반환청구권 : 3년

TIP 보험금청구권은 3년간, 보험료 또는 적립금의 반환청구권은 3년간, 보험료청구권은 2년간 행사하지 아니하면 시효의 완성으로 소멸한다〈상법 제662조(소멸시효)〉.

10 상법상 손해보험증권에 관한 설명으로 옳지 않은 것은?

① 보험사고의 성질을 기재하여야 한다.
② 보험증권의 작성지를 기재하여야 한다.
③ 보험계약자가 기명날인하여야 한다.
④ 무효와 실권의 사유를 기재하여야 한다.

TIP 손해보험증권〈상법 제666조〉… 손해보험증권에는 다음의 사항을 기재하고 보험자가 기명날인 또는 서명하여야 한다.
1. 보험의 목적
2. 보험사고의 성질
3. 보험금액
4. 보험료와 그 지급방법
5. 보험기간을 정한 때에는 그 시기와 종기
6. 무효와 실권의 사유
7. 보험계약자의 주소와 성명 또는 상호
7의2. 피보험자의 주소, 성명 또는 상호
8. 보험계약의 연월일
9. 보험증권의 작성지와 그 작성연월일

11 상법상 초과보험에 관한 설명으로 옳은 것은?

① 보험자 또는 보험계약자는 보험료와 보험금액의 감액을 청구할 수 있다.
② 보험계약자가 청구한 보험료의 감액은 계약체결일부터 소급하여 그 효력이 있다.
③ 보험가액이 보험기간 중에 현저하게 감소된 때에도 보험계약자는 보험료의 감액을 청구할 수 없다.
④ 보험계약자의 사기로 인하여 체결된 초과보험의 경우 보험자는 그 계약을 체결한 날부터 1월 내에 계약을 해지할 수 있다.

TIP 초과보험〈상법 제669조〉
① 보험금액이 보험계약의 목적의 가액을 현저하게 초과한 때에는 보험자 또는 보험계약자는 보험료와 보험금액의 감액을 청구할 수 있다. 그러나 보험료의 감액은 장래에 대하여서만 그 효력이 있다.
② ①의 가액은 계약당시의 가액에 의하여 정한다.
③ 보험가액이 보험기간 중에 현저하게 감소된 때에도 ①과 같다.
④ ①의 경우에 계약이 보험계약자의 사기로 인하여 체결된 때에는 그 계약은 무효로 한다. 그러나 보험자는 그 사실을 안 때까지의 보험료를 청구할 수 있다.

ANSWER
9.④ 10.③ 11.①

12 상법상 보험가액에 관한 설명으로 옳지 않은 것은?

① 보험가액이란 피보험이익을 금전적으로 산정 또는 평가한 액수이다.
② 당사자 간에 보험가액을 정한 때에는 그 가액은 사고발생 시의 가액으로 정한 것으로 본다.
③ 당사자 간에 보험가액을 정하지 아니한 때에는 사고발생 시의 가액을 보험가액으로 한다.
④ 기평가보험에서 당사자 간에 정한 보험가액이 사고발생 시의 가액을 현저하게 초과할 때에는 사고발생시의 가액을 보험가액으로 한다.

TIP ② 당사자 간에 보험가액을 정한 때에는 그 가액은 사고발생 시의 가액으로 정한 것으로 추정한다〈상법 제670조(기평가보험)〉.
① 「상법」 제668조(보험계약의 목적)
③ 「상법」 제671조(미평가보험)
④ 「상법」 제670조(기평가보험)

13 상법상 손해보험계약에서 보험금액의 지급에 관한 설명으로 옳지 않은 것은?

① 보험자는 보험금액의 지급에 관하여 약정기간이 있는 경우에는 그 기간 내에 지급할 보험금액을 정하여야 한다.
② 보험사고가 전쟁으로 인하여 생긴 때에도 당사자 간에 다른 약정이 없으면 보험자는 보험금액을 지급할 책임이 있다.
③ 보험사고가 피보험자의 중대한 과실로 인하여 생긴 때에는 보험자는 보험금액을 지급할 책임이 없다.
④ 보험자는 보험금액의 지급에 관하여 약정기간이 없는 경우에는 보험사고 발생의 통지를 받은 후 지체 없이 지급할 보험금액을 정하고 그 정하여진 날부터 10일 내에 피보험자에게 보험금액을 지급하여야 한다.

TIP ② 보험사고가 전쟁 기타의 변란으로 인하여 생긴 때에는 당사자 간에 다른 약정이 없으면 보험자는 보험금액을 지급할 책임이 없다〈상법 제660조(전쟁위험 등으로 인한 면책)〉.
①④ 「상법」 제658조(보험금액의 지급)
③ 「상법」 제659조(보험자의 면책사유) 제1항

ANSWER
12.② 13.②

14 상법 제663조(보험계약자 등의 불이익변경금지) 규정이다. ( )에 들어갈 내용은?

> 이 편의 규정은 당사자 간의 특약으로 보험계약자 또는 피보험자나 보험수익자의 불이익으로 변경하지 못한다. 그러나 (㉠) 및 (㉡) 기타 이와 유사한 보험의 경우에는 그러하지 아니하다.

	㉠	㉡
①	책임보험	해상보험
②	책임보험	화재보험
③	재보험	해상보험
④	재보험	화재보험

> **TIP** 이 편의 규정은 당사자 간의 특약으로 보험계약자 또는 피보험자나 보험수익자의 불이익으로 변경하지 못한다. 그러나 <u>재보험</u> 및 <u>해상보험</u> 기타 이와 유사한 보험의 경우에는 그러하지 아니하다〈상법 제663조(보험계약자 등의 불이익변경금지)〉.

15 상법상 보험기간 중에 사고발생의 위험이 현저하게 변경 또는 증가된 경우에 관한 설명으로 옳은 것은?

① 보험수익자가 사고발생의 위험이 현저하게 변경된 사실을 안 때에는 지체 없이 보험자에게 통지하여야 한다.
② 통지의무자가 사고발생의 위험이 현저하게 증가된 사실의 통지를 해태한 때에는 보험자는 그 사실을 안 날부터 3월 내에 한하여 계약을 해지할 수 있다.
③ 보험수익자의 중대한 과실로 인하여 사고발생의 위험이 현저하게 증가된 때에는 보험자는 그 사실을 안 날부터 2월 내에 계약을 해지할 수 있다.
④ 보험자가 사고발생의 위험변경증가의 통지를 받은 때에는 1월 내에 보험료의 증액을 청구할 수 있다.

> **TIP** ④ 「상법」 제652조(위험변경증가의 통지와 계약해지) 제2항
> ①② 보험기간 중에 보험계약자 또는 피보험자가 사고발생의 위험이 현저하게 변경 또는 증가된 사실을 안 때에는 지체 없이 보험자에게 통지하여야 한다. 이를 해태한 때에는 보험자는 그 사실을 안 날로부터 1월 내에 한하여 계약을 해지할 수 있다〈상법 제652조(위험변경증가의 통지와 계약해지)〉.
> ③ 보험기간 중에 보험계약자, 피보험자 또는 보험수익자의 고의 또는 중대한 과실로 인하여 사고발생의 위험이 현저하게 변경 또는 증가된 때에는 보험자는 그 사실을 안 날부터 1월 내에 보험료의 증액을 청구하거나 계약을 해지할 수 있다〈상법 제653조(보험계약자 등의 고의나 중과실로 인한 위험증가와 계약해지)〉.

ANSWER
14.③ 15.④

16 상법상 보험계약해지 및 보험사고발생에 관한 설명으로 옳지 않은 것은?

① 보험자가 파산의 선고를 받은 때에는 보험계약자는 계약을 해지할 수 있다.
② 보험수익자는 보험사고의 발생을 안 때에는 지체 없이 보험계약자에게 그 통지를 발송하여야 한다.
③ 보험계약자가 사고발생의 통지의무를 해태함으로 인하여 손해가 증가된 때에는 보험자는 그 증가된 손해를 보상할 책임이 없다.
④ 보험자의 파산선고에도 불구하고 보험계약자가 해지하지 아니한 보험계약은 파산선고 후 3월을 경과한 때에는 그 효력을 잃는다.

> **TIP** 보험사고발생의 통지의무〈상법 제657조〉
> ① 보험계약자 또는 피보험자나 보험수익자는 보험사고의 발생을 안 때에는 지체 없이 보험자에게 그 통지를 발송하여야 한다.
> ② 보험계약자 또는 피보험자나 보험수익자가 ①의 통지의무를 해태함으로 인하여 손해가 증가된 때에는 보험자는 그 증가된 손해를 보상할 책임이 없다.
> ※ 보험자의 파산선고와 계약해지〈상법 제354조〉
> ① 보험자가 파산의 선고를 받은 때에는 보험계약자는 계약을 해지할 수 있다.
> ② ①의 규정에 의하여 해지하지 아니한 보험계약은 파산선고 후 3월을 경과한 때에는 그 효력을 잃는다.

17 상법상 손해보험에 관한 설명으로 옳은 것은?

① 보험자는 보험사고로 인하여 생길 보험수익자의 재산상의 손해를 보상할 책임이 있다.
② 보험사고로 인하여 상실된 피보험자가 얻을 이익이나 보수는 보험자가 보상할 손해액에 산입한다.
③ 대리인에 의하여 손해보험계약을 체결한 경우에 대리인이 안 사유는 그 본인이 안 것과 동일한 것으로 할 수 없다.
④ 보험계약은 금전으로 산정할 수 있는 이익에 한하여 보험계약의 목적으로 할 수 있다.

> **TIP** ④ 「상법」 제668조(보험계약의 목적)
> ① 손해보험계약의 보험자는 보험사고로 인하여 생길 피보험자의 재산상의 손해를 보상할 책임이 있다〈상법 제665조(손해보험자의 책임)〉.
> ② 보험사고로 인하여 상실된 피보험자가 얻을 이익이나 보수는 당사자 간에 다른 약정이 없으면 보험자가 보상할 손해액에 산입하지 아니한다〈상법 제667조(상실이익 등의 불산입)〉.
> ③ 대리인에 의하여 보험계약을 체결한 경우에 대리인이 안 사유는 그 본인이 안 것과 동일한 것으로 한다〈상법 제646조(대리인이 안 것의 효과)〉.

ANSWER
16.② 17.④

18 상법상 손해보험에서 중복보험에 관한 설명으로 옳지 않은 것은?

① 중복보험은 동일한 보험계약의 목적과 동일한 사고에 관하여 수개의 보험계약이 동시에 또는 순차로 체결되는 방식으로 성립할 수 있다.
② 중복보험에서 그 보험금액의 총액이 보험가액을 초과한 때에는 보험자는 각자의 보험금액의 한도에서 연대책임을 지며 이 경우 각 보험자의 보상책임은 각자의 보험금액의 비율에 따른다.
③ 보험계약자의 사기로 인하여 중복보험 계약이 체결된 경우 보험자는 그 사실을 안 때까지의 보험료를 청구할 수 없다.
④ 보험자 1인에 대한 권리의 포기는 다른 보험자의 권리의무에 영향을 미치지 아니한다.

> **TIP** ③ 제1항의 경우에 계약이 보험계약자의 사기로 인하여 체결된 때에는 그 계약은 무효로 한다. 그러나 보험자는 그 사실을 안 때까지의 보험료를 청구할 수 있다〈상법 제669조(초과보험) 제4항〉.
> ①② 「상법」제672조(중복보험) 제1항
> ④ 「상법」제673조(중복보험과 보험자 1인에 대한 권리포기)

19 상법상 손해보험에서 일부보험에 관한 설명으로 옳은 것은?

① 일부보험이란 보험가액이 보험금액에 미달되는 경우를 말한다.
② 당사자 간에 다른 약정이 없는 한 보험자는 보험가액의 보험금액에 대한 비율에 따라 보상할 책임을 진다.
③ 보험자는 보험금액의 한도 내에서 그 손해를 전부 보상할 책임을 지는 내용의 약정을 할 수 있다.
④ 전부보험계약 체결 후 물가등귀로 인하여 보험가액이 현저히 인상되더라도 일부보험은 발생하지 아니한다.

> **TIP** 보험가액의 일부를 보험에 붙인 경우에는 보험자는 보험금액의 보험가액에 대한 비율에 따라 보상할 책임을 진다. 그러나 당사자 간에 다른 약정이 있는 때에는 보험자는 보험금액의 한도 내에서 그 손해를 보상할 책임을 진다〈상법 제674조(일부보험)〉.

ANSWER
18.③ 19.③

20 상법상 손해보험에서 손해액의 산정기준 등에 관한 설명으로 옳지 않은 것은?

① 보험자가 보상할 손해액의 산정에 관한 비용은 보험자의 부담으로 한다.
② 당사자 간에 다른 약정이 없는 경우 보험자가 보상할 손해액은 그 손해가 발생한 때의 보험계약 체결지의 가액에 의하여 산정한다.
③ 당사자 간의 약정에 의하여 보험의 목적의 신품가액에 의하여 손해액을 산정할 수 있다.
④ 보험의 목적의 성질, 하자 또는 자연소모로 인한 손해는 보험자가 이를 보상할 책임이 없다.

> **TIP** ② 보험자가 보상할 손해액은 그 손해가 발생한 때와 곳의 가액에 의하여 산정한다. 그러나 당사자 간에 다른 약정이 있는 때에는 그 신품가액에 의하여 손해액을 산정할 수 있다〈상법 제676조(손해액의 산정기준) 제1항〉.
> ① 「상법」 제676조(손해액의 산정기준) 제2항
> ③ 「상법」 제676조(손해액의 산정기준) 제1항
> ④ 「상법」 제678조(보험자의 면책사유)

21 甲이 자기 소유 건물에 대하여 A보험회사와 화재보험을 체결한 경우에 관한 설명으로 옳지 않은 것은?

① A보험회사가 甲으로부터 보험료의 지급을 받지 아니한 잔액이 있더라도 그 지급기일이 아직 도래하지 아니한 때에는, A보험회사는 甲에게 손해를 보상할 경우에 보상할 금액에서 그 잔액을 공제하여서는 아니 된다.
② A보험회사는 보험사고로 인하여 부담할 책임에 대하여 다른 보험자와 재보험계약을 체결할 수 있다.
③ 甲이 보험의 목적인 건물을 乙에게 양도한 때에는 乙은 보험계약상의 권리와 의무를 승계한 것으로 추정한다.
④ 甲이 보험의 목적인 건물을 乙에게 양도한 경우 甲 또는 乙은 A보험회사에 대하여 지체 없이 그 사실을 통지하여야 한다.

> **TIP** ① 보험자가 손해를 보상할 경우에 보험료의 지급을 받지 아니한 잔액이 있으면 그 지급기일이 도래하지 아니한 때라도 보상할 금액에서 이를 공제할 수 있다〈상법 제677조(보험료체납과 보상액의 공제)〉.
> ② 「상법」 제661조(재보험)
> ③ 「상법」 제679조(보험목적의 양도) 제1항
> ④ 「상법」 제679조(보험목적의 양도) 제2항

ANSWER
20.② 21.①

22 다음 사례와 관련하여 손해방지의무 등에 관한 설명으로 옳지 않은 것은?

> 甲은 乙이 소유한 창고(시가 1억 원)에 대하여 A보험회사와 화재보험계약(보험금액 1억 원)을 체결하였다. 이후 보험기간 중 해당 창고에 화재가 발생하였는데 화재사고 당시 甲은 창고의 연소로 인한 손해방지를 위한 비용을 1천만 원 지출하였고, 乙은 창고의 연소로 인한 손해의 경감을 위하여 비용을 3천만 원 지출하였다.

① 甲과 乙모두 손해의 방지와 경감을 위하여 노력하여야 한다.
② 甲이 지출한 1천만 원이 손해방지를 위하여 필요하였던 비용일 경우 A보험회사는 甲이 지출한 1천만 원의 비용을 부담한다.
③ 乙이 지출한 3천만 원이 손해경감을 위하여 유익하였던 비용일 경우 A보험회사는 乙이 지출한 3천만 원의 비용을 부담한다.
④ 위 사고로 인하여 乙에 대한 보상액이 8천만 원으로 책정될 경우 A보험회사는 甲 및 乙이 지출한 비용과 보상액을 합쳐서 1억 원의 한도에서 부담한다.

TIP ④ 보험계약자와 피보험자는 손해의 방지와 경감을 위하여 노력하여야 한다. 그러나 이를 위하여 필요 또는 유익하였던 비용과 보상액이 보험금액을 초과한 경우라도 보험자가 이를 부담한다〈상법 제680조(손해방지의무) 제1항〉.
① 「상법」 제680조(손해방지의무)에 따라 보험계약자(甲)와 피보험자(乙) 모두 손해 방지와 경감을 위해 노력해야 한다.
② 「상법」 제680조(손해방지의무)에 따라 손해방지를 위해 필요하였던 비용은 보험자(A보험회사)가 부담한다.
③ 「상법」 제680조(손해방지의무)에 따라 손해경감을 위해 유익하였던 비용은 보험자(A보험회사)가 부담한다.

ANSWER
22.④

23 다음 사례와 관련하여 보험자대위에 관한 설명으로 옳은 것은?

> 보리 농사를 대규모로 영위하는 甲은 금년에 수확하여 팔고 남은 보리를 자신의 창고에 보관하면서, 해당 보리 재고를 보험목적으로 하고 자신을 피보험자로 하는 화재보험계약을 A보험회사와 체결하였다. 그런데 甲의 창고를 방문한 乙이 화재를 일으켰고 그 결과 위 보리 재고가 전소되었다. 이에 A보험회사는 甲에게 보험금을 전액 지급하였다.

① 중과실로 화재를 일으킨 乙이 甲의 이웃집 친구일 경우, A보험회사는 乙에게 보험금 지급사실의 통지를 발송하는 시점에 乙에 대한 甲의 권리를 취득한다.
② 경과실로 화재를 일으킨 乙이 甲의 거래처 지인일 경우, A보험회사는 그 지급한 금액의 한도에서 乙에 대한 甲의 권리를 취득한다.
③ 중과실로 화재를 일으킨 乙이 甲과 생계를 달리 하는 자녀일 경우, A보험회사는 乙에 대한 甲의 권리를 취득하지 못한다.
④ 고의로 방화한 乙이 甲과 생계를 같이 하는 배우자일 경우, A보험회사는 乙에 대한 甲의 권리를 취득하지 못한다.

TIP 제3자에 대한 보험대위〈상법 제682조〉
① 손해가 제3자의 행위로 인하여 발생한 경우에 보험금을 지급한 보험자는 그 지급한 금액의 한도에서 그 제3자에 대한 보험계약자 또는 피보험자의 권리를 취득한다. 다만, 보험자가 보상할 보험금의 일부를 지급한 경우에는 피보험자의 권리를 침해하지 아니하는 범위에서 그 권리를 행사할 수 있다.
② 보험계약자나 피보험자의 ①에 따른 권리가 그와 생계를 같이 하는 가족에 대한 것인 경우 보험자는 그 권리를 취득하지 못한다. 다만, 손해가 그 가족의 고의로 인하여 발생한 경우에는 그러하지 아니하다.

23.②

24 상법상 화재보험계약에 관한 설명으로 옳지 않은 것은?

① 보험자는 화재와 상당인과관계에 있는 손해를 보상하여야 한다.
② 보험자는 화재의 소방 또는 손해의 감소에 필요한 조치로 인하여 생긴 손해를 보상할 책임이 있다.
③ 동일한 건물에 관한 화재보험계약일 경우 그 소유자와 담보권자가 갖는 피보험이익은 같다.
④ 연소 작용이 아닌 열의 작용으로 발생한 손해는 보험자가 보상하지 아니한다.

TIP ③ 동일한 보험계약의 목적과 동일한 사고에 관하여 수개의 보험계약이 동시에 또는 순차로 체결된 경우에 그 보험금액의 총액이 보험가액을 초과한 때에는 보험자는 각자의 보험금액의 한도에서 연대책임을 진다. 이 경우에는 각 보험자의 보상책임은 각자의 보험금액의 비율에 따른다〈상법 제672조(중복보험) 제1항〉.
① 「상법」 제683조(화재보험자의 책임)
②④ 「상법」 제684조(소방 등의 조치로 인한 손해의 보상)

25 상법상 집합된 물건을 일괄하여 화재보험의 목적으로 한 경우 해당 화재보험에 관한 설명으로 옳은 것을 모두 고른 것은?

> ㉠ 집합된 물건에 피보험자의 가족의 물건이 있는 경우 해당 물건도 보험의 목적에 포함된 것으로 한다.
> ㉡ 집합된 물건에 피보험자의 사용인의 물건이 있는 경우 그 보험은 그 사용인을 위하여서도 체결한 것으로 본다.
> ㉢ 보험의 목적에 속한 물건이 보험기간 중에 수시로 교체된 경우 보험계약의 체결 시에 현존한 물건은 그 보험의 목적에 포함된 것으로 한다.

① ㉠㉡
② ㉠㉢
③ ㉡㉢
④ ㉠㉡㉢

TIP ㉠㉡ 집합된 물건을 일괄하여 보험의 목적으로 한 때에는 피보험자의 가족과 사용인의 물건도 보험의 목적에 포함된 것으로 한다. 이 경우에는 그 보험은 그 가족 또는 사용인을 위하여서도 체결한 것으로 본다〈상법 제686조(집합보험의 목적)〉.
㉢ 그 목적에 속한 물건이 보험기간중에 수시로 교체된 경우에도 보험사고의 발생 시에 현존한 물건은 보험의 목적에 포함된 것으로 한다〈상법 제687조(동전)〉.

ANSWER
24.③ 25.①

제2과목 농어업재해보험법령

26 농어업재해보험법상 용어의 정의로 옳지 않은 것은?

① "농업재해"란 농작물·임산물·가축 및 농업용 시설물에 발생하는 자연재해·병충해·조수해(鳥獸害)·질병 또는 화재를 말한다.
② "농어업재해보험"이란 농어업재해로 발생하는 재산 피해에 따른 손해를 보상하기 위한 보험을 말한다.
③ "보험금"이란 보험가입자와 보험사업자 간의 약정에 따라 보험가입자가 보험사업자에게 내야 하는 금액을 말한다.
④ "보험가입금액"이란 보험가입자의 재산 피해에 따른 손해가 발생한 경우 보험에서 최대로 보상할 수 있는 한도액으로서 보험가입자와 보험사업자 간에 약정한 금액을 말한다.

> **TIP** ③ "보험금"이란 보험가입자에게 재해로 인한 재산 피해에 따른 손해가 발생한 경우 보험가입자와 보험사업자 간의 약정에 따라 보험사업자가 보험가입자에게 지급하는 금액을 말한다〈농어업재해보험법 제2조(정의) 제5호〉.
> ① 「농어업재해보험법」 제2조(정의) 제1호
> ② 「농어업재해보험법」 제2조(정의) 제2호
> ④ 「농어업재해보험법」 제2조(정의) 제3호

기출변형
27 농어업재해보험법령상 농업재해보험심의회에 관한 설명으로 옳지 않은 것은?

① 심의회는 위원장 및 부위원장 각 1명을 포함한 21명 이내의 위원으로 구성한다.
② 심의회의 위원장은 농림축산식품부장관이 위촉한다.
③ 심의회는 그 심의 사항을 검토·조정하고, 심의회의 심의를 보조하게 하기 위하여 심의회에 분과위원회를 둔다.
④ 심의회의 회의는 재적위원 과반수의 출석으로 개의(開議)하고, 출석위원 과반수의 찬성으로 의결한다.

> **TIP** ② 심의회의 위원장은 농림축산식품부차관으로 하고, 부위원장은 위원 중에서 호선(互選)한다〈농어업재해보험법 제3조(농업재해보험심의회) 제3항〉.
> ① 「농어업재해보험법」 제3조(농업재해보험심의회) 제2항
> ③ 「농어업재해보험법」 제3조(농업재해보험심의회) 제6항
> ④ 「농어업재해보험법 시행령」 제3조(회의) 제3항

ANSWER
26.③ 27.②

28 농어업재해보험법상 재해보험에 관한 설명으로 옳지 않은 것은?

① 재해보험에서 보상하는 재해의 범위는 해당 재해의 발생 빈도, 피해 정도 및 객관적인 손해평가방법 등을 고려하여 재해보험의 종류별로 대통령령으로 정한다.
② 양식수산업에 종사하는 법인은 재해보험에 가입할 수 없다.
③ 「수산업협동조합법」에 따른 수산업협동조합중앙회는 재해보험사업을 할 수 있다.
④ 정부는 재해보험에서 보상하는 재해의 범위를 확대하기 위하여 노력하여야 한다.

> **TIP** ② 재해보험에 가입할 수 있는 자는 농림업, 축산업, 양식수산업에 종사하는 개인 또는 법인으로 하고, 구체적인 보험가입자의 기준은 대통령령으로 정한다〈농어업재해보험법 제7조(보험가입자)〉.
> ① 「농어업재해보험법」 제6조(보상의 범위 등) 제1항
> ③ 「농어업재해보험법」 제8조(보험사업자) 제1항 제2호
> ④ 「농어업재해보험법」 제5조(보험목적물) 제2항

29 농어업재해보험법상 보험료율의 산정에 관한 내용이다. ( )에 들어갈 용어는?

> 농림축산식품부장관 또는 해양수산부장관과 재해보험사업의 약정을 체결한 자는 재해보험의 보험료율을 객관적이고 합리적인 통계자료를 기초로 하여 (㉠) 또는 (㉡)로 산정하되, 행정구역과 권역의 구분에 따른 단위로 산정하여야 한다.

	㉠	㉡
①	보험목적물별	보상방식별
②	보상방식별	보험종류별
③	보험종류별	보험가입금액별
④	보험가입금액별	보험료별

> **TIP** 농림축산식품부장관 또는 해양수산부장관과 재해보험사업의 약정을 체결한 자는 재해보험의 보험료율을 객관적이고 합리적인 통계자료를 기초로 하여 <u>보험목적물별</u> 또는 <u>보상방식별</u>로 산정하되, 행정구역과 권역의 구분에 따른 단위로 산정하여야 한다〈농어업재해보험법 제9조(보험료율의 산정) 제1항〉.

ANSWER
28.② 29.①

30 농어업재해보험법령상 농작물재해보험 손해평가인의 자격요건에 관한 내용의 일부이다. ( )에 들어갈 숫자는?

> 「보험업법」에 따른 보험회사의 임직원이나 「농업협동조합법」에 따른 중앙회와 조합의 임직원으로 영농 지원 또는 보험·공제 관련 업무를 (㉠)년 이상 담당하였거나 손해평가 업무를 (㉡)년 이상 담당한 경력이 있는 사람

	㉠	㉡
①	2	1
②	1	2
③	3	2
④	2	3

> **TIP** 「보험업법」에 따른 보험회사의 임직원이나 「농업협동조합법」에 따른 중앙회와 조합의 임직원으로 영농 지원 또는 보험·공제 관련 업무를 <u>3</u>년 이상 담당하였거나 손해평가 업무를 <u>2</u>년 이상 담당한 경력이 있는 사람〈농어업재해보험법 시행령 [별표 2]〉.

31 농어업재해보험법령상 손해평가사의 시험 등에 관한 설명으로 옳은 것은?

① 금융감독원에서 손해사정 관련 업무에 2년 종사한 경력이 있는 사람에게는 손해평가사 자격시험 과목의 일부를 면제할 수 있다.
② 농림축산식품부장관은 부정한 방법으로 시험에 응시한 사람에 대하여는 그 시험을 정지시키고 그 처분 사실을 14일 이내에 알려야 한다.
③ 농림축산식품부장관은 시험에서 부정한 행위를 한 사람에 대하여는 그 시험을 취소하고 그 처분 사실을 7일 이내에 알려야 한다.
④ 손해평가사는 다른 사람에게 그 명의를 사용하게 하거나 다른 사람에게 그 자격증을 대여해서는 아니 된다.

> **TIP** ④ 「농어업재해보험법」 제11조의4(손해평가사의 시험 등) 제6항
> ① 금융감독원에서 손해사정 관련 업무에 3년 이상 종사한 경력이 있는 사람에 대해서는 손해평가사 자격시험 중 제1차 시험을 면제한다〈농어업재해보험법 시행령 제12조의5(손해평가사 자격시험의 일부면제)제1항 제3호 가목〉.
> ② 농림축산식품부장관은 부정한 방법으로 시험에 응시한 사람에 대하여는 그 시험을 정지시키거나 무효로 하고 그 처분 사실을 지체 없이 알려야 한다〈농어업재해보험법 제11조의4(손해평가사의 시험 등) 제3항 제1호〉.
> ③ 농림축산식품부장관은 시험에서 부정한 행위를 한 사람에 대하여는 그 시험을 정지시키거나 무효로 하고 그 처분 사실을 지체 없이 알려야 한다〈농어업재해보험법 제11조의4(손해평가사의 시험 등) 제3항 제2호〉.

ANSWER
30.③ 31.④

32 농어업재해보험법령상 손해평가사의 자격취소 사유에 해당하지 않은 것은?

① 심신장애로 인하여 직무를 수행할 수 없게 된 경우
② 거짓으로 손해평가를 한 경우
③ 업무정지 기간 중에 손해평가 업무를 수행한 경우
④ 손해평가사의 자격을 거짓 또는 부정한 방법으로 취득한 경우

> **TIP** 손해평가사의 자격 취소〈농어업재해보험법 제11조의5 제1항〉… 농림축산식품부장관은 다음 각 호의 어느 하나에 해당하는 사람에 대하여 손해평가사 자격을 취소할 수 있다. 다만, 제1호 및 제5호에 해당하는 경우에는 자격을 취소하여야 한다.
> 1. 손해평가사의 자격을 거짓 또는 부정한 방법으로 취득한 사람
> 2. 거짓으로 손해평가를 한 사람
> 3. 제11조의4 제6항을 위반하여 다른 사람에게 손해평가사의 명의를 사용하게 하거나 그 자격증을 대여한 사람
> 4. 제11조의4 제7항을 위반하여 손해평가사 명의의 사용이나 자격증의 대여를 알선한 사람
> 5. 업무정지 기간 중에 손해평가 업무를 수행한 사람

33 농어업재해보험법상 재해보험사업에 관한 설명으로 옳은 것은?

① 농림축산식품부장관은 손해평가사가 그 직무를 수행하면서 부적절한 행위를 하였다고 인정하면 1년 이상의 기간을 정하여 업무의 정지를 명할 수 있다.
② 재해보험사업자는 정보통신장애나 그 밖에 대통령령으로 정하는 불가피한 사유로 보험금을 보험금수급계좌로 이체할 수 없을 때에는 현금으로 보험금을 지급할 수 있다.
③ 보험목적물이 담보로 제공된 경우에는 이를 압류할 수 없다.
④ 재해보험가입자가 재해보험에 가입된 보험목적물을 양도하는 경우 재해보험계약에 관한 양도인의 의무는 그 양수인에게 승계되지 않는다.

> **TIP** ② 「농어업재해보험법」 제11조의7(보험금수급전용계좌) 제1항
> ① 농림축산식품부장관은 손해평가사가 그 직무를 게을리하거나 직무를 수행하면서 부적절한 행위를 하였다고 인정하면 1년 이내의 기간을 정하여 업무의 정지를 명할 수 있다〈농어업재해보험법 제11조의6(손해평가사의 감독) 제1항〉.
> ③ 재해보험의 보험금을 지급받을 권리는 압류할 수 없다. 다만, 보험목적물이 담보로 제공된 경우에는 그러하지 아니하다〈농어업재해보험법 제12조(수급권의 보호) 제1항〉.
> ④ 재해보험가입자가 재해보험에 가입된 보험목적물을 양도하는 경우 그 양수인은 재해보험계약에 관한 양도인의 권리 및 의무를 승계한 것으로 추정한다〈농어업재해보험법 제13조(보험목적물의 양도에 따른 권리 및 의무의 승계)〉.

ANSWER
32.① 33.②

34 농어업재해보험법령상 재보험 약정에 포함되는 사항을 모두 고른 것은?

> ⊙ 재보험 약정의 변경·해지 등에 관한 사항
> ⓒ 재보험 책임범위에 관한 사항
> ⓒ 재보험금 지급 및 분쟁에 관한 사항

① ⊙ⓒ
② ⊙ⓒ
③ ⓒⓒ
④ ⊙ⓒⓒ

TIP 재보험 약정서〈농어업재해보험법 시행령 제16조〉
1. 재보험수수료에 관한 사항
2. 재보험 약정기간에 관한 사항
3. 재보험 책임범위에 관한 사항
4. 재보험 약정의 변경·해지 등에 관한 사항
5. 재보험금 지급 및 분쟁에 관한 사항
6. 그 밖에 재보험의 운영·관리에 관한 사항

35 농어업재해보험법상 과태료 부과대상인 것은?

① 거짓으로 손해평가를 한 손해평가사
② 재해보험을 모집할 수 없는 자로서 모집을 한 자
③ 다른 사람에게 손해평가사 자격증을 대여한 손해평가사
④ 농림축산식품부장관이 재해보험사업에 관한 업무처리 상황을 보고하게 하였으나 보고하지 아니한 재해보험사업자

TIP ④ 「농어업재해보험법」 제32조(과태료) 제3항 제3호
① 거짓으로 손해평가를 한 경우 손해평가사의 자격이 취소된다〈농어업재해보험법 제11조의5(손해평가사의 자격 취소) 제1항 제2호〉.
② 재해보험을 모집할 수 없는 자가 모집을 한 경우 1년 이하의 징역 또는 1천만 원의 이하의 벌금에 처한다〈농어업재해보험법 제30조(벌칙) 제2항 제1호〉.
③ 타인에게 손해평가사의 자격증을 대여한 사람은 손해평가사로서의 자격이 취소된다〈농어업재해보험법 제11조의5(손해평가사의 자격 취소) 제1항 제3호〉

ANSWER
34.④ 35.④

기출변형

36 농어업재해보험법상 농어업재해재보험기금에 관한 사항으로 옳은 것은?

① 농림축산식품부장관은 재보험사업에 필요한 재원에 충당하기 위하여 농어업재해재보험기금을 설치한다.
② 농림축산식품부장관은 기금의 운용에 필요하다고 인정되는 경우에는 해양수산부장관과 협의하여 기금의 부담으로 금융기관, 다른 기금 또는 다른 회계로부터 자금을 차입할 수 있다.
③ 해양수산부장관은 재보험사업을 유지·개선하는 데에 필요하다고 인정하는 경비의 지출을 기금의 용도에 사용한다.
④ 농림축산식품부장관 또는 해양수산부장관은 기금의 관리·운용에 관한 사무의 일부를 농업정책보험금융원에 위탁할 수 있다.

> **TIP** ② 「농어업재해보험법」 제22조(기금의 조성) 제2항
> ① 농림축산식품부장관은 해양수산부장관과 협의하여 공동으로 재보험사업에 필요한 재원에 충당하기 위하여 농어업재해재보험기금을 설치한다〈농어업재해보험법 제21조(기금의 설치)〉.
> ③ 농림축산식품부장관이 해양수산부장관과 협의하여 재보험사업을 유지·개선하는 데에 필요하다고 인정하는 경비의 지출을 기금의 용도에 사용한다〈농어업재해보험법 제23조(기금의 용도) 제4호〉.
> ④ 농림축산식품부장관은 해양수산부장관과 협의를 거쳐 기금의 관리·운용에 관한 사무의 일부를 농업정책보험금융원에 위탁할 수 있다〈농어업재해보험법 제24조(기금의 관리·운용) 제2항〉.

37 농업재해보험 손해평가요령상 손해평가반의 구성에 관한 설명으로 옳지 않은 것은?

① 손해평가반은 재해보험사업자가 구성한다.
② 「보험업법」 제186조에 따른 손해사정사는 손해평가반에 포함될 수 있다.
③ 손해평가인 2인과 손해평가보조인 3인으로는 손해평가반을 구성할 수 없다.
④ 자기 또는 이해관계자가 모집한 보험계약에 관한 손해평가에 대하여는 해당자를 손해평가반 구성에서 배제하여야 한다.

> **TIP** ③ 손해평가반은 손해평가인, 손해평가사, 손해사정사 어느 하나에 해당하는 자를 1인 이상 포함하여 5인 이내로 구성한다〈농업재해보험 손해평가요령 제8조(손해평가반 구성 등) 제2항〉.
> ① 「농업재해보험 손해평가요령」 제8조(손해평가반 구성 등) 제1항
> ② 「농업재해보험 손해평가요령」 제8조(손해평가반 구성 등) 제2항 제3호
> ④ 「농업재해보험 손해평가요령」 제8조(손해평가반 구성 등) 제3항 제1호

ANSWER
36.② 37.③

기출변형

38 농어업재해보험법령상 보험사업의 관리에 관한 설명으로 옳은 것은?

① 농림축산식품부장관 또는 해양수산부장관은 기금의 관리·운용에 관한 회계업무를 농업정책보험금융원에 위탁할 수 있다.
② 정부는 농어업인의 재해대비의식을 고양하고 재해보험의 가입을 촉진하기 위하여 교육·홍보 및 보험가입자에 대한 정책자금 지원, 신용보증 지원 등을 할 수 없다.
③ 재해보험사업자는 농어업재해보험 가입 촉진을 위하여 보험가입촉진계획을 매년 수립하여 농림축산식품부장관 또는 해양수산부장관에게 제출하여야 한다.
④ 농림축산식품부장관은 해양수산부장관과 협의하여 손해평가인의 자격요건에 대하여 2018년 1월 1일을 기준으로 매년 그 타당성을 검토한다.

TIP
③ 「농어업재해보험법」 제28조의2(보험가입촉진계획의 수립) 제1항
① 농림축산식품부장관은 해양수산부장관과 협의하여 법 제24조(기금의 관리·운용) 제2항에 따라 기금의 관리·운용에 관한 회계업무를 「농업·농촌 및 식품산업 기본법」 제63조의2에 따라 설립된 농업정책보험금융원에 위탁한다〈농어업재해보험법 시행령 제18조(기금의 관리·운용에 관한 사무의 위탁) 제1항 제1호〉.
② 정부는 농어업인의 재해대비의식을 고양하고 재해보험의 가입을 촉진하기 위하여 교육·홍보 및 보험가입자에 대한 정책자금 지원, 신용보증 지원 등을 할 수 있다〈농어업재해보험법 제28조(보험가입의 촉진 등)〉.
④ 농림축산식품부장관 또는 해양수산부장관은 제12조(손해평가인의 자격요건 등) 및 별표 2에 따른 손해평가인의 자격요건에 대하여 2018년 1월 1일을 기준으로 3년마다(매 3년이 되는 해의 1월 1일 전까지를 말한다) 그 타당성을 검토하여 개선 등의 조치를 하여야 한다〈농어업재해보험법 시행령 제22조의4(규제의 재검토) 제1항〉.

기출변형

39 농업재해보험 손해평가요령상 손해평가인에 관한 설명으로 옳지 않은 것은?

① 재해보험사업자는 피해 발생 시 원활한 손해평가가 이루어지도록 농업재해보험이 실시되는 시·군·자치구별 보험가입자의 수 등을 고려하여 적정 규모의 손해평가인을 위촉할 수 있다.
② 손해평가인증은 농림축산식품부장관 또는 해양수산부장관이 발급한다.
③ 재해보험사업자는 손해평가 업무를 원활히 수행하기 위하여 손해평가보조인을 운용할 수 있다.
④ 재해보험사업자는 실무교육을 받는 손해평가인에 대하여 소정의 교육비를 지급할 수 있다.

TIP
② 재해보험사업자는 법 제11조 제1항과 시행령 제12조 제1항에 따라 손해평가인을 위촉한 경우에는 그 자격을 표시할 수 있는 손해평가인증을 발급하여야 한다〈농업재해보험 손해평가요령 제4조(손해평가인 위촉) 제1항〉.
① 「농업재해보험 손해평가요령」 제4조(손해평가인 위촉) 제2항
③ 「농업재해보험 손해평가요령」 제4조(손해평가인 위촉) 제3항
④ 「농업재해보험 손해평가요령」 제5조(손해평가인 실무교육) 제3항

ANSWER
38.③ 39.②

40 농업재해보험 손해평가요령상 농업재해보험의 종류에 해당하지 않는 것은?

① 농작물재해보험
② 양식수산물재해보험
③ 가축재해보험
④ 임산물재해보험

> **TIP** "농업재해보험"이란 법 제4조(재해보험의 종류)에 따른 농작물재해보험, 임산물재해보험 및 가축재해보험을 말한다〈농업재해보험 손해평가요령 제2조(용어의 정의) 제5호〉.

기출변형

41 농업재해보험 손해평가요령상 손해평가인 위촉의 취소 사유에 해당하는 것은?

① 업무수행과 관련하여 「개인정보보호법」을 위반한 경우
② 업무수행과 관련하여 보험사업자로부터 금품 또는 향응을 제공받은 경우
③ 손해평가인이 피성년후견인이 된 경우
④ 손해평가인 위촉이 취소된 후 3년이 경과한 때에 다시 손해평가인으로 위촉된 경우

> **TIP** ③ 「농업재해보험 손해평가요령」 제6조(손해평가인 위촉의 취소 및 해지 등) 제1항 제1호
> ① 업무수행과 관련하여 「개인정보보호법」을 위반한 경우는 6개월 이내의 기간을 정하여 그 업무의 정지를 명하거나 위촉 해지 등을 할 수 있다〈농업재해보험 손해평가요령 제6조(손해평가인 위촉의 취소 및 해지 등) 제2항 제3호〉.
> ② 제10조 제2항에서 준용하는 「보험업법」 제98조(특별이익의 제공 금지)에 따른 금품 등을 제공(같은 조 제3호의 경우에는 보험금 지급의 약속을 말한다)한 자 또는 이를 요구하여 받은 보험가입자는 3년 이하의 징역 또는 3천만원 이하의 벌금에 처한다〈농어업재해보험법 제30조(벌칙) 제1항〉.
> ④ 손해평가인 위촉이 취소된 후 2년이 경과하지 아니한 자는 손해평가인 위촉의 취소 사유에 해당함으로 3년이 경과한 때에는 해당사항 없음〈농업재해보험 손해평가요령 제6조(손해평가인 위촉의 취소 및 해지 등) 제1항 제4호〉.

ANSWER
40.② 41.③

42 농업재해보험 손해평가요령상 교차손해평가에 관한 설명으로 옳지 않은 것은?

① 평가인력 부족 등으로 신속한 손해평가가 불가피하다고 판단되는 경우 손해평가반의 구성에 지역손해평가인을 포함시키지 않을 수 있다.
② 교차손해평가를 위해 손해평가반을 구성할 경우 「농업재해보험 손해평가요령」에 따라 선발된 지역손해평가인 2인 이상이 포함되어야 한다.
③ 재해보험사업자가 교차손해평가를 담당할 지역손해평가인을 선발할 때 타지역 조사가능여부는 고려사항이다.
④ 재해보험사업자는 교차손해평가가 필요한 경우 재해보험가입규모, 가입분포 등을 고려하여 교차손해평가 대상 시·군·구를 선정하여야 한다.

> **TIP** 교차손해평가〈농업재해보험 손해평가요령 제8조의2〉
> ① 재해보험사업자는 공정하고 객관적인 손해평가를 위하여 교차손해평가가 필요한 경우 재해보험 가입규모, 가입분포 등을 고려하여 교차손해평가 대상 시·군·구(자치구를 말한다. 이하 같다)를 선정하여야 한다.
> ② 재해보험사업자는 ①에 따라 선정한 시·군·구 내에서 손해평가 경력, 타지역 조사 가능여부 등을 고려하여 교차손해평가를 담당할 지역손해평가인을 선발하여야 한다.
> ③ 교차손해평가를 위해 손해평가반을 구성할 경우에는 ②에 따라 선발된 지역손해평가인 1인 이상이 포함되어야 한다. 다만, 거대재해 발생, 평가인력 부족 등으로 신속한 손해평가가 불가피하다고 판단되는 경우 그러하지 아니할 수 있다.

43 농업재해보험 손해평가요령상 손해평가인의 업무에 해당하는 것은?

① 피해사실 확인
② 재해보험사업의 약정 체결
③ 보험료율의 산정
④ 재해보험상품의 연구와 보급

> **TIP** ① 손해평가 시 손해평가인, 손해평가사, 손해사정사는 피해사실 확인, 보험가액 및 손해액 평가, 그 밖에 손해평가에 관하여 필요한 사항 업무를 수행한다〈농업재해보험 손해평가요령 제3조(손해평가 업무)〉.
> ② 「농어업재해보험법」 제8조(보험사업자)
> ③ 「농어업재해보험법」 제9조(보험료율의 산정)
> ④ 「농어업재해보험법」 제25조의2조(농어업재해보험사업의 관리) 제1항 제2호

ANSWER
43.② 44.①

44 농업재해보험 손해평가요령상 손해평가결과 검증에 관한 설명으로 옳지 않은 것은?

① 농림축산식품부장관은 재해보험사업자로 하여금 검증조사를 하게 할 수 있으며, 재해보험사업자는 특별한 사유가 없는 한 이에 응하여야 한다.
② 보험가입자가 정당한 사유 없이 검증조사를 거부하는 경우 검증조사반은 검증조사가 불가능하여 손해평가 결과를 확인할 수 없다는 사실을 지체 없이 농림축산식품부장관에게 보고하여야 한다.
③ 검증조사결과 현저한 차이가 발생되어 재조사가 불가피하다고 판단될 경우에는 해당 손해평가반이 조사한 전체 보험목적물에 대하여 재조사를 할 수 있다.
④ 재해보험사업자 및 재해보험사업의 재보험사업자는 손해평가반이 실시한 손해평가결과를 확인하기 위하여 손해평가를 실시한 보험목적물 중에서 일정수를 임의 추출하여 검증조사를 할 수 있다.

> **TIP** 손해평가결과 검증〈농업재해보험 손해평가요령 제11조〉
> ① 재해보험사업자 및 법 제25조의2(농어업재해보험사업의 관리)에 따라 농어업재해보험사업의 관리를 위탁받은 기관(이하 "사업 관리 위탁 기관"이라 한다)은 손해평가반이 실시한 손해평가결과를 확인하기 위하여 손해평가를 실시한 보험목적물 중에서 일정수를 임의 추출하여 검증조사를 할 수 있다.
> ② 농림축산식품부장관은 재해보험사업자로 하여금 ①의 검증조사를 하게 할 수 있으며, 재해보험사업자는 특별한 사유가 없는 한 이에 응하여야 하고, 그 결과를 농림축산식품부장관에게 제출하여야 한다.
> ③ ① 및 ②에 따른 검증조사결과 현저한 차이가 발생되어 재조사가 불가피하다고 판단될 경우에는 해당 손해평가반이 조사한 전체 보험목적물에 대하여 재조사를 할 수 있다.
> ④ 보험가입자가 정당한 사유 없이 검증조사를 거부하는 경우 검증조사반은 검증조사가 불가능하여 손해평가 결과를 확인할 수 없다는 사실을 보험가입자에게 통지한 후 검증조사결과를 작성하여 재해보험사업자에게 제출하여야 한다.
> ⑤ 사업 관리 위탁 기관이 검증조사를 실시한 경우 그 결과를 재해보험사업자에게 통보하고 필요에 따라 결과에 대한 조치를 요구할 수 있으며, 재해보험사업자는 특별한 사유가 없는 한 그에 따른 조치를 실시해야 한다.

ANSWER
44.②

45 농업재해보험 손해평가요령상 보험목적물별 손해평가 단위로 옳은 것을 모두 고른 것은?

> ㉠ 농작물 : 농지별(농지라 함은 하나의 보험가입금액에 해당하는 토지로 필지에 따라 구획된 경작지를 말함)
> ㉡ 가축 : 개별가축별(단, 벌은 벌통 단위)
> ㉢ 농업시설물 : 보험가입 목적물별

① ㉠㉡
② ㉠㉢
③ ㉡㉢
④ ㉠㉡㉢

TIP 손해평가 단위〈농업재해보험 손해평가요령 제12조〉
① 보험목적물별 손해평가 단위는 다음 각 호와 같다.
  1. 농작물 : 농지별
  2. 가축 : 개별가축별(단, 벌은 벌통 단위)
  3. 농업시설물 : 보험가입 목적물별
② ①의 제1호에서 정한 농지라 함은 하나의 보험가입금액에 해당하는 토지로 필지(지번) 등과 관계없이 농작물을 재배하는 하나의 경작지를 말하며, 방풍림, 돌담, 도로(농로 제외) 등에 의해 구획된 것 또는 동일한 울타리, 시설 등에 의해 구획된 것을 하나의 농지로 한다. 다만, 경사지에서 보이는 돌담 등으로 구획되어 있는 면적이 극히 작은 것은 동일 작업 단위 등으로 정리하여 하나의 농지에 포함할 수 있다.

46 농업재해보험 손해평가요령상 '농작물의 품목별·재해별·시기별 손해수량 조사방법' 중 '특정위험방식 상품(인삼)'에 관한 것으로 (   ) 안에 들어갈 내용은?

생육시기	재해	조사내용	조사시기
보험기간	태풍(강풍)	수확량 조사	( )

① 수확 직전
② 사고접수 후 지체 없이
③ 수확완료 후 보험 종기 전
④ 피해 확인이 가능한 시기

TIP 농작물의 품목별·재해별·시기별 손해수량 조사방법(특정위험 방식)〈농업재해보험 손해평가요령 [별표 2]〉

생육시기	재해	조사내용	조사시기	조사방법
보험기간	태풍(강풍)·폭설·집중호우·침수·화재·우박·냉해·폭염	수확량 조사	피해 확인이 가능한 시기	보상하는 재해로 인하여 감소된 수확량 조사 ※ 조사방법 : 전수조사 또는 표본조사

ANSWER
45.③ 46.④

기출변형

47 농업재해보험 손해평가요령상 종합위험방식의 과실손해보장 보험금 산정시 피해율로 옳지 않은 것은?

① 감귤 : (등급 내 피해과실수 + 등급 외 피해과실수 × 50%) ÷ 기준과실수 × (1 − 미보상비율)
② 복분자 : 고사결과모지수 ÷ 평년결과모지수
③ 오디 : (평년결실수 − 조사결실수 − 미보상감수결실수) ÷ 평년결실수
④ 7월 31일 이전에 사고가 발생한 무화과 : (1 − 수확전사고 피해율) × 경과비율 × 결과지 피해율

> **TIP** ④ 7월 31일 이전에 사고가 발생한 경우 무화과의 피해율은 '(평년수확량 − 수확량 − 미보상감수량) ÷ 평년수확량'이다. 8월 1일 이후에 사고가 발생한 무화과의 피해율은 '(1 − 수확전사고 피해율) × 경과비율 × 결과지 피해율'이다.
> ①②③ 농작물의 보험가액 및 보험금 산정〈농업재해보험 손해평가요령 [별표 1]〉

48 농업재해보험 손해평가요령상 가축의 보험가액 및 손해액 산정 등에 관한 설명으로 옳은 것은?

① 가축에 대한 보험가액은 보험사고가 발생한 때와 곳에서 평가한 보험목적물의 수량에 시장가격을 곱하여 산정한다.
② 가축에 대한 손해액 산정 시 보험가입 당시 보험가입자와 재해보험사업자가 별도로 정한 방법은 고려하지 않는다.
③ 가축에 대한 보험가액 산정 시 보험목적물에 대한 감가상각액을 고려해야 한다.
④ 가축에 대한 손해액은 보험사고가 발생한 때와 곳에서 폐사 등 피해를 입은 보험목적물의 수량에 적용가격을 곱하여 산정한다.

> **TIP** 가축의 보험가액 및 손해액 산정〈농업재해보험 손해평가요령 제14조〉
> ① 가축에 대한 보험가액은 보험사고가 발생한 때와 곳에서 평가한 보험목적물의 수량에 적용가격을 곱하여 산정한다.
> ② 가축에 대한 손해액은 보험사고가 발생한 때와 곳에서 폐사 등 피해를 입은 보험목적물의 수량에 적용가격을 곱하여 산정한다.
> ③ ① 및 ②의 적용가격은 보험사고가 발생한 때와 곳에서의 시장가격 등을 감안하여 보험약관에서 정한 방법에 따라 산정한다. 다만, 보험가입 당시 보험가입자와 재해보험사업자가 보험가액 및 손해액 산정 방식을 별도로 정한 경우에는 그 방법에 따른다.

ANSWER
47.④ 48.④

49 농업재해보험 손해평가요령상 농작물의 보험가액 산정에 관한 설명이다. (   ) 안에 들어갈 내용은?

> 적과전종합위험방식의 보험가액은 적과후착과수조사를 통해 산정한 (㉠)에 보험가입 당시의 단위당 (㉡)을 곱하여 산정한다.

	㉠	㉡
①	기준수확량	가입가격
②	보장수확량	가입가격
③	기준수확량	시장가격
④	보장수확량	시장가격

TIP 적과전종합위험방식의 보험가액은 적과후착과수조사를 통해 산정한 <u>기준수확량</u>에 보험가입 당시의 단위당 <u>가입가격</u>을 곱하여 산정한다〈농업재해보험 손해평가요령 제13조(농작물의 보험가액 및 보험금 산정) 제1항 제2호〉.

50 농업재해보험 손해평가요령에 관한 설명으로 옳은 것은?

① 농림축산식품부장관은 요령에 대하여 매년 그 타당성을 검토하여 개선 등의 조치를 하여야 한다.
② 농업시설물에 대한 손해액은 보험사고가 발생한 때와 곳에서 산정한 피해목적물의 원상복구비용을 말한다.
③ 농업시설물에 대한 보험가액은 보험사고가 발생한 때와 곳에서 평가한 피해목적물의 재조달가액으로 한다.
④ 농림축산식품부장관은 요령의 효율적인 운용 및 시행을 위하여 필요한 세부적인 사항을 규정한 손해평가업무방법서를 작성하여야 한다.

TIP ② 「농업재해보험 손해평가요령」 제15조(농업시설물의 보험가액 및 손해액 산정) 제2항
① 농림축산식품부 장관은 이 요령에 대하여 2017년 1월 1일을 기준으로 매 3년이 되는 시점(매 3년째의 12월 31일까지를 말한다)마다 그 타당성을 검토하여 개선 등의 조치를 하여야 한다〈농업재해보험 손해평가요령 부칙 제3조(재검토기한)〉.
③ 농업시설물에 대한 보험가액은 보험사고가 발생한 때와 곳에서 평가한 피해목적물의 재조달가액에서 내용연수에 따른 감가상각률을 적용하여 계산한 감가상각액을 차감하여 산정한다〈농업재해보험 손해평가요령 제15조(농업시설물의 보험가액 및 손해액 산정) 제1항〉.
④ 재해보험사업자는 이 요령의 효율적인 운용 및 시행을 위하여 필요한 세부적인 사항을 규정한 손해평가업무방법서를 작성하여야 한다〈농업재해보험 손해평가요령 제16조(손해평가업무방법서)〉.

ANSWER
49.① 50.②

제3과목 농학개론 중 재배학 및 원예작물학

51 작물 분류학적으로 가지과에 해당하는 것을 모두 고른 것은?

> ㉠ 고추
> ㉡ 토마토
> ㉢ 감자
> ㉣ 딸기

① ㉠㉣
② ㉠㉡㉢
③ ㉡㉢㉣
④ ㉠㉡㉢㉣

TIP ㉣ 딸기는 장미과에 속한다.

52 콩과 작물의 작황부족으로 어려움을 겪고 있는 농가를 찾은 A손해평가사의 재배지에 대한 판단으로 옳은 것은?

> • 작물의 칼슘 부족 증상이 발생했다.
> • 근류균 활력이 떨어졌다.
> • 작물의 망간 장해가 발생했다.

① 재배지의 온도가 높다.
② 재배지에 질소가 부족하다.
③ 재배지의 일조량이 부족하다.
④ 재배지가 산성화되고 있다.

TIP 산성화된 토양은 양분 보유기능이 저하되어 식물 성장에 필요한 칼슘 및 마그네슘의 결핍을 일으킨다.

ANSWER
51.② 52.④

53 작물의 질소에 관한 내용이다. ( )에 들어갈 내용을 순서대로 옳게 나열한 것은?

> 작물재배에서 ( )작물에 비해 ( )작물은 질소 시비량을 늘려 주는 것이 좋으며, 잎의 질소 결핍 증상은 ( )보다 ( )에서 먼저 나타난다.

① 콩과, 벼과, 유엽, 성엽
② 벼과, 콩과, 유엽, 성엽
③ 콩과, 벼과, 성엽, 유엽
④ 벼과, 콩과, 성엽, 유엽

TIP 벼과 작물은 공기 중의 질소를 흡수고정 시키기 때문에 콩과작물에 비해 질소 시비량을 늘려 주는 것이 좋다. 또한 질소결핍증상은 어린잎인 유엽보다 늙은 옆인 성엽에서 먼저 나타난다.

54 한해피해 조사를 마친 A손해평가사가 농가에 설명한 작물 내 물의 역할로 옳은 것은 몇 개인가?

> • 물질 합성과정의 매개
> • 양분 흡수의 용매
> • 세포의 팽압 유지
> • 체내의 항상성 유지

① 1개
② 2개
③ 3개
④ 4개

TIP 물은 식물이 성장하고 항상성을 유지하는 데 필수적인 요소이며 광합성, 질소동화, 증산작용, 무기영양의 흡수와 같은 중추적인 역할을 한다. 또한 물은 세포의 확장, 기공의 개폐 등의 팽압유지를 하며 세포 내 수많은 생화학반응을 이끄는 용매의 역할을 한다.

ANSWER
53.① 54.④

55 과수작물의 서리피해에 관한 내용이다. 밑줄 친 부분이 옳은 것을 모두 고른 것은?

> 최근 지구온난화에 따른 기상이변으로 개화기가 빠른 ㉠핵과류에서 피해가 빈번하게 발생한다. 특히, 과수원이 ㉡강이나 저수지 옆에 있을 때 발생률이 높다. 따라서 일부 농가에서는 상층의 더운 공기를 아래로 불어내려 과수원의 기온저하를 막아주는 ㉢송풍법을 사용하고 있다.

① ㉠
② ㉠㉡
③ ㉡㉢
④ ㉠㉡㉢

> **TIP** ㉠ 지구온난화로 인한 봄철 개화기 저온현상으로 냉해를 입는 대상은 주로 핵과류이다.
> ㉡ 물은 증발하면서 기화열을 빼앗아 주변의 온도를 낮추기 때문에 강과 저수지가 근접한 과수원은 냉해 위험이 높아진다.
> ㉢ 송풍법은 송풍기를 이용하여 찬 공기와 더운 공기를 섞어 과수원 내 기온을 상승시켜주어 기온저하를 막아주는 방법이다.

56 작물의 생장에 영향을 주는 광질에 관한 내용이다. ( ) 안에 들어갈 내용을 순서대로 옳게 나열한 것은?

> 가시광선 중에서 ( )은 광합성·광주기성·광발아성 종자의 발아를 주도하는 중요한 광선이다. 근적외선은 식물의 신장을 촉진하여 적색광과 근적외선의 비가 ( ) 절간신장이 촉진되어 초장이 커진다.

① 청색광, 작으면
② 적색광, 크면
③ 적색광, 작으면
④ 청색광, 크면

> **TIP** 적색광은 종자 발아, 뿌리 성장 및 구근 발달을 위해 식물의 초기 생활에 필수적인 역할을 하며 개화와 결실 등에 관여한다. 근적외선은 피토크롬을 불활성화시켜 식물의 신장을 촉진하며 적색광과 근적외선의 비가 작으면 절간 신장이 촉진된다.

ANSWER
55.④ 56.③

57 생육적온이 달라 동일 재배사에서 함께 재배할 경우 재배효율이 떨어지는 조합은?

① 상추, 고추
② 당근, 시금치
③ 가지, 호박
④ 오이, 토마토

TIP ① 상추의 생육적온은 15 ~ 20℃이며 고추의 생육적온은 25 ~ 30℃이므로 함께 재배할 경우 재배효율이 떨어진다.
② 당근의 생육적온은 18 ~ 21℃, 시금치의 생육적온은 15 ~ 20℃이다.
③ 가지의 생육적온은 23 ~ 28℃, 호박의 생육적온은 20 ~ 25℃이다.
④ 오이의 생육적온은 23 ~ 28℃, 토마토의 생육적온은 20 ~ 25℃ 이다.

58 소비자의 기호 변화로 씨가 없는 샤인머스캣 포도가 인기를 모으고 있다. 샤인머스캣을 무핵화하고 과립 비대를 위해 처리하는 생장조절물질은?

① 아브시스산
② 지베렐린
③ 옥신
④ 에틸렌

TIP ② 지베렐린 : 식물의 줄기 신장, 종자 발아, 꽃눈 형성, 과실 발달 등을 촉진하는 호르몬이다. 줄기와 잎의 신장을 촉진하여 식물의 길이를 키우고, 종자의 휴면을 깨어 발아를 촉진한다.
① 아브시스산 : 식물의 스트레스 반응과 관련된 호르몬이다. 기공을 닫아 수분 손실을 줄이고, 씨앗의 휴면을 유지하며, 발아를 억제, 잎의 성숙을 지연 시키고, 낙엽과 열매의 탈리를 유도를 한다.
③ 옥신 : 식물의 줄기 신장, 뿌리 형성, 방향성 생장(굴광성 및 굴중성) 등 다양한 생장 과정을 조절하는 주요 호르몬이다. 줄기의 생장을 촉진하고, 뿌리 생성을 유도하며, 측지의 발달을 억제한다.
④ 에틸렌 : 식물의 성숙과 노화 과정, 열매의 숙성, 낙엽과 열매의 탈리 등을 촉진하는 기체 상태의 호르몬이다. 스트레스 반응을 조절하고, 꽃의 개화와 수확 후 과일의 후숙을 조절한다.

59 저온자극을 통해 화아분화가 촉진되는 작물이 아닌 것은?

① 양파
② 상추
③ 배추
④ 무

TIP ② 고온춘화를 통해 화아분화가 촉진된다.
① 발아 이후 어느 정도의 시기가 지나 녹체가 되었을 때 저온자극을 받는다.
③④ 종자 때부터 저온자극을 받는다.

ANSWER
57.① 58.② 59.②

60 식물의 생육과정에서 강풍의 외부환경에 따른 영향으로 옳지 않은 것은?

① 화분매개곤충의 활동을 억제한다.
② 상처를 유발하여 호흡량을 증가시킨다.
③ 증산작용은 억제되나 광합성은 촉진된다.
④ 상처를 통한 병해충의 발생을 촉진한다.

 ③ 강풍으로 인해 기공이 닫히면 이산화탄소의 흡수가 감소되어 광합성이 감퇴한다.
① 화분매개곤충이란 꽃가루를 매개하여 결과하는 데 도움을 주는 곤충으로 강풍은 화분매개곤충의 활동을 저해한다.
② 강풍으로 인해 상처가 나면 호흡이 늘어나 체내 양분의 소모가 증가한다.
④ 강풍으로 인해 상처가 나면 온갖 병해충이 식물에 침투해 피해를 발생시킨다.

61 식물의 종자 또는 눈이 휴면에 들어가면서 증가하는 것은?

① 호흡량
② 옥신
③ 지베렐린
④ 아브시스산

 ④ 식물의 생장을 억제하고 환경적 스트레스에 대한 식물의 반응에 관여하는 식물호르몬으로 식물체의 눈의 휴면에 관여한다.
① 종자나 눈이 휴면할 때 호흡량은 최저수준을 유지한다.
② 식물의 성장과 발달에 촉진하는 식물 생장 호르몬이다.
③ 식물호르몬으로 채소의 수확시기를 빠르게 하거나 씨 없이 열매를 증수시키는 등 식물의 생장을 촉진한다.

62 시설재배 농가를 찾은 A손해평가사의 육묘에 관한 조언으로 옳지 않은 것은?

① 출하기 조절이 가능하다.
② 유기질 육묘상토로 피트모스를 추천하였다.
③ 단위면적당 생산량을 증가시킬 수 있다.
④ 공간활용도를 높이기 위해 이동식 벤치보다 고정식 벤치를 추천하였다.

④ 고정식벤치는 공간 구성에 한계가 있어 공간활용도를 떨어뜨린다.
① 시설재배에서는 발아, 전엽의 촉진과 과실숙기가 촉진되어 조기출하를 가능하게 한다.
② 상토란 작물의 육묘를 목적으로 사용되는 배지류를 뜻하며 피트모스는 보수력과 보온성, 통기성 등이 좋아 일반적으로 육묘의 상토로 사용된다.
③ 시설재배에서는 재배와 육묘를 병행할 수 있어 단위면적당 생산량을 최대로 끌어올릴 수 있다.

ANSWER
60.③ 61.④ 62.④

63 수박재배 농가에서 대목을 사용하는 접목재배로 방제할 수 있는 것은?

① 덩굴쪼김병
② 애꽃노린재
③ 진딧물
④ 잎오갈병

> **TIP**
> ① 덩굴쪼김병 : 줄기부분이 갈라지고 진이 나와 시들거리다 죽는 병으로 강한 대목으로 접목하여 재배한다.
> ② 애꽃노린재 : 작물에 발생한 해충을 잡아먹는 익충이다.
> ③ 진딧물 : 수박모자이크바이러스병 등을 유발하는 해충으로 약제를 살포하여 방제한다.
> ④ 잎오갈병 : 복숭아나무에 주로 발생하는 병해로 나무의 휴면기에 약제를 살포하여 방제한다.

64 최종 적과 후 우박피해를 입은 사과농가의 대처로 옳은 것을 모두 고른 것은?

> A농가 - 피해 정도가 심한 가지에는 도포제를 발라준다.
> B농가 - 수세가 강한 피해 나무에 질소 엽면시비를 한다.
> C농가 - 90% 이상의 과실이 피해를 입은 나무의 과실은 모두 제거한다.
> D농가 - 병해충 방제를 위해 살균제를 살포한다.

① A, C
② A, D
③ B, C
④ B, D

> **TIP**
> B농가 - 생육이 부진한 경우 추비 또는 요소액을 엽면살포하여 생장을 촉진한다.
> C농가 - 수세안정을 위해 일정한 과실을 남기는 것이 좋다.

ANSWER
63.① 64.②

65 다음은 벼의 수발아에 관한 내용이다. ( )에 들어갈 내용을 순서대로 옳게 나열한 것은?

> 수발아는 ( )에 종실이 이삭에 달린 채로 싹이 트는 것을 말하며, 벼가 우기에 도복이 되었을 때 자주 발생한다. 또한 ( )이 ( )보다 수발아가 잘 발생한다.

① 수잉기, 조생종, 만생종
② 결실기, 조생종, 만생종
③ 수잉기, 만생종, 조생종
④ 결실기, 만생종, 조생종

> **TIP** 수발아는 결실기(식물이 열매 맺는 때)에 종실이 이삭에 달린 채로 싹이 트는 것을 말하며, 벼가 우기에 도복이 되었을 때 자주 발생한다. 또한 조생종(같은 품종보다 일찍 성숙하여 개화와 수확이 빠른 품종)이 만생종(같은 품종보다 늦게 성숙하는 품종)보다 수발아가 잘 발생한다.

66 전염성 병해가 아닌 것은?

① 토마토 배꼽썩음병
② 벼 깨씨무늬병
③ 배추 무름병
④ 사과나무 화상병

> **TIP** ① 토마토 배꼽썩음병 : 꽃이 달려있던 부분에서 썩기 시작하는 병해로 석회결핍이나 토양수분의 변화 등에 의해 생기나 전염되지는 않는다.
> ② 벼 깨씨무늬병 : 병해로 노후화 된 돈 등에 재배된 벼에 갈색의 깨알 같은 점무늬병반의 증상을 보이며 벼 종자 전염병이다.
> ③ 배추 무름병 : 세균에 의해 발병하며 병든 잎·뿌리, 토양곤충의 번데기에서 월동하다가 다음해에 전염원이 된다.
> ④ 사과나무 화상병 : 세균에 의해 발병하며 화상을 입은 것처럼 검어지고 말라 죽는 증상을 보이며 전염 속도가 빨라 조기 방제가 필요하다.

67 0℃에서 저장할 경우 저온장해가 발생하는 채소만을 나열한 것은?

① 배추, 무
② 마늘, 양파
③ 당근, 시금치
④ 가지, 토마토

> **TIP** 가지나 토마토는 추위나 건조한 환경에 약한 채소로 4℃ 이하의 온도에서 저온장해를 일으킨다.

ANSWER
65.② 66.① 67.④

68 다음 ( ) 안에 들어갈 필수 원소에 관한 내용을 순서대로 옳게 나열한 것은?

> ( )원소인 ( )은 엽록소의 구성성분으로 부족 시 잎이 황화된다.

① 다량, 마그네슘
② 다량, 몰리브덴
③ 미량, 마그네슘
④ 미량, 몰리브덴

TIP 잎의 황화현상은 엽록소의 주된 다량원소인 마그네슘의 부족으로 나타난다.

69 자가수분으로 수분수가 필요 없는 과수는?

① 신고 배
② 후지 사과
③ 캠벨얼리 포도
④ 미백도 복숭아

TIP 배, 사과, 복숭아는 타가수분을 한다.

70 유리온실 내 지면으로부터 용마루까지의 길이를 나타내는 용어는?

① 간고
② 동고
③ 측고
④ 헌고

TIP ② 지붕높이를 뜻하는 것으로 지면에서 꼭마루까지의 길이를 말한다.
①③ 처마높이를 뜻한다.

ANSWER
68.① 69.③ 70.②

71 장미의 블라인드 현상의 직접적인 원인은?

① 수분 부족
② 칼슘 부족
③ 일조량 부족
④ 근권부 산소 부족

> **TIP** 4월 중순에서 5월 초에 피어야 할 꽃봉이 없는 가지가 블라인드이다. 주로 저온 혹은 일조량의 부족에서 기인하는 현상이다.

72 베드의 바닥에 일정한 크기의 기울기로 얇은 막상의 양액이 흘러 순환하도록 하고 그 위에 작물의 뿌리 일부가 닿게 하여 재배하는 방식은?

① 매트재배
② 심지재배
③ NFT재배
④ 담액재배

> **TIP** ③ NFT재배(박막수경재배): 얇은 막 형태로 흐르는 양액이 뿌리와 접촉하면서 영양분을 공급하는 수경재배 방식이다. 산소가 공급될 수 있도록 얇은 베드 위에 식물을 심은 판을 놓고 배양액을 지속적으로 안으로 흘려보낸다. 주로 잎채소와 허브 등의 재배에 사용된다.
> ① 매트재배: 배지 대신 합성섬유나 천연섬유로 만든 매트를 사용하여 작물을 재배하는 방식이다. 매트가 물과 영양액을 흡수하여 작물의 뿌리에 공급한다. 매트는 배수와 보습이 우수해 작물의 뿌리 생장에 유리하다.
> ② 심지재배: 심지를 통해 물과 영양액을 뿌리로 전달하는 수경재배 방식이다. 심지는 저수지에 담긴 물을 모세관 현상으로 끌어올려 식물 뿌리 부분으로 공급한다. 물과 영양액 공급이 비교적 자동으로 이루어져 관리가 쉽다.
> ④ 담액재배: 작물의 뿌리를 영양액에 담가서 재배하는 수경재배 방식이다. 뿌리가 물속에 계속 잠겨있기 때문에 산소 공급을 위해 에어 펌프를 사용하여 물속에 산소를 공급한다. 간단한 구조로 인해 가정용으로 흔하다. 또한 빠르게 자라는 잎채소와 허브 재배에 사용된다.

ANSWER
71.③ 72.③

73 근경으로 영양번식을 하는 화훼작물은?

① 칸나, 독일붓꽃
② 시클라멘, 다알리아
③ 튤립, 글라디올러스
④ 백합, 라넌큘러스

TIP 근경은 땅속줄기가 옆으로 뻗어가며 커짐으로 저장기간을 만들어내는 뿌리줄기를 말하며 대나무, 칸나, 독일붓꽃, 연꽃 등이 이에 해당한다.

74 다음 설명에 해당하는 해충은?

- 흡즙성 해충이다.
- 포도나무 가지와 잎을 주로 가해한다.
- 약충이 하얀 솜과 같은 왁스 물질로 덮여 있다.

① 꽃매미
② 미국선녀벌레
③ 포도유리나방
④ 포도호랑하늘소

TIP 미국선녀벌레는 포도나무, 감귤나무 등의 과일나무나 단풍나무, 느릅나무와 같은 활엽수에도 서식하며 성충과 약충이 집단으로 기생하여 수액을 빨아먹는 흡즙성 해충이며 왁스물질을 분비해 방제를 어렵게 한다.

ANSWER
73.① 74.②

기출변형

75 다음에서 설명하는 시설재배시 사용되는 필름은?

- 가격이 저렴한 편이다.
- 단기 재배 작물에 적합하다.
- 봄이나 여름철에 주로 활용된다.
- 무게가 가볍지만 내구성이 낮은 편이다.

① PE
② EVA
③ PVC
④ PVA

① PE(폴리에틸렌) : 가격이 저렴하지만 무게가 가볍고 내구성이 낮다. 일반적으로 사용되지만 자외선에 약해서 열화되기가 쉽다. 단기 재배에 적합하고 봄이나 여름철에 주로 활용된다.
② EVA(에틸렌-비닐아세테이트) : 보온성이 뛰어나다. 겨울철에 사용이 적합하며 추운 날씨에서도 안정적인 생육이 필요한 작물에 사용된다.
③ PVC(폴리염화비닐) : 시간이 지나면서 저하되지만 투광성이 우수하다. 자외선에 강하며 내구성이 뛰어나지만 가격이 비싸고 재활용이 어렵다. 장기 재배에 적합하다. 고온다습한 기후에서도 안정적인 환경을 제공하여 과채류 재배에도 사용된다.
④ PVA(폴리비닐알코올) : 결로 방지와 습도 조절에 효과적이다. 고습 환경에서의 과채류나 잎채소 재배에 유리하여 수분 관리를 필요로 하는 작물에 주로 사용된다.

ANSWER
75.①

2024년 제10회 1차 시험

제1과목 「상법」 보험편

1 상법상 보험계약관계자에 관한 설명으로 옳지 않은 것은?

① 손해보험의 보험자는 보험사고가 발생한 경우 보험금 지급의무를 지는 자이다.
② 손해보험의 보험계약자는 자기명의로 보험계약을 체결하고 보험료 지급의무를 지는 자이다.
③ 손해보험의 피보험자는 피보험이익의 주체로서 보험사고가 발생한 때에 보험금을 받을 자이다.
④ 손해보험의 보험수익자는 보험사고가 발생한 때에 보험금을 지급받을 자로 지정된 자이다.

> **TIP** ①④ 손해보험계약의 보험자는 보험사고로 인하여 생길 피보험자의 재산상의 손해를 보상할 책임이 있다〈상법 제665조(손해보험자의 책임)〉.
> ② 보험계약자는 자기명의 또는 타인을 위한 보험에서도 「상법」 제639조(타인을 위한 보험)에 따라 보험자에 대하여 보험료를 지급할 의무가 있다.
> ③ 피보험자는 '계약에 따라서 손해의 보상을 받을 수 있는 자'를 의미한다.

2 보험설계사가 가진 상법상 권한으로 옳은 것은?

① 보험계약자로부터 고지에 관한 의사표시를 수령할 수 있는 권한
② 보험계약자에게 영수증을 교부하지 않고 보험료를 수령할 수 있는 권한
③ 보험자가 작성한 보험증권을 보험계약자에게 교부할 수 있는 권한
④ 보험계약자로부터 통지에 관한 의사표시를 수령할 수 있는 권한

> **TIP** ③ 「상법」 제640조(보험증권의 교부) 제1항
> ①②④ 보험대리상의 권한에 해당한다〈상법 제646조의2(보험대리상 등의 권한) 제1항〉.

ANSWER
1.④ 2.③

3 상법상 보험계약의 체결에 관한 설명으로 옳은 것은?

① 보험계약은 청약과 승낙에 의한 합의와 보험증권의 교부로 성립한다.
② 기존의 보험계약을 연장하거나 변경한 경우에는 보험자는 그 보험증권에 그 사실을 기재함으로써 보험증권의 교부에 갈음할 수 있다.
③ 보험자는 보험계약이 성립된 후 보험계약자에게 보험약관을 교부하고 그 약관의 중요한 내용을 설명하여야 한다.
④ 보험자가 보험계약자로부터 보험계약의 청약과 함께 보험료 상당액의 전부 또는 일부의 지급을 받은 때에는 계약이 성립한 것으로 본다.

② 「상법」 제640조(보험증권의 교부) 제2항
① 「상법」 제638조의2(보험계약의 성립) 제1항에 따라 보험자가 보험계약자로부터 보험계약의 청약과 함께 보험료 상당액의 전부 또는 일부의 지급을 받은 때에는 다른 약정이 없으면 30일 내에 그 상대방에 대하여 낙부의 통지를 발송하여야 한다. 제638조의2 제2항에 따라 기간 내에 낙부의 통지를 해태한 때에는 승낙한 것으로 본다.
③ 보험자는 보험계약을 체결할 때에 보험계약자에게 보험약관을 교부하고 그 약관의 중요한 내용을 설명하여야 한다〈상법 제638조의3(보험약관의 교부·설명 의무) 제1항〉.
④ 보험자가 보험계약자로부터 보험계약의 청약과 함께 보험료 상당액의 전부 또는 일부를 받은 경우에 그 청약을 승낙하기 전에 보험계약에서 정한 보험사고가 생긴 때에는 그 청약을 거절할 사유가 없는 한 보험자는 보험계약상의 책임을 진다〈상법 제638조의2(보험계약의 성립) 제3항〉.

4 상법상 보험증권에 관한 설명으로 옳지 않은 것은?

① 타인을 위한 보험계약이 성립된 경우에는 보험자는 그 타인에게 보험증권을 교부해야 한다.
② 보험계약의 당사자는 보험증권의 교부가 있은 날로부터 일정한 기간 내에 한하여 그 증권내용의 정부(正否)에 관한 이의를 할 수 있음을 약정할 수 있다. 이 기간은 1월을 내리지 못한다.
③ 보험증권을 멸실 또는 현저하게 훼손한 때에는 보험계약자는 보험자에 대하여 증권의 재교부를 청구할 수 있고, 그 증권작성의 비용은 보험계약자의 부담으로 한다.
④ 보험자는 보험계약이 성립한 때에는 지체 없이 보험증권을 작성하여 보험계약자에게 교부하여야 한다.

① 보험계약자는 위임을 받거나 위임을 받지 아니하고 특정 또는 불특정의 타인을 위하여 보험계약을 체결할 수 있다. 그러나 손해보험계약의 경우에 그 타인의 위임이 없는 때에는 보험계약자는 이를 보험자에게 고지하여야 하고, 그 고지가 없는 때에는 타인이 그 보험계약이 체결된 사실을 알지 못하였다는 사유로 보험자에게 대항하지 못한다〈상법 제639조(타인을 위한 보험) 제1항〉.
② 「상법」 제641조(증권에 관한 이의약관의 효력)
③ 「상법」 제642조(증권의 재교부청구)
④ 「상법」 제640조(보험증권의 교부) 제1항

ANSWER
3.② 4.①

5 상법상 보험료에 관한 설명으로 옳은 것을 모두 고른 것은?

> ⊙ 보험계약의 당사자가 특별한 위험을 예기하여 보험료의 액을 정한 경우에 보험기간 중 그 예기한 위험이 소멸한 때에는 보험계약자는 그 후의 보험료의 감액을 청구할 수 있다.
> ⓒ 보험계약의 전부 또는 일부가 무효인 경우에 보험계약자와 피보험자가 선의이며 중대한 과실이 없는 때에는 보험자에 대하여 보험료의 전부 또는 일부의 반환을 청구할 수 있다.
> ⓒ 보험계약자는 계약체결 후 지체 없이 보험료의 전부 또는 제1회 보험료를 지급하여야 하며, 이를 지급하지 아니하는 경우에는 보험자는 다른 약정이 없는 한 계약성립 후 2월이 경과하면 그 계약을 해제할 수 있다.
> ⓔ 계속보험료가 약정한 시기에 지급되지 아니한 때에는 보험자는 상당한 기간을 정하여 보험계약자에게 최고하고 그 기간 내에 지급되지 아니한 때에는 그 계약은 해지된 것으로 본다.

① ㉠㉡
② ㉠㉢
③ ㉡㉣
④ ㉢㉣

TIP
㉠ 보험계약의 당사자가 특별한 위험을 예기하여 보험료의 액을 정한 경우에 보험기간 중 그 예기한 위험이 소멸한 때에는 보험계약자는 그 후의 보험료의 감액을 청구할 수 있다〈상법 제647조(특별위험의 소멸로 인한 보험료의 감액청구)〉.
㉡ 보험계약의 전부 또는 일부가 무효인 경우에 보험계약자와 피보험자가 선의이며 중대한 과실이 없는 때에는 보험자에 대하여 보험료의 전부 또는 일부의 반환을 청구할 수 있다. 보험계약자와 보험수익자가 선의이며 중대한 과실이 없는 때에도 같다〈상법 제648조(보험계약의 무효로 인한 보험료반환청구)〉.
㉢ 보험계약자는 계약체결 후 지체 없이 보험료의 전부 또는 제1회 보험료를 지급하여야 하며, 보험계약자가 이를 지급하지 아니하는 경우에는 다른 약정이 없는 한 계약성립 후 2월이 경과하면 그 계약은 해제된 것으로 본다〈상법 제650조(보험료의 지급과 지체의 효과) 제1항〉.
㉣ 계속보험료가 약정한 시기에 지급되지 아니한 때에는 보험자는 상당한 기간을 정하여 보험계약자에게 최고하고 그 기간 내에 지급되지 아니한 때에는 그 계약을 해지할 수 있다〈상법 제650조(보험료의 지급과 지체의 효과) 제2항〉.

ANSWER
5.①

6 甲이 乙 소유의 농장에 대해 乙의 허락 없이 乙을 피보험자로 하여 A보험회사와 화재보험계약을 체결한 경우, 그 법률관계에 관한 설명으로 옳지 않은 것은?

① 보험계약 체결시 A보험회사가 서면으로 질문한 사항은 중요한 사항으로 추정한다.
② 보험사고가 발생하기 전에는 甲은 언제든지 계약의 전부 또는 일부를 해지할 수 있다.
③ 甲이 乙의 위임이 없음을 A보험회사에게 고지하지 않은 때에는 乙이 그 보험계약이 체결된 사실을 알지 못하였다는 사유로 A보험회사에게 대항하지 못한다.
④ 보험계약 당시에 甲또는 乙이 고의 또는 중대한 과실로 인하여 중요한 사항을 고지하지 아니하거나 부실의 고지를 한 때에는 A보험회사는 그 사실을 안 날로부터 1월내에, 계약을 체결한 날로부터 3년 내에 한하여 계약을 해지할 수 있다.

> **TIP** ② 보험사고가 발생하기 전에는 보험계약자는 언제든지 계약의 전부 또는 일부를 해지할 수 있다. 그러나 제639조(타인을 위한 보험)의 보험계약의 경우에는 보험계약자는 그 타인의 동의를 얻지 아니하거나 보험증권을 소지하지 아니하면 그 계약을 해지하지 못한다〈상법 제649조(사고발생전의 임의해지) 제1항〉.
> ① 「상법」 제651조의2(서면에 의한 질문의 효력)
> ③ 「상법」 제639조(타인을 위한 보험) 제1항
> ④ 「상법」 제651조(고지의무위반으로 인한 계약해지)

7 상법상 보험사고에 관한 설명으로 옳지 않은 것은?

① 보험계약 당시에 보험사고가 이미 발생하였거나 또는 발생할 수 없는 것인 때에는 그 계약은 무효로 한다.
② 보험계약 당시에 보험사고가 발생할 수 없는 것이었지만 당사자 쌍방과 피보험자가 이를 알지 못한 때에는 그 계약은 유효하다.
③ 보험사고의 발생으로 보험자가 보험금액을 지급한 때에도 보험금액이 감액되지 아니하는 보험의 경우에는 보험계약자는 그 사고발생 후에도 보험계약을 해지할 수 있다.
④ 보험사고가 발생하기 전에 보험계약을 해지한 보험계약자는 미경과보험료의 반환을 청구할 수 없다.

> **TIP** ④ 「상법」 제649조(사고발생전의 임의해지) 제1항에 따라 보험사고가 발생하기 전에는 보험계약자는 언제든지 계약의 전부 또는 일부를 해지할 수 있다. 제649조(사고발생전의 임의해지) 제3항에 따라 보험계약자는 당사자 간에 다른 약정이 없으면 미경과보험료의 반환을 청구할 수 있다.
> ①② 「상법」 644조(보험사고의 객관적 확정의 효과)
> ③ 「상법」 제649조(사고발생전의 임의해지) 제2항

ANSWER
6.② 7.④

8 상법상 보험대리상의 권한을 모두 고른 것은?

> ㉠ 보험료수령권한
> ㉡ 고지수령권한
> ㉢ 보험계약의 해지권한
> ㉣ 보험금수령권한

① ㉠㉡㉢
② ㉠㉡㉣
③ ㉠㉢㉣
④ ㉡㉢㉣

TIP 보험대리상의 권한〈상법 제646조의2 제1항〉
1. 보험계약자로부터 보험료를 수령할 수 있는 권한
2. 보험자가 작성한 보험증권을 보험계약자에게 교부할 수 있는 권한
3. 보험계약자로부터 청약, 고지, 통지, 해지, 취소 등 보험계약에 관한 의사표시를 수령할 수 있는 권한
4. 보험계약자에게 보험계약의 체결, 변경, 해지 등 보험계약에 관한 의사표시를 할 수 있는 권한

9 보험기간 중에 보험사고의 발생 위험이 현저하게 변경 또는 증가된 경우의 법률관계에 관한 설명으로 옳은 것은?

① 보험수익자의 고의로 인하여 사고 발생의 위험이 현저하게 증가된 때에는 보험자는 그 사실을 안 날로부터 1월 내에 보험계약을 해지할 수 있을 뿐이고, 보험료의 증액을 청구할 수는 없다.
② 보험계약자가 지체 없이 위험변경증가의 통지를 한 때에는 보험자는 1월 내에 보험료 증액을 청구할 수 있을 뿐이고 보험계약을 해지할 수는 없다.
③ 보험계약자가 위험변경증가의 통지를 해태한 때에는 보험자는 그 사실을 안 날로부터 1월 내에 한하여 계약을 해지할 수 있다.
④ 타인을 위한 손해보험의 타인이 사고발생 위험이 현저하게 변경 또는 증가된 사실을 알게된 경우 이를 보험자에게 통지할 의무는 없다.

TIP ③ 「상법」 제652조(위험변경증가의 통지와 계약해지) 제1항
① 보험기간 중에 보험계약자, 피보험자 또는 보험수익자의 고의 또는 중대한 과실로 인하여 사고발생의 위험이 현저하게 변경 또는 증가된 때에는 보험자는 그 사실을 안 날부터 1월 내에 보험료의 증액을 청구하거나 계약을 해지할 수 있다〈상법 제653조(보험계약자 등의 고의나 중과실로 인한 위험증가와 계약해지)〉.
② 보험자가 제1항의 위험변경증가의 통지를 받은 때에는 1월 내에 보험료의 증액을 청구하거나 계약을 해지할 수 있다〈상법 제652조(위험변경증가의 통지와 계약해지) 제2항〉.
④ 보험기간 중에 보험계약자 또는 피보험자가 사고발생의 위험이 현저하게 변경 또는 증가된 사실을 안 때에는 지체 없이 보험자에게 통지하여야 한다〈상법 제652조(위험변경증가의 통지와 계약해지) 제1항〉.

ANSWER
8.① 9.③

10 보험사고가 발생한 경우 그 법률관계에 관한 설명으로 옳지 않은 것은?

① 보험수익자가 보험사고의 발생을 안 때에는 지체 없이 보험자에게 그 통지를 발송하여야 한다.
② 보험계약자가 보험사고의 발생을 알았음에도 지체 없이 보험자에게 그 통지를 발송하지 않은 경우 보험자는 계약을 해지할 수 있다.
③ 보험계약 당사자 간에 다른 약정이 없으면 최초보험료를 보험자가 지급받은 때로부터 보험자의 책임이 개시된다.
④ 위험이 현저하게 변경 또는 증가된 사실이 보험사고 발생에 영향을 미친 경우, 보험자가 위험변경증가의 통지를 못 받았음을 이유로 유효하게 계약을 해지하면 보험금을 지급할 책임이 없다.

> **TIP** ② 보험계약자 또는 피보험자나 보험수익자가 제1항의 통지의무를 해태함으로 인하여 손해가 증가된 때에는 보험자는 그 증가된 손해를 보상할 책임이 없다〈상법 제657조(보험사고발생의 통지의무) 제2항〉.
> ① 「상법」 제657조(보험사고발생의 통지의무) 제1항
> ③ 「상법」 제656조(보험료의 지급과 보험자의 책임개시)
> ③ 「상법」 제655조(계약해지와 보험금청구권)

11 보험자의 보험금액의 지급에 관한 설명으로 옳지 않은 것은?

① 보험수익자의 중과실로 인하여 보험사고가 생긴 때에는 보험자는 보험금액을 지급할 책임이 없다.
② 보험계약자의 고의로 보험사고가 생긴 때에는 보험자는 보험금액을 지급할 책임이 없다.
③ 보험금액의 지급에 관하여 약정기간이 없는 경우에는 보험자는 보험사고 발생의 통지를 받은 후 지체 없이 지급할 보험금액을 정해야 한다.
④ 보험자가 파산선고를 받았으나 보험계약자가 계약을 해지하지 않은 채 3월이 경과한 후에 보험사고가 발생하여도 보험자는 보험금액 지급 책임이 있다.

> **TIP** ④ 보험자가 파산의 선고를 받은 때에는 보험계약자는 계약을 해지할 수 있다. 규정에 의하여 해지하지 아니한 보험계약은 파산선고 후 3월을 경과한 때에는 그 효력을 잃는다〈상법 제654조(보험자의 파산선고와 계약해지) 제1항, 제2항〉.
> ①② 「상법」 제653조(보험계약자 등의 고의나 중과실로 인한 위험증가와 계약해지)
> ③ 「상법」 제658조(보험금액의 지급)

ANSWER
10.② 11.④

12 甲은 자기 소유의 건물에 대해 A보험회사와 화재보험계약을 체결하였고, A보험회사는 이 화재보험계약으로 인하여 부담할 책임에 대하여 B보험회사와 재보험계약을 체결한 경우 그 법률관계에 관한 설명으로 옳은 것은?

① 화재보험계약의 보험기간 개시 전에 화재가 발생한 경우 B보험회사는 A보험회사에게 보험금 지급의무가 없다.
② 甲의 고의로 화재보험계약의 보험기간 중에 화재가 발생한 경우 B보험회사는 A보험회사에게 보험금 지급의무가 있다.
③ A보험회사의 B보험회사에 대한 보험금청구권은 1년간 행사하지 아니하면 시효의 완성으로 소멸한다.
④ B보험회사의 A보험회사에 대한 보험료청구권은 6개월간 행사하지 아니하면 시효의 완성으로 소멸한다.

> **TIP** ① 보험계약은 당사자 일방이 약정한 보험료를 지급하고 재산 또는 생명이나 신체에 불확정한 사고가 발생할 경우에 상대방이 일정한 보험금이나 그 밖의 급여를 지급할 것을 약정함으로써 효력이 생긴다〈상법 제638조(보험계약의 의의)〉.
> ② 보험자가 보험계약자로부터 보험계약의 청약과 함께 보험료 상당액의 전부 또는 일부를 받은 경우에 그 청약을 승낙하기 전에 보험계약에서 정한 보험사고가 생긴 때에는 그 청약을 거절할 사유가 없는 한 보험자는 보험계약상의 책임을 진다〈상법 제638조의2(보험계약의 성립) 제3항〉.
> ③④ 보험금청구권은 3년간, 보험료 또는 적립금의 반환청구권은 3년간, 보험료청구권은 2년간 행사하지 아니하면 시효의 완성으로 소멸한다〈상법 제662조(소멸시효)〉.

13 가계보험의 약관조항 중 상법상 불이익변경금지원칙에 위반되지 않는 것은?

① 보험계약자가 계약 체결 시 과실 없이 중요한 사항을 불고지한 경우에도 보험자의 해지권을 인정한 약관조항
② 보험료청구권의 소멸시효기간을 단축하는 약관조항
③ 보험수익자가 보험계약 체결 시 고지의무를 부담하도록 하는 약관조항
④ 보험사고 발생 전이지만 일정한 기간 동안 보험계약자의 계약 해지를 금지하는 약관조항

> **TIP** ② 이 편의 규정은 당사자 간의 특약으로 보험계약자 또는 피보험자나 보험수익자의 불이익으로 변경하지 못한다. 그러나 재보험 및 해상보험 기타 이와 유사한 보험의 경우에는 그러하지 아니하다〈상법 제663조(보험계약자 등의 불이익변경금지)〉. 따라서 소멸시효 기간을 단축할 시 보험계약자에게 유리하며, 이러한 경우에는 허용한다.
> ①③ 보험계약 당시에 보험계약자 또는 피보험자가 고의 또는 중대한 과실로 인하여 중요한 사항을 고지하지 아니하거나 부실의 고지를 한 때에는 보험자는 그 사실을 안 날로부터 1월 내에, 계약을 체결한 날로부터 3년 내에 한하여 계약을 해지할 수 있다〈상법 제651조(고지의무위반으로 인한 계약해지)〉.
> ④ 보험사고가 발생하기 전에는 보험계약자는 언제든지 계약의 전부 또는 일부를 해지할 수 있다〈상법 제649조(사고발생전의 임의해지) 제1항〉.

ANSWER
12.① 13.②

14 상법상 손해보험증권에 기재해야 할 사항으로 옳지 않은 것은?

① 피보험자의 주민등록번호
② 보험기간을 정한 경우 그 시기와 종기
③ 보험료와 그 지급방법
④ 무효와 실권의 사유

> **TIP** 손해보험증권〈상법 제666조〉… 손해보험증권에는 다음의 사항을 기재하고 보험자가 기명날인 또는 서명하여야 한다.
> 1. 보험의 목적
> 2. 보험사고의 성질
> 3. 보험금액
> 4. 보험료와 그 지급방법
> 5. 보험기간을 정한 때에는 그 시기와 종기
> 6. 무효와 실권의 사유
> 7. 보험계약자의 주소와 성명 또는 상호
> 7의2. 피보험자의 주소, 성명 또는 상호
> 8. 보험계약의 연월일
> 9. 보험증권의 작성지와 그 작성 연월일

15 상법상 물건보험의 보험가액에 관한 설명으로 옳지 않은 것은?

① 보험가액과 보험금액은 일치하지 않을 수 있다.
② 보험계약 당사자 간에 보험가액을 정하지 아니한 때에는 사고발생 시의 가액을 보험가액으로 한다.
③ 보험계약의 당사자 간에 보험가액을 정한 경우 그 가액이 사고발생 시의 가액을 현저하게 초과할 경우 보험계약은 무효이다.
④ 보험계약의 당사자 간에 보험가액을 정한 경우 그 가액은 사고발생 시의 가액으로 정한 것으로 추정한다.

> **TIP** ③ 보험가액이 사고발생 시의 가액을 현저하게 초과할 때에는 사고발생 시의 가액을 보험가액으로 한다〈상법 제670조(기평가보험)〉.
> ① 보험목적물의 실제 가치인 보험가액과 보험계약자가 설정한 보장 금액인 보험금액은 차이가 있을 수 있다. 보험금액이 보험가액보다 낮은 경우는 일부보험이고, 보험금액이 보험가액보다 높은 경우는 초과보험에 해당한다.
> ② 「상법」 제671조(미평가보험)
> ④ 「상법」 제670조(기평가보험)

ANSWER
14.① 15.③

16 상법상 초과보험에 관한 설명으로 옳은 것을 모두 고른 것은?

> ㉠ 보험계약자의 사기에 의하여 보험금액이 보험가액을 현저하게 초과하는 보험계약이 체결된 경우 보험기간 중에 보험사고가 발생하면 보험자는 보험가액의 한도 내에서 보험금 지급의무가 있다.
> ㉡ 보험계약 체결 이후 보험기간 중에 보험가액이 보험금액에 비해 현저하게 감소된 때에는 보험자 또는 보험계약자는 보험료와 보험금액의 감액을 청구할 수 있다.
> ㉢ 보험계약 체결 이후 보험기간 중에 보험가액이 보험금액에 비해 현저하게 감소된 때에는 보험자 또는 보험계약자는 보험계약을 취소할 수 있다.
> ㉣ 보험계약자의 사기에 의하여 보험금액이 보험가액을 현저하게 초과하는 계약이 체결된 경우 보험자는 그 사실을 안 때까지의 보험료를 청구할 수 있다.

① ㉠㉢
② ㉠㉣
③ ㉡㉢
④ ㉡㉣

TIP 초과보험〈상법 제669조〉
① 보험금액이 보험계약의 목적의 가액을 현저하게 초과한 때에는 보험자 또는 보험계약자는 보험료와 보험금액의 감액을 청구할 수 있다. 그러나 보험료의 감액은 장래에 대하여서만 그 효력이 있다.
② ①의 가액은 계약 당시의 가액에 의하여 정한다.
③ 보험가액이 보험기간 중에 현저하게 감소된 때에도 ①과 같다.
④ ①의 경우에 계약이 보험계약자의 사기로 인하여 체결된 때에는 그 계약은 무효로 한다. 그러나 보험자는 그 사실을 안 때까지의 보험료를 청구할 수 있다.

17 甲이 가액이 10억 원인 자기 소유의 재산에 대해 A, B보험회사와 보험기간이 동일하고, 보험금액 10억 원인 화재보험계약을 순차적으로 각각 체결한 경우 그 법률관계에 관한 설명으로 옳지 않은 것은? (甲의 사기는 없었음)

① 만약 甲이 사기에 의하여 두 개의 화재보험계약을 체결하였다면 보험계약은 무효이다.
② 보험기간 중 화재가 발생하여 甲의 재산이 전소되어 10억원의 손해를 입은 경우 甲은 A, B보험회사에게 각각 5억 원까지 보험금청구권을 행사할 수 있다.
③ 甲은 B보험회사와 화재보험계약을 체결할 때 A보험회사와의 화재보험계약의 내용을 통지할 의무가 있다.
④ 甲이 A보험회사에 대한 권리를 포기하더라도 B보험회사의 권리의무에 영향을 미치지 않는다.

TIP 중복보험〈상법 제672조〉
① 동일한 보험계약의 목적과 동일한 사고에 관하여 수개의 보험계약이 동시에 또는 순차로 체결된 경우에 그 보험금액의 총액이 보험가액을 초과한 때에는 보험자는 각자의 보험금액의 한도에서 연대책임을 진다. 이 경우에는 각 보험자의 보상책임은 각자의 보험금액의 비율에 따른다.
② 동일한 보험계약의 목적과 동일한 사고에 관하여 수개의 보험계약을 체결하는 경우에는 보험계약자는 각 보험자에 대하여 각 보험계약의 내용을 통지하여야 한다.
③ 제669조(초과보험) 제4항의 규정은 ①의 보험계약에 준용한다.

ANSWER
16.④ 17.②

18 손해보험의 목적에 관한 설명으로 옳은 것은?

① 피보험자가 보험의 목적을 양도한 때에는 양수인은 보험계약상의 권리와 의무를 승계한 것으로 본다.
② 금전으로 산정할 수 있는 이익에 한하여 보험의 목적으로 할 수 있다.
③ 보험의 목적에 관하여 보험자가 부담할 손해가 생긴 경우에는 그 후 그 목적이 보험자가 부담하지 아니하는 보험사고의 발생으로 인하여 멸실된 때에도 보험자는 이미 생긴 손해를 보상할 책임을 면하지 못한다.
④ 보험의 목적의 성질, 하자 또는 자연소모로 인한 손해는 보험자가 이를 보상할 책임이 있다.

③ 「상법」 제675조(사고발생 후의 목적멸실과 보상책임)
① 피보험자가 보험의 목적을 양도한 때에는 양수인은 보험계약상의 권리와 의무를 승계한 것으로 추정한다〈상법 제679조(보험목적의 양도)〉.
② 보험계약은 금전으로 산정할 수 있는 이익에 한하여 보험계약의 목적으로 할 수 있다〈상법 제668조(보험계약의 목적)〉.
④ 손해보험계약의 보험자는 보험사고로 인하여 생길 피보험자의 재산상의 손해를 보상할 책임이 있다〈상법 제665조(손해보험자의 책임)〉.

19 손해보험에서 손해액의 산정에 관한 설명으로 옳은 것은?

① 보험자가 보상할 손해액은 보험계약을 체결한 때와 곳의 가액에 의하여 산정한다.
② 보험사고로 인하여 상실된 피보험자가 얻을 이익이나 보수는 보험자가 보상할 손해액에 산입하여야 한다.
③ 손해액의 산정에 관한 비용은 보험계약자의 부담으로 한다.
④ 당사자 간에 다른 약정이 있는 때에는 그 신품가액에 의하여 손해액을 산정할 수 있다.

④ 「상법」 제676조(손해액의 산정기준) 제1항
① 보험자가 보상할 손해액은 그 손해가 발생한 때와 곳의 가액에 의하여 산정한다〈상법 제676조(손해액의 산정기준) 제1항〉.
② 보험사고로 인하여 상실된 피보험자가 얻을 이익이나 보수는 당사자 간에 다른 약정이 없으면 보험자가 보상할 손해액에 산입하지 아니한다〈상법 제667조(상실이익 등의 불산입)〉.
③ 손해액의 산정에 관한 비용은 보험자의 부담으로 한다〈상법 제676조(손해액의 산정기준) 제2항〉.

ANSWER
18.③ 19.④

20 보험자가 손해를 보상할 때에 보험료의 지급을 받지 아니한 잔액이 있는 경우에 관한 설명으로 옳은 것은?

① 보험자는 보험료의 지급을 받지 아니한 잔액이 있으면 보험계약을 즉시 해지할 수 있다.
② 보험자는 지급기일이 도래하였으나 지급받지 않은 보험료 잔액을 보상할 금액에서 공제하여야 한다.
③ 보험자는 지급받지 않은 보험료 잔액이 있으면 그 지급기일이 도래하지 아니한 때라도 보상할 금액에서 이를 공제할 수 있다.
④ 보험자는 지급기일이 도래한 보험료 잔액의 지급이 있을 때까지 그 손해보상을 전부 거절할 수 있다.

> **TIP** ③ 「상법」 제677조(보험료체납과 보상액의 공제)
> ①④ 보험자가 보험계약자로부터 보험계약의 청약과 함께 보험료 상당액의 전부 또는 일부를 받은 경우에 그 청약을 승낙하기 전에 보험계약에서 정한 보험사고가 생긴 때에는 그 청약을 거절할 사유가 없는 한 보험자는 보험계약상의 책임을 진다〈상법 제638조의2(보험계약의 성립) 제3항〉.
> ② 보험자가 손해를 보상할 경우에 보험료의 지급을 받지 아니한 잔액이 있으면 그 지급기일이 도래하지 아니한 때라도 보상할 금액에서 이를 공제할 수 있다〈상법 제677조(보험료체납과 보상액의 공제)〉.

21 상법상 손해방지의무에 관한 설명으로 옳은 것은? (다툼이 있으면 판례에 따름)

① 손해방지의무는 보험계약자는 부담하지 않고 피보험자만 부담하는 의무이다.
② 손해방지의무의 이행을 위하여 필요 또는 유익하였던 비용과 보상액이 보험금액을 초과한 경우라도 보험자가 이를 부담한다.
③ 손해방지의무는 보험사고가 발생하기 이전에 부담하는 의무이다.
④ 손해방지의무의 이행을 위하여 필요 또는 유익하였던 비용은 실제로 손해의 방지와 경감에 유효하게 영향을 준 경우에만 보험자가 이를 부담한다.

> **TIP** 보험계약자와 피보험자는 손해의 방지와 경감을 위하여 노력하여야 한다. 그러나 이를 위하여 필요 또는 유익하였던 비용과 보상액이 보험금액을 초과한 경우라도 보험자가 이를 부담한다〈상법 제680조(손해방지의무 제1항)〉.

ANSWER
20.③ 21.②

22 보험목적에 관한 보험대위(잔존물대위)의 설명으로 옳지 않은 것은?

① 보험의 목적의 전부가 멸실한 경우에 보험대위가 인정된다.
② 피보험자가 보험자로부터 보험금액의 전부를 지급받은 후에는 잔존물을 임의로 처분할 수 없다.
③ 일부보험의 경우에는 잔존물대위가 인정되지 않는다.
④ 보험자가 보험금액의 전부를 지급한 때 잔존물에 대한 권리는 물권변동절차 없이 보험자에게 이전된다.

> **TIP** 손해가 제3자의 행위로 인하여 발생한 경우에 보험금을 지급한 보험자는 그 지급한 금액의 한도에서 그 제3자에 대한 보험계약자 또는 피보험자의 권리를 취득한다. 다만, 보험자가 보상할 보험금의 일부를 지급한 경우에는 피보험자의 권리를 침해하지 아니하는 범위에서 그 권리를 행사할 수 있다〈상법 제682조(제3자에 대한 보험대위) 제1항〉.
> ※ 보험의 목적의 전부가 멸실한 경우에 보험금액의 전부를 지급한 보험자는 그 목적에 대한 피보험자의 권리를 취득한다. 그러나 보험가액의 일부를 보험에 붙인 경우에는 보험자가 취득할 권리는 보험금액의 보험가액에 대한 비율에 따라 이를 정한다〈상법 제681조(보험목적에 관한 보험대위)〉.

23 화재보험자가 보상할 손해에 관한 설명으로 옳은 것을 모두 고른 것은?

> ㉠ 화재가 발생한 건물의 철거비와 폐기물 처리비
> ㉡ 화재의 소방 또는 손해의 감소에 필요한 조치로 인하여 생긴 손해
> ㉢ 화재로 인하여 다른 곳에 옮겨놓은 물건의 도난으로 인한 손해

① ㉠㉡
② ㉠㉢
③ ㉡㉢
④ ㉠㉡㉢

> **TIP** ㉠ 화재로 인해서 발생한 직접적인 손해는 보상을 받을 수 있다.
> ㉡ 보험자는 화재의 소방 또는 손해의 감소에 필요한 조치로 인하여 생긴 손해를 보상할 책임이 있다〈상법 제684조(소방 등의 조치로 인한 손해의 보상)〉.
> ㉢ 화재 발생 시 생긴 도난이나 분실로 생긴 손해는 보상을 받을 수 없다.

ANSWER
22.③ 23.①

24 화재보험에 관한 설명으로 옳지 않은 것은?

① 건물을 보험의 목적으로 한 때에는 그 소재지, 구조와 용도를 화재보험증권에 기재하여야 한다.
② 동산을 보험의 목적으로 한 때에는 그 존치한 장소의 상태와 용도를 화재보험증권에 기재하여야 한다.
③ 동일한 건물에 대하여 소유권자와 저당권자는 각각 다른 피보험이익을 가지므로, 각자는 독립한 화재보험계약을 체결할 수 있다.
④ 건물을 보험의 목적으로 한 때 그 보험가액의 일부를 보험에 붙인 경우, 당사자 간에 다른 약정이 없다면 보험자는 보험금액의 한도 내에서 그 손해를 보상할 책임을 진다.

> **TIP** 보험가액의 일부를 보험에 붙인 경우에는 보험자는 보험금액의 보험가액에 대한 비율에 따라 보상할 책임을 진다. 그러나 당사자 간에 다른 약정이 있는 때에는 보험자는 보험금액의 한도 내에서 그 손해를 보상할 책임을 진다〈상법 제674조(일부보험)〉.
> ※ 화재보험증권〈상법 제685조〉… 화재보험증권에는 제666조(손해보험증권)에 게기한 사항 외에 다음의 사항을 기재하여야 한다.
>   1. 건물을 보험의 목적으로 한 때에는 그 소재지, 구조와 용도
>   2. 동산을 보험의 목적으로 한 때에는 그 존치한 장소의 상태와 용도
>   3. 보험가액을 정한 때에는 그 가액

25 집합보험에 관한 설명으로 옳지 않은 것은?

① 집합보험은 집합된 물건을 일괄하여 보험의 목적으로 한다.
② 보험의 목적에 속한 물건이 보험기간 중에 수시로 교체된 경우에도 보험계약의 체결 시에 현존한 물건은 보험의 목적에 포함된 것으로 한다.
③ 피보험자의 가족과 사용인의 물건도 보험의 목적에 포함된 것으로 한다.
④ 보험의 목적에 피보험자의 가족의 물건이 포함된 경우, 그 보험은 피보험자의 가족을 위하여서도 체결한 것으로 본다.

> **TIP** 집합된 물건을 일괄하여 보험의 목적으로 한 때에는 그 목적에 속한 물건이 보험기간 중에 수시로 교체된 경우에도 보험사고의 발생 시에 현존한 물건은 보험의 목적에 포함된 것으로 한다〈상법 제687조(동전)〉.
> ※ 집합된 물건을 일괄하여 보험의 목적으로 한 때에는 피보험자의 가족과 사용인의 물건도 보험의 목적에 포함된 것으로 한다. 이 경우에는 그 보험은 그 가족 또는 사용인을 위하여서도 체결한 것으로 본다〈상법 제686조(집합보험의 목적)〉.

ANSWER
24.④ 25.②

제2과목 농어업재해보험법령

26 농어업재해보험법령상 농업재해보험심의회(이하 '심의회')에 관한 설명으로 옳지 않은 것은?

① 심의회의 위원장은 농림축산식품부차관으로 하고, 부위원장은 위원 중에서 농림축산식품부차관이 지명한다.
② 심의회의 회의는 재적위원 과반수의 출석으로 개의(開議)하고, 출석위원 과반수의 찬성으로 의결한다.
③ 심의회는 위원장 및 부위원장 각 1명을 포함한 21명 이내의 위원으로 구성한다.
④ 심의회의 회의는 재적위원 3분의 1 이상의 요구가 있을 때 또는 위원장이 필요하다고 인정할 때에 소집한다.

> **TIP** ① 심의회의 위원장은 농림축산식품부차관으로 하고, 부위원장은 위원 중에서 호선(互選)한다〈농어업재해보험법 제3조(농업재해보험심의회) 제3항〉.
> ②④ 「농어업재해보험법 시행령」 제3조(회의)
> ③ 「농어업재해보험법」 제3조(농업재해보험심의회) 제2항

27 농어업재해보험법령상 재해보험의 종류 등에 관한 설명으로 옳지 않은 것은?

① 재해보험의 종류는 농작물재해보험, 임산물재해보험, 가축재해보험 및 양식수산물재해보험으로 한다.
② 가축재해보험의 보험목적물은 가축 및 축산시설물이다.
③ 양식수산물재해보험과 관련된 사항은 농림축산식품부장관이 관장한다.
④ 정부는 보험목적물의 범위를 확대하기 위하여 노력하여야 한다.

> **TIP** ③ 양식수산물재해보험은 자연재해, 화재 및 보험목적물별로 해양수산부장관이 정하여 고시하는 수산질병〈농어업재해보험법 시행령 [별표 1] 재해보험에서 보상하는 재해의 범위(제8조 관련)〉
> ① 「농어업재해보험법 시행령」 [별표 1 재해보험에서 보상하는 재해의 범위]
> ② 「농업재해보험에서 보상하는 보험목적물의 범위」 제1조(보험목적물)
> ④ 「농어업재해보험법」 제5조(보험목적물) 제2항

ANSWER
26.① 27.③

28 농어업재해보험법령상 재해보험사업을 할 수 있는 자를 모두 고른 것은?

> ㉠ 「수산업협동조합법」에 따른 수산업협동조합중앙회
> ㉡ 「산림조합법」에 따른 산림조합중앙회
> ㉢ 「보험업법」에 따른 보험회사
> ㉣ 「새마을금고법」에 따른 새마을금고중앙회

① ㉠㉣
② ㉠㉡㉢
③ ㉡㉢㉣
④ ㉠㉡㉢㉣

> **TIP** 재해보험사업을 할 수 있는 자〈농어업재해보험법 제8조(보험사업자) 제1항〉
> 1. 「수산업협동조합법」에 따른 수산업협동조합중앙회
> 2. 「산림조합법」에 따른 산림조합중앙회
> 3. 「보험업법」에 따른 보험회사

29 농어업재해보험법령상 손해평가사의 정기교육게 관한 설명이다. (   )에 들어갈 숫자로 옳은 것은?

> • 농림축산식품부장관 또는 해양수산부장관은 손해평가인이 공정하고 객관적인 손해평가를 수행할 수 있도록 연 (㉠)회 이상 정기교육을 실시하여야 한다.
> • 정기교육의 교육시간은 (㉡)시간 이상으로 한다.

	㉠	㉡
①	1	4
②	1	5
③	2	4
④	2	6

> **TIP** ㉠ 손해평가인이 공정하고 객관적인 손해평가를 수행할 수 있도록 연 <u>1회</u> 이상 정기교육을 실시하여야 한다〈농어업재해보험법 제11조(손해평가 등) 제5항〉.
> ㉡ 정기교육의 교육시간은 <u>4시간</u> 이상으로 한다〈농어업재해보험법 시행령 제12조(손해평가인의 자격요건 등) 제3항〉.

ANSWER
28.② 29.①

30 농어업재해보험법령상 손해평가사의 자격 취소 사유에 해당하는 위반 행위를 한 경우, 1회 위반 시에는 자격 취소를 하지 않고 시정명령을 하는 경우는?

① 손해평가사의 자격을 거짓 또는 부정한 방법으로 취득한 경우
② 거짓으로 손해평가를 한 경우
③ 다른 사람에게 손해평가사의 명의를 사용하게 하거나 그 자격증을 대여한 경우
④ 업무정지 기간 중에 손해평가 업무를 수행한 경우

> **TIP** ② 1회 위반 시 시정명령, 2회 이상 위반 시 자격 취소〈농어업재해보험법 시행령 [별표 2의3] 손해평가사 자격 취소 처분의 세부기준(제12조의9 관련)〉
> ①③④ 1회 위반 시 자격 취소〈농어업재해보험법 시행령 [별표 2의3] 손해평가사 자격 취소 처분의 세부기준(제12조의9 관련)〉

31 농어업재해보험법령상 보험금 수급권 등에 관한 설명으로 옳지 않은 것은?

① 재해보험의 보험목적물이 담보로 제공된 경우 보험금을 지급받을 권리는 압류할 수 없다.
② 재해보험사업자는 정보통신장애로 보험금을 보험금수급계좌로 이체할 수 없을 때에는 현금 지급 등 대통령령으로 정하는 바에 따라 보험금을 지급할 수 있다.
③ 보험금수급전용계좌의 해당 금융기관은 「농어업재해보험법」에 따른 보험금만이 보험금수급전용계좌에 입금되도록 관리하여야 한다.
④ 재해보험가입자가 재해보험에 가입된 보험목적물을 양도하는 경우 그 양수인은 재해보험계약에 관한 양도인의 권리 및 의무를 승계한 것으로 추정한다.

> **TIP** ① 재해보험의 보험금을 지급받을 권리는 압류할 수 없다. 다만, 보험목적물이 담보로 제공된 경우에는 그러하지 아니하다〈농어업재해보험법 제12조(수급권의 보호) 제1항〉.
> ②③ 「농어업재해보험법」 제11조의7(보험금수급전용계좌)
> ④ 「농어업재해보험법」 제13조(보험목적물의 양도에 따른 권리 및 의무의 승계)
> ※ 보험금수급전용계좌〈농어업재해보험법 제11조의7〉
> ① 재해보험사업자는 수급권자의 신청이 있는 경우에는 보험금을 수급권자 명의의 지정된 계좌(보험금수급전용계좌)로 입금하여야 한다. 다만, 정보통신장애나 그 밖에 대통령령으로 정하는 불가피한 사유로 보험금을 보험금수급계좌로 이체할 수 없을 때에는 현금 지급 등 대통령령으로 정하는 바에 따라 보험금을 지급할 수 있다.
> ② 보험금수급전용계좌의 해당 금융기관은 이 법에 따른 보험금만이 보험금수급전용계좌에 입금되도록 관리하여야 한다.
> ③ ①에 따른 신청의 방법·절차와 ②에 따른 보험금수급전용계좌의 관리에 필요한 사항은 대통령령으로 정한다.

ANSWER
30.② 31.①

32 농어업재해보험법령상 재해보험사업자가 재해보험 업무의 일부를 위탁할 수 있는 자에 해당하지 않는 자는?

① 「수산업협동조합법」에 따라 설립된 수산물가공 수산업협동조합
② 「농업협동조합법」에 따라 설립된 품목별·업종별협동조합
③ 「산림조합법」에 따라 설립된 지역산림조합
④ 「보험업법」제83조 제1항에 따라 보험을 모집할 수 있는 자

> **TIP** 업무 위탁〈농어업재해보험법 시행령 제13조〉
> 1. 「농업협동조합법」에 따라 설립된 지역농업협동조합·지역축산업협동조합 및 품목별·업종별협동조합
> 1의2. 「산림조합법」에 따라 설립된 지역산림조합 및 품목별·업종별산림조합
> 2. 「수산업협동조합법」에 따라 설립된 지구별 수산업협동조합, 업종별 수산업협동조합, 수산물가공 수산업협동조합 및 수협은행
> 3. 「보험업법」제187조(손해사정업)에 따라 손해사정을 업으로 하는 자
> 4. 농어업재해보험 관련 업무를 수행할 목적으로「민법」제32조(비영리법인의 설립과 허가)에 따라 농림축산식품부장관 또는 해양수산부장관의 허가를 받아 설립된 비영리법인

33 농어업재해보험법령상 재정지원에 관한 설명으로 옳은 것은?

① 정부는 예산의 범위에서 재해보험가입자가 부담하는 보험료의 전부를 지원할 수 있다.
② 지방자치단체는 정부의 재정지원 외에 예산의 범위에서 재해보험사업자의 재해보험의 운영 및 관리에 필요한 비용 일부를 추가로 지원할 수 있다.
③ 지방자치단체의 장은 정부의 재정지원 외에 보험료의 일부를 추가 지원하려는 경우 재해보험가입현황서와 보험가입자의 기준 등을 확인하여 보험료의 지원금액을 결정·지급한다.
④ 「풍수해·지진재해보험법」에 따른 풍수해·지진재해보험에 가입한 자가 동일한 보험목적물을 대상으로 재해보험에 가입할 경우에는 정부가 재정지원을 할 수 있다.

> **TIP** 재정지원〈농어업재해보험법 제19조〉
> ① 정부는 예산의 범위에서 재해보험가입자가 부담하는 보험료의 일부와 재해보험사업자의 재해보험의 운영 및 관리에 필요한 비용의 전부 또는 일부를 지원할 수 있다. 이 경우 지방자치단체는 예산의 범위에서 재해보험가입자가 부담하는 보험료의 일부를 추가로 지원할 수 있다.
> ② 농림축산식품부장관·해양수산부장관 및 지방자치단체의 장은 ①에 따른 지원 금액을 재해보험사업자에게 지급하여야 한다.
> ③ 「풍수해·지진재해보험법」에 따른 풍수해·지진재해보험에 가입한 자가 동일한 보험목적물을 대상으로 재해보험에 가입할 경우에는 ①에도 불구하고 정부가 재정지원을 하지 아니한다.
> ④ ①에 따른 보험료와 운영비의 지원 방법 및 지원 절차 등에 필요한 사항은 대통령령으로 정한다.

ANSWER
32.④ 33.③

34 농어업재해보험법령상 농림축산식품부장관이 농어업재해재보험기금(이하 '기금')의 관리·운용에 관한 사무를 농업정책보험금융원에 위탁한 경우 기금의 관리·운용에 관한 설명으로 옳지 않은 것은?

① 농림축산식품부장관은 해양수산부장관과 협의하여 농업정책보험금융원의 임원 중에서 기금수입담당임원과 기금지출원인행위담당임원을 임명하여야 한다.
② 기금수입담당임원은 기금수입징수관의 업무를, 기금지출원인행위담당임원은 기금지출관의 업무를 담당한다.
③ 농림축산식품부장관은 해양수산부장관과 협의하여 농업정책보험금융원의 직원 중에서 기금지출원과 기금출납원을 임명하여야 한다.
④ 기금출납원은 기금출납공무원의 업무를 수행한다.

> **TIP** 농림축산식품부장관은 제24조(기금의 관리·운용) 제2항에 따라 기금의 관리·운용에 관한 사무를 위탁한 경우에는 해양수산부장관과 협의하여 농업정책보험금융원의 임원 중에서 기금수입담당임원과 기금지출원인행위담당임원을, 그 직원 중에서 기금지출원과 기금출납원을 각각 임명하여야 한다. 이 경우 기금수입담당임원은 기금수입징수관의 업무를, 기금지출원인행위담당임원은 기금재무관의 업무를, 기금지출원은 기금지출관의 업무를, 기금출납원은 기금출납공무원의 업무를 수행한다〈농어업재해보험법 제25조(기금의 회계기관) 제2항〉.

35 농어업재해보험법령상 농어업재해보험사업의 관리에 관한 설명으로 옳지 않은 것은?

① 농림축산식품부장관 또는 해양수산부장관은 보험상품의 운영 및 개발에 필요한 통계자료를 수집·관리하여야 한다.
② 농림축산식품부장관 및 해양수산부장관은 보험상품의 운영 및 개발에 필요한 통계의 수집·관리, 조사·연구 등에 관한 업무를 대통령령으로 정하는 자에게 위탁할 수 있다.
③ 재해보험사업자는 농어업재해보험가입 촉진을 위하여 보험가입촉진계획을 3년 단위로 수립하여 농림축산식품부장관 또는 해양수산부장관에게 제출하여야 한다.
④ 농림축산식품부장관이 손해평가사의 자격 취소를 하려면 청문을 하여야 한다.

> **TIP** ③ 재해보험사업자는 법 제28조의2(보험가입 촉진계획의 수립) 제1항에 따라 수립한 보험가입촉진계획을 해당 연도 1월 31일까지 농림축산식품부장관 또는 해양수산부장관에게 제출하여야 한다〈농어업재해보험법 시행령 제22조의2(보험가입촉진계획의 제출 등) 제2항〉.
> ①② 「농어업재해보험법」 제25조의2(농어업재해보험사업의 관리)
> ④ 「농어업재해보험법」 제29조의2(청문)

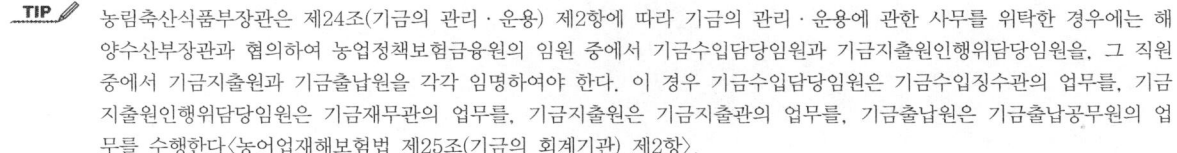

ANSWER
34.② 35.③

36 농어업재해보험법령상 재보험사업 및 농어업재해재보험기금(이하 '기금')에 관한 설명으로 옳지 않은 것은?

① 정부는 재해보험에 관한 재보험사업을 할 수 있다.
② 농림축산식품부장관은 해양수산부장관과 협의를 거쳐 재보험사업에 관한 업무의 일부를 농업정책보험금융원에 위탁할 수 있다.
③ 농림축산식품부장관은 해양수산부장관과 협의하여 공동으로 재보험사업에 필요한 재원에 충당하기 위하여 기금을 설치한다.
④ 농림축산식품부장관은 해양수산부장관과 협의하여 기금의 수입과 지출을 명확하게 하기위하여 대통령령으로 정하는 시중 은행에 기금계정을 설치하여야 한다.

> **TIP** ④ 농림축산식품부장관은 해양수산부장관과 협의하여 법 제21조(기금의 설치)에 따른 농어업재해재보험기금의 수입과 지출을 명확히 하기 위하여 한국은행에 기금계정을 설치하여야 한다〈농어업재해보험법 시행령 제17조(기금계정의 설치)〉.
> ①② 「농어업재해보험법」 제20조(재보험사업)
> ③ 「농어업재해보험법」 제21조(기금의 설치)

37 농어업재해보험법령상 "재해보험사업자는 재해보험사업의 회계를 다른 회계와 구분하여 회계처리함으로써 손익관계를 명확히 하여야 한다."라는 규정을 위반하여 회계를 처리한 자에 대한 벌칙은?

① 500만 원 이하의 과태료
② 500만 원 이하의 벌금
③ 1,000만 원 이하의 벌금
④ 1년 이하의 징역

> **TIP** 「농어업재해보험법」 제30조(벌칙) 제3항에 따라 '재해보험사업자는 재해보험사업의 회계를 다른 회계와 구분하여 회계처리함으로써 손익관계를 명확히 하여야 한다.'는 동법 제15조(회계 구분)를 위반하여 회계를 처리한 자는 500만 원 이하의 벌금에 처한다.

ANSWER
36.④ 37.②

38 농어업재해보험법령상 과태료 부과권자가 금융위원회인 경우는?

① 「보험업법」 제133조에 따른 검사를 거부·방해 또는 기피한 재해보험사업자의 임원에게 과태료를 부과하는 경우
② 「보험업법」 제95조를 위반하여 보험안내를 한 자로서 재해보험사업자가 아닌 자에게 과태료를 부과하는 경우
③ 「보험업법」 제97조 제1항을 위반하여 보험계약의 체결 또는 모집에 관한 금지행위를 한 자에게 과태료를 부과하는 경우
④ 재해보험사업에 관한 업무 처리 상황의 보고 또는 관계 서류 제출을 하지 아니하거나 보고 또는 관계 서류 제출을 거짓으로 한 자에게 과태료를 부과하는 경우

> **TIP** ① 제18조(「보험업법」 등의 적용) 제1항에서 적용하는 「보험업법」 제131조(금융위원회의 명령권) 제1항·제2항 및 제4항에 따른 명령을 위반한 경우, 제18조 제1항에서 적용하는 「보험업법」 제133조(자료 제출 및 검사 등)에 따른 검사를 거부·방해 또는 기피한 경우에 따른 과태료는 금융위원회가 대통령령으로 정하는 바에 따라 각각 부과·징수한다〈농어업재해보험법 제32조(과태료) 제4항〉.
> ②③④ 「농어업재해보험법」 제32조(과태료) 제3항에 해당한다. 동법 제4항에 따라 농림축산식품부장관 또는 해양수산부장관이 부과·징수한다.

39 농어업재해보험법령상 용어의 정의에 따를 때 "보험가입자와 보험사업자 간의 약정에 따라 보험가입자가 보험사업자에게 내야 하는 금액"은?

① 보험금
② 보험료
③ 보험가액
④ 보험가입금액

> **TIP** 보험료란 보험가입자와 보험사업자 간의 약정에 따라 보험가입자가 보험사업자에게 내야 하는 금액을 말한다〈농어업재해보험법 제2조(정의) 제4호〉.

ANSWER
38.① 39.②

40 농업재해보험 손해평가요령상 손해평가인의 손해평가 업무에 관한 설명으로 옳지 않은 것은?

① 손해평가인은 피해사실 확인, 보험료율의 산정 등의 업무를 수행한다.
② 재해보험사업자가 손해평가인을 위촉한 경우에는 그 자격을 표시할 수 있는 손해평가인증을 발급하여야 한다.
③ 재해보험사업자는 손해평가인을 대상으로 농업재해보험에 관한 기초지식, 보험상품 및 약관 등 손해평가에 필요한 실무교육을 실시하여야 한다.
④ 재해보험사업자는 실무교육을 받는 손해평가인에 대하여 소정의 교육비를 지급할 수 있다.

TIP ① 손해평가 시 손해평가인, 손해평가사 손해사정사는 피해사실 확인, 보험가액 및 손해액 평가, 그 밖에 손해평가에 관하여 필요한 사항의 업무를 수행한다〈농업재해보험 손해평가요령 제3조(손해평가 업무)〉.
② 「농업재해보험 손해평가요령」 제4조(손해평가인 위촉) 제2항
③④ 「농업재해보험 손해평가요령」 제5조(손해평가인 실무교육)

41 농업재해보험 손해평가요령상 손해평가인 위촉 취소에 관한 설명이다. (　　)에 들어갈 내용으로 옳은 것은?

> 재해보험사업자는 손해평가인이 「농어업재해보험법」 제30조에 의하여 벌금 이상의 형을 선고받고 그 집행이 종료되거나 집행이 면제된 날로부터 (㉠)이 경과되지 아니한 자, 위촉이 취소된 후 (㉡)이 경과되지 아니한 자 또는 (㉢) 기간 중에 손해평가업무를 수행한 자에 해당되거나 위촉 당시에 해당하는 자이었음이 판명된 때에는 그 위촉을 취소하여야 한다.

	㉠	㉡	㉢
①	2년	2년	업무정지
②	2년	3년	업무정지
③	3년	2년	자격정지
④	3년	3년	자격정지

TIP ㉠ 「농어업재해보험법」 제30조(벌칙)에 의하여 벌금 이상의 형을 선고받고 그 집행이 종료(집행이 종료된 것으로 보는 경우를 포함한다)되거나 집행이 면제될 날로부터 2년이 경과되지 아니한 자에 해당하는 자이었음이 판명된 때에는 그 위촉을 취소하여야 한다〈농업재해보험 손해평가요령 제6조(손해평가인 위촉의 취소 및 해지 등) 제1항〉.
㉡ 위촉이 취소된 후 2년이 경과하지 아니한 자에 해당하는 자이었음이 판명된 때에는 그 위촉을 취소하여야 한다〈농업재해보험 손해평가요령 제6조(손해평가인 위촉의 취소 및 해지 등) 제1항〉.
㉢ 업무정지 기간 중에 손해평가업무를 수행한 자에 해당하는 자이었음이 판명된 때에는 그 위촉을 취소하여야 한다〈농업재해보험 손해평가요령 제6조(손해평가인 위촉의 취소 및 해지 등) 제1항〉.

ANSWER 40.① 41.①

42 농업재해보험 손해평가요령상 손해평가반에 관한 설명으로 옳지 않은 것은?

① 재해보험사업자는 손해평가를 하는 경우 손해평가반을 구성하고 손해평가반별로 평가일정계획을 수립하여야 한다.
② 손해평가반은 손해평가인, 손해평가사, 손해사정사, 손해평가보조인 중 어느 하나에 해당하는 자로 구성한다.
③ 손해평가반은 5인 이내로 구성한다.
④ 손해평가반이 손해평가를 실시할 때에는 재해보험사업자가 해당 보험가입자의 보험계약사항 중 손해평가와 관련된 사항을 손해평가반에게 통보하여야 한다.

> **TIP** ② 손해평가반은 손해평가인, 손해평가사, 손해사정사 어느 하나에 해당하는 자로 구성하며, 5인 이내로 한다〈농업재해보험 손해평가요령 제8조(손해평가반 구성 등) 제2항〉.
> ①③「농업재해보험 손해평가요령」 제8조(손해평가반 구성 등)
> ④「농업재해보험 손해평가요령」 제9조(피해사실 확인) 제2항

43 농어업재해보험법 및 농업재해보험 손해평가요령상 교차손해평가에 관한 설명으로 옳지 않은 것을 모두 고른 것은?

> ㉠ 교차손해평가란 공정하고 객관적인 손해평가를 위하여 재해보험사업자 상호간에 농어업재해로 인한 손해를 교차하여 평가하는 것을 말한다.
> ㉡ 동일 시·군·구(자치구를 말한다) 내에서는 교차손해평가를 수행할 수 없다.
> ㉢ 교차손해평가를 위해 손해평가반을 구성할 때, 거대재해 발생으로 신속한 손해평가가 불가피하다고 판단되는 경우에는 지역손해평가인을 포함하지 않을 수 있다.

① ㉠㉡
② ㉠㉢
③ ㉡㉢
④ ㉠㉡㉢

> **TIP** ㉠㉡ 재해보험사업자는 공정하고 객관적인 손해평가를 위하여 동일 시·군·구(자치구를 말한다) 내에서 교차손해평가(손해평가인 상호간에 담당지역을 교차하여 평가하는 것을 말한다)를 수행할 수 있다〈농어업재해보험법 제11조(손해평가 등) 제3항〉.
> ㉢ 교차손해평가를 위해 손해평가반을 구성할 경우에는 제2항에 따라 선발된 지역손해평가인 1인 이상이 포함되어야 한다. 다만, 거대재해 발생, 평가인력 부족 등으로 신속한 손해평가가 불가피하다고 판단되는 경우 그러하지 아니할 수 있다〈농업재해보험 손해평가요령 제8조의2(교차손해평가) 제3항〉.

42.② 43.①

44 농업재해보험 손해평가요령상 손해평가결과 검증에 관한 설명으로 옳은 것은?

① 재해보험사업자 이외의 자는 검증조사를 할 수 없다.
② 손해평가반이 실시한 손해평가결과를 확인하기 위하여 검증조사를 할 때 손해평가를 실시한 보험목적물 중에서 일정수를 임의 추출하여 검증조사를 하여서는 아니 된다.
③ 검증조사결과 현저한 차이가 발생되어 재조사가 불가피하다고 판단될 경우에는 해당 손해평가반이 조사한 전체 보험목적물에 대하여 재조사를 할 수 있다.
④ 보험가입자가 정당한 사유 없이 검증조사를 거부하는 경우 검증조사반은 검증조사가 불가능하여 손해평가 결과를 확인할 수 없다는 사실을 재해보험사업자에게 통지한 후 검증조사결과를 작성하여 농림축산식품부장관에게 제출하여야 한다.

> **TIP** 손해평가결과 검증〈농업재해보험 손해평가요령 제11조〉
> ① 재해보험사업자 및 법 제25조의2(농어업재해보험사업의 관리)에 따라 농어업재해보험사업의 관리를 위탁받은 기관(사업 관리 위탁 기관)은 손해평가반이 실시한 손해평가결과를 확인하기 위하여 손해평가를 실시한 보험목적물 중에서 일정수를 임의 추출하여 검증조사를 할 수 있다.
> ② 농림축산식품부장관은 재해보험사업자로 하여금 ①의 검증조사를 하게 할 수 있으며, 재해보험사업자는 특별한 사유가 없는 한 이에 응하여야 하고, 그 결과를 농림축산식품부장관에게 제출하여야 한다.
> ③ ① 및 ②에 따른 검증조사결과 현저한 차이가 발생되어 재조사가 불가피하다고 판단될 경우에는 해당 손해평가반이 조사한 전체 보험목적물에 대하여 재조사를 할 수 있다.
> ④ 보험가입자가 정당한 사유없이 검증조사를 거부하는 경우 검증조사반은 검증조사가 불가능하여 손해평가 결과를 확인할 수 없다는 사실을 보험가입자에게 통지한 후 검증조사결과를 작성하여 재해보험사업자에게 제출하여야 한다.
> ⑤ 사업 관리 위탁 기관이 검증조사를 실시한 경우 그 결과를 재해보험사업자에게 통보하고 필요에 따라 결과에 대한 조치를 요구할 수 있으며, 재해보험사업자는 특별한 사유가 없는 한 그에 따른 조치를 실시해야 한다.

ANSWER
44.③

45 농업재해보험 손해평가요령상 보험목적물별 손해평가 단위가 농지인 경우에 관한 설명으로 옳은 것은? (단, 농지는 하나의 보험가입금액에 해당하는 토지임)

① 농작물을 재배하는 하나의 경작지의 필지가 2개 이상인 경우에는 하나의 농지가 될 수 없다.
② 농작물을 재배하는 하나의 경작지가 농로에 의해 구획된 경우 구획된 토지는 각각 하나의 농지로 한다.
③ 농작물을 재배하는 하나의 경작지의 지번이 2개 이상인 경우에는 하나의 농지가 될 수 없다.
④ 경사지에서 보이는 돌담 등으로 구획되어 있는 면적이 극히 작은 것은 동일 작업 단위 등으로 정리하여 하나의 농지에 포함할 수 있다.

> **TIP** 손해평가 단위〈농업재해보험 손해평가요령 제12조〉
> ① 보험목적물별 손해평가 단위는 다음 각 호와 같다.
>   1. 농작물: 농지별
>   2. 가축: 개별가축별(단, 벌은 벌통 단위)
>   3. 농업시설물: 보험가입 목적물별
> ② ①의 제1호에서 정한 농지라 함은 하나의 보험가입금액에 해당하는 토지로 필지(지번) 등과 관계없이 농작물을 재배하는 하나의 경작지를 말하며, 방풍림, 돌담, 도로(농로 제외) 등에 의해 구획된 것 또는 동일한 울타리, 시설 등에 의해 구획된 것을 하나의 농지로 한다. 다만, 경사지에서 보이는 돌담 등으로 구획되어 있는 면적이 극히 작은 것은 동일 작업 단위 등으로 정리하여 하나의 농지에 포함할 수 있다.

46 농업재해보험 손해평가요령상 농작물의 보험가액 산정에 관한 조문의 일부이다. (㉠)에 들어갈 내용으로 옳은 것은?

> 적과전종합위험방식의 보험가액은 적과후착과수(달린 열매 수)조사를 통해 산정한 (㉠)수확량에 **보험**가입 당시의 단위당 가입가격을 곱하여 산정한다.

① 평년
② 기준
③ 피해
④ 적용

> **TIP** 적과전종합위험방식의 보험가액은 적과후착과수(달린 열매 수)조사를 통해 산정한 기준수확량에 보험가입 당시의 단위당 가입가격을 곱하여 산정한다〈농업재해보험 손해평가요령 제13조(농작물의 보험가액 및 보험금 산정) 제1항 제2호〉.

ANSWER
45.④ 46.②

47 농업재해보험 손해평가요령상 종합위험방식의 과실손해보장 보험금 산정을 위한 피해율 계산식이 "고사결과모지수 ÷ 평년결과모지수"인 농작물은?

① 오디
② 감귤
③ 무화과
④ 복분자

> **TIP**
> ① 오디 피해율 = (평년결실수 - 조사결실수 - 미보상감수결실수) ÷ 평년결실수
> ② 감귤 과실손해 피해율 = (등급내 피해과실수 + 등급외 피해과실수 × 50%) ÷ 기준과실수 × (1-미보상비율)
> ③ 무화과 피해율(8월 1일 이후에 사고가 발생한 경우) = (1 - 수확전사고 피해율) × 경과비율 × 결과지 피해율

48 농업재해보험 손해평가요령상 농작물의 품목별·재해별·시기별 손해수량 조사방법 중 종합위험방식 상품에 관한 표의 일부이다. ( )에 들어갈 농작물에 해당하지 않는 것은?

② 수확감소보장·과실손해보장 및 농업수입보장

생육시기	재해	조사내용	조사시기	조사방법	비고
수확전	보상하는 재해 전부	경작불능조사	사고접수 후 지체 없이	해당 농지의 피해면적비율 또는 보험목적인 식물체 피해율 조사	( )만 해당

① 벼
② 밀
③ 차(茶)
④ 복분자

> **TIP** 농작물의 품목별·재해별·시기별 손해수량 조사방법(수확감소보장·과실손해보장 및 농업수입보장)〈농업재해보험 손해평가요령 [별표 2]〉
>
> | 생육시기 | 재해 | 조사내용 | 조사시기 | 조사방법 | 비고 |
> |---|---|---|---|---|---|
> | 수확전 | 보상하는 재해 전부 | 경작불능조사 | 사고접수 후 지체 없이 | 해당 농지의 피해면적비율 또는 보험목적인 식물체 피해율 조사 | 벼·밀, 밭작물(차(茶)제외), 복분자만 해당 |

ANSWER
47.④ 48.③

49 농업재해보험 손해평가요령상 가축의 보험가액 및 손해액 산정에 관한 설명이다. ( )에 들어갈 내용으로 옳은 것은?

> · 가축에 대한 보험가액은 보험사고가 발생한 때와 곳에서 평가한 보험목적물의 수량에 (㉠)을 곱하여 산정한다.
> · 가축에 대한 손해액은 보험사고가 발생한 때와 곳에서 폐사 등 피해를 입은 보험목적물의 수량에 (㉡)을 곱하여 산정한다.

	㉠	㉡
①	시장가격	시장가격
②	시장가격	적용가격
③	적용가격	시장가격
④	적용가격	적용가격

> **TIP** ㉠ 가축에 대한 보험가액은 보험사고가 발생한 때와 곳에서 평가한 보험목적물의 수량에 <u>적용가격</u>을 곱하여 산정한다〈농업재해보험 손해평가요령 제14조(가축의 보험가액 및 손해액 산정) 제1항〉.
> ㉡ 가축에 대한 손해액은 보험사고가 발생한 때와 곳에서 폐사 등 피해를 입은 보험목적물의 수량에 <u>적용가격</u>을 곱하여 산정한다〈농업재해보험 손해평가요령 제14조(가축의 보험가액 및 손해액 산정) 제2항〉.

50 농업재해보험 손해평가요령상 농업시설물의 손해액 산정에 관한 설명이다. ( )에 들어갈 내용으로 옳은 것은?

> 보험가입 당시 보험가입자와 재해보험사업자가 손해액 산정 방식을 별도로 정한 경우를 제외하고는, 농업시설물에 대한 손해액은 보험사고가 발생한 때와 곳에서 산정한 피해목적물의 ( )을 말한다.

① 감가상각액
② 재조달가액
③ 보험가입금액
④ 원상복구비용

> **TIP** 농업시설물에 대한 손해액은 보험사고가 발생한 때와 곳에서 산정한 피해목적물의 <u>원상복구비용</u>을 말한다〈농업재해보험 손해평가요령 제15조(농업시설물의 보험가액 및 손해액 산정) 제2항〉.

ANSWER
49.④ 50.④

제3과목 농학개론 중 재배학 및 원예작물학

51 작물의 분류에서 공예작물에 해당하는 것을 모두 고른 것은?

┌───┐
│ ㉠ 목화   ㉡ 아마   │
│ ㉢ 모시풀   ㉣ 수세미   │
└───┘

① ㉠㉣   ② ㉠㉡㉢
③ ㉡㉢㉣   ④ ㉠㉡㉢㉣

TIP ㉠㉡㉢㉣ 공예작물 중 섬유작물에 해당한다.
※ 공예작물 … 주로 섬유, 염료, 종이, 기름 등 산업적 목적으로 재배되는 작물이다. 섬유작물, 유료작물, 기호작물, 약료작물, 당료작물, 향료작물, 전분작물, 염료작물 등이 있다.

52 장기간 재배한 시설 내 토양의 일반적인 특성으로 옳지 않은 것은?

① 강우의 차단으로 염류농도가 높다.
② 노지에 비해 염류집적으로 토양 pH가 낮아진다.
③ 연작장해가 발생하기 쉽다.
④ 답압과 잦은 관수로 토양통기가 불량하다.

TIP 염류집적으로 인해 토양 내 양이온(특히 칼슘, 나트륨 등)이 증가하면서 토양의 알칼리성이 증가한다. 염류집적이 발생하면 토양 pH는 높아진다.

53 토양 환경에 관한 설명으로 옳은 것은?

① 사양토는 점토에 비해 통기성이 낮다.
② 토양이 입단화되면 보수성이 감소된다.
③ 퇴비를 JP-Th투입하면 지력이 감소된다.
④ 깊이갈이를 하면 토양의 물리성이 개선된다.

TIP ① 사양토는 점토에 비해 입자가 더 크고 구조가 느슨해 통기성이 높다.
② 입단화는 토양 입자들이 서로 뭉쳐 단단하게 되면서 토양 구조가 개선되고 보수성이 증가한다.
③ 퇴비는 토양에 유기물을 공급하여 지력을 증가시킨다.

ANSWER
51.④ 52.② 53.④

54 작물의 요수량에 관한 설명으로 옳은 것은?

① 작물의 건물 1kg을 생산하는 데 소비되는 수분량(g)을 말한다.
② 내건성이 강한 작물이 약한 작물보다 요수량이 더 많다.
③ 호박은 기장에 비해 요수량이 높다.
④ 요수량이 작은 작물은 생육 중 많은 양의 수분을 요구한다.

> **TIP** ① 작물의 건물 1kg을 생산하는 데 소비되는 수분량을 요수량이라 말한다.
> ② 내건성이 강한 작물은 적은 물로도 생존하고 성장할 수 있기 때문에 요수량이 더 적다.
> ④ 요수량이 작은 작물은 생육 중에 많은 양의 수분을 요구하지 않는다. 요수량이 작다는 것은 작물이 건물량 1kg을 생산하는 데 필요한 수분량이 적은 것이다.

55 플라스틱 파이프나 튜브에 미세한 구멍을 뚫어 물이 소량씩 흘러나와 근권부의 토양에 집중적으로 관수하는 방법은?

① 점적관수
② 분수관수
③ 고랑관수
④ 저면급수

> **TIP** ② 분수관수 : 스프링클러 시스템을 이용해 물을 공중으로 분사하여 작물 전체에 물을 공급하는 관수 방법이다. 넓은 면적에 균일하게 물을 뿌릴 수 있다. 주로 잔디, 농작물, 과수원 등에 사용된다. 물이 공중으로 분사되기 때문에 증발에 의한 손실이 발생할 수 있다.
> ③ 고랑관수 : 밭에 일정한 간격으로 고랑을 만들어 그 고랑을 따라 물을 흘려보내는 방식이다. 물이 고랑을 따라 흐르면서 작물의 뿌리 부근에 침투하도록 하여 관수하는 방법에 해당한다. 넓은 밭작물이나 밭에서 사용되는 전통적인 관수 방식이다.
> ④ 저면급수 : 물을 아래에서 위로 공급하는 방식이다. 화분이나 상자에서 재배하는 식물에 사용된다. 물이 식물의 뿌리쪽으로부터 천천히 흡수되면서 뿌리가 물을 충분히 흡수할 수 있게 한다. 과도한 물 공급을 피하고 식물의 과습을 방지한다.

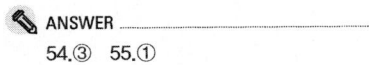

ANSWER
54.③ 55.①

56 ( )에 들어갈 내용을 순서대로 옳게 나열한 것은?

> 작물에서 저온장해의 초기 증상은 지질성분의 이중층으로 구성된 ( )에서 상전환이 일어나며 지질성분에 포함된 포화지방산의 비율이 상대적으로 ( )수록 저온에 강한 경향이 있다.

① 세포막, 높을   ② 세포벽, 높을
③ 세포막, 낮을   ④ 세포벽, 낮을

TIP 세포막은 지질성분의 이중층으로 구성되어 있으며 저온에서 상전환이 일어난다. 포화지방산의 비율이 상대적으로 낮을수록 즉 불포화지방산의 비율이 높을수록 세포막의 유동성이 유지되어 저온에 강한 경향이 있다.

57 식물 생육에서 광도에 관한 설명으로 옳지 않은 것은?

① 광포화점은 상추보다 토마토가 더 높다.
② 광보상점은 글록시니아보다 초롱꽃이 더 낮다.
③ 광포화점이 낮은 작물은 고온기에 차광을 해주어야 한다.
④ 광도가 증가할수록 작물의 광합성량이 비례적으로 계속 증가한다.

TIP 광도가 증가할수록 광합성량은 일정 지점까지는 증가하지만, 광포화점에 도달하면 더 이상 광합성량이 증가하지 않고 일정하게 유지된다.

58 A지역에서 2차생장에 의한 벌마늘 피해가 일어났다. 이와 같은 현상이 일어나는 원인이 아닌 것은?

① 겨울철 이상고온
② 2~3월경의 잦은 강우
③ 흐린 날씨에 의한 일조량 감소
④ 흰가루병 조기출현

TIP ④ 흰가루병은 곰팡이에 의해 발생하는 병이다. 식물의 표면에 흰가루 같은 곰팡이가 생기는 병해이다. 흰가루병은 마늘의 생육에 영향을 줄 수 있지만, 2차생장을 직접적으로 유발하지 않는다.
①②③ 2차생장에 의한 벌마늘 피해는 주로 겨울철 이상고온, 2~3월경의 잦은 강우, 흐린 날씨에 의한 일조량 감소 등의 환경 요인으로 인해 발생한다. 마늘의 정상적인 생장 주기를 방해하여 2차생장을 유발한다.

ANSWER
56.③ 57.④ 58.④

59 다음이 설명하는 식물호르몬은?

- 극성수송 물질이다.
- 합성물질로 4-CPA, 2, 4-D 등이 있다.
- 측근 및 부정근의 형성을 촉진한다.

① 옥신
② 지베렐린
③ 시토키닌
④ 아브시스산

② **지베렐린**: 식물의 생장과 발달을 촉진하는 호르몬이다. 줄기 신장, 종자 발아, 꽃눈 형성, 과실 발달 등을 조절한다. 줄기와 잎의 신장을 촉진하여 식물의 길이를 키우는 데 중요한 역할을 한다. 휴면 상태의 종자를 깨어나게 하여 발아를 촉진한다.
③ **시토키닌**: 세포 분열과 분화를 촉진하는 호르몬이다. 뿌리, 줄기, 잎 등의 생장을 조절한다. 세포의 증식을 촉진하며, 잎의 노화를 지연시키고, 줄기와 뿌리 간의 균형을 조절하는 역할을 한다.
④ **아브시스산**: 스트레스 반응을 조절하는 호르몬이다. 식물이 가뭄이나 염분으로 발생하는 스트레스에 대응하도록 돕는다. 잎의 기공을 닫아 수분 손실을 줄이고, 종자의 휴면을 유지하거나 늦추고, 과실이나 잎이 떨어지는 것을 촉진한다.

60 공기의 조성성분 중 광합성의 주원료이며 호흡에 의해 발생되는 것은?

① 이산화탄소
② 질소
③ 산소
④ 오존

① 이산화탄소는 식물이 광합성을 통해 유기물을 합성하는 데 필요한 주원료이다.
② 질소는 공기 중에서 약 78%를 차지하는 주요 성분이지만 대부분의 생명체에게 직접적으로 사용되지 않는다. 식물은 질소 고정 세균이나 비료를 통해 질소를 흡수하여 아미노산, 단백질, 핵산 등을 합성한다.
③ 산소는 공기 중에서 약 21%를 차지하며 동물, 식물, 미생물 모두 산소를 이용하여 에너지를 생성하는 호흡 과정을 수행한다.
④ 오존은 대기 중에서 소량 존재한다.

ANSWER
59.① 60.①

61 채소 육묘에 관한 설명으로 옳은 것을 모두 고른 것은?

> ㉠ 직파에 비해 종자가 절약된다.
> ㉡ 토지이용도가 높아진다.
> ㉢ 수확기 및 출하기를 앞당길 수 있다.
> ㉣ 유묘기의 환경관리 및 병해충 방지가 어렵다.

① ㉠㉢
② ㉡㉣
③ ㉠㉡㉢
④ ㉠㉡㉢㉣

TIP ㉣ 유묘기는 관리하기 쉬운 작은 규모에서 재배되어 환경을 세밀하게 조절할 수 있고 병해충 발생 시 신속하게 대응할 수 있기 때문에, 유묘기의 환경관리 및 병해충 방지가 어렵지 않다.

62 파종 방법 중 조파(드릴파)에 관한 설명으로 옳은 것은?

① 포장 전면에 종자를 흩어 뿌리는 방법이다.
② 뿌림 골을 만들고 그곳에 줄지어 종자를 뿌리는 방법이다.
③ 일정한 간격을 두고 하나 내지 여러 개의 종자를 띄엄띄엄 파종하는 방법이다.
④ 점파할 때 한 곳에 여러 개의 종자를 파종하는 방법이다.

TIP ① 산파에 대한 설명이다.
③④ 점파에 대한 설명이다.

ANSWER
61.③ 62.②

63 다음에서 설명하는 취목 번식 방법으로 올바르게 짝지어진 것은?

> ⊙ 고무나무와 같은 관상 수목에서 줄기나 가지를 땅속에 휘어 묻을 수 없는 경우에 높은 곳에서 발근시켜 취목하는 방법
> ⊙ 모식물의 기부에 새로운 측지가 나오게 한 후 끝이 보일 정도로 흙을 덮어서 뿌리가 내리면 잘라서 번식시키는 방법

	⊙	⊙
①	고취법	성토법
②	보통법	고취법
③	고취법	선취법
④	선취법	성토법

TIP ⊙ 고취법, ⊙ 성토법에 대한 설명이다.
※ **보통법** … 가지를 흙 속에 눕히고 일부를 흙 위로 나올 수 있도록 처리하고, 시간이 지나면 가지의 묻힌 부분에서 뿌리가 발생하도록 유도하는 방식이다.
※ **선취법** … 선택한 가지를 몇 군데에 걸쳐 지면에 접촉시키고 접촉한 부분을 흙으로 덮는다. 덮인 부분에서 뿌리가 내리면 뿌리 부분을 절단하여 모식물로부터 분리하여 독립된 식물로 키우는 방법이다. 덩굴성 식물이나 관목류에서 사용된다.

64 다음은 탄질비(C/N율)에 관한 내용이다. ( )에 들어갈 내용을 순서대로 옳게 나열한 것은?

> 작물체내의 탄수화물과 질소의 비율을 C/N율이라 하며, 과수재배에서 환상박피를 함으로서 환상박피 윗부분의 C/N율이 ( ), ( )이/가 ( )된다.

① 높아지면, 영양생장, 촉진
② 낮아지면, 영양생장, 억제
③ 높아지면, 꽃눈분화, 촉진
④ 낮아지면, 꽃눈분화, 억제

TIP 작물체내의 탄수화물과 질소의 비율을 C/N율이라 하며, 과수재배에서 환상박피를 함으로서 환상박피 윗부분의 C/N율이 높아지면, 꽃눈분화가 촉진된다.

ANSWER
63.① 64.③

65 질소비료의 유효성분 중 유기태 질소가 아닌 것은?

① 단백태 질소
② 시안아미드태 질소
③ 질산태 질소
④ 아미노태 질소

TIP 질산태 질소는 무기태 질소로 식물이 직접 흡수할 수 있는 형태이다.

66 채소 작물에서 진균에 의한 병끼리 짝지어진 것은?

① 역병, 모잘록병
② 노균병, 무름병
③ 균핵병, 궤양병
④ 탄저병, 근두암종병

TIP
② 노균병은 진균, 무름병은 세균에 의해 발생한다.
③ 균핵병은 진균, 궤양병은 세균에 의해 발생한다.
④ 탄저병은 진균, 근두암종병은 세균에 의해 발생한다.

67 식용부위에 따른 분류에서 화채류끼리 짝지어진 것은?

① 양배추, 시금치
② 죽순, 아스파라거스
③ 토마토, 파프리카
④ 브로콜리, 콜리플라워

TIP
① 잎채류 : 양배추, 시금치
② 줄기채소 : 죽순, 아스파라거스
③ 과채류 : 토마토, 파프리카

ANSWER
65.③ 66.① 67.④

68 다음에서 설명하는 과수의 병은?

> • 세균에 의한 병
> • 전염성이 강하고, 5~6월경 주로 발생
> • 꽃, 잎, 줄기 등이 검게 변하며 서서히 고사

① 대추나무 빗자루병 ② 포도 갈색무늬병
③ 배 화상병 ④ 사과 부란병

① 대추나무 빗자루병 : 대추나무에 발생하는 바이러스 또는 파이토플라즈마에 의한 병이다. 병에 걸린 나무는 잎이 작아지고 비정상적으로 많은 가지가 짧고 빽빽하게 자라며 빗자루 모양을 형성한다. 병든 가지는 점차 고사한다.
② 포도 갈색무늬병 : 곰팡이에 의해서 발생하고 포도의 잎에 갈색의 무늬가 생기는 병이다. 잎의 광합성 능력을 저하시켜 수확량에 영향을 준다.
④ 사과 부란병 : 사과에 발생하는 곰팡이 병으로 과일에 검은 반점이 생기며 점차 확대되어 과실이 썩는 병이다. 과일 표면에 물러짐과 갈변이 발생한다.

[기출변형]

69 블루베리 작물에 관한 설명으로 옳지 않은 것을 모두 고르면?

① 과실은 포도와 유사하게 일정 기간의 비대정체기를 가진다.
② pH 5 정도의 산성토양에서 생육이 불량하다.
③ 묘목을 키우는 방법에는 삽목, 취목, 조직배양 등이 있다.
④ 한줄기 신장지에 여러 개의 꽃자루가 있고 여기에 꽃이 붙는 복합화서이다.

블루베리가 산성 토양에 잘 적응한 산성토양성 식물이기 때문에 산성 조건에서 생육이 좋다. 산성 토양에서는 알루미늄(Al)이나 철(Fe)과 같은 이온들이 용해되어 있어 블루베리에게 필요한 미량 영양소를 쉽게 흡수할 수 있다. 중성 또는 약알칼리성 토양에서는 이러한 영양소의 가용성이 떨어져 블루베리가 영양 결핍이 발생한다.

70 호흡 급등형 과실인 것은?

① 포도 ② 딸기
③ 사과 ④ 감귤

③ 호흡 급등형 과실은 성숙 과정에서 호흡률이 급격히 증가한다. 과실은 에틸렌을 생성하며 수확 후에도 일정 기간 동안 성숙과 숙성이 계속 진행된다. 대표적으로 사과가 호흡 급등형 과실이다.
①②④ 포도, 딸기, 감귤은 비급등형 과실이다.

ANSWER
68.③ 69.② 70.③

71 절화장미의 수명연장을 위해 자당을 사용하는 주된 목적은?

① pH 조절
② 미생물 억제
③ 과산화물가(POV) 증가
④ 양분 공급

> **TIP** 자당은 절화장미에 양분을 공급하여 꽃이 시들지 않고 더 오래 유지되도록 돕는 역할을 한다. 자당은 꽃의 호흡작용에 필요한 에너지를 제공하고 절화의 신진대사를 촉진하여 수명을 연장시킨다.

72 관목성 화목류끼리 짝지어진 것은?

① 철쭉, 목련, 산수유
② 라일락, 배롱나무, 이팝나무
③ 장미, 동백나무, 노각나무
④ 진달래, 무궁화, 개나리

> **TIP** ① 철쭉은 관목이지만, 목련과 산수유는 교목이다.
> ② 라일락은 관목이지만, 배롱나무와 이팝나무는 교목이다.
> ③ 장미와 노각나무는 관목이지만, 동백나무는 교목이다.

73 온실의 처마가 높고 폭이 좁은 양지붕형 온실을 연결한 형태의 온실형은?

① 둥근지붕형   ② 벤로형
③ 터널형   ④ 쓰리쿼터형

> **TIP** ② 벤로형 : 네덜란드의 벤로 지역에서 시작된 온실 형태이다. 처마가 높고 폭이 좁은 양지붕형 구조가 특징이다. 채광 효과를 극대화하고, 내부 공간 활용도를 높이는 데 유리하다.
> ① 둥근지붕형 : 둥글게 곡선을 이루는 지붕을 가진 온실이다. 바람 저항이 적고 눈이 쌓이기 어렵다. 내부 공간이 넓어 대규모 재배에 적합하다.
> ③ 터널형 : 반원형 또는 아치형의 구조로 연속된 터널 형태로 지어지는 온실이다. 플라스틱 필름을 덮어 사용하며 간단한 구조로 인해 비교적 저렴하게 설치할 수 있다. 저비용으로 넓은 면적을 덮을 때 사용된다.
> ④ 쓰리쿼터형 : 지붕의 경사면이 세 개의 면을 가지는 구조를 가진 온실이다. 일반적인 양지붕형 온실보다 햇빛을 더 많이 받을 수 있도록 설계되었다. 주로 남북 방향으로 길게 배치하여 최대 일조량을 확보할 수 있도록 설계된다.

ANSWER
71.④ 72.④ 73.②

74 다음에서 설명하는 양액 재배방식은?

> • 고형배지를 사용하지 않음
> • 베드의 바닥에 일정한 기울기를 만들어 양액을 흘려보내는 방식
> • 뿌리의 일부는 공중에 노출하고, 나머지는 양액에 닿게 하여 재배

① 담액수경
② 박막수경
③ 암면경
④ 펄라이트경

TIP ② 박막수경: 고형 배지를 사용하지 않고, 베드의 바닥에 일정한 기울기를 만들어 양액을 얇게 흘려보내고 뿌리의 일부는 공중에 노출되고 나머지는 양액에 닿게 하는 방식이다.
① 담액수경: 고형 배지를 사용하지 않고 식물의 뿌리를 양액에 완전히 담가서 재배하는 방식이다. 양액 속에서 뿌리가 지속적으로 영양분을 흡수할 수 있다.
③ 암면경: 고형 배지인 암면(Rockwool)을 사용하여 재배하는 방식이다. 암면은 가벼우면서도 보습성과 통기성이 좋아서 양액 재배에 자주 사용된다. 식물의 뿌리는 암면 속에서 자라며 양액을 공급받는다.
④ 펄라이트경: 펄라이트라는 가벼운 고형 배지를 사용하여 재배하는 방식이다. 펄라이트는 화산암을 고온 처리하여 만든 것이다. 배수성과 통기성이 우수하여 양액 재배에서 사용된다. 뿌리는 펄라이트 속에서 자란다.

75 시설원예 피복자재에 관한 설명으로 옳지 않은 것은?

① 연질필름 중 PVC 필름의 보온성이 가장 낮다.
② PE 필름, PVC 필름, EVA 필름은 모두 연질필름이다.
③ 반사필름, 부직포는 커튼보온용 추가피복에 사용된다.
④ 한랭사는 차광피복재로 사용된다.

TIP PVC 필름은 일반적으로 PE 필름이나 EVA 필름보다 보온성이 더 좋다.

ANSWER
74.② 75.①

2025년 제11회 1차 시험

제1과목 「상법」 보험편

1 상법상 보험계약의 법적 성질로 옳지 않은 것은?
① 낙성·불요식계약성
② 사행·선의계약성
③ 부합계약성
④ 유상·편무계약성

④ 유상·편무계약성 : 보험계약은 보험계약자가 보험료를 지급하고 보험자가 보험사고 발생 시 보험금을 지급하는 유상계약이다. 다만, 보험자의 보험금 지급의무는 조건부이며, 보험계약자의 의무와 보험자의 의무가 서로 쌍방적이므로 편무계약으로 보지 않는다.
① 낙성·불요식계약성 : 보험계약은 특별한 서류 작성이나 형식 없이, 계약당사자의 청약과 승낙이라는 의사합치만으로 성립하는 계약이다. 즉, 별도의 형식 없이도 계약이 효력이 발생한다.
② 사행·선의계약성 : 보험계약은 우연한 사고나 위험에 대비하는 사행적 성격을 가지며, 당사자는 최대한의 선의(진실과 성실)를 바탕으로 정보를 주고받아야 하는 계약이다.
③ 부합계약성 : 보험계약은 보험가입자의 청약과 보험자의 승낙이라는 의사표시가 서로 부합해야 성립하는 계약이다.

ANSWER
1.④

2 상법상 타인을 위한 보험에 관한 설명으로 옳지 않은 것을 모두 고른 것은?

> ㉠ 보험계약자는 위임을 받지 아니하고 타인을 위하여 보험계약을 체결할 수 없다.
> ㉡ 타인을 위한 손해보험계약의 보험계약자가 그 타인에게 보험사고의 발생으로 생긴 손해의 배상을 한 때에는 보험계약자는 그 타인의 권리를 해하지 아니하는 범위안에서 보험자에게 보험금액의 지급을 청구할 수 있다.
> ㉢ 보험계약자는 보험자에 대하여 보험료를 지급할 의무가 있다.
> ㉣ 보험계약자가 파산선고를 받은 경우에 그 타인은 자신의 보험상 권리의 포기 여부에 관계없이 보험료를 지급할 의무가 있다.

① ㉠㉡
② ㉠㉣
③ ㉡㉢
④ ㉢㉣

TIP 타인을 위한 보험〈상법 제639조〉
① 보험계약자는 위임을 받거나 위임을 받지 아니하고 특정 또는 불특정의 타인을 위하여 보험계약을 체결할 수 있다. 그러나 손해보험계약의 경우에 그 타인의 위임이 없는 때에는 보험계약자는 이를 보험자에게 고지하여야 하고, 그 고지가 없는 때에는 타인이 그 보험계약이 체결된 사실을 알지 못하였다는 사유로 보험자에게 대항하지 못한다.
② ①의 경우에는 그 타인은 당연히 그 계약의 이익을 받는다. 그러나 손해보험계약의 경우에 보험계약자가 그 타인에게 보험사고의 발생으로 생긴 손해의 배상을 한 때에는 보험계약자는 그 타인의 권리를 해하지 아니하는 범위 안에서 보험자에게 보험금액의 지급을 청구할 수 있다.
③ ①의 경우에는 보험계약자는 보험자에 대하여 보험료를 지급할 의무가 있다. 그러나 보험계약자가 파산선고를 받거나 보험료의 지급을 지체한 때에는 그 타인이 그 권리를 포기하지 아니하는 한 그 타인도 보험료를 지급할 의무가 있다.

ANSWER
2.②

3 상법상 보험증권에 관한 설명으로 옳은 것은?

① 보험계약자가 최초의 보험료를 지급하지 아니한 때에도 보험자는 보험계약이 성립한 때에는 지체 없이 보험증권을 작성하여 보험계약자에게 교부하여야 한다.
② 기존의 보험계약을 변경한 경우 보험자는 그 보험증권에 그 사실을 기재함으로써 보험증권의 교부에 갈음할 수 있다.
③ 보험계약의 당사자는 보험증권의 교부가 있은 날부터 14일 기간 내에 한하여 그 증권 내용의 정부에 관한 이의를 할 수 있음을 약정할 수 있다.
④ 보험계약자가 보험증권을 현저하게 훼손하여 증권의 재교부를 청구한 경우 그 비용은 보험자가 부담하여야 한다.

> **TIP** ②「상법」제640조(보험증권의 교부) 제2항
> ① 보험자는 보험계약이 성립한 때에는 지체 없이 보험증권을 작성하여 보험계약자에게 교부하여야 한다. 그러나 보험계약자가 보험료의 전부 또는 최초의 보험료를 지급하지 아니한 때에는 그러하지 아니하다〈상법 제640조(보험증권의 교부) 제1항〉.
> ③ 보험계약의 당사자는 보험증권의 교부가 있은 날로부터 일정한 기간 내에 한하여 그 증권내용의 정부에 관한 이의를 할 수 있음을 약정할 수 있다. 이 기간은 1월을 내리지 못한다〈상법 제641조(증권에 관한 이의약관의 효력)〉.
> ④ 보험증권을 멸실 또는 현저하게 훼손한 때에는 보험계약자는 보험자에 대하여 증권의 재교부를 청구할 수 있다. 그 증권작성의 비용은 보험계약자의 부담으로 한다〈상법 제642조(증권의 재교부청구)〉.

4 상법상 보험사고에 관한 설명으로 옳은 것은?

① 보험사고의 발생으로 보험자가 보험금액을 지급한 때에도 보험금액이 감액되지 아니 하는 보험의 경우에는 보험계약자가 그 사고발생 후에 보험계약을 해지할 수 없다.
② 보험계약 당시에 보험사고가 이미 발생하였음을 보험계약자가 알고 있었다면 그 계약은 무효로 한다.
③ 보험계약 당시에 보험사고가 객관적으로 발생할 수 없음을 보험계약자와 보험자가 몰랐다면, 피보험자가 이를 알았더라도 그 계약은 무효로 볼 수 없다.
④ 계약 전의 어느 시기를 보험기간의 시기(始期)로 한 보험계약은 무효이다.

> **TIP** ②③ 보험계약 당시에 보험사고가 이미 발생하였거나 또는 발생할 수 없는 것인 때에는 그 계약은 무효로 한다. 그러나 당사자 쌍방과 피보험자가 이를 알지 못한 때에는 그러하지 아니하다〈상법 제644조(보험사고의 객관적 확정의 효과)〉.
> ① 보험사고의 발생으로 보험자가 보험금액을 지급한 때에도 보험금액이 감액되지 아니하는 보험의 경우에는 보험계약자는 그 사고발생 후에도 보험계약을 해지할 수 있다〈상법 제649조(사고발생전의 임의해지) 제2항〉.
> ④ 보험계약은 그 계약 전의 어느 시기를 보험기간의 시기로 할 수 있다〈상법 제643조(소급보험)〉.

ANSWER
3.② 4.②

5 상법상 보험대리상 등에 관한 설명으로 옳지 않은 것은?

① 보험대리상은 보험계약자로부터 청약 등의 보험계약에 관한 의사표시를 수령할 수 있는 권한이 있다.
② 보험자는 상법에 정해진 보험대리상의 권한을 제한할 수 없다.
③ 보험대리상이 아니면서 특정한 보험자를 위하여 계속적으로 보험계약의 체결을 중개하는 자는 보험자가 작성한 영수증을 보험계약자에게 교부하는 경우만 보험계약자로부터 보험료를 수령할 수 있는 권한이 있다.
④ 보험대리상은 피보험자가 보험계약에 관한 의사표시를 할 의무가 있는 경우 피보험자의 의사표시를 수령할 권한이 있다.

> **TIP** 보험대리상 등의 권한〈상법 제646조의2〉
> ① 보험대리상은 다음 각 호의 권한이 있다.
>   1. 보험계약자로부터 보험료를 수령할 수 있는 권한
>   2. 보험자가 작성한 보험증권을 보험계약자에게 교부할 수 있는 권한
>   3. 보험계약자로부터 청약, 고지, 통지, 해지, 취소 등 보험계약에 관한 의사표시를 수령할 수 있는 권한
>   4. 보험계약자에게 보험계약의 체결, 변경, 해지 등 보험계약에 관한 의사표시를 할 수 있는 권한
> ② ①에도 불구하고 보험자는 보험대리상의 ①의 각 호의 권한 중 일부를 제한할 수 있다. 다만, 보험자는 그러한 권한 제한을 이유로 선의의 보험계약자에게 대항하지 못한다.
> ③ 보험대리상이 아니면서 특정한 보험자를 위하여 계속적으로 보험계약의 체결을 중개하는 자는 ①의 제1호(보험자가 작성한 영수증을 보험계약자에게 교부하는 경우만 해당한다.) 및 제2호의 권한이 있다.
> ④ 피보험자나 보험수익자가 보험료를 지급하거나 보험계약에 관한 의사표시를 할 의무가 있는 경우에는 ①부터 ③까지의 규정을 그 피보험자나 보험수익자에게도 적용한다.

6 상법상 보험료에 관한 설명으로 옳은 것은?

① 보험계약의 일부가 무효인 경우에 보험계약자와 피보험자가 선의이며 중대한 과실이 없는 때에도 보험자에 대하여 보험료의 일부의 반환을 청구할 수 없다.
② 보험계약의 전부가 무효인 경우에 보험계약자와 보험수익자가 선의이며 중대한 과실이 없는 때에도 보험자에 대하여 보험료의 반환을 청구할 수 없다.
③ 보험계약의 당사자가 특별한 위험을 예기하여 보험료의 액을 정한 경우에 보험기간 중 그 예기한 위험이 소멸한 때에는 보험계약자는 그 후의 보험료의 감액을 청구할 수 있다.
④ 보험사고가 발생하기 전에 보험계약자가 보험계약의 전부를 해지한 경우에도 보험 계약자는 당사자 간에 다른 약정이 없으면 미경과보험료의 반환을 청구할 수 없다.

> **TIP** ③ 「상법」 제647조(특별위험의 소멸로 인한 보험료의 감액청구)
> ①② 보험계약의 전부 또는 일부가 무효인 경우에 보험계약자와 피보험자가 선의이며 중대한 과실이 없는 때에는 보험자에 대하여 보험료의 전부 또는 일부의 반환을 청구할 수 있다. 보험계약자와 보험수익자가 선의이며 중대한 과실이 없는 때에도 같다〈상법 제648조(보험계약의 무효로 인한 보험료반환청구)〉.
> ④ 보험사고가 발생하기 전에는 보험계약자가 언제든지 계약의 전부 또는 일부를 해지할 수 있고, 보험계약자는 당사자 간에 다른 약정이 없으면 미경과보험료의 반환을 청구할 수 있다〈상법 제649조(사고발생전의 임의해지) 제3항〉.

ANSWER
5.② 6.③

7 상법상 보험료의 지급에 관한 설명으로 옳은 것은?

① 보험계약자가 계약체결 후 지체 없이 제1회 보험료를 지급하지 아니하는 경우에는 다른 약정이 없는 한 계약성립 후 2월이 경과하면 그 계약은 해제된 것으로 본다.
② 계속보험료가 약정한 시기에 지급되지 아니한 때에는 보험자는 바로 그 계약을 해지할 수 있다.
③ 타인을 위한 보험의 경우에 보험계약자가 보험료의 지급을 지체한 때에 보험자가 계약을 해지하기 위해서 그 타인에게 보험료 지급을 최고할 필요는 없다.
④ 보험자의 책임은 당사자 간에 다른 약정이 없으면 보험계약자의 보험료 지급 여부에 관계없이 계약이 성립한 때부터 개시한다.

> **TIP** ①「상법」제650조(보험료의 지급과 지체의 효과) 제1항
> ② 계속보험료가 약정한 시기에 지급되지 아니한 때에는 보험자는 상당한 기간을 정하여 보험계약자에게 최고하고 그 기간 내에 지급되지 아니한 때에는 그 계약을 해지할 수 있다〈상법 제650조(보험료의 지급과 지체의 효과) 제2항〉.
> ③ 특정한 타인을 위한 보험의 경우에 보험계약자가 보험료의 지급을 지체한 때에는 보험자는 그 타인에게도 상당한 기간을 정하여 보험료의 지급을 최고한 후가 아니면 그 계약을 해제 또는 해지하지 못한다〈상법 제650조(보험료의 지급과 지체의 효과) 제3항〉.
> ④ 보험자의 책임은 당사자 간에 다른 약정이 없으면 최초의 보험료의 지급을 받은 때로부터 개시한다〈상법 제656조(보험료의 지급과 보험자의 책임개시)〉.

8 상법상 보험계약 부활에 관한 설명으로 옳은 것은?

① 보험계약의 해지 사유에 관계없이 보험계약자는 보험계약의 부활을 청구할 수 있다.
② 보험계약이 해지된 후 보험계약자가 해지환급금을 지급받은 뒤에도 해지환급금을 반환한다면 부활을 청구할 수 있다.
③ 보험계약자가 계약의 부활을 청구하는 경우 보험자는 이를 승낙하여야 한다.
④ 계속보험료의 연체로 인하여 보험계약이 해지되고 해지환급금이 지급되지 아니한 경우에 보험계약자는 일정한 기간 내에 연체보험료에 약정이자를 붙여 보험자에게 지급하고 그 계약의 부활을 청구할 수 있다.

> **TIP** 상법 제650조(보험료의 지급과 지체의 효과) 제2항에 따라 보험계약이 해지되고 해지환급금이 지급되지 아니한 경우에 보험계약자는 일정한 기간 내에 연체보험료에 약정이자를 붙여 보험자에게 지급하고 그 계약의 부활을 청구할 수 있다. 상법 제638조의2의 규정은 이 경우에 준용한다〈상법 제650조의2(보험계약의 부활)〉.

ANSWER
7.① 8.④

9 상법상 고지의무 위반으로 인한 계약해지에 관한 설명으로 옳지 <u>않은</u> 것은?

① 보험자는 보험계약 당시에 보험계약자의 고지의무 위반 사실을 중대한 과실로 알지 못했던 때에는 계약을 해지할 수 없다.
② 보험계약 당시에 피보험자가 경과실로 인하여 중요한 사항에 대하여 부실의 고지를 한 경우 보험자는 계약을 해지할 수 있다.
③ 보험자는 보험계약 당시에 피보험자의 고지의무 위반 사실을 알았던 경우에는 계약을 해지할 수 없다.
④ 보험계약 당시에 보험계약자가 고의로 중요한 사항을 고지하지 아니한 경우 보험자는 계약을 해지할 수 있다.

> **TIP** 보험계약 당시에 보험계약자 또는 피보험자가 고의 또는 중대한 과실로 인하여 중요한 사항을 고지하지 아니하거나 부실의 고지를 한 때에는 보험자는 그 사실을 안 날로부터 1월 내에, 계약을 체결한 날로부터 3년 내에 한하여 계약을 해지할 수 있다. 그러나 보험자가 계약 당시에 그 사실을 알았거나 중대한 과실로 인하여 알지 못한 때에는 그러하지 아니하다〈상법 제651조(고지의무 위반으로 인한 계약해지)〉.

10 상법상 위험변경·증가에 관한 설명으로 옳지 <u>않은</u> 것은?

① 보험계약자가 사고발생의 위험이 현저하게 변경·증가된 사실을 안 때에는 지체 없이 보험자에게 통지하여야 한다.
② 보험자가 위험변경·증가의 통지를 받은 때에는 1월 내에 보험료의 증액을 청구할 수 있다.
③ 보험계약자의 고의로 인하여 사고발생의 위험이 현저하게 변경된 때에는 보험자는 그 사실을 안 날부터 1월 내에 보험료의 증액을 청구할 수 있다.
④ 피보험자의 중대한 과실로 인하여 사고발생의 위험이 현저하게 증가된 때에는 보험자는 그 사실을 안 날부터 3월 내에 계약을 해지할 수 있다.

> **TIP** ④ 보험기간 중에 보험계약자, 피보험자 또는 보험수익자의 고의 또는 중대한 과실로 인하여 사고발생의 위험이 현저하게 변경 또는 증가된 때에는 보험자는 그 사실을 안 날부터 1월 내에 보험료의 증액을 청구하거나 계약을 해지할 수 있다〈상법 제653조(보험계약자 등의 고의나 중과실로 인한 위험증가와 계약해지)〉.
> ① 「상법」 제652조(위험변경증가의 통지와 계약해지) 제1항
> ② 「상법」 제652조(위험변경증가의 통지와 계약해지) 제2항
> ③ 「상법」 제653조(보험계약자 등의 고의나 중과실로 인한 위험증가와 계약해지)

ANSWER
9.② 10.④

11 상법상 보험사고 발생의 통지의무에 관한 설명으로 옳지 않은 것은?

① 보험계약자가 통지의무를 위반할 경우 보험자는 보험금 전액의 지급책임을 면한다.
② 피보험자는 보험사고의 발생을 안 때에는 지체 없이 보험자에게 그 통지를 발송하여야 한다.
③ 보험수익자는 보험사고의 발생을 안 때에는 지체 없이 보험자에게 그 통지를 발송하여야 한다.
④ 보험계약자가 통지의무를 해태함으로 인하여 손해가 증가된 때에는 보험자는 그 증가된 손해를 보상할 책임이 없다.

> **TIP** 보험사고발생의 통지의무〈상법 제657조〉
> ① 보험계약자 또는 피보험자나 보험수익자는 보험사고의 발생을 안 때에는 지체 없이 보험자에게 그 통지를 발송하여야 한다.
> ② 보험계약자 또는 피보험자나 보험수익자가 ①의 통지의무를 해태함으로 인하여 손해가 증가된 때에는 보험자는 그 증가된 손해를 보상할 책임이 없다.

12 상법상 보험금액의 지급 및 면책사유에 관한 설명으로 옳은 것은?

① 보험자가 지급할 보험금액을 정하면 그 정하여진 날부터 1개월 내에 보험금액을 지급하여야 한다.
② 손해보험계약에서 보험사고가 보험계약자의 경과실로 인하여 생긴 때에는 보험자는 보험금액을 지급할 책임이 없다.
③ 손해보험계약에서 보험사고가 피보험자의 중과실로 인하여 생긴 때에는 보험자는 보험금액을 지급할 책임이 없다.
④ 손해보험계약에서 보험사고가 보험수익자의 경과실로 인하여 생긴 때에는 보험자는 보험금액을 지급할 책임이 없다.

> **TIP** ②③④ 보험사고가 보험계약자 또는 피보험자나 보험수익자의 고의 또는 중대한 과실로 인하여 생긴 때에는 보험자는 보험금액을 지급할 책임이 없다〈상법 제659조(보험자의 면책사유)〉.
> ① 보험자는 보험금액의 지급에 관하여 약정기간이 있는 경우에는 그 기간 내에, 약정기간이 없는 경우에는 상법 제657조(보험사고발생의 통지의무) 제1항의 통지를 받은 후 지체 없이 지급할 보험금액을 정하고 그 정하여진 날부터 10일 내에 피보험자 또는 보험수익자에게 보험금액을 지급하여야 한다〈상법 제658조(보험금액의 지급)〉.

ANSWER
11.① 12.③

13 상법상 보험계약 관련 소멸시효에 관한 설명이다. ( )에 들어갈 숫자를 모두 합한 것으로 옳은 것은?

> 보험금청구권은 ( )년간, 보험료 또는 적립금의 반환청구권은 ( )년간, 보험료청구권은 ( )년간 행사하지 아니하면 시효의 완성으로 소멸한다.

① 6
② 7
③ 8
④ 9

TIP 보험금청구권은 3년간, 보험료 또는 적립금의 반환청구권은 3년간, 보험료청구권은 2년간 행사하지 아니하면 시효의 완성으로 소멸한다〈상법 제662조(소멸시효)〉.

14 상법상 손해보험증권에 기재하여야 할 사항으로 옳은 것은?

① 청약철회 사유
② 보험료의 계산방법
③ 보험자의 면책에 관한 사항
④ 보험사고의 성질

TIP 손해보험증권〈상법 제666조〉 … 손해보험증권에는 다음의 사항을 기재하고 보험자가 기명날인 또는 서명하여야 한다.
  1. 보험의 목적
  2. 보험사고의 성질
  3. 보험금액
  4. 보험료와 그 지급방법
  5. 보험기간을 정한 때에는 그 시기와 종기
  6. 무효와 실권의 사유
  7. 보험계약자의 주소와 성명 또는 상호
  7의2. 피보험자의 주소, 성명 또는 상호
  8. 보험계약의 연월일
  9. 보험증권의 작성지와 그 작성 연월일

ANSWER
13.③ 14.④

15 상법상 초과보험에 관한 설명으로 옳지 않은 것은?

① 보험가액이 보험금액을 현저하게 초과한 때에는 보험자 또는 보험계약자는 보험료와 보험금액의 감액을 청구할 수 있다.
② 보험가액이 보험기간 중에 현저하게 감소한 때에는 보험자 또는 보험계약자는 보험료와 보험금액의 감액을 청구할 수 있다.
③ 보험계약자의 사기로 인하여 초과보험 계약이 체결된 때에는 그 계약은 무효가 된다.
④ 사기로 인한 초과보험 계약이 체결되어 무효가 된 경우 보험자는 그 사실을 안 때까지의 보험료를 청구할 수 있다.

> **TIP** 초과보험〈상법 제669조〉
> ① 보험금액이 보험계약의 목적의 가액을 현저하게 초과한 때에는 보험자 또는 보험계약자는 보험료와 보험금액의 감액을 청구할 수 있다. 그러나 보험료의 감액은 장래에 대하여서만 그 효력이 있다.
> ② ①의 가액은 계약 당시의 가액에 의하여 정한다.
> ③ 보험가액이 보험기간 중에 현저하게 감소된 때에도 ①과 같다.
> ④ ①의 경우에 계약이 보험계약자의 사기로 인하여 체결된 때에는 그 계약은 무효로 한다. 그러나 보험자는 그 사실을 안 때까지의 보험료를 청구할 수 있다.

16 상법상 기평가보험과 미평가보험에 관한 설명으로 옳은 것은?

① 당사자 간에 보험가액을 정한 때에는 그 가액은 사고발생 시의 가액으로 정한 것으로 간주한다.
② 협정보험가액이 사고발생 시의 가액을 현저하게 초과할 때에는 협정보험가액을 보험가액으로 한다.
③ 당사자 간에 보험가액을 정하지 아니한 때에는 사고발생 시의 가액을 보험가액으로 한다.
④ 보험가액을 정하지 않은 경우 그 보험계약은 무효로 한다.

> **TIP** 당사자 간에 보험가액을 정한 때에는 그 가액은 사고발생 시의 가액으로 정한 것으로 추정한다. 그러나 그 가액이 사고발생 시의 가액을 현저하게 초과할 때에는 사고발생 시의 가액을 보험가액으로 한다〈상법 제670조(기평가보험)〉.
> ※ 당사자 간에 보험가액을 정하지 아니한 때에는 사고발생 시의 가액을 보험가액으로 한다〈상법 제671조(미평가보험)〉.

ANSWER
15.① 16.③

17 甲은 자신이 소유한 건물(보험가액 20억 원)에 대하여 A보험자와 15억 원의 화재보험계약을 체결하고, B보험자와 10억 원의 화재보험계약을 체결하였다. 해당 건물이 화재로 전부 멸실하였을 경우의 법률관계에 관한 설명으로 옳은 것은? (단, 보험 기간은 동일하고, 보험자의 면책사유는 없으며, 甲의 사기도 없었다고 가정함)

① A보험자는 甲에게 보험금으로 8억 원을 지급할 책임이 있다.
② B보험자는 甲에게 보험금으로 6억 원을 지급할 책임이 있다.
③ B보험자가 보험금을 지급하지 않은 경우 A보험자는 甲에게 보험금으로 12억 원을 지급하여야 한다.
④ B보험자가 보험금을 지급하지 않을 경우 자신이 지급해야 할 몫의 보험금을 지급한 A보험자는 B보험자를 상대로 3억 원의 구상권을 행사할 수 있다.

> **TIP** ④ A보험자는 자신이 부담할 보험금액 한도 내(15억 원)만 보상하며, A보험자의 분담금액인 12억 원을 초과하는 3억 원에 대해 B회사에게 구상권을 행사 할 수 있다.
> ① 총 보험금액 : 15억 원 + 10억 원 = 25억 원, 손해액 : 20억 원(보험가액)
> • A비율 : 15억/25억 = 0.6
> • B비율 : 10억/25억 = 0.4
> • A보험자 분담금액 = 손해액 × A비율 = 20억 × 0.6 = 12억 원
>   A보험자는 12억 원을 지급할 책임이 있다.
> ② B보험자 분담금액 = 손해액 × B비율 = 20억 × 0.4 = 8억 원
>   B보험자는 8억 원을 지급할 책임이 있다.
> ③ B보험자가 보험금을 지급하지 않은 경우, A보험자는 연대책임으로 인해 甲에게 보험금으로 15억 원을 지급하여야 한다.

18 상법상 일부보험에 관한 설명으로 옳지 않은 것은?

① 보험금액이 보험가액에 미달하는 보험을 말한다.
② 보험가액의 일부를 보험에 붙인 경우에 발생한다.
③ 보험금액의 보험가액에 대한 비율에 관하여 당사자 사이에 다르게 약정하면 보험자는 보험금액의 한도 내에서 책임을 지게 된다.
④ 일부보험의 보험가액 산정기준은 언제나 계약 체결 시로 한다.

> **TIP** 보험가액의 일부를 보험에 붙인 경우에는 보험자는 보험금액의 보험가액에 대한 비율에 따라 보상할 책임을 진다. 그러나 당사자 간에 다른 약정이 있는 때에는 보험자는 보험금액의 한도 내에서 그 손해를 보상할 책임을 진다〈상법 제674조(일부보험)〉.

ANSWER
17.④ 18.④

19 상법상 보험목적의 양도에 관한 설명으로 옳은 것은?

① 보험의 목적의 양도인 또는 양수인은 보험자에 대하여 지체 없이 그 사실을 통지하여야 한다.
② 피보험자가 보험의 목적을 양도한 때에는 양수인은 보험계약상의 권리만을 승계한다.
③ 피보험자가 보험의 목적을 양도한 때에는 양도인과 양수인이 공동으로 보험자에게 통지하여야 한다.
④ 피보험자가 보험의 목적을 양도한 때에는 양수인은 보험계약상의 의무를 승계한 것으로 간주한다.

> **TIP** 보험목적의 양도〈상법 제679조〉
> ① 피보험자가 보험의 목적을 양도한 때에는 양수인은 보험계약상의 권리와 의무를 승계한 것으로 추정한다.
> ② ①의 경우에 보험의 목적의 양도인 또는 양수인은 보험자에 대하여 지체 없이 그 사실을 통지하여야 한다.

20 상법상 손해방지의무에 관한 설명으로 옳지 않은 것은?

① 보험계약자는 손해방지를 위해 노력해야 한다.
② 피보험자는 보험사고가 발생한 경우 손해의 경감을 위해 노력해야 한다.
③ 보험계약자가 손해방지의무의 이행에 필요했던 비용과 보상액이 보험금액을 초과한 경우 그 초과부분은 보험계약자가 부담한다.
④ 손해방지의무의 주체는 보험계약자와 피보험자이다.

> **TIP** 보험계약자와 피보험자는 손해의 방지와 경감을 위하여 노력하여야 한다. 그러나 이를 위하여 필요 또는 유익하였던 비용과 보상액이 보험금액을 초과한 경우라도 보험자가 이를 부담한다〈상법 제680조(손해방지의무) 제1항〉.

21 상법상 보험목적에 관한 보험대위(잔존물대위)의 설명으로 옳은 것은?

① 보험목적의 전부가 멸실한 경우에 보험금액 전부를 지급한 보험자는 그 목적에 대한 피보험자의 권리를 취득한다.
② 보험자가 전체 보험금의 일부를 지급한 경우에도 그 지급에 비례하여 보험대위가 성립한다.
③ 잔존하는 보험목적에 관한 피보험자의 권리가 보험자에게 이전하는 시점은 보험자가 보험금을 청구받은 때이다.
④ 일부보험에서는 잔존물대위가 성립할 여지가 없다.

> **TIP** ① 「상법」 제681조(보험목적에 관한 보험대위)
> ② 「상법」 제681조는 '보험금액의 전부 지급'을 요건으로 하므로, 보험가액의 일부를 보험에 붙인 경우에는 보험자가 취득할 권리는 보험금액의 보험가액에 대한 비율에 따라 이를 정한다〈상법 제681조(보험목적에 관한 대위)〉.
> ③ 보험자가 보험금 청구를 받은 시점이 아니라, 보험금을 실제로 지급한 시점부터 피보험자의 권리가 보험자에게 이전된다.
> ④ 일부보험의 경우 보험자는 보험가액대비 보험가입금액 비율만큼의 권리를 취득하므로 잔존물대위가 성립할 수 있다. 다만, 권리의 범위는 공유하게 된다.

ANSWER
19.① 20.③ 21.①

22 상법상 손해보험에서 제3자에 대한 보험대위에 관한 설명으로 옳지 않은 것은?

① 손해가 제3자의 행위로 인하여 발생한 경우에 보험금을 지급한 보험자는 그 지급한 금액의 한도에서 그 제3자에 대한 보험계약자 또는 피보험자의 권리를 취득하는 것으로 추정한다.
② 보험자가 보상할 보험금의 일부를 지급한 경우에 보험자는 피보험자의 권리를 침해하지 아니하는 범위에서 그 권리를 행사할 수 있다.
③ 손해가 보험계약자와 생계를 같이 하는 가족의 고의로 인하여 발생한 경우 보험금을 지급한 보험자는 그 지급한 금액의 한도에서 그 권리를 취득한다.
④ 제3자에 대한 보험대위의 취지는 이득금지 원칙의 실현과 부당한 면책의 방지에 있다.

 TIP 제3자에 대한 보험대위〈상법 제682조〉
① 손해가 제3자의 행위로 인하여 발생한 경우에 보험금을 지급한 보험자는 그 지급한 금액의 한도에서 그 제3자에 대한 보험계약자 또는 피보험자의 권리를 취득한다. 다만, 보험자가 보상할 보험금의 일부를 지급한 경우에는 피보험자의 권리를 침해하지 아니하는 범위에서 그 권리를 행사할 수 있다.
② 보험계약자나 피보험자의 ①에 따른 권리가 그와 생계를 같이 하는 가족에 대한 것인 경우 보험자는 그 권리를 취득하지 못한다. 다만, 손해가 그 가족의 고의로 인하여 발생한 경우에는 그러하지 아니하다.

23 상법상 집합보험에 관한 설명으로 옳지 않은 것은?

① 집합보험은 경제적으로 보아 독립된 수개의 물건을 마치 하나의 물건(집합물)처럼 취급하여 보험목적으로 한 것이다.
② 집합된 물건을 일괄하여 보험의 목적으로 한 때에는 피보험자의 가족의 물건도 보험 목적에 포함되는 것으로 한다.
③ 집합된 물건을 일괄하여 보험의 목적으로 한 때에는 피보험자에게 고용된 사용자의 물건은 보험목적에 포함되지 않는다.
④ 집합된 물건을 일괄하여 보험의 목적으로 한 때에는 그 목적에 속한 물건이 보험기간 중에 수시로 교체된 경우에도 보험사고의 발생 시에 현존한 물건은 보험의 목적에 포함된 것으로 한다.

 TIP ①②③ 집합된 물건을 일괄하여 보험의 목적으로 한 때에는 피보험자에게 고용된 사용자의 물건도 보험목적에 포함된 것으로 한다〈상법 제686조(집합보험의 목적)〉.
④ 「상법」 제687조(동전)

 ANSWER
22.① 23.③

24 상법상 손해보험에 관한 설명으로 옳은 것은?

① 보험계약은 금전으로 산정할 수 없는 이익에 대해서도 보험계약의 목적으로 할 수 있다.
② 보험자는 보험사고로 인하여 부담할 책임에 대하여 다른 보험자와 재보험계약을 체결할 수 있다.
③ 화재보험에서 동산을 보험의 목적으로 한 때에는 보험증권에 그 위치한 장소를 기재하면 되고 그 상태나 용도까지 기재할 필요는 없다.
④ 보험자가 보상할 손해액의 산정에 관한 비용은 보험계약자의 부담으로 한다.

TIP ②「상법」제661조(재보험)
① 보험계약은 금전으로 산정할 수 있는 이익에 한하여 보험계약의 목적으로 할 수 있다〈상법 제668조(보험계약의 목적)〉.
③ 화재보험에서 동산을 보험의 목적으로 한 때에는 그 존치한 장소의 상태와 용도를 기재하여야 한다〈상법 제685조(화재보험증권) 제2호〉.
④ 보험자가 보상할 손해액의 산정에 관한 비용은 보험자 부담으로 한다〈상법 제676조(손해액의 산정기준) 제2항〉.

25 상법상 화재보험증권에 기재해야 할 사항으로 옳은 것을 모두 고른 것은?

> ㉠ 보험계약자의 주소와 성명 및 주민등록번호
> ㉡ 보험기간을 정한 때에는 그 시기와 종기
> ㉢ 건물을 보험의 목적으로 한 때에는 그 소재지, 구조와 용도
> ㉣ 보험가액을 정한 때에는 그 가액
> ㉤ 보험금액과 그 지급방법 및 시기

① ㉠㉡㉤　　　　　　　　　　　　　② ㉠㉢㉤
③ ㉡㉢㉣　　　　　　　　　　　　　④ ㉠㉡㉢㉣㉤

TIP 화재보험증권〈상법 제685조〉… 화재보험증권에는 상법 제666조(손해보험증권)에 게기한 사항 외에 다음의 사항을 기재하여야 한다.
1. 건물을 보험의 목적으로 한 때에는 그 소재지, 구조와 용도
2. 동산을 보험의 목적으로 한 때에는 그 존치한 장소의 상태와 용도
3. 보험가액을 정한 때에는 그 가액

※ 손해보험증권〈상법 제666조〉… 손해보험증권에는 다음의 사항을 기재하고 보험자가 기명날인 또는 서명하여야 한다.
1. 보험의 목적
2. 보험사고의 성질
3. 보험금액
4. 보험료와 그 지급방법
5. 보험기간을 정한 때에는 그 시기와 종기
6. 무효와 실권의 사유
7. 보험계약자의 주소와 성명 또는 상호
7의2. 피보험자의 주소, 성명 또는 상호
8. 보험계약의 연월일
9. 보험증권의 작성지와 그 작성 연월일

ANSWER
24.② 25.③

제2과목 농어업재해보험법령

26 농어업재해보험법령상 재해보험 발전 기본계획 및 시행계획의 수립·시행에 관한 설명으로 옳은 것은?

① 농림축산식품부장관과 해양수산부장관은 기본계획을 3년마다 수립·시행하여야 한다.
② 재해보험의 대상 품목에 관한 사항은 기본계획에 포함되지 않는다.
③ 농림축산식품부장관과 해양수산부장관은 기본계획에 따라 2년마다 시행계획을 수립·시행하여야 한다.
④ 농림축산식품부장관은 시행계획의 수립·시행을 위하여 필요한 경우에는 지방자치단체의 장에게 관련 정보의 제공을 요청할 수 있다.

> **TIP** 기본계획 및 시행계획의 수립·시행〈농어업재해보험법 제2조의2〉
> ① 농림축산식품부장관과 해양수산부장관은 농어업재해보험(이하 "재해보험"이라 한다)의 활성화를 위하여 농업재해보험심의회 또는 「수산업·어촌 발전 기본법」에 따른 중앙 수산업·어촌정책심의회의 심의를 거쳐 재해보험 발전 기본계획(이하 "기본계획"이라 한다)을 5년마다 수립·시행하여야 한다.
> ② 기본계획에는 다음 각 호의 사항이 포함되어야 한다.
>   1. 재해보험사업의 발전 방향 및 목표
>   2. 재해보험의 종류별 가입률 제고 방안에 관한 사항
>   3. 재해보험의 대상 품목 및 대상 지역에 관한 사항
>   4. 재해보험사업에 대한 지원 및 평가에 관한 사항
>   5. 그 밖에 재해보험 활성화를 위하여 농림축산식품부장관 또는 해양수산부장관이 필요하다고 인정하는 사항
> ③ 농림축산식품부장관과 해양수산부장관은 기본계획에 따라 매년 재해보험 발전 시행계획(이하 "시행계획"이라 한다)을 수립·시행하여야 한다.
> ④ 농림축산식품부장관과 해양수산부장관은 기본계획 및 시행계획을 수립하고자 할 경우 제26조에 따른 통계자료를 반영하여야 한다.
> ⑤ 농림축산식품부장관 또는 해양수산부장관은 기본계획 및 시행계획의 수립·시행을 위하여 필요한 경우에는 관계 중앙행정기관의 장, 지방자치단체의 장, 관련 기관·단체의 장에게 관련 자료 및 정보의 제공을 요청할 수 있다. 이 경우 자료 및 정보의 제공을 요청받은 자는 특별한 사유가 없으면 그 요청에 따라야 한다.
> ⑥ 그 밖에 기본계획 및 시행계획의 수립·시행에 필요한 사항은 대통령령으로 정한다.

ANSWER
26.④

27 농어업재해보험법령상 농업재해보험심의회(이하 "심의회"라 한다) 및 분과위원회에 관한 설명으로 옳은 것은?

① 심의회의 위원장은 농림축산식품부장관으로 하고, 부위원장은 위원 중에서 호선(互選)한다.
② 심의회의 회의는 재적위원 3분의 1의 출석으로 개의(開議)하고, 출석위원 과반수의 찬성으로 의결한다.
③ 심의회는 그 심의 사항을 검토·조정하고, 심의회의 심의를 보조하게 하기 위하여 심의회에 분과위원회를 둔다.
④ 분과위원회는 분과위원장 1명을 포함한 5명 이내의 분과위원으로 성별을 고려하여 구성한다.

TIP ③ 「농어업재해보험법」 제3조(농업재해보험심의회) 제6항
① 심의회의 위원장은 농림축산식품부차관으로 하고, 부위원장은 위원 중에서 호선(互選)한다〈농어업재해보험법 제3조(농업재해보험심의회) 제3항〉.
② 심의회의 회의는 재적위원 과반수의 출석으로 개의(開議)하고, 출석위원 과반수의 찬성으로 의결한다〈농어업재해보험법 시행령 제3조(회의) 제3항〉.
④ 분과위원회는 분과위원장 1명을 포함한 9명 이내의 분과위원으로 성별을 고려하여 구성한다〈농어업재해보험법 시행령 제4조(분과위원회) 제3항〉.

ANSWER
27.③

28 농어업재해보험법령상 농작물재해보험 손해평가인의 자격요건에 관한 규정의 일부이다. (   )에 들어갈 숫자는?

> - 교원으로 고등학교에서 농작물재배 분야 관련 과목을 (㉠)년 이상 교육한 경력이 있는 사람
> - 조교수 이상으로 「고등교육법」 제2조에 따른 학교에서 농작물재배 관련학을 (㉡)년 이상 교육한 경력이 있는 사람

	㉠	㉡
①	3	2
②	3	3
③	5	3
④	5	5

TIP 손해평가인의 자격요건(농작물재해보험)〈농어업재해보험법 시행령 [별표 2] 제12조 제1항 관련〉
1. 재해보험 대상 농작물을 5년 이상 경작한 경력이 있는 농업인
2. 공무원으로 농림축산식품부, 농촌진흥청, 통계청 또는 지방자치단체나 그 소속기관에서 농작물재배 분야에 관한 연구·지도, 농산물 품질관리 또는 농업 통계조사 업무를 3년 이상 담당한 경력이 있는 사람
3. 교원으로 고등학교에서 농작물재배 분야 관련 과목을 5년 이상 교육한 경력이 있는 사람
4. 조교수 이상으로 「고등교육법」에 따른 학교에서 농작물재배 관련학을 3년 이상 교육한 경력이 있는 사람
5. 「보험업법」에 따른 보험회사의 임직원이나 「농업협동조합법」에 따른 중앙회와 조합의 임직원으로 영농 지원 또는 보험·공제 관련 업무를 3년 이상 담당하였거나 손해평가 업무를 2년 이상 담당한 경력이 있는 사람
6. 「고등교육법」에 따른 학교에서 농작물재배 관련학을 전공하고 농업전문 연구기관 또는 연구소에서 5년 이상 근무한 학사 학위 이상 소지자
7. 「고등교육법」에 따른 전문대학에서 보험 관련 학과를 졸업했거나 졸업 예정인 사람
8. 「학점인정 등에 관한 법률」에 따라 전문대학의 보험 관련 학과 졸업자(졸업예정자를 포함한다)와 같은 수준 이상의 학력이 있다고 인정받은 사람이나 「고등교육법」에 따른 학교에서 80학점(보험 관련 과목 학점이 45학점 이상이어야 한다) 이상을 이수한 사람 등 제7호에 해당하는 사람과 같은 수준 이상의 학력이 있다고 인정되는 사람
9. 「농수산물 품질관리법」에 따른 농산물품질관리사
10. 재해보험 대상 농작물 분야에서 「국가기술자격법」에 따른 기사 이상의 자격을 소지한 사람

ANSWER
28.③

29 농어업재해보험법령상 보험금의 수급 및 보험목적물의 양도에 관한 설명으로 옳지 않은 것은?

① 재해보험사업자는 정보통신장애로 보험금을 보험금수급계좌로 이체할 수 없을 때에는 현금으로 보험금을 지급할 수 있다.
② 농작물의 재생산에 직접적으로 소요되는 비용의 보장을 목적으로 보험금수급전용계좌로 입금된 보험금의 경우 입금된 보험금 전액에 관한 채권을 압류할 수 있다.
③ 보험금수급전용계좌의 해당 금융기관은 「농어업재해보험법」에 따른 보험금만이 보험금수급전용계좌에 입금되도록 관리하여야 한다.
④ 재해보험가입자가 재해보험에 가입된 보험목적물을 양도하는 경우 그 양수인은 재해 보험계약에 관한 양도인의 권리 및 의무를 승계한 것으로 추정한다.

> **TIP** ② 제11조의7제1항에 따라 지정된 보험금수급전용계좌의 예금 중 대통령령으로 정하는 액수 이하의 금액에 관한 채권은 압류할 수 없다〈농어업재해보험법 제12조(수급권의 보호) 제2항〉.
> ① 「농어업재해보험법」 제11조의7(보험금수급전용계좌) 제1항
> ③ 「농어업재해보험법」 제11조의7(보험금수급전용계좌) 제2항
> ④ 「농어업재해보험법」 제13조(보험목적물의 양도에 따른 권리 및 의무의 승계)

30 농어업재해보험법령상 농림축산식품부장관이 재해보험사업을 하려는 자와 재해보험사업의 약정을 체결할 때에 약정서에 포함되어야 하는 사항이 아닌 것은?

① 국가에 대한 재정지원
② 약정기간
③ 약정의 변경 · 해지 등
④ 재해보험사업의 약정을 체결한 자가 준수하여야 할 사항

> **TIP** 재해보험사업의 약정체결〈농어업재해보험법 시행령 제10조 제2항〉… 농림축산식품부장관 또는 해양수산부장관은 법 제8조 제2항에 따라 재해보험사업을 하려는 자와 재해보험사업의 약정을 체결할 때에는 다음 각 호의 사항이 포함된 약정서를 작성하여야 한다.
> 1. 약정기간에 관한 사항
> 2. 재해보험사업의 약정을 체결한 자(이하 "재해보험사업자"라 한다)가 준수하여야 할 사항
> 3. 재해보험사업자에 대한 재정지원에 관한 사항
> 4. 약정의 변경 · 해지 등에 관한 사항
> 5. 그 밖에 재해보험사업의 운영에 관한 사항

ANSWER
29.② 30.①

31 농어업재해보험법령상 손해평가사의 시험에 관한 설명으로 옳은 것은?

① 손해평가인으로 위촉된 기간이 2년이 된 사람은 손해평가사 제1차 시험의 일부과목을 면제한다.
② 농림축산식품부장관은 거짓으로 손해평가를 한 사람에 대하여 손해평가사 자격을 취소하여야 한다.
③ 농림축산식품부장관은 손해평가사의 자격을 부정한 방법으로 취득한 사람에 대하여 손해평가사 자격을 취소하여야 한다.
④ 손해평가사 자격이 취소된 사람은 그 취소 처분이 있은 날부터 3년이 지나지 아니한 경우 손해평가사 자격시험에 응시하지 못한다.

> TIP ③ 「농어업재해보험법」 제11조의5(손해평가사의 자격 취소) 제1항 제1호
> ① 농어업재해보험법 제11조제1항에 따른 손해평가인으로 위촉된 기간이 3년 이상인 사람으로서 손해평가 업무를 수행한 경력이 있는 사람에게는 손해평가사 자격시험 과목의 일부를 면제할 수 있다〈농어업재해보험법 시행령 제12조의5(손해평가사 자격시험의 일부 면제) 제1항 제1호〉.
> ② 농림축산식품부장관은 거짓으로 손해평가를 한 사람에 대하여 손해평가사 자격을 취소할 수 있다〈농어업재해보험법 제11조의5(손해평가사의 자격 취소) 제1항 제2호〉.
> ④ 손해평가사 자격이 취소된 사람은 그 취소 처분이 있은 날부터 2년이 지나지 아니한 경우 손해평가사 자격시험에 응시하지 못한다〈농어업재해보험법 제11조의4(손해평가사의 시험 등) 제4항 제2호〉.

32 농어업재해보험법령상 용어의 정의로 옳지 않은 것은?

① "어업재해"란 양식수산물 및 어업용 시설물에 발생하는 자연재해·병충해·조수해(鳥獸害)를 말한다.
② "농어업재해보험"이란 농어업재해로 발생하는 재산 피해에 따른 손해를 보상하기 위한 보험을 말한다.
③ "보험가입금액"이란 보험가입자의 재산 피해에 따른 손해가 발생한 경우 보험에서 최대로 보상할 수 있는 한도액으로서 보험가입자와 보험사업자 간에 약정한 금액을 말한다.
④ "보험료"란 보험가입자와 보험사업자 간의 약정에 따라 보험가입자가 보험사업자에게 내야 하는 금액을 말한다.

> TIP 정의〈농어업재해보험법 제2조〉… 이 법에서 사용하는 용어의 뜻은 다음과 같다.
> 1. "농어업재해"란 농작물·임산물·가축 및 농업용 시설물에 발생하는 자연재해·병충해·조수해(鳥獸害)·질병 또는 화재(이하 "농업재해"라 한다)와 양식수산물 및 어업용 시설물에 발생하는 자연재해·질병 또는 화재(이하 "어업재해"라 한다)를 말한다.
> 2. "농어업재해보험"이란 농어업재해로 발생하는 재산 피해에 따른 손해를 보상하기 위한 보험을 말한다.
> 3. "보험가입금액"이란 보험가입자의 재산 피해에 따른 손해가 발생한 경우 보험에서 최대로 보상할 수 있는 한도액으로서 보험가입자와 보험사업자 간에 약정한 금액을 말한다.
> 4. "보험료"란 보험가입자와 보험사업자 간의 약정에 따라 보험가입자가 보험사업자에게 내야 하는 금액을 말한다.
> 5. "보험금"이란 보험가입자에게 재해로 인한 재산 피해에 따른 손해가 발생한 경우 보험가입자와 보험사업자 간의 약정에 따라 보험사업자가 보험가입자에게 지급하는 금액을 말한다.
> 6. "시범사업"이란 농어업재해보험사업(이하 "재해보험사업"이라 한다)을 전국적으로 실시하기 전에 보험의 효용성 및 보험 실시 가능성 등을 검증하기 위하여 일정 기간 제한된 지역에서 실시하는 보험사업을 말한다.

ANSWER
31.③ 32.①

33 농어업재해보험법령상 재정지원에 관한 설명으로 옳지 않은 것은?

① 정부는 예산의 범위에서 재해보험사업자의 재해보험의 운영 및 관리에 필요한 비용의 전부 또는 일부를 지원할 수 있다.
② 지방자치단체는 재해보험가입자가 부담하는 보험료를 지원할 수 없다.
③ 정부는 예산의 범위에서 재해보험가입자가 부담하는 보험료의 일부를 지원할 수 있다.
④ 「풍수해 · 지진재해보험법」에 따른 풍수해 · 지진재해보험에 가입한 자가 동일한 보험목적물을 대상으로 재해보험에 가입할 경우에는 정부가 재정지원을 하지 아니한다.

> **TIP** 재정지원〈농어업재해보험법 제19조〉
> ① 정부는 예산의 범위에서 재해보험가입자가 부담하는 보험료의 일부와 재해보험사업자의 재해보험의 운영 및 관리에 필요한 비용(이하 "운영비"라 한다)의 전부 또는 일부를 지원할 수 있다. 이 경우 지방자치단체는 예산의 범위에서 재해보험가입자가 부담하는 보험료의 일부를 추가로 지원할 수 있다.
> ② 농림축산식품부장관 · 해양수산부장관 및 지방자치단체의 장은 ①에 따른 지원 금액을 재해보험사업자에게 지급하여야 한다.
> ③ 「풍수해 · 지진재해보험법」에 따른 풍수해 · 지진재해보험에 가입한 자가 동일한 보험목적물을 대상으로 재해보험에 가입할 경우에는 ①에도 불구하고 정부가 재정지원을 하지 아니한다.
> ④ ①에 따른 보험료와 운영비의 지원 방법 및 지원 절차 등에 필요한 사항은 대통령령으로 정한다.

34 농어업재해보험법령상 농림축산식품부장관 또는 해양수산부장관이 농업정책보험 금융원에 위탁할 수 있는 업무가 아닌 것은?

① 손해평가인력의 육성
② 재해보험사업의 관리 · 감독
③ 손해평가사 자격시험의 실시 및 관리
④ 재해 관련 통계 생산 및 데이터베이스 구축 · 분석

> **TIP** 농어업재해보험사업의 관리〈농어업재해보험법 제25조의2〉
> ① 농림축산식품부장관 또는 해양수산부장관은 재해보험사업을 효율적으로 추진하기 위하여 다음 각 호의 업무를 수행한다.
>   1. 재해보험사업의 관리 · 감독
>   2. 재해보험 상품의 연구 및 보급
>   3. 재해 관련 통계 생산 및 데이터베이스 구축 · 분석
>   4. 손해평가인력의 육성
>   5. 손해평가기법의 연구 · 개발 및 보급
> ② 농림축산식품부장관 또는 해양수산부장관은 다음 각 호의 업무를 농업정책보험금융원에 위탁할 수 있다.
>   1. ①의 제1호부터 제5호까지의 업무
>   2. 재해보험사업의 약정 체결 관련 업무
>   3. 손해평가사 제도 운용 관련 업무
>   4. 그 밖에 재해보험사업과 관련하여 농림축산식품부장관 또는 해양수산부장관이 위탁하는 업무
> ③ 농림축산식품부장관은 손해평가사 자격시험의 실시 및 관리에 관한 업무를 「한국산업인력공단법」에 따른 한국산업인력공단에 위탁할 수 있다.

ANSWER
33.② 34.③

35 농어업재해보험법령상 벌칙에 관한 규정이다. ( )에 들어갈 내용은?

> 재해보험사업자가 「농어업재해보험법」 제10조 제2항에서 준용하는 「보험업법」 제95조를 위반하여 보험안내를 한 경우에는 (㉠) 이하의 (㉡)을(를) 부과한다.

	㉠	㉡
①	500만 원	과태료
②	1,000만 원	과태료
③	1,000만 원	벌금
④	2,000만 원	벌금

TIP 재해보험사업자가 제10조(보험모집) 제2항에서 준용하는 「보험업법」 제95조(보험안내자료)를 위반하여 보험안내를 한 경우에는 1천만 원 이하의 과태료를 부과한다〈농어업재해보험법 제32조(과태료) 제1항〉.

36 농어업재해보험법령상 농어업재해재보험기금(이하 "기금"이라 한다)에 관한 설명으로 옳지 않은 것은?

① 기금은 농림축산식품부장관이 해양수산부장관과 협의하여 관리·운용한다.
② 기금의 관리·운용에 필요한 경비(위탁경비 포함)의 지출은 기금의 용도에 해당한다.
③ 농림축산식품부장관은 농업정책보험금융원과 협의를 거쳐 기금의 관리·운용에 관한 사무의 일부를 해양수산부장관에 위탁할 수 있다.
④ 농림축산식품부장관은 해양수산부장관과 협의하여 기금의 수입과 지출에 관한 사무를 수행하게 하기 위하여 소속 공무원 중에서 기금수입징수관을 임명한다.

TIP ③ 농림축산식품부장관은 해양수산부장관과 협의를 거쳐 기금의 관리·운용에 관한 사무의 일부를 농업정책보험금융원에 위탁할 수 있다〈농어업재해보험법 제24조(기금의 관리·운용) 제2항〉.
① 「농어업재해보험법」 제24조(기금의 관리·운용) 제1항
② 「농어업재해보험법」 제23조(기금의 용도) 제3호
④ 「농어업재해보험법」 제25조(기금의 회계기관) 제1항

ANSWER 35.③ 36.③

37 농어업재해보험법령상 농어업재해재보험기금을 조성하는 재원이 아닌 것은?

① 재보험금의 회수 자금
② 정부 외의 자로부터 받은 출연금
③ 농어업재해재보험기금의 운용수익금
④ 재해보험가입자가 재해보험사업자에게 내야 할 보험료의 회수 자금

> **TIP** 기금의 조성〈농어업재해보험법 제22조〉
> ① 기금은 다음 각 호의 재원으로 조성한다.
>   1. 제20조(재보험사업) 제2항 제1호에 따라 받은 재보험료
>   2. 정부, 정부 외의 자 및 다른 기금으로부터 받은 출연금
>   3. 재보험금의 회수 자금
>   4. 기금의 운용수익금과 그 밖의 수입금
>   5. ②에 따른 차입금
>   6. 「농어촌구조개선 특별회계법」 제5조(농어촌특별세사업계정의 세입 및 세출) 제2항 제7호에 따라 농어촌구조개선 특별회계의 농어촌특별세사업계정으로부터 받은 전입금
> ② 농림축산식품부장관은 기금의 운용에 필요하다고 인정되는 경우에는 해양수산부장관과 협의하여 기금의 부담으로 금융기관, 다른 기금 또는 다른 회계로부터 자금을 차입할 수 있다.

38 농업재해보험 손해평가요령상 손해평가 업무 및 손해평가인 위촉에 관한 설명으로 옳지 않은 것은?

① 재해보험사업자는 손해평가보조인을 운용할 수 없다.
② 피해사실 확인은 손해평가 업무에 포함된다.
③ 손해평가인은 손해평가 임무를 수행하기 전에 보험가입자(피보험자 포함)에게 손해평가 인증 등 신분을 확인할 수 있는 서류를 제시하여야 한다.
④ 재해보험사업자는 피해 발생 시 원활한 손해평가가 이루어지도록 농업재해보험이 실시되는 시·군·자치구별 보험가입자(피보험자 포함)의 수 등을 고려하여 적정 규모의 손해평가인을 위촉할 수 있다.

> **TIP** ① 재해보험사업자는 보험목적물에 관한 지식과 경험을 갖춘 사람 또는 그 밖의 관계 전문가를 손해평가인으로 위촉하여 손해평가를 담당하게 하거나 제11조의2(손해평가사)에 따른 손해평가사 또는 「보험업법」 제186조(손해사정사)에 따른 손해사정사에게 손해평가를 담당하게 할 수 있다〈농어업재해보험법 제11조(손해평가 등) 제1항〉.
> ② 「농어업재해보험법」 제11조의3(손해평가사의 업무) 제1호
> ③ 「농업재해보험 손해평가요령」 제3조(손해평가 업무) 제2항
> ④ 「농업재해보험 손해평가요령」 제4조(손해평가인 위촉) 제2항

ANSWER
37.④ 38.①

39 농업재해보험 손해평가요령상 농업재해보험에 해당하는 것을 모두 고른 것은?

> ㉠ 가축재해보험
> ㉡ 임산물재해보험
> ㉢ 농업인안전보험
> ㉣ 양식수산물재해보험

① ㉠㉡
② ㉡㉢
③ ㉠㉢㉣
④ ㉠㉡㉢㉣

TIP 재해보험의 종류는 농작물재해보험, 임산물재해보험, 가축재해보험 및 양식수산물재해보험으로 한다. 이 중 농작물재해보험, 임산물재해보험 및 가축재해보험과 관련된 사항은 농림축산식품부장관이, 양식수산물재해보험과 관련된 사항은 해양수산부장관이 각각 관장한다〈농어업재해보험법 제4조(재해보험의 종류 등)〉.

40 농업재해보험 손해평가요령상 손해평가인 정기교육의 세부내용에 해당하지 않는 것은?

① 농업재해보험상품의 개선·개발계획
② 농업재해보험 상품 주요내용 및 약관 일반 사항
③ 보험목적물별 손해평가 기준 및 피해유형별 보상사례
④ 농어업재해보험법 제정 배경·구성 및 조문별 주요내용

TIP 손해평가인 정기교육〈농업재해보험 손해평가요령 제5조의2〉
① 법 제11조(손해평가 등) 제5항에 따른 손해평가인 정기교육의 세부내용은 다음 각 호와 같다.
　　1. 농업재해보험에 관한 기초지식 : 농어업재해보험법 제정 배경·구성 및 조문별 주요내용, 농업재해보험 사업현황
　　2. 농업재해보험의 종류별 약관 : 농업재해보험 상품 주요내용 및 약관 일반 사항
　　3. 손해평가의 절차 및 방법 : 농업재해보험 손해평가 개요, 보험목적물별 손해평가 기준 및 피해유형별 보상사례
　　4. 피해유형별 현지조사표 작성 실습
② 재해보험사업자는 정기교육 대상자에게 소정의 교육비를 지급할 수 있다.

ANSWER
39.① 40.①

41 농업재해보험 손해평가요령상 재해보험사업자의 손해평가반 구성에 관한 설명으로 옳은 것은?

① 손해평가반은 10인 이내로 한다.
② 손해평가반별로 평가일정계획을 수립해야 하는 것은 아니다.
③ 자기와 생계를 같이 하지 않는 친족이 가입한 보험계약에 관한 손해평가에 대하여는 해당자를 손해평가반 구성에서 배제하여야 한다.
④ 직전 손해평가일로부터 30일 이내의 보험가입자간 상호 손해평가에 대하여는 해당자를 손해평가반 구성에서 배제하여야 한다.

> **TIP** 손해평가반 구성 등〈농업재해보험 손해평가 요령 제8조〉
> ① 재해보험사업자는 손해평가를 하는 경우에는 손해평가반을 구성하고 손해평가반별로 평가일정계획을 수립하여야 한다.
> ② ①에 따른 손해평가반은 다음 각 호의 어느 하나에 해당하는 자로 구성하며, 5인 이내로 한다.
>   1. 손해평가인
>   2. 손해평가사
>   3. 손해사정사
> ③ ②의 규정에도 불구하고 다음 각 호의 어느 하나에 해당하는 손해평가에 대하여는 해당자를 손해평가반 구성에서 배제하여야 한다.
>   1. 자기 또는 자기와 생계를 같이 하는 친족(이하 "이해관계자"라 한다)이 가입한 보험계약에 관한 손해평가
>   2. 자기 또는 이해관계자가 모집한 보험계약에 관한 손해평가
>   3. 직전 손해평가일로부터 30일 이내의 보험가입자간 상호 손해평가
>   4. 자기가 실시한 손해평가에 대한 검증조사 및 재조사

42 농업재해보험 손해평가요령상 손해평가결과 검증에 관한 설명으로 옳은 것은?

① 농림축산식품부장관은 손해평가결과를 확인하기 위하여 손해평가를 실시한 보험목적물 전부에 대하여 검증조사를 할 수 있다.
② 농림축산식품부장관은 재해보험사업자로 하여금 손해평가결과 검증조사를 하게 할 수 있다.
③ 손해평가결과 검증조사 이후 재조사를 위한 절차를 두지 않고 있다.
④ 농림축산식품부장관이 검증조사를 실시한 경우 그 결과를 손해평가인에게 통보해야 한다.

> **TIP** 손해평가결과 검증〈농업재해보험 손해평가요령 제11조〉
> ① 재해보험사업자 및 농어업재해보험사업의 관리를 위탁받은 기관(이하 "사업 관리 위탁 기관"이라 한다)은 손해평가반이 실시한 손해평가결과를 확인하기 위하여 손해평가를 실시한 보험목적물 중에서 일정수를 임의 추출하여 검증조사를 할 수 있다.
> ② 농림축산식품부장관은 재해보험사업자로 하여금 ①의 검증조사를 하게 할 수 있으며, 재해보험사업자는 특별한 사유가 없는 한 이에 응하여야 하고, 그 결과를 농림축산식품부장관에게 제출하여야 한다.
> ③ ① 및 ②에 따른 검증조사결과 현저한 차이가 발생되어 재조사가 불가피하다고 판단될 경우에는 해당 손해평가반이 조사한 전체 보험목적물에 대하여 재조사를 할 수 있다.
> ④ 보험가입자가 정당한 사유 없이 검증조사를 거부하는 경우 검증조사반은 검증조사가 불가능하여 손해평가 결과를 확인할 수 없다는 사실을 보험가입자에게 통지한 후 검증조사결과를 작성하여 재해보험사업자에게 제출하여야 한다.
> ⑤ 사업 관리 위탁 기관이 검증조사를 실시한 경우 그 결과를 재해보험사업자에게 통보하고 필요에 따라 결과에 대한 조치를 요구할 수 있으며, 재해보험사업자는 특별한 사유가 없는 한 그에 따른 조치를 실시해야 한다.

ANSWER
41.④ 42.②

43 농업재해보험 손해평가요령상 교차손해평가에 관한 설명이다. ( )에 들어갈 내용으로 옳은 것은?

> 재해보험사업자가 교차손해평가를 위해 손해평가반을 구성할 경우에는 교차 손해평가 대상 시·군·자치구 내에서 손해평가 경력, 타지역 조사 가능여부 등을 고려하여 교차손해평가를 담당하기 위해 선발된 (㉠) (㉡)인 이상이 포함되어야 한다. 다만, 거대재해 발생, 평가인력 부족 등으로 신속한 손해평 가가 불가피하다고 판단되는 경우 그러하지 아니할 수 있다.

	㉠	㉡
①	손해평가사	1
②	손해평가사	2
③	지역손해평가인	1
④	지역손해평가인	2

TIP 교차손해평가를 위해 손해평가반을 구성할 경우에는 제2항에 따라 선발된 <u>지역손해평가인 1</u>인 이상이 포함되어야 한다〈농업재해보험 손해평가요령 제8조의2(교차손해평가) 제3항〉.

44 농업재해보험 손해평가요령상 보험목적물별 손해평가단위에 관한 설명으로 옳지 않은 것은?

① 농작물은 농지별로 한다.
② 벌은 벌통 단위로 한다.
③ 농업시설물은 보험가입목적물별로 한다.
④ 농지는 하나의 보험가입금액에 해당하는 토지로서, 개별 필지(지번)가 하나의 농지가 된다.

TIP 손해평가 단위〈농업재해보험 손해평가요령 제12조〉
① 보험목적물별 손해평가 단위는 다음 각 호와 같다.
   1. 농작물 : 농지별
   2. 가축 : 개별가축별(단, 벌은 벌통 단위)
   3. 농업시설물 : 보험가입 목적물별
② ①의 제1호에서 정한 농지라 함은 하나의 보험가입금액에 해당하는 토지로 필지(지번) 등과 관계없이 농작물을 재배하는 하나의 경작지를 말하며, 방풍림, 돌담, 도로(농로 제외) 등에 의해 구획된 것 또는 동일한 울타리, 시설 등에 의해 구획된 것을 하나의 농지로 한다. 다만, 경사지에서 보이는 돌담 등으로 구획되어 있는 면적이 극히 작은 것은 동일 작업 단위 등으로 정리하여 하나의 농지에 포함할 수 있다.

ANSWER
43.③ 44.④

45 농업재해보험 손해평가요령상 종합위험방식 이앙·직파불능 보장에서 "벼"이고 보험가입금액이 100만 원인 경우, 산정한 보험금은? (단, 다른 사정은 고려하지 않음)

① 10만 원
② 15만 원
③ 20만 원
④ 25만 원

> **TIP** 종합위험방식 이앙·직파불능 산정내용 : 보험가입금액 × 15%
> 100만 원 × 0.15 = 15만 원

46 농업재해보험 손해평가요령상 종합위험방식 나무손해 보장의 경우, 다음의 조건으로 산정한 보험금은? (단, 다른 사정은 고려하지 않음)

- 보험가입금액 : 100만 원
- 자기부담비율 : 20%
- 피해주수(고사된 나무) : 50그루
- 실제결과주수 : 100그루

① 10만 원
② 15만 원
③ 20만 원
④ 30만 원

> **TIP** 100만 원 × {(50 ÷ 100) − 0.2} = 30만 원
> ※ 농작물의 보험금 산정(종합위험방식)〈농업재해보험 손해평가요령 [별표 1]〉

구분	보장 범위	산정 내용	비고
종합위험방식	나무손해	보험가입금액 × (피해율 − 자기부담비율) ※ 피해율 = 피해주수(고사된 나무) ÷ 실제결과주수	

ANSWER
45.② 46.④

47 농업재해보험 손해평가요령 "[별표 1] 농작물의 보험금 산정"의 일부이다. ( )에 들어갈 내용으로 옳은 것은?

구분	보장범위	산정내용	비고
종합위험방식	과실손해추가보장	보험가입금액 × ( ) × 10% 단, 손해액이 자기부담금을 초과하는 경우에 한함 ※ 피해율 = {(등급 내 피해과실수 | 등급의 피해과실수 × 50%) + 기준과실수) × (1-미보상비율)	감귤 (온주밀감류)

① 결과지피해율
② 자기부담비율
③ 면적피해율
④ 주계약피해율

> **TIP** 농작물의 보험금 산정(종합위험방식)〈농업재해보험 손해평가요령 [별표 1]〉
>
> | 구분 | 보장 범위 | 산정 내용 | 비고 |
> |---|---|---|---|
> | 종합위험방식 | 과실손해추가보장 | 보험가입금액 × 주계약피해율 × 10%
단, 손해액이 자기부담금을 초과하는 경우에 한함
※ 피해율 = {(등급 내 피해과실수 + 등급외 피해과실수 × 50%) ÷ 기준과실수} × (1-미보상비율) | 감귤
(온주밀감류) |

ANSWER
47.④

48 농업재해보험 손해평가요령 "[별표 2] 농작물의 품목별·재해별·시기별 손해수량 조사방법"의 일부이다. (   )에 들어갈 내용으로 옳은 것은?

생육시기	재해	조사내용	조사시기	조사방법	비고
적과후	–	적과 후 착과수 조사	( )	보험가입금액의 결정 등을 위하여 해당 농지의 적과종료 후 총착과 수를 조사 ※ 조사방법 : 표본조사	피해와 관계없이 전 과수원 조사

① 적과 종료 후
② 수확 직전
③ 사고접수 후 지체 없이
④ 피해 확인이 가능한 시기

TIP 농작물의 품목별·재해별·시기별 손해수량 조사방법(수확감소보장·과실손해보장 및 농업수입보장)〈농업재해보험 손해평가요령 [별표 2]〉

생육시기	재해	조사내용	조사시기	조사방법	비고
적과후	–	적과 후 착과수 조사	적과 종료 후	보험가입금액의 결정 등을 위하여 해당 농지의 적과종료 후 총착과 수를 조사 ※ 조사방법 : 표본조사	피해와 관계없이 전 과수원 조사

49 농업재해보험 손해평가요령의 재검토 기한에 관한 규정이다. (   )에 공통으로 들어갈 숫자는?

> 농림축산식품부장관은 이 고시에 대하여 2024년 1월 1일 기준으로 매 (   )년이 되는 시점(매 (   )년째의 12월 31일까지를 말한다.)마다 그 타당성을 검토하여 개선 등의 조치를 하여야 한다.

① 2
② 3
③ 4
④ 5

TIP 농림축산식품부장관은 이 고시에 대하여 2024년 1월 1일 기준으로 매 3년이 되는 시점(매 3년째의 12월 31일까지를 말한다.)마다 그 타당성을 검토하여 개선 등의 조치를 하여야 한다〈농업재해보험 손해평가요령 제17조(재검토기한)〉.

ANSWER
48.① 49.②

50 농업재해보험 손해평가요령상 가축의 보험가액 및 손해액 산정에 관한 설명으로 옳은 것을 모두 고른 것은?

> ㉠ 가축에 대한 보험가액은 보험사고가 발생한 때와 곳에서 평가한 보험목적물의 수량에 적용가격을 곱하여 산정한다.
> ㉡ 가축에 대한 손해액은 보험사고가 발생한 때와 곳에서 폐사 등 피해를 입은 보험목적물의 수량에 적용가격을 곱하여 산정한다.
> ㉢ 보험가입 당시 보험가액 및 손해액 산정방식에 대해서는 보험가입자와 재해 보험사업자가 별도로 정할 수 없다.

① ㉠
② ㉠㉡
③ ㉡㉢
④ ㉠㉡㉢

> **TIP** 가축의 보험가액 및 손해액 산정〈농업재해보험 손해평가요령 제14조〉
> ① 가축에 대한 보험가액은 보험사고가 발생한 때와 곳에서 평가한 보험목적물의 수량에 적용가격을 곱하여 산정한다.
> ② 가축에 대한 손해액은 보험사고가 발생한 때와 곳에서 폐사 등 피해를 입은 보험목적물의 수량에 적용가격을 곱하여 산정한다.
> ③ ① 및 ②의 적용가격은 보험사고가 발생한 때와 곳에서의 시장가격 등을 감안하여 보험약관에서 정한 방법에 따라 산정한다. 다만, 보험가입당시 보험가입자와 재해보험사업자가 보험가액 및 손해액 산정 방식을 별도로 정한 경우에는 그 방법에 따른다.

50.②

제4과목 농학개론 중 재배학 및 원예작물학

51 식물분류학에서 과명(family name)과 과수작물이 올바르게 연결되지 않은 것은?

① 녹나무과 – 아보카도　　② 장미과 – 서양배
③ 참나무과 – 밤　　　　　④ 진달래과 – 망고

> **TIP** 진달래과에는 진달래, 철쭉 등이 속하며 망고는 옻나무과에 속한다.

52 상토로 사용되는 유기질 재료를 모두 고른 것은?

```
㉠ 수태
㉡ 펄라이트
㉢ 피트모스
㉣ 버미큘라이트
```

① ㉠㉢　　　　　　　　　　② ㉠㉣
③ ㉡㉢　　　　　　　　　　④ ㉡㉣

> **TIP** ㉠ 수태 : 습지에서 자라는 이끼류 유기물로 보수성과 통기성이 뛰어나 상토용으로 사용된다.
> ㉢ 피트모스 : 부식된 이끼류 유기물로 보수성과 배수성이 좋으며 산성 토양에 적합한 유기질 재료이다.
> ㉡ 펄라이트 : 화산암을 고온 처리해 만든 무기질 자재로 배수성과 통기성을 증가시킨다.
> ㉣ 버미큘라이트 : 고온 처리한 무기 광물로 보수성과 통기성을 높여 주는 무기질 재료이다.

53 시설 내 염류집적에 관한 대책을 올바르게 나열한 것은?

① 심경, 객토
② 양분흡수 억제, 다비 재배
③ 흡비작물 재배, 표면 관수
④ 담수 처리, 강우 차단

> **TIP** 심경과 객토는 물리적 토양개량 방법으로, 염류집적 해소에 직접적으로 적용되어 염류 농도를 낮추고 토양 건강을 회복시키는 중요한 대책이다. 흡비작물 재배는 염류를 흡수해 토양 내 염농도를 낮추는 작물 재배이며 표면 관수는 토양 표면에 물을 주어 염류가 침적되지 않도록 씻어내는 방법이다. 담수 처리는 많은 양의 물로 토양 염류를 씻어내어 농도를 낮추는 방법이며, 강우 차단은 비를 차단하여 토양 건조를 유발, 오히려 염류집적 악화의 원인 된다.

ANSWER
51.④　52.①　53.①

54 미세한 종자를 파종한 파종상이나 화분의 배수공을 통하여 물이 스며 올라가도록 하는 관수방법은?

① 고랑관수
② 분수관수
③ 점적관수
④ 저면관수

> **TIP** ④ 저면관수 : 화분이나 파종상 배수구를 통해 물이 아래에서 스며 올라오도록 하는 방식이다.
> ① 고랑관수 : 논이나 밭에서 이랑 사이에 물을 흘려서 관수하는 방식이다.
> ② 분수관수 : 스프링클러 등으로 물을 분사해 넓은 면적에 물을 뿌리는 방식이다.
> ③ 점적관수 : 식물 뿌리에 물을 한 방울씩 직접 지속적으로 공급하는 방식이다.

55 식물의 고온장해에 관한 설명으로 옳지 않은 것은?

① 온도가 높으면 상대습도가 높아져서 증산과 증발이 모두 많아 토양수분 부족으로 작물이 한발의 피해를 받기 쉽다.
② 고온에서 물질이 분해될 때 암모니아에 의해 장해를 받을 수 있다.
③ 고온에서 당이 축적되지 않아 과실과 채소는 단맛이 없어지고 생육이 억제된다.
④ 고온에서 세포막 지방의 유동성이 커진다.

> **TIP** 온도가 높으면 상대습도가 낮아지고, 증산과 증발이 모두 많아 토양수분 부족으로 작물이 한발의 피해를 받기 쉽다.

56 온도 적응성에 따라 원예작물을 구분할 때 호온성 작물과 호랭성 작물로 올바르게 연결된 것은?

① 가지 – 장미
② 고추 – 국화
③ 복숭아 – 백합
④ 상추 – 사과

> **TIP** ㉠ 호온성 작물 : 가지, 장미, 고추, 백합
> ㉡ 호랭성 작물 : 국화, 복숭아, 상추, 사과

ANSWER
54.④ 55.① 56.②

57 다음이 설명하는 식물호르몬은?

> • 수분스트레스에 대한 방어기능을 조절한다.
> • 기공폐쇄에 중요한 역할을 한다.
> • 휴면유도와 탈리를 촉진한다.

① 옥신(auxin)
② 시토키닌(cytokinin)
③ 아브시스산(abscisic acid)
④ 에틸렌(ethylene)

TIP ③ 아브시스산(abscisic acid) : 수분 스트레스에 반응해 기공을 닫아 증산을 줄이고, 휴면과 낙엽(탈리)을 촉진하는 스트레스 호르몬이다.
① 옥신(auxin) : 식물의 신장과 세포 분열을 촉진하며, 줄기 굴곡과 뿌리 발달에 중요한 역할을 하는 호르몬이다.
② 시토키닌(cytokinin) : 세포 분열과 노화 억제를 촉진하며, 무성 생식과 발아 촉진에 관여한다.
④ 에틸렌(ethylene) : 과일의 성숙과 낙과, 노화 과정에 관여하며 스트레스 반응에도 역할을 한다.

58 식물 생육과 광질에 관한 설명으로 옳지 않은 것은?

① 청색광은 카르티노이드계의 색소 생성을 촉진한다.
② 자외선은 신장을 억제하고 엽육을 두껍게 한다.
③ 청색광은 광합성·광주기성을 주도한다.
④ 자외선은 안토시아닌계 색소의 발현을 촉진한다.

TIP 청색광은 광합성을 촉진하며, 광주기성 조절에는 주로 적색광이 관여한다.

59 풍해에 관한 설명으로 옳지 않은 것은?

① 작물의 도장을 유발한다.
② 작물의 낙과를 발생시킨다.
③ 작물의 도복 피해가 일어난다.
④ 벼의 청미, 변색미 발생을 증가시킨다.

TIP 도장(도장현상)은 광 부족, 질소 과잉 시비, 밀식, 고온 등과 같이 생육 환경이 불균형할 때 초장이 지나치게 웃자라는 현상이지, 강풍 피해의 결과는 아니다.

ANSWER
57.③ 58.③ 59.①

60 A지역의 사과농가는 국지적으로 피해를 받아 과실에 상처가 나고 멍들어 정상적인 판매를 하지 못하였다. 이러한 피해증상의 원인은?

① 저온
② 염분
③ 우박
④ 황사

TIP ③ 우박 피해는 국지적으로 작물의 과실이나 잎, 줄기 등에 충격을 주어 상처, 멍, 찢김, 타박상 등 물리적 피해를 일으킨다.
① 저온 피해는 냉해, 동해, 서리 피해 등을 포함하며, 작물의 조직 손상과 냉해 증상(잎과 줄기의 변색, 마름, 생장 저해 등)을 일으킨다.
② 염분(염해)은 토양이나 관개수 중의 염류 과다로 인해 발생하며, 잎 가장자리 마름, 생장 저해, 잎 변색 및 낙엽을 유발한다.
④ 황사는 미세 먼지와 토양 입자가 포함된 바람으로, 작물 잎이나 과실 표면에 먼지 침착을 일으키고 광합성을 방해할 수 있으나, 직접적인 과실 상처나 멍듦을 발생시키지는 않는다.

61 종자의 수명을 연장하는 방법으로 옳지 않은 것은?

① 저온에서 저장한다.
② 산소를 공급한다.
③ 흡습을 방지한다.
④ 종자를 건조시킨다.

TIP 산소가 있는 환경은 종자의 호흡을 촉진하여 저장 중 영양분을 더 빨리 소모하게 만들고, 노화를 가속화한다.

62 자라고 있는 곳에서 다른 곳으로 옮겨 심는 방법은?

① 경화
② 왜화
③ 배토
④ 이식

TIP ④ 이식: 자라고 있는 곳에서 다른 곳으로 옮겨 심는 행위이다.
① 경화: 자란 식물을 이식하기 전 불리한 환경에 적응시키기 위해 점차 빛, 온도, 수분 조건을 강하게 하여 내성을 높이는 과정이다.
② 왜화: 불균형한 성장으로 식물이 길쭉하고 약하게 자라는 현상이다.
③ 배토: 식물 주변에 흙을 더 얹어 주어 뿌리 발달을 촉진하거나 줄기를 보호하는 방법이다.

ANSWER
60.③ 61.③ 62.④

63 인경으로 번식하는 작물을 모두 고른 것은?

> ㉠ 백합
> ㉡ 마늘
> ㉢ 칸나
> ㉣ 감자

① ㉠㉡
② ㉠㉣
③ ㉡㉢
④ ㉢㉣

㉠ 백합 : 인경(비늘줄기)으로 번식하는 대표적 구근 식물이다.
㉡ 마늘 : 인경(비늘줄기)으로 번식하는 스물이다.
㉢ 칸나 : 근경(뿌리줄기)으로 번식하는 스물이다.
㉣ 감자 : 괴경(덩이줄기)으로 번식하는 스물이다.

64 무균상태에서 인공배지에 배양하여 다량의 식물을 생산하는 번식방법은?

① 취목
② 숙지삽
③ 엽병삽
④ 조직배양

④ 조직배양 : 무균 상태에서 식물의 세포나 조직을 인공배지에 배양하여 다량의 식물을 생산하는 최첨단 영양 번식 기술이다.
① 취목 : 지상부의 줄기나 가지를 꺾어 땅에 심어 뿌리가 나게 하는 번식법이다.
② 숙지삽 : 어린 가지 일부를 자른 후 그 상태에서 뿌리가 나오도록 하는 삽목의 한 방법이다.
③ 엽병삽 : 잎의 엽병 부분을 잘라 번식하는 방법이다.

✎ ANSWER
63.① 64.④

65 식물의 필수원소에 관한 설명으로 옳지 않은 것은?

① 다량원소는 결핍현상이 쉽게 나타나므로 추가적으로 공급해야 한다.
② 토양 중에서는 N, P, K를 비료의 3요소라 한다.
③ 질소는 질산태질소와 암모니아태질소로 식물에 흡수된다.
④ 다량원소에는 C, H, O, N, S, P, K, Ca, Mg, Fe가 있다.

TIP 다량원소에는 C, H, O, N, S, P, K, Ca, Mg이 있고, Fe는 미량원소로 분류된다.

66 과수 화상병의 병원균은?

① 진균
② 세균
③ 바이러스
④ 바이로이드

TIP 과수 화상병은 Erwinia amylovora라는 세균에 의해 발생하는 병해이다.

67 저온춘화형 채소작물 중 녹식물춘화형에 속하는 것을 올바르게 나열한 것은?

① 양배추, 양파
② 상추, 배추
③ 브로콜리, 부추
④ 무, 순무

TIP 녹색식물 춘화형의 종류로는 양배추, 양파, 당근, 브로콜리, 셀러리, 사리풀, 파, 우엉이 있다.

ANSWER
65.④ 66.② 67.①

68 생리적 성숙 시 수확하는 채소류가 아닌 것은?

① 토마토
② 브로콜리
③ 수박
④ 딸기

> TIP 브로콜리는 생리적 성숙 전에 꽃봉오리 상태로 수확하는 엽채류에 가까운 작물이다.

69 다음이 설명하는 과수의 가지 관리방법은?

- 신초의 생장을 일시적으로 억제하여 착과율을 높인다.
- 그해에 새 가지를 분지시켜 원가지나 곁가지를 구성시킨다.
- 웃자람을 방지하기 위해서 실시한다.

① 환상박피
② 순지르기
③ 가지유인
④ 가지비틀기

> TIP
> ② 순지르기 : 새로 나는 신초(순)의 생장점을 잘라서 웃자람을 억제하고, 영양분이 다른 부분에 분산되도록 하여 꽃눈 형성을 촉진하는 가지 관리법이다. 착과율을 높이고, 그해 새 가지가 분지되어 원가지나 곁가지를 구성하게 한다.
> ① 환상박피 : 과수 가지의 껍질을 띠모양으로 원형 벗겨서 수분과 영양분 이동을 제한해 신초의 생장을 억제하는 방법이다. 착과율을 높이는 효과가 있으며, 웃자람을 방지하는 데 도움을 준다.
> ③ 가지유인 : 가지를 끌어당겨 적절한 방향과 각도로 고정해 가지가 너무 위로만 자라는 것을 막고, 수평이나 약간 낮게 자라면서 햇빛과 통풍이 좋아지도록 하는 방법이다.
> ④ 가지비틀기 : 가지를 손으로 비틀어 식물의 일부 조직에 스트레스를 주어 신초의 성장을 억제하고 착과를 촉진하는 관리법이다.

ANSWER
68.② 69.②

70 호광성 식물을 저광도에서 재배할 경우 나타나는 현상으로 옳지 않은 것은?

① 줄기의 마디 사이가 길어진다.
② 잎이 넓어지고 얇아진다.
③ 단위면적당 잎의 수가 증가한다.
④ 줄기가 가늘어진다.

> **TIP** 저광도에서는 에너지 절약과 효율적인 자원 배분을 위해 잎의 수가 늘어나지 않거나 감소하는 경향이 있다.

71 작물의 수확 후 주요 생리에 관한 설명으로 옳은 것은?

① 에틸렌은 고체 상태로 원예작물의 성숙과 숙성과정을 촉진하는 호르몬이다.
② 증산작용을 억제하려면 원예산물과 대기와의 수증기압포차를 증가시켜야 한다.
③ 성숙과정 양상 중 호흡비급등형 과실에는 포도와 가지가 있다.
④ 호흡에 의한 호흡열은 주위의 온도를 높여 대사 작용을 가속화시키고 저장 중 냉각 부하를 저하시킨다.

> **TIP** ① 에틸렌은 기체 상태의 식물생장호르몬으로 작물의 성숙과 숙성과정을 촉진한다.
> ② 증산억제는 수증기압차를 줄여야 이루어지며, 수증기압포차가 클수록 증산작용이 활발해진다.
> ④ 호흡열은 저장 중 온도를 높여 대사를 가속화시키지만, 냉각 부하 감소와는 직접적인 관련이 적다.

72 절화수명이 저온에서 연장되는 원리에 관한 설명으로 옳지 않은 것은?

① 곰팡이병 발생 억제로 관상가치 유지
② 증산 억제로 수분 균형 유지
③ 호르몬 생합성 촉진으로 노화 억제
④ 호흡 억제로 저장양분 소모 감소

> **TIP** 저온은 호르몬 생합성을 억제하여 노화를 지연시킨다.

ANSWER
70.③ 71.③ 72.③

73 다음 두 가지 온실 냉방법의 냉각 원리는?

> ㉠ 팬앤드패드(fan&pad) 방법
> ㉡ 팬앤드포그(fan&fog) 방법

	㉠	㉡
①	응축냉각	기화냉각
②	기화냉각	응축냉각
③	응축냉각	응축냉각
④	기화냉각	기화냉각

TIP 팬앤드패드와 팬앤드포그 모두 기화냉각 원리를 바탕으로 한 냉각 시스템이다.

74 벤로형(Venlo) 온실에 관한 설명이다. ( )에 들어갈 내용으로 옳은 것은?

> 벤로형 온실은 서까래의 간격이 넓어지기 때문에 골조가 적게 들어 (㉠)이 감소한다. 이에 따라 온실의 (㉡)이 증가한다.

	㉠	㉡
①	골조음	산란율
②	골조음	투광률
③	투광률	골조율
④	투광률	산란율

TIP 벤로형 온실은 지붕의 서까래 간격이 넓어 골조가 적게 들어가므로 골조율이 감소한다. 골조율 감소에 따라 온실 유리나 피복재가 차지하는 면적이 늘어나므로 빛이 들어오는 비율 즉, 투광률이 증가한다.

ANSWER
73.③ 74.③

75 시설원예용 인공조명 중 고압나트륨 등에 관한 설명이다. (　)에 들어갈 내용으로 옳은 것은?

> 식물 재배에 고압나트륨 등을 단독 사용하면 500nm 이하의 (㉠)이 적기 때문에 (㉡)될 가능성이 있다. 하지만 일반 온실의 보광용으로는 단독 사용해도 문제가 없다.

	㉠	㉡
①	응축냉각	기화냉각
②	기화냉각	응축냉각
③	응축냉각	응축냉각
④	기화냉각	기화냉각

> **TIP** 식물 재배에 고압나트륨등을 단독 사용하면 500mm 이하의 청색광이 적기 때문에 도장될 가능성이 있다.

ANSWER
75.③

자격증

한번에 따기 위한 서원각 교재

한 권에 준비하기 시리즈 / 기출문제 정복하기 시리즈를 통해 자격증 준비하자!